受浙江大学文科高水平学术著作出版基金资助

数字社会科学丛书编委会

总顾问
吴朝晖 中国科学院副院长、院士

主 编
黄先海 浙江大学副校长、教授

编 委
魏　江 浙江财经大学党委副书记、副校长（主持行政工作）、教授
周江洪 浙江大学副校长、教授
胡　铭 浙江大学光华法学院院长、教授
韦　路 浙江传媒学院党委副书记、副院长（主持行政工作）、教授
张蔚文 浙江大学公共管理学院副院长、教授
马述忠 浙江大学中国数字贸易研究院院长、教授
汪淼军 浙江大学经济学院中国数字经济研究中心主任、教授

"十四五"时期国家重点出版物出版专项规划项目

数字社会科学丛书

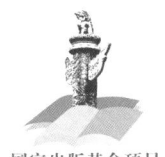

国家出版基金项目
NATIONAL PUBLICATION FOUNDATION

数字新闻

理念、价值与秩序重构

吴飞 赵瑜 孙梦如 等著

Digital Journalism

The concept, value and order reconstruction

ZHEJIANG UNIVERSITY PRESS
浙江大学出版社
·杭州·

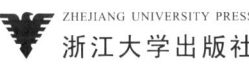

图书在版编目（CIP）数据

数字新闻：理念、价值与秩序重构 / 吴飞等著. — 杭州：浙江大学出版社，2024.6
ISBN 978-7-308-24817-4

Ⅰ.①数… Ⅱ.①吴… Ⅲ.①数字技术－应用－新闻工作 Ⅳ.①G21-39

中国国家版本馆CIP数据核字(2024)第074341号

数字新闻：理念、价值与秩序重构
SHUZI XINWEN：LINIAN、JIAZHI YU ZHIXU CHONGGOU
吴　飞　赵　瑜　孙梦如　等著

策划编辑	张　琛　吴伟伟　陈佩钰
责任编辑	宁　檬
责任校对	张培洁
封面设计	浙信文化
出版发行	浙江大学出版社
	（杭州市天目山路148号　邮政编码　310007）
	（网址：http：//www.zjupress.com）
排　　版	杭州晨特广告有限公司
印　　刷	杭州宏雅印刷有限公司
开　　本	710mm×1000mm　1/16
印　　张	20
字　　数	340千
版 印 次	2024年6月第1版　2024年6月第1次印刷
书　　号	ISBN 978-7-308-24817-4
定　　价	98.00元

版权所有　侵权必究　印装差错　负责调换
浙江大学出版社市场运营中心联系方式：0571-88925591；http：//zjdxcbs.tmall.com

总 序

在这个面临百年未有之大变局的时代,在这个数字技术席卷全球的时代,在这个中国面临伟大转型的时代,以习近平同志为核心的党中央放眼未来,在数字经济、数字治理、数字社会等方面做出重大战略部署。《中华人民共和国国民经济和社会发展第十四个五年规划和2035年远景目标纲要》第五篇"加快数字化发展建设数字中国"强调,"迎接数字时代,激活数据要素潜能,推进网络强国建设,加快建设数字经济、数字社会、数字政府,以数字化转型整体驱动生产方式、生活方式和治理方式变革"。2021年10月,在中共中央政治局第三十四次集体学习之际,习近平总书记强调:"数字经济发展速度之快、辐射范围之广、影响程度之深前所未有,正在成为重组全球要素资源、重塑全球经济结构、改变全球竞争格局的关键力量。"[1]

随着数字技术的不断发展和数字化改革的不断深入,数字经济已经成为驱动经济增长的关键引擎,数字技术正逐步成为推动国家战略、完善社会治理、满足人们美好需要的重要手段和工具。但与此同时,社会科学的理论严重滞后于数字化的伟大实践,面临着前所未有的挑战。无论是基本理论、基本认知,还是基本方法,都面临深层次重构,亟须重新认识社会科学的系统论、认识论和方法论,对新发展阶段、新发展理念和新发展格局有深刻的洞察。

浙江大学顺应全球科技创新趋势和国家创新战略需求,以"创建数字社科

---

[1] 把握数字经济发展趋势和规律 推动我国数字经济健康发展[N].人民日报,2021-10-20(1).

前沿理论,推动中国数字化伟大转型"为使命,启动数字社会科学会聚研究计划(简称"数字社科计划")。"数字社科计划"将以中国数字化转型的伟大实践为背景,以经济学、管理学、公共管理学、法学、新闻传播学等学科为基础,以计算机和数学等学科为支撑,通过学科数字化和数字学科化,实现社会科学研究对象、研究方法和研究范式的数字化变革。"数字社科计划"聚焦数字经济、数字创新、数字治理、数字法治、数字传媒五大板块。数字经济和数字创新将关注数字世界的经济基础,研究数字世界的经济规律和创新规律;数字治理和数字法治关注数字世界的制度基础,研究数字世界的治理规律;数字传媒关注数字世界的社会文化基础,研究数字世界的传播规律。在此基础上,"数字社科计划"将推动数字科学与多学科交叉融合,促进新文科的全面发展,构建世界顶尖的数字社会科学体系,打造浙江大学数字社科学派,推动中国数字化的伟大转型。

依托"数字社科计划",集结浙江大学社会科学各学科力量,广泛联合国内其他相关研究机构,我们组织编撰出版了这套数字社会科学丛书。以"数字+经济""数字+创新""数字+治理""数字+法治""数字+传媒"等为主要研究领域,将优秀研究成果结集出版,致力于填补数字与社会科学跨学科研究的空白;同时,结合数字实践经验,为当前我国数字赋能高质量发展提供政策建议,向世界展示中国在"数字赋能"各领域的探索与实践。

本丛书可作为国内系统性构建数字社会科学学科研究范式的一次开拓性的有益尝试。我们希望通过这套丛书的出版,能更好地在数字技术与社会科学之间架起一座相互学习、相互理解、相互交融的桥梁,从而在一个更前沿、更完整的视野中理解数字经济时代社会科学的发展趋势。

黄先海

2022 年 4 月

DIGITAL JOURNALISM 目 录

| 导 论 |

新闻研究召唤范式创新

一、新闻理论的发展脉络 /4

二、数字新闻理论创新从哪里出发? /11

三、数字新闻理论的核心问题 /20

| 第一章 |

理解媒介技术

第一节 媒介技术演进脉络的哲学考察 /29

第二节 媒介与现实建构的中介化 /52

第三节 智能算法与读心术 /64

第四节 虚拟现实:共情传播的技术实现路径探析 /83

第二章
数字新闻学的框架重构

第一节　数字守门人　/97
第二节　数字新闻生态论　/117
第三节　数字新闻学的认识论　/130

第三章
数字新闻与专业理念重构

第一节　新闻专业主义源流考　/145
第二节　反思新闻专业主义　/168
第三节　新媒体革了新闻专业主义的命？　/186
第四节　新闻专业主义的挑战、坚守与重构　/199

第四章
人机关系与算法价值

第一节　从独思到人机协作——知识生产进阶论　/219
第二节　"全球脑"的形成与知识生产模式创新　/235
第三节　技术赋权与算法的价值选择　/246
第四节　人的主体性与技术的自主性　/262

第五章
数字新闻实践与数字文明

第一节　数字新闻业必须强化与公众的连接　/281
第二节　媒体融合是一个重大的社会治理议题　/290
第三节　希望哲学与建设性新闻探索　/296

后　记 /311

| 导 论 |

新闻研究召唤范式创新

1712年,一家报纸描述当时的人们"疯狂渴求新奇之事……已对很多家庭造成致命打击。最普通的小店主和手艺人成天耗在咖啡馆里,打听新闻、谈论新闻,任由家中老小无人搭理"。1857年,一位传教士发现,南非祖鲁(Zulu)人与德摩斯梯尼笔下的雅典人有着类似的行为,"人们,尤其是闲来无事之人,大部分时间都在散布新闻和收集新闻"。这两段材料被新闻史家发现,并感叹原来人们沉迷于新闻并非"我们这个时代的特征"[①]。只不过,现代社会人们更加依赖新闻,无论是对政治家而言还是对普通公众而言,新闻就像空气一样已经成为其生活的必要资源。约瑟夫·艾迪生(Joseph Addison)评论说,"人人渴望新闻;更奇怪的是,没有新闻便没有生气"[②]。但依赖和沉迷于新闻并不意味着人们对新闻有深刻的理解,相反在传统学科建制体系中,新闻研究并没有获得足够的尊重。哲学家在反思人从哪里来到哪里去时,他们很少想到新闻在这种反思生活中的作用;文学艺术家看不起粗糙的新闻作品,如乔治·奥威尔(George Orwell)将报纸上的报道作为他第一本书的引注时,批评家便讽刺他"将一本好书变成了新闻"。事实上,很多文学艺术的经典作品都来源于对新闻材料的再加工。对于新闻学研究者而言,他们发现英文"news"一词已经使用了500年,其同义词"tidings"更可追溯到古英语,而且几乎所有的语言都有指称新闻的专有词语。但人们对于新闻是什么,如何理解新闻对于人类生活的意义,以及新闻是如何运作的等问题,并没有足够的洞见。

杰·布鲁默(Jay Blumler)和斯蒂芬·库森(Stephen Cushion)认为学者、作者、教育者和学生,将越来越多的注意力放在新闻业复杂的内部运作而忽视了它的外部联系、影响和意义。也就是说,新闻学研究可能正变成内向型(inward-looking),而他们认为正在被边缘化的规范性问题(normative concerns)——如为民主而传播(communication for democracy)——才是新闻学研究的根本所在。他们批评说"如果新闻学研究变得过于与世隔绝,只关注新闻生产的实践世界、快速发展的科技变革、未来的融资模式,那么,新闻

---

① 米切尔·斯蒂芬斯:《新闻的历史》(第三版),陈继静译,北京:北京大学出版社,2014年,第7页。
② Steele R, Addison J. *The Spectator. Volume 4.* Oxford: Oxford University Press, 1995, pp.90-94. 转引自米切尔·斯蒂芬斯:《新闻的历史》(第三版),陈继静译,北京:北京大学出版社,2014年,第7页。

学与公众价值观的根本关系可能会变成一个令人忧虑的问题"[1]。这一批评得到了芭比·泽利泽(Barbie Zelizer)的肯定,在《严肃对待新闻》和《想象未来的新闻业》等著作中,芭比·泽利泽认为,社会一直以来并没有严肃对待新闻,这主要表现在:其一,新闻在文化领域始终地位卑微,只有"变成非新闻现象时最为人欣赏"。例如,人们对海明威、乔治·奥威尔等文豪在早年发表的新闻作品不屑一顾,他们作为记者的经历被视作之后作品的"学徒训练",记者生涯时他们的作品被认为"只是新闻"而已,可当这些素材一字不差地被写进文学作品后便占据着文学经典的地位。其二,新闻业界与新闻学界之间是断裂的,它们虽然都基于"新闻"来谋生活,但似乎说的并不是同样的东西。芭比·泽利泽介绍说当她从新闻业界转入新闻学界,带着新鲜的专业知识从新闻世界来到大学时,她觉得自己进入了一个平行宇宙。她发现,她阅读的新闻学界写的东西无一能反映她刚刚离开的工作世界。其三,新闻学界内部亦按照不同学科领域各自为政,结果产生了互不相关的学术研究。"新闻研究的版图有时候看上去就像一个自相残杀的战场。当代新闻研究不仅将新闻学者彼此割裂,而且将他们与学术界的其他部分也割裂开来。"[2]芭比·泽利泽提出的如何对待新闻学等问题是及时且重要的。正如她所言,这不仅是概念层面的问题,如我们在思考新闻学时要研究什么;还包括教学层面的问题,即我们如何教授我们认为自己知道的东西,但更重要的问题是今天的新闻学到底是什么。[3]

一、新闻理论的发展脉络

较早开始新闻学研究的国家是德国。在19世纪末20世纪初,德国的新闻学研究慢慢发展起来了,开始时受到新闻学界的普遍质疑,但新闻业界对将新闻业发展成为一个学科的愿望很强烈。"出版发行人和新闻记者团体,都希望

---

[1] Blumler J G, Cushion S. Normative perspectives on journalism studies: Stock-taking and future directions. *Journalism*, 2014, 15(3): 259-272.
[2] 芭比·泽利泽:《严肃对待新闻》,李青藜译,北京:中国人民大学出版社,2022年,第3页。
[3] Zelizer B. What to do about journalism: Journalism and the international academic world. *Brazilian Journalism Research*, 2007, 3(2): 13-28.

能有一个属于他们自己的学科,为记者提供专业的培训机会,以此来提升职业与新闻的声誉。"①在经济学家卡尔·毕歇尔等人的坚持和呼吁下,魏玛共和国时期,一批报学研究所纷纷成立。二战爆发之前,德国的柏林大学、慕尼黑大学、科隆大学、纽伦堡商业大学、海德堡大学和哈勒大学等,都先后成立了新闻学研究所,新闻学在德国发展成为一门逐渐成熟的学科。"20世纪20年代末30年代初,德国各大学共出现了21个报学的教职教授,包括柏林大学的埃米尔·杜费法特,以及汉诺威科技大学的瓦尔特·海德"②,专门的新闻学研究杂志《报学》也出现了。与此同时,美国新闻学也发展起来了。美国的新闻学是19世纪末20世纪初出现的满足"新式新闻事业"现实需求的产物。当时鲁道夫·奥克斯所领导的《纽约时报》确立了"只报道事实"的客观公正的新闻理念,而普利策直接推进了新闻学教育的发展。所以,在19世纪末和20世纪初,一大批新闻学研究著作相继出版。

道光十四年(1834),《东西洋考每月统记传》第五期刊载了一篇论文——《新闻纸略论》,这是中国近代报刊上第一篇新闻学论文。文章简略介绍了西方报纸的起源、发展,以及有关新闻自由的法律和制度,但这篇文章没有出现"新闻学"一词。据周光明考证,"新闻学"一词是梁启超最早使用的。20世纪初,梁启超流亡日本时读到了松本君平《新闻学》一书(此书于1899年在日本出版)。1901年,在《清议报》刊出的《本馆第一百册祝辞并论报馆之责任及本馆之经历》中,梁启超首次将日文的"新聞學"(しんぶんがく)移植到中国。③

不过,虽然梁启超是第一个介绍《新闻学》这本著作的人,但郑贯公是第一个介绍新闻学这门学科的人。1903年,上海商务印书馆翻译出版了松本君平的《新闻学》,这使得更多的人得以了解西方新闻学的知识。中译本"不是足本,从正文的翻译上看,也肯定不是善本"④,但今天看来仍然是一本有价值的书。该书包括绪论和正文36章,约11万字,涵盖了理论新闻学、实用新闻学、历史新闻学和经营管理新闻学几个分支的内容。作者在书中指出"在平民时代……则新闻纸即国民之本身也。……西谚云:人民之声即神之声。东谚曰:

---

① 刘兰珍:《卡尔·毕歇尔与德国新闻学的兴起》,《武汉大学学报》(人文科学版)2011年第6期。
② 刘兰珍:《卡尔·毕歇尔与德国新闻学的兴起》,《武汉大学学报》(人文科学版)2011年第6期。
③ 周光明、孙晓萌:《松本君平〈新闻学〉新探》,《新闻大学》2011年第2期。
④ 周光明、孙晓萌:《松本君平〈新闻学〉新探》,《新闻大学》2011年第2期。

天无唇口,使人代言之。观此言,则知新闻纸实有一种之天权,宜其有大势力于今日之世界也"。该书第一章称新闻业是凌驾于贵族、僧侣、平民之上的"第四种族"。"第四种族者何谓也? 贵族、僧侣(欧西之教徒)、平民,为构成国家之三大种族。……英之普鲁古氏,曾在英国下议院指新闻记者而喟然叹曰:是英国组织议会之三大种族之力(贵族、僧侣、平民),而又最伟大势力之第四种族也! 今者,无论贵族也、僧侣也、平民也,皆不得不听命于此种族之手。……其势力所及,皆有无穷之感化,此新闻记者之活动范围也。"①这些新闻观,对早期中国新闻学研究者产生了较大的影响。1905年,郑贯公在香港《有所谓报》发表的《拒约须急设机关日报议》一文,就引用了松本君平所著的《新闻学》,并简要介绍了日本新闻学的情况。虽然后来包天笑在《考察日本新闻记略》中也提到"新闻学"一词,但"新闻学"这个术语并没有很快在中国流行起来。因为"新闻学"一词,由英文journalism翻译而来。在近现代中文里曾有两个词与journalism对应:一个是"新闻学",另一个是"报学"。所以,与"新闻学"同期使用的还有"报学""新闻纸学""报道学""集纳学(集纳主义)"等。1921年,厦门大学成立了中国第一个新闻专业人才培养机构——报学科。1923年,北京平民大学成立报学系。慢慢地,"报学"一词让位于"新闻学","新闻学"与"报学"二词一意的状况也逐渐消失。②

新闻学同传播学一样都是从西方引进的概念,中国早期从事新闻学研究的学者和报人,大多有在美国和日本留学的经历。他们的著作受到早期欧美新闻学研究的直接影响。以美国密苏里大学新闻学院创始人沃特·威廉(Walter Williams)、《大陆报》创办人汤姆斯·密勒(Thomas Milland)等为代表的美国"密苏里帮"从1902年就开始在全球推广美式新闻学,威廉在1914年至1928年间,先后五次访问中国,"对中国新闻界产生了巨大的影响"③。例如,1914年出版的《进步》杂志连载了德国学者卡尔·毕歇尔的《新闻纸之源流》一文,戈公振在《中国报学史》一书中就多次引用毕歇尔的观点。1922年10月,《国立北京大学社会科学季刊》中发表了有关李普曼《公众舆论》的书评。李普

---

① 参见胡太春、胡晓实:《中国近代最早的国外新闻学中译本》,《新闻研究导刊》2014年第10期。
② 赵心树:《新闻学与传播学的命名、使命及构成——与李希光、潘忠党商榷》,《清华大学学报》(哲学社会科学版)2007年第5期。
③ 卡斯珀·约斯特:《新闻学原理》,王海泽,北京:中国传媒大学出版社,2013年,译者序,第1—2页。

曼的《公众舆论》是1922年初在美国纽约出版的,书评作者陶孟和在当年秋天即在国内加以引介。[1]可见,当时中国新闻学界对欧美国家的前沿研究是比较了解的。徐宝璜在《新闻学》序言中也承认说"本书所言,取材于西籍者不少"[2]。戈公振曾写道:"近年我国留学欧美之对报纸有研究者,日有归国;同时欧美之名记者,又多来我国考察,足迹所至,必有关于报纸演讲及种种讨论;而报馆因经营上之发展,亦渐有改良之倾向,于是报学之在我国,遂引起兴味而下一种子。"[3]

如果说中国的新闻学就是美国范式的翻版,那就错了。因为中国的新闻学有自己的传统,即严复、康有为、梁启超、王韬等我国启蒙思想家在启蒙报刊实践的基础之上发展起来的新闻观——"耳目喉舌"论。这种新闻观,扎根于中国传统的政治治理理念。古代中国从"稷下学宫"到"清议",或者"庶人传言"、郑子产"不毁乡校"的"导之使言",是不同于西方社会基于理性和民主的"公共意见"(public opinion)传统的。在中国政治制度下,"许其言或不许其言,其言多言少,言对言错,凭之于君王的判断和掌控,同样不准溢出其'耳目喉舌'之轨道"[4]。梁启超在《论报馆有益于国事》中写道:"无耳目,无喉舌,是曰废疾。今夫万国并立,犹比邻也,齐州以内,犹同室也。比邻之事而吾不知,甚乃同室所为不相闻问,则有耳目而无耳目;上有所措置不能喻之民,下有所苦患不能告之君,则有喉舌而无喉舌:其有助耳目喉舌之用而起天下之废疾者,则报馆之谓也。……阅报愈多者,其人愈智;报馆愈多者,其国愈强。曰,惟通之故。"[5]黄旦分析说,梁启超是以"国"为对象来论述报刊之重要性的,"觇国之强弱,则于其通塞而已"。此外,他所谓的"国事",是"万国并立"之"比邻之事",是"上有所措置,不能喻之民"和"下有所苦患,不能告之君",如果暂时撇开"万国并立"这一新的背景,梁启超这番话与中国传统的"去塞求通"之类相比,几乎就没有什么新意。[6]同样,陈力丹也认为,王韬、郑观应、陈炽、陈衍

---

[1] 刘晓伟:《李普曼新闻传播思想在民国时期的引介与接受》,《新闻与传播研究》2014年第5期。
[2] 徐宝璜:《新闻学》,北京:中国传媒大学出版社,2016年,序,第1页。
[3] 戈公振:《中国报学史》,北京:生活·读书·新知三联书店,1955年,第259页。
[4] 黄旦:《耳目喉舌:旧知识与新交往——基于戊戌变法前后报刊的考察》,《学术月刊》2012年第11期。
[5] 梁启超:《论报馆有益于国事》,《中国新闻史文集》,上海:上海人民出版社,1987年,第24—25页。
[6] 黄旦:《耳目喉舌:旧知识与新交往——基于戊戌变法前后报刊的考察》,《学术月刊》2012年第11期。

等关于设新报馆、设洋文报馆、西人报馆只准用西字报章的论证,与其说是研究报业,不如说是一种图强御侮的政治活动。梁启超、严复、谭嗣同、汪康年、吴恒炜、唐才常等围绕报馆的"通",所展开的通上下(这是主要的)、通中外、开民智、造新民、监督政府、言论出版自由、第四种族等议论,无不直接服务于维新运动。①这一点日本学者沟口雄三看得也很真切,他写道"在晚清中国,以个人的'自由、平等、天赋人权'为基础的个人权的民权无论作为思想还是作为运动都没有发生过",中国人所说的国民权、人民权无外乎是指"多数者为了反抗少数者的专横自私所追求的全体人民的生存权利",这和欧洲"包含了个人经济活动的无限自由、以个人财产权为基础的市民权利从一开始就大不相同"②。沟口雄三认为"清末并不是没有言论、出版、集会、结社、信仰等个人权利主张,这种个人权后来也标榜在国民党和共产党的纲领、宪法之中,但是这种个人权的实质只是从属于国民权的权利而已"③。所以,陈力丹认为,"如果用一句话来表达中国新闻学启蒙者对新闻学的基本认识,那么梁启超所讲的'报馆有益于国事'是最恰当不过了。那个时期的新闻学启蒙者,无论在具体政治观点上有多大的分歧,儒家传统中的实用理性始终是他们从事新闻学启蒙的出发点和归宿。市场经济、自由理性、现代社会对精神交往的普遍需求等等问题,在他们的论述中或空白,或是完全以中国的方式来理解。"④陈力丹认为这种新闻观中,包含了浓厚的"儒家士大夫的政治胸怀",报纸的政治实用价值受到极大重视,现代报纸得以产生的整个社会经济和政治背景则被忽略了,以致对西方报纸社会地位的描述中,出现了不少用中国眼光看世界而产生的差误。黄旦则认为,"虽然'耳目喉舌'的观念和制度是古老的,但在晚清中国,毕竟试图以此嫁接来自异国文化中的一种新交往,它不能不突破原有的含义疆界,呈现跨越不同文化的意义。因此,耳目喉舌——现代报刊的介入,无论在话语层面还是实践层面,都不能不生发出新的东西,不能不体现出现代的特征"⑤。

---

① 陈力丹:《五四新文化运动和中国的新闻学》,2009年6月19日,http://www.aisixiang.com/data/28193.html。
② 沟口雄三:《作为方法的中国》,孙军悦译,北京:生活·读书·新知三联书店,2011年,第15、50页。
③ 沟口雄三:《中国的公与私·公私》,郑静译,北京:生活·读书·新知三联书店,2011年,第177页。
④ 陈力丹:《论中国新闻学的启蒙和创立》,《现代传播》1996年第3期。
⑤ 黄旦:《耳目喉舌:旧知识与新交往——基于戊戌变法前后报刊的考察》,《学术月刊》2012年第11期。

在中国,自由市场报业的实践历史并不长,所以以戈公振、徐宝璜等人为代表的美式新闻观——被陈力丹称为"新闻本位"的新闻观,[1]并没有得到充分发展。不过,我国新闻学创立者吸收了新闻学启蒙者的思想,同时又广泛接受西方的理念,"回归到以新闻为本位,进行纵深研究,于是有了关于新闻定义的几乎是学究式的论证,有了关于新闻价值的理性与经验相结合的分析,有了对新闻生产商品化的讨论"[2]。

可见,中国新闻学其实与美国新闻学的发展路径很相似,即同样经历了两种不同的报业模式——政党报业模式和信息报业模式。因而,便有了两种不同取向的新闻学。随着政治形势的变化,中国启蒙式的"新闻本位"新闻观很快就被政治宣传新闻学所取代。陈力丹写到,徐宝璜深叹报纸"走入迷途",邵飘萍痛感中国报业"幼稚腐败"。戈公振对该问题做了一些分析,指出:学以为仕的传统仍在起作用,许多人视报纸为做官的"过渡宝筏";一些文人玩政治,投机心切;军人政客利用报纸,混淆舆论视听等。但他与学术同行们一样,除了用"学理"去呼唤人们的良知外,别无他法。[3]

中国共产党在阶级斗争中逐步形成了自己的党报理论,这一理论体系既不同于美国新闻学,也与国民党的鼓吹新闻学有较大的差异,即中国共产党明确提出了党报要成为党的一个工作部门,甚至是领导中心。这种理论体系吸收了苏联的新闻宣传思想,包括列宁和斯大林的观点,但又有自己的发展,同时又吸收了西方新闻观的客观性、真实性等特点。不过,其核心思想,并非信息流通,而是党的观念和思想的广泛传播,即中共中央的精神如何到达群众手中,并被群众理解和接受。例如,1942年4月1日,延安《解放日报》在中共中央的指导下实行改版,登载了中共中央宣传部《为改造党报的通知》,同时发表了改版社论《致读者》,论述了党报的党性、群众性、战斗性及组织性原则。改版,只是表象,其实质是通过版面调整、内容规划,明确党的组织机构和其与党报的关系,从而使无产阶级党报的观念、制度及具体操作都归统于党的领导,成为党组织这个巨大集体的喉舌。改版之后,陆定一的《我们对于新闻学的基本

---

[1] 代表这一理路的新闻学著作包括徐宝璜的《新闻学》、邵飘萍的《实际应用新闻学》和《新闻学总论》、任白涛的《应用新闻学》、戈公振的《中国报学史》等。
[2] 陈力丹:《论中国新闻学的启蒙和创立》,《现代传播》1996年第3期。
[3] 陈力丹:《论中国新闻学的启蒙和创立》,《现代传播》1996年第3期。

观点》(1943年)、毛泽东的《对晋绥日报编辑人员的谈话》(1948年)、刘少奇的《对华北记者团的谈话》(1948年)等著作,总结了中国共产党的党报经验,论述了党报工作原则、方针、作风、方法与核心内容,奠定了无产阶级新闻学说的理论基础。①

当然,这时新闻观念的主要提出者是毛泽东、陆定一等党政官员,几乎没有学界的思考和立场。诚如单波所言,当一个"以宣传为本位""以政治为业"的新闻官员来探究新闻理论的时候,就不免要模糊学术与政治的界限,以政治观点代替"格物致知",以意识形态简化理论思考。②陆定一的《我们对于新闻学的基本观点》一文,作为中国共产党党报理论的经典文献,对今天的党报新闻改革仍有一定的启发性,但"它对新闻传播主体性的消解及其反知倾向中所导引的对多元知识、文化系统的排斥,蔓延到了中国新闻传播理论研究领域,再加之各种复杂的因素,致使中国新闻传播理论越来越失去了理性与超越的品质。学者在不知不觉中把理论简化到意识形态的水平,制造着理论的神话,把现实生活交给理论去判断、操纵和想象,从而导致理性的退化"③。

从1978年开始,中国的社会环境、政治环境和媒体环境都发生了巨大变化,国家意识形态的管理理念也有一些调整,所以新闻学研究者又重新研究新闻定义、新闻价值、言论出版自由、舆论监督、新闻法等问题。陈力丹称这是在"补课,以便迅速在新闻学研究的更高层次上——人类信息沟通的层次上,跟上世界的前进步伐"④。张涛甫认为,在中国新闻话语生产中,职业逻辑、启蒙逻辑、革命逻辑三者纠缠于一起,形成了复杂的"复调"结构。中国的新闻话语正是在这三种逻辑的交织互动中演进的。这使得中国新闻理论研究目前仍然处于困境之中,"新闻理论在社会大转型中因循守旧,低水平重复;缺乏对现实问题的观照;缺乏自己的核心理论,生搬硬套来自其他学科的概念和理论;后辈人才匮乏,大量新生力量投身传播研究。新闻学危机已迫在眉睫,而新闻理

---

① 林溪声:《学术自觉:建构中国新闻理论话语的历时考察》,《南京社会科学》2013年第10期。
② 单波:《论我国新闻学想像力的缺失及其成因》,《上海大学学报》(社会科学版)2006年第6期。
③ 单波:《论我国新闻学想像力的缺失及其成因》,《上海大学学报》(社会科学版)2006年第6期。
④ 陈力丹:《五四新文化运动和中国的新闻学》,2009年6月19日,http://www.aisixiang.com/data/28193.html。

论的危机更为突出"①。赵月枝和王维佳在《重现乌托邦:中国传播研究的想像力》一文中指出,我们既缺少在自身经验内部寻求关联和统一解释的努力,也缺少将西方知识体系还原到其自身历史语境下的意识。在这样的研究状况下,我们很难产生独立的理论想象力和创新能力。②

二、数字新闻理论创新从哪里出发?

理论创新大体可以分为四个不同的层次:一是提出新的概念,用于说明新的现象;二是发现并提出新的修正性/补充性命题,用以解释原有理论难以解释的现象;三是对原有理论做出重大修改,发展出新的中层理论;四是真正的范式革命,即颠覆原有的知识框架并进行重构。③这四种层次的创新程度和难度是递进的,即提出一些新的概念相对容易,而范式革命则很难。例如,数字新闻学领域近些年来就出现了不少新的概念,类似"数字媒体""液态新闻业""数字新闻创业机构""超本地新闻""弥散新闻""混合媒介系统""点击诱饵""生态转向""情感转向""文化研究转向"等,但这些新概念目前仍处于片段状态。虽然出现了"数字新闻学""互联网新闻学""用户新闻学""算法新闻学"等提法,但未真正形成理论自洽的理论体系,自然就谈不上范式革命了。这可能因为新闻和新闻业处于变动不居的状态,且新闻理论产生的时间也不长,理论建构与创新是一个需要同时展开的过程。④刘鹏提出用户新闻学、基于网络—节点的新型传播格局,以及"开启用户新闻学研究"等主张。⑤杨保军认为,构建中国特色的新型新闻理论体系,要"从中国经验出发,展开具体深入系统的探究"⑥。方兴东和钟祥铭认为数据驱动的信息生产和传播方式是智能传播的本

---

① 张涛甫:《新闻学理论创新:问题与突破》,《新闻记者》2015年第12期。
② 王维佳、赵月枝:《重现乌托邦:中国传播研究的想像力》,《现代传播》2010年第5期。
③ 景跃进:《中国政治学理论建构的若干议题——田野基础、历史脉络与创新维度》,《华中师范大学学报》(人文社会科学版)2021年第4期。
④ 白红义:《数字时代的新闻理论创新》,《新闻记者》2021年第10期。
⑤ 刘鹏:《用户新闻学:新传播格局下新闻学开启的另一扇门》,《新闻与传播研究》2019年第2期。
⑥ 杨保军:《论新闻理论研究的宏观走向》,《国际新闻界》2021年第8期。

质。①那么,新闻学是否要基于数据驱动来建构?这些讨论对于我们理解数字新闻学是有价值的,但数字新闻学的核心概念是什么?理论目标是什么?研究方法是否有新的路径?如何理解数字新闻在社会中的影响和意义?对这些问题的解答都需要进一步深化和系统化,因为"任何一种科学或者一门理论的实质性的发展,都必然是以一些新的概念的提出以及新的体系的诞生为最根本的标志的"②。

彼得·雷尔顿(Peter Railton)认为人类的行动很多并非产生于理性思考,或多或少是自发的实践技能或能力的后果,也就是说,人们的行动过程并非源于自我意识或反思,往往是对理由(如一种承诺)的回应。③戴维·莱夫(David Ryfe)在其著作中借用了约翰·塞尔(John Searle)做事的行动规则,④即规定性规则(regulative rules,亦译为调整性规则)与构成性规则(constitutive rules)。他认为,构成性规则就是关于一个做法是什么或为什么那么做的规则,而规定性规则是指我们做的事都有限制,这些限制存在于共同体内,特别是存在于共同体所愿意接受的行为理由(或者规则)内,如下国际象棋就必须遵从事先约定的规则。戴维·莱夫基于此认为,新闻实践行为,分别由这两种行动规则驱动,因而就存在两种不同的理解新闻实践的理论,一种是关于新闻应该是什么的理论,另一种是关于新闻是什么的理论。"新闻的构成性规则——包括它是什么、其目的是什么——受到其所嵌入的公共领域的广泛承诺的强烈影响。""规定性规则,即新闻做法,是新闻从业者为达到这些构成性目的所做的一切事情",而"记者需要通过实践来学习这些做法"⑤。李艳红梳

---

① 方兴东、钟祥铭:《智能媒体和智能传播概念辨析——路径依赖和技术迷思双重困境下的传播学范式转变》,《现代出版》2022年第3期。
② 郝雨:《新世纪新闻学的体系重建与学派拓展》,《南通大学学报》(社会科学版)2010年第1期。
③ Railton P. Practical competence and fluent agency. In Sobel D, Wall S. *Reasons for Action*. Cambridge: Cambridge University Press, 2009, p.103.
④ 约翰·塞尔质疑自休谟以来关于"是"无法推出"应当",描述性语句无法推出规范性语句的断言,他指出,从描述性陈述到规范性陈述的转化并不必然伴随着摩尔所谓的自然主义谬误——休谟忽视了诸如承诺、责任、义务这样介于自然事实与纯粹价值之间的范畴。塞尔认为存在两种事实:一种是制度性的,另一种是自然事实,他还借用了康德对调整性原则与构成性原则的区分,分别将其定名为调整性规则与构成性规则。参见Searle J. How to derive "ought" from "is". *The Philosophical Review*, 1964(64):54.
⑤ 戴维·莱夫:《图绘新闻场域:过去、现在与未来》,闫文捷译,北京:中国传媒大学出版社,2022年,第50页。

理了现有的新闻研究文献,认为主要有两种不同的路径:一种是作为哲学的规范性新闻学研究——基于应然性问题展开的研究路径,主要回答(理想的)新闻(业)应该扮演何种角色,新闻业应该如何运行(才合乎需要),新闻业应该如何认识和报道世界,遵循哪些伦理原则等问题;另一种是作为社会科学的新闻学研究展开的路径,即围绕实然性问题展开,主要回答新闻业究竟如何运行,(在当下或历史进程中)扮演了什么角色,为什么会如此,以及可能会产生什么样的(社会、政治或文化)后果等问题。[1]

美国学者莫琳·比斯利(Maurine Beasley)曾指出,新闻学和大众传播学教育面临的重要挑战是全球化挑战。与全球化紧密联系的是先进的传播技术,这些先进的传播技术正在使信息的生产与消费成为21世纪最重要的产业之一。在此情况下,什么是组织和管理新闻学与大众传播学教育的恰当方式,已经在美国引起各种各样的争论。[2]亨利·詹金斯(Henry Jenkins)认为媒介融合"改变了现有的技术、产业、市场、内容风格以及受众这些因素之间的关系,改变了媒体业的运营以及媒体消费者对待新闻和娱乐的逻辑",不仅跨媒介跨行业,融合也"发生在同一设备、同一行业、同一公司、消费者头脑中以及同一粉丝团体中。融合既涉及媒体的生产方式变化,又涉及媒体的消费方式变化"[3]。有学者认为"无论数字时代的新闻业走向何方,政治都将是它的核心问题"[4]。迈克尔·舒德森提出了"客观性2.0"的观念,他认为新的客观报道包括了混合的信息——不是"个人意见"(personal opinion),而是"个人阐述"(personal interpretation),"记者的目标不仅是传播他们认为人们所需要的信息,而且试图讲述他们认为人们想听的故事"[5]。黄旦提出需要从网络化关系的视角重造新闻学。[6]因为数字技术不仅改变了传播格局,也催生了"数字

---

[1] 李艳红:《学科范式·创新路径·拓展传承——厘清数字新闻学理论创新的几个问题》,《新闻记者》2021第10期。
[2] Maurine Beasley、杨保军:《新世纪美国新闻学教育面临的挑战》,《国际新闻界》2001年第5期。
[3] 亨利·詹金斯:《融合文化:新媒体和旧媒体的冲突地带》,杜永明译,北京:商务印书馆,2012年,第47—48页。
[4] 常江、王润泽、迈克尔·舒德森等:《新闻的基本观念:历史缘起与中西比较》,《新闻记者》2022年第8期。
[5] 迈克尔·舒德森、李思雪:《新闻专业主义的伟大重塑:从客观性1.0到客观性2.0》,《新闻界》2021年第2期。
[6] 黄旦:《重造新闻学——网络化关系的视角》,《国际新闻界》2015年第1期。

新闻学相关理论、方法、实践的研究"①。而随着元技术的兴起,信息传播结构出现变动与重构,新闻业运行逻辑随之发生深刻变化。新闻文本不再表现为一个稳固的最终文本,更多情况下呈现为一个过程性文本,"流动性""不可还原性"成为新闻活动的显著特征,这也使未来新闻业充满不确定性。②2019年,《新闻学》创刊20周年版特刊《新闻学的理论、实践和批评》中,学者指出当今新闻业面临的最大挑战涉及规范性价值和民主有关的问题、新闻媒体的政治经济、受众和公众信任的相关性、新闻业本身的定义、新旧形式的专业意识形态的突出性等,还有学者提出了社会共鸣挑战和威胁,如独裁主义、民粹主义和假新闻。③这些问题在中国的新闻场或多或少存在着,是新闻研究的共识性议题。本书提出理论创新要对传统新闻学确立的一些概念和理论进行扬弃,重构新的概念体系与理论框架。

其一,中国特色的新闻学一直是以"事学"的视角建立的,强调的是工作和任务。数字新闻学应该将重心放在"人学"层面,导向人的生命价值、幸福和尊严,导向公众参与和公共生活。马克思和恩格斯曾指出,只有人才是全部人类活动和全部人类关系的本质和基础,"'历史'并不是把人当做达到自己目的的工具来利用的某种特殊的人格。历史不过是追求着自己目的的人的活动而已"④。姜红曾批评传统的新闻研究的"事学"传统,她写道:"这种形态应该是新闻学的唯一形态吗?它是如何被建构起来的?这种被建构起来的形态凸显了一些什么要素,又遮蔽了一些什么要素?中国的新闻学研究有没有可能在强调'事学'的时候,失落了'人学'的维度?而这种对'人学'的新闻学研究的忽略,是否应该为新闻实践中人文精神的缺失负一定的责任?至少此种研究向度可能带来的后果是作为新闻实践'路标'的新闻理论由于自身视野的局限,没有及时承担起徐宝璜所说的'导新闻事业于正途'的职能。"⑤现今,国家

---

① 陆小华:《数字新闻学的产生基础、逻辑起点与演进路径》,《新闻记者》2021年第10期。
② 姜华、张涛甫:《传播结构变动中的新闻业及其未来走向》,《中国社会科学》2021年第8期。
③ Tumber H, Zelizer B. Special 20th anniversary issue: The challenges facing journalism today. *Journalism*, 2019, 20(1): 5-7.
④ 马克思、恩格斯:《神圣家族,或对批判的批判所做的批判》,北京:人民出版社,1958年,第130页。
⑤ 姜红:《现代中国新闻学科建构与学术思想中的科学主义(1918—1949)》,博士学位论文,复旦大学,2006年,导言,第1页。

主要领导人重提党性和人民性的统一,表明了我们要从追求美好生活需要的具体的人出发,从人的角度建构新的新闻学。对此,童兵认为,无论处于政党报纸还是商业报纸阶段,由于报纸或者被当作政党的"作战工具",或者当作"牟利工具",人文精神在很大程度上被淡化了、掩盖了。只剩下物与物的交易、政权之间的较量。他指出,到了进行这些交易和较量的条件逐渐淡化的时候,新闻传播中人的精神活动才会更多地得到重视和获得更多的反应,新闻活动才能广泛体现出更多的人文关怀。

互联网作为高度互动、即时性强的媒介,给传统的大众社会带来了颠覆性的影响。传统大众社会以机构为运作主体,而互联网的出现,使社会的运作主体从机构转向了个人,从而导致了社会的"微粒化"。在这个新的传播时代,个人的自我表达、个性化需求、创造力等方面受到了更多关注,个人逐渐成为网络社会中的行为主体。传统上,用"新闻记者""新闻编辑"等来指称数字新闻活动中的参与者,一些新的说法如"闯入者"(interlopers)、"陌生人"(strangers)、"外围行动者"(peripheral actors)等被用来形容数字媒体生态培育的新兴新闻生产主体。①在这种社会背景下,一大批被忽视的微内容、微资源和微力量被发掘并得以激活和调动,从而形成了以个体和群体为主导的传播新景观。例如,众包生产、知识经济、直播带货等现象层出不穷。这些现象都反映出个人在网络社会中的重要性和价值,个人不再是传统大众社会中被湮没的群体,而是具有独特思想和创意的生产力量。随着互联网技术和数字化媒体的不断发展,这种微粒化社会的趋势将会更加明显。更多的人会通过网络获得知识、信息、资源和商业机会,并利用它们来实现自身价值和发挥创造力。同时,网络社交媒体、虚拟现实等技术的普及,也将进一步增强个体的表达能力和互动能力,推动微粒化社会的发展。喻国明等人指出,在传播语境中,人的行为是外显性的,是考量传播效果的重要指标。个体的传播行为能够表征其心理、情感、态度和社交关系。同时,人的行为也是社会构造的基础和力量,个体行为表征着个人的心智、想象力和行为自由度;社会行为实践则

---

① 常江、罗雅琴:《"新闻人":数字新闻生产的主体泛化与文化重构》,《福建师范大学学报》(哲学社会科学版)2023年第2期。

是从个人行为产生的,体现了圈层关系、权力结构和价值取向。[1]

其二,传统的新闻学是围绕职业新闻机构的生产实践而搭建的知识体系,数字新闻学要从网络化、数字化生存入手来建构知识体系。截至2022年5月,相关数据显示,全球最受欢迎的前五大社群媒体分别是:脸谱网(Facebook)、推特(Twitter)、照片墙(Instagram)、WhatsApp和抖音国际版(Tiktok)。这些新技术型公司取胜的法宝是什么?大数据、云计算和精准推送的算法。这些公司因为可以深度介入和分析用户信息消费习惯(包括喜好的信息内容类型、消费时间、消费地点、生活场景等),所以可以从海量的信息自由市场(人人都是记者,人人都在生产内容)上找到用户偏好的信息,并以恰当的方式推送给他们。也就是说,新闻的生产者、把关者、新闻的传播逻辑、新闻的阅读(观看)场景和欣赏偏好都发生了变化。如果新闻学研究没有关注到这些根本性的变化,那新闻学自然是没有生命力的。

互联网内容生产模式依次出现了专业生成内容、用户生成内容和人工智能生成内容等三种方式,有学者认为这分别代表从Web1.0到Web2.0再到Web3.0的进化。[2]这种进化的背后,涉及数字空间中参与者、行动者网络的变化,涉及交往关系的变化。所以,黄旦提出要基于网络化关系这样一个传播平台重新理解新闻传播,同时将新闻学转变为一个经验性学科;要反思原有的学科和理论前提;要以网络化思维思考人才培养的目标,改造新闻学的专业设置、课程体系、教学方式和教学内容。[3]数字技术对新闻传播方式、生产方式和消费者行为产生了深远的影响,并催生了新闻传媒业的巨大变革。如今,数字媒介已成为当代社会的神经系统,连接着不同地区、不同国家、不同文化背景的人们,使他们共享各种信息和思想。可以说,数字媒介的特征让传统的物理空间意义被大幅削弱,因为人们不再需要亲自到场就能获取信息和感受现实,并通过数字媒介快速地将其传递给全球,形成了所有人的共同感受。数字媒介的传播特征不仅扩大了人们的交往范围,还拓展了共情的范围。因为数字媒介能让我们更多地了解和感受来自不同地方、不同背景的人们的生活和体

---

[1] 喻国明、苏芳、杨雅:《行为传播学:建构未来传播学统摄性范式——行为传播学的学科价值、研究面向与关键议题》,《社会科学战线》2022年第10期。
[2] 曾润喜、秦维:《人工智能生产内容(AIGC)传播的变迁、风险与善治》,《电子政务》2023年第4期。
[3] 黄旦:《重造新闻学——网络化关系的视角》,《国际新闻界》2015年第1期。

验,让我们更容易地产生同情和共鸣。数字媒介的广泛普及性和便利性为我们提供了更多的交流和分享机会,打破了时间和空间的限制,让我们更容易接触到不同的人、文化和思想,这对于促进社会的发展和进步、增强人们之间的联系和理解有着重要的作用。

数字性(digitality)可以用来表示生活在数字文化中的状态,从早期的互联网,到今天繁荣的社交媒体平台及智能移动技术的快速发展,人、信息、数据和事件可以在全球传播。微博、微信这样的平台成为媒体和社交互动的交叉点。即使人们知道数字化并没有为互相关联的用户打开无限的知识视野,反而常常导致他们在微妙控制、受限的环境中被原子化。数字交往助长了两极分化,而不是形成基于事实的知情意见。但全球80多亿人口中已经有50亿人在虚拟世界中生存而不会离开。常江认为数字性是数字新闻学的元概念,一是数字性不是一种独立的技术特征,而是一系列可以被观察和解释的文化特征;二是数字性是对数字媒体逻辑的提炼,为信息和文化的流通提供了观念和物质的基础设施;三是数字性也是人类的一种行为方式,在数字时代的媒介逻辑中,表示人们参与并介入文化过程的能动性。[1]数字性这一概念源自尼古拉·尼葛洛庞帝(Nicholas Negroponte)的《数字化生存》一书。尼葛洛庞帝观察到越来越多的人通过手机与他人连接,通过万维网即时地查询信息,使用第三代信息存储(可以搜索文本中的任何片段并用于分类,如搜索引擎Google)、博客和电子邮件等进行交流。尼葛洛庞帝对数字化生活持乐观态度,并希望大家勇于接受和拥抱信息化生活。虽然他也谈到一些可能存在的问题,如隐私问题、数据泄露等问题,但数字化生存似乎赋予了数字世界参与者一种全新的生命——数字生命。数字生命的出现,对现有的秩序和规则提出了挑战,如当一个人在现实世界中死亡,其他人是否有权利维护其数字生命?其自由权、财产权、生命权是否与现实中的人一致?可见,数字性不仅涵盖技术本身,还涵盖了数字技术带来的社会、文化和经济变革。目前关于数字性的研究主要集中在数字技术对社会、文化和经济的影响,数字化对个人和组织的影响,数字化对我们生活方式的改变等方面。从数字新闻学的角度看,关于数字性的研究涉及数字技术如何改变人与人之间的沟通方式、信息流通方式和决策方

---

[1] 常江:《数字性与新闻学的未来》,《新闻记者》2021年第10期。

式等。

其三,数字新闻学要解释建立在数字秩序上的新知识生产和传播活动,剖析新的代理者、能动者的实践逻辑与实践规范。新闻是一种知识,追求事实的客观性、全面性和准确性,采用专业群体共同认可的方法和手段来呈现经验材料,并且通过阐释共同体建构的规范来运作。传统的新闻实践旨在报道和传播信息,以时间性和事件性为特点,采用直接、简明的语言向公众传播信息,实现社会瞭望者的角色和监督者的功能。这类似于社会学家所做的工作,虽然在研究方法的科学性及符号表达形式上存在差异,但在呈现知识这一点上是相通的。这种知识的生产者是记者和编辑,这些社会精英会直接生产知识或者承担知识生产的代理者角色,为公众提供公共信息,并对各种社会事实提供解释,以期让公众对生活世界有更好的了解。虽然"新闻业相对独立的知识探寻和真相追求,在整个认知分工体系中至关重要,它可监督各个知识生产领域,它可传递可靠的信息,通过所传递的信息和自身的运作,它可影响整个社会的公信力水平及其分布"[1],但在传统的媒体体系下,现实似乎只有一个,知识也只有一个,而且对所有的人来说都是一样的。那么拥有足够信誉度的媒体和优秀的记者,就成为那个时代的知识代言者。"假如两个人对某个事实有对立的观点,我们认为两人当中必有一人是错的。这是因为我们认定知识是对现实的精确代表,且真实世界不可能自相矛盾。"[2]

数字技术环境下的新闻信息生态发生了很大的变化,传统的新闻知识生产认识论也发生了变化,知识的生产者更多元了,现实也更多元了,建构的知识更多面了。数字新闻学研究要关注到这种新的变化,并在此基础上建设新的解释框架。数字媒体参与者往往以更加直接、快捷的方式进行新闻生产,较少受传统编审的约束。这些"闯入者""陌生人""外围行动者"等组成的数字媒体生态,也在不断演化和壮大,对整个新闻业的影响越来越大。数字媒体参与者的多样性和分散性也为新闻生产和传播带来了挑战。在这个分散的数字媒体环境中,新闻生产主体之间没有太多的联系和合作,容易导致信息片面化,甚至错误传播。这也促使数字新闻学界不断研究数字媒体生态下的新闻生产

---

[1] 潘忠党:《认知秩序及其面临的挑战》,《新闻记者》2023年第2期。
[2] 戴维·温伯格:《万物皆无序:新数字秩序的革命》,李燕鸣译,太原:山西人民出版社,2017年,第138页。

模式和规范,以期打造更加稳健的数字新闻生态。互联网正在实现更加分散和民主的知识分配,允许展示更多不同类型的声音和观点,打破了传统的权力结构,并实现了新的合作和知识创造形式。

戴维·温伯格(David Weinberger)的著作《万物皆无序:新数字秩序的革命》分析了从柏拉图、亚里士多德时代到现今的数字传播时代,漫长而生动的信息建构、分类与传播史,揭示了数字世界中事物排序方式和知识产生路径的变化。温伯格提出了新数字秩序的三个阶层,分别是"有序""无序""超级无序"。第一阶层是"有序",它是指我们熟悉的传统秩序,是一种自然、客观的秩序,由规则、层级和分类等传统方式来界定。第二阶层是"无序",它是指由数字技术所创造的、具有更大灵活性的秩序。它没有固定的规则,没有层级,也没有明确的分类。它是一种由大量数据的聚合所形成的秩序,不仅容许多种不同的分类方式存在,而且会持续更新和变化。这种秩序的代表是互联网,它使得人们可以轻松、快速地获取各种信息,也促进了人们之间的互动和交流。第三阶层是"超级无序",它是指人工智能和人类创造出来的强大的算法技术所带来的秩序。这种秩序的构建不依赖传统的分层、分类等方式,可以通过大量的数据挖掘和分析得出一些数字模式,这些模式可以实现比传统分类更精准的预测和推荐。温伯格认为,每个阶层的秩序并不是非此即彼,而是相互渗透、交错、重叠的。数字技术的发展,让我们认识到了世界的多样性和复杂性。因此,我们需要采用更加灵活、开放、适应变化的方式来理解和处理这些秩序,以更好地应对未来挑战。温伯格以维基百科为例,概述三阶秩序的知识产生方式。在维基百科这样的三阶媒体中发表观点不需要身份限制,比起二阶媒体看重作者权威度,维基百科更加看重内容本身。网站中的任何观点都可以被所有人质疑、讨论,甚至修改,这是二阶秩序无法做到的。维基百科的成功来源于社群的共同智慧,知识在思想的交流碰撞中产生。三阶秩序不需要二阶秩序中的专家帮助我们过滤信息,知识也不再被传统权威垄断。知识的创造与选择在三阶秩序中成为社会行为。三阶秩序中,知识"很大程度上是一个社区的产物,而非来源于一群相互之间毫无联系的个体"[1],这种变化是革命性的。胡泳评论说:"网络时代要谨记,对传统守门人来说是混乱和退化的东西,

---

[1] 戴维·温伯格:《万物皆无序:新数字秩序的革命》,李燕鸣译,太原:山西人民出版社,2017年,第189页。

对网民来说可能恰恰意味着智慧的几何级增长。这里的认识差异来自对智慧的不同理解。"①

三、数字新闻理论的核心问题

如果说在 19 世纪后期，尤其是在信息论、控制论、系统论出现之后，新闻学获得了一种全新的解释框架，那么今天传播技术的进步又突破了我们对新闻传播的传统想象。19 世纪末 20 世纪初才形成的新闻学理论的基本概念和框架又面临着全新的挑战——"新闻"不再是传统意义上的"新闻"，文本样式不同，生产的参与者不同，传播模式不同，评价和激励新闻生产的机制也不同。此外，受众也从传统的"读者"转变为"用户"，而且其在社会体系中的功能似乎也发生了变化。

"网络社会作为当前人类社会最为重大的历史性转型和新的社会形态，其核心特点在于产生了新的空间域态、新的社会结构和新的社会个体。在网络社会时代，社会信息更为充裕，生产合作更为远距离和跨时空，生存空间由现实空间向虚拟+现实混合态共存，社会结构更加扁平，社会组成由简单静态结构向复杂动态结构转变。"②黄旦认为网络社会出现的新质及新技术带来的根本性挑战，让新闻传播学研究站在了新的"紧要关头"，因为新闻传播正在发生"整体的生态变革"。学界和业界虽然关注到了诸如"媒体融合"或"全媒体"之类的操作性课题，但似乎忽视了"网络化社会"或者"网络化关系"是由另一种融合所构成的，即克劳斯·布鲁恩·延森(Klaus Bruhn Jensen)提出的三种不同维度的媒介融合：人的身体的媒介平台、大众媒介平台及以元技术——数字技术为核心的平台，它们互相叠加和广延，实现"交流和传播实践跨越不同物质技术和社会机构的开放式迁移"，由此，"人类被纳入了传播平台的范畴"③。延森认为，数字媒介不仅让信息触手可及，而且使得人们更容易接触到信息的提供者。数字化媒体系统让普通的社会成员成为传播者，这便带来新的形式

---

① 胡泳：《世界如此多姿多彩》，《汕头大学学报》（人文社会科学版）2017 年第 7 期。
② 何哲：《网络文明时代的人类社会形态与秩序构建》，《南京社会科学》2017 年第 4 期。
③ 黄旦：《重造新闻学——网络化关系的视角》，《国际新闻界》2015 年第 1 期。

的解释性差异与互动性差异。"各节点通过更多地吸收信息并有效地处理这些信息来强化自己在网络中的地位;而如果它们表现不佳,其他节点则会把它们的任务给接收过来。因而,各节点在网络中的重要性如何并不在于它们本身的属性,而在于网络中的其他节点相信不相信它们的能力。从这个意义上说,这些'转换者'遵从的是网络运行逻辑,而不是命令逻辑。"[1]

一直以来,新闻业被认为忠实地、真实地、可靠地、准确地、冷静地向公众传递关于外部世界的信息。作为交换,公众被期望作为一个更理性、更负责任、更有希望参与的政治体发挥作用。这便使得新闻业构成了公共领域运作的核心场,其传播行为的成功被认为对知情的公众、民主和其他政府模式的成功实施起到支持作用。但在数字传播时代,新闻业与它所服务的社区、它所寻求解决的新闻和公共事务的受众之间的关系正发生着巨大变化。技术的变化模糊了专业人员和公众、党派和旁观者之间的界限,人工智能的进化,更是改变了传统的接受信息的方式——自己去寻找某种媒体,去订阅或者收看收听。如此,传统媒体的生态系统和生产与传播系统都不得不再造和重塑。而那些原本不了解新闻规律的用户已经成为数字平台的主要新闻生产者,各类不生产新闻内容的技术型公司,如推特、谷歌、亚马逊、今日头条、腾讯、百度、快手、阿里巴巴、美团等,吸引了大量的新闻用户,倒逼着传统媒体变革。因为移动互联网兴起,智能手机充分普及,传统的新闻传播格局彻底被颠覆,"终端随人走、信息围人转"成为信息传播的新态势。[2]传统媒体虽然还在内容、资源和专业性等方面拥有优势,但已从拥有垄断话语权、手握麦克风的强势传播者,变成"多元声部"中的一个声部。

自20世纪50年代起,计算机技术迅速发展,已经深度介入新闻传播过程,从早期的计算机辅助新闻到数字新闻再到机器人新闻,人工智能在新闻采集、分析、分发甚至讨论中,带来了效率、速度和精确性的变化,也重构了传统的媒介组织。例如,路透社(Reuters)开发了一个名为"AI(人工智能)新闻生产线"的系统,可生成股票、体育和天气等新闻;《华盛顿邮报》运用人工智能生成新闻,这种技术被称为自动化新闻编辑;中央广播电视总台推出的人工智能虚拟

---

[1] 克劳斯·布鲁恩·延森:《媒介融合:网络传播、大众传播和人际传播的三重维度》,刘君译,上海:复旦大学出版社,2010年,第17页。

[2] 刘奇葆:《推进媒体深度融合,打造新型主流媒体》,《人民日报》2017年1月11日,第6版。

主播"小白"参与了多个专题节目的报道和信息处理工作。英国广播公司、澳大利亚广播公司，以及《人民日报》《光明日报》等都已将人工智能语音工具运用于新闻的个性化推送中。2022年，AIGC(Artificial Intelligence Generated Content，生成式人工智能)概念受到新闻传播学者的关注，因为AIGC应用可以生成文章、小说、音乐、绘画、程序代码甚至论文等各类内容。以2023年火爆的ChatGPT为代表的大语言模型能够自动化地生成文章、摘要和问答等内容，还能快速地分析大量的文本数据，提供对文章、新闻事件的有效概括和总结。如果在这一技术的基础上研发和维护无人值守的新闻平台和新闻机器人，那对于新闻业而言更是颠覆性的。2023年3月27日，世界上首个完全由人工智能生成的新闻频道——NewsGPT启动，NewsGPT的首席执行官艾伦·列维说："长期以来，新闻频道一直受到偏见和主观报道的困扰。通过NewsGPT，我们能够为观众提供事实和真相、没有任何隐藏的议程或偏见。"NewsGPT的人工智能算法能够分析和解释来源广泛的数据，包括社交媒体、新闻网站和政府机构。这使得该频道能够向观众提供主题广泛的最新新闻和信息，从政治和经济到科学和技术。不过彭博传媒首席数字官茱莉亚·贝泽尔(Julia Beizer)认为AI还不足以作为准确的信息源。

在20世纪早期，新闻由传统的新闻机构来生产，记者和编辑是新闻生产与传播中重要的作者与把关人。到20世纪后期，人们发现早期的个人博客和评论员社区可能不会第一时间报道新闻，但这些实践者会整理与评论官方提供的新闻和其他信息，从而提供重要服务。事实上，如今还有不少公众号或者头条号文章，仍然遵循这样的生产逻辑。不过，随着用户的参与程度越来越深与技术可供性越来越强，如今用户生产的内容几乎是实时的，他们通过最新的社交媒体可以在几分钟内传播、分享、评论、质疑和驳斥新闻报道，多种不同的媒体平台使用户之间能够快速和有效地进行临时合作。[1]随着时代的发展，移动互联网兴起，智能手机充分普及，传统的新闻传播格局彻底被颠覆，这是新闻学研究中必须关注到的根本性变化。也许新闻存在的根本价值并没有因为传播技术的革新发生根本性改变，但对于什么是新闻、新闻是如何生产和传播等

---

[1] Bruns A. Gatekeeping, gatewatching, real-time feedback: New challenges for Journalism. *Brazilian Journalism Research*, 2011, 7(2): 117-136.

问题需要重新思考。凯文·卡瓦本(Kevin Kawamoto)在2003年出版的《数字新闻:新兴媒体与新闻业的变化视野》(*Digital Journalism: Emerging Media & the Changing Horizons of Journalism*)一书就探讨了数字新闻学的历史、融合、伦理、在线媒体、替代性数字信息来源,还分析了多媒体网站、360度相机及全球卫星导航系统等前沿技术。随着博客和公民新闻的兴起,人们普遍认为互动参与式媒体正在改变传统专业媒体与受众之间的关系。一个流行的假设是,从媒体到公民的传统信息流正在被改革成社区成员的民主对话。盖瑞特·莫娜汉(Garrett Monaghan)和肖恩·滕尼(Sean Tunney)在2010年出版的《网络新闻:公民身份的新形式?》(*Web Journalism: A New Form of Citizenship?*)一书通过国际案例研究,对这一假设进行分析和辩论。2013年,《数字新闻学》(*Digital Journalism*)创刊,富兰克林在创刊号上说,"数字新闻业是复杂和不断拓展的,即便其早已构成一个巨大、不断变化并且难以定义的传播领域"。数字新闻学范式的创新首先要回答新闻在社会系统中的价值、新闻对于人类社会的意义,以及数字传播技术和基于新技术建立起来的新闻生态对传统新闻生产和传播模式的挑战等问题。杨保军和孙新指出,在智能时代,人主体新闻与智能体新闻之间形成了辅助、协作、共融三种关系。人主体新闻与智能体新闻的关系,表现为人主体新闻的"主体性"与智能体新闻"拟主体性"之间的关系,实质上是以智能体为中介建构的人与人之间的新闻关系。[①]吴璟薇等同样认为,在新闻生产实践层面,新闻业的"算法转向"本质上是"关系转向",即算法以一种不同于传统媒介技术的姿态嵌入甚至重塑了新闻生产流程;在新闻价值层面,算法的"人格化"与人的"算法化"成为新闻价值的双重驱动力。[②]

数字新闻学要研究跨媒体新闻叙事的机制、新闻内容及文化的媒介化、新闻产消主体和新闻机构之间的信息/情感网络,以及新闻自身作为媒介化力量影响社会进程的方式。实际上,这些新的研究议题都指向以"作为媒介的新闻"这一生态性思路,取代"作为文本的新闻""作为机构的新闻""作为社会信

[①] 杨保军、孙新:《论人主体新闻与智能体新闻的关系》,《新闻界》2022年第8期。
[②] 吴璟薇、杨鹏成、丁宇涵:《技术的追问:对智能新闻生产中人与技术关系的考察》,《新闻与写作》2022年第10期。

息生产部门的新闻"等工具性思路,来引领未来的新闻学研究。[1]泽利泽提醒说,将新闻业作为信息提供者和交流平台的特权,只说明了新闻业的部分情况,相反"作为文化的新闻业和作为批评的新闻业"[2]会为新闻学研究提供全新的想象。

数字新闻学是一门涵盖计算机科学、新闻学、传播学、心理学、社会学等领域的交叉学科,其研究内容涵盖数字新闻生产、传播、消费和社会影响等多个方面。大体而言,现有的研究包括如下方面:(1)数字新闻内容制作。研究如何制作高质量、高效率的数字新闻内容,以及如何通过数字技术提高内容的吸引力和互动性。(2)数字新闻传播。研究如何通过社交媒体、移动设备和其他数字平台传播数字新闻,以及如何评估传播效果。(3)数字新闻的社会影响。研究数字新闻对社会、文化、政治和经济等方面的影响,以及如何管理和解决数字新闻带来的问题。(4)数字新闻技术。研究如何利用人工智能、大数据、虚拟现实等技术提高数字新闻的制作和传播效率。

当前数字新闻学的研究热点包括:自然语言处理、机器学习、数据挖掘在数字新闻生产中的应用、社交媒体对数字新闻传播的影响、数字新闻对公众舆论和政治的影响等。其中,数字技术在数字新闻生产和传播中的应用是一个重要研究方向。近年来,人工智能、自然语言处理和数据挖掘等技术在数字新闻生产和传播中得到广泛应用,并对数字新闻生产和传播的效率、质量产生了重要影响。社交媒体作为数字新闻消费的主要途径之一,在数字新闻学中也得到了广泛关注。社交媒体在数字新闻传播、公众参与和政治影响等方面的作用和挑战,是数字新闻学研究的重要内容之一。从研究方法看,数字新闻学的研究方法包括实证研究、案例研究、网络调查、焦点小组讨论等多种方法。实证研究是数字新闻学的主要研究方法之一,其可以通过数据分析和实验等方法,对数字新闻生产和传播的效率、质量、影响进行定量分析。

---

[1] 常江:《数字时代新闻学的实然、应然和概念体系》,《新闻与传播研究》2021年第9期;王斌:《从本体拓展到范式转换:数字时代新闻研究的系统性变革》,《新闻记者》2021年第10期;陆小华:《数字新闻学的产生基础、逻辑起点与演进路径》,《新闻记者》2021年第10期;石力月:《社交媒体时代的客观性:个人化叙事的报道与作为事实的舆论——基于"江歌事件"的研究》,《新闻记者》2019第5期。

[2] Zelizer B. How communication, culture, and critique intersect in the study of journalism. *Communication, Culture & Critique*, 2008, 1(1):86-91.

但数字新闻学研究仍然存在许多未解之题,就连如何确定数字新闻的界限仍然是一个待解决的难题。随着数字新闻技术的发展,虚假信息和虚假新闻数量增加,如何确保数字新闻内容的真实性和可靠性成为当前的研究重点。数字新闻对社会的影响与传统媒体生态下是不一样的,如何准确评估数字新闻对社会的影响也是一个具有挑战性的问题。另外,数字新闻的传播机制与传统新闻的传播机制有很大的不同,而数字新闻技术的不断发展是数字新闻学研究的重要驱动力,因此从技术发展视角来观察数字新闻学是题中应有之义。尤其是类似ChatGPT这样的人工智能已经在重构新闻传播生态,这种技术会给新闻的生产、传播、影响及机制等带来什么影响,还有待更深入观察。

"科学家必须随时准备在理论和观察结果发生冲突时放弃该理论。只要理论不能接受经验的检验——或者不具有可检验性——那么它就应该被修改,以使得它的预测仅限于可观测的范围之内。"[1]可见,理论知识是需要更新的,但知识的创新不可能是断裂式的创新,每一个所谓的创新都有其理论传承,理论的创新大多谈不上颠覆性创新。对哈佛大学教授克莱顿·克里斯坦森(Clayton Christensen)在1995年杜撰的"颠覆性创新"观念的痴迷是错误的。因为即便一项新技术确实颠覆了一项旧技术,就像数字媒体对报纸所做的那样,其效果展现得也很慢,步伐也是逐渐加快的,是循序渐进而非突飞猛进地发挥作用的。而公众对新闻的偏好,新闻对公共善的价值追求,与杜威、帕克和李普曼的时代相比较,并没有因为技术的变化而产生根本性的差异。例如,新闻学研究的主要议题:什么力量左右着新闻的生产与传播,什么样的新闻是好的新闻,为什么公众需要一个不可爱的新闻界,新闻专业主义何以在这个时代发挥重要价值,新闻与公共生活的关系等,未来仍然是核心议题。

虽然在传统的权力要素——政治权力和经济权力——之外,会增加技术权力,但技术权力何尝不是政治权力与经济权力的延伸?技术就算是自主的,也仍然要受到政治权力与经济权力的制约,而且技术公司彰显或者隐藏某些信息的控制逻辑与传统权力控制模式有根本性区别吗?虽然人人都可以生产新闻,但有品质的新闻仍然弥足珍贵。数字技术的可供性让更多的信息、更多

---

[1] 迈克尔·波兰尼:《个人知识——朝向后批判哲学》,徐陶、许泽民译,上海:上海人民出版社,2021年,第11页。

的新闻被广泛传播,但更多不等于更好,相反新闻作为一系列实践和个体的集合、作为一种职业,甚至作为一种机构具有不可替代性。"[1]即使未来新闻不再是由职业记者提供的垄断知识产品,这也绝不意味着职业新闻的式微或灭亡。在职业新闻和公民新闻之间进行二元选择,其实是在知识形态上对新闻做了固化的、单一的理解。事实上,未来新闻的知识形态将会更多元,这意味着参与者会更广泛、新闻生产形式会更灵活、新闻生产者与接受者的边界会更模糊、角色转换会更常见,其中,职业新闻生产会更有活力,而非相反。[2]所以潘忠党指出,新闻变迁的核心问题不是新闻业会被打造成什么样或新闻业会变成何种模样,而是"我们希望并如何建构公共生活,即如何交往。我们不仅需要拷问哪些新闻创新可能或正在发生,其成败受什么影响,而且更要探究这些新闻创新体现了什么样的元传播模式。它如何将公共性原则、商业和其他逻辑的融合,落实为新闻传播的结构符码。职业新闻人又如何促进新闻场(journalistic field)的进一步开放,并在其中以更加丰富多彩的方式,继续成为真实、理性、开放、多元等公共交往理念的维护者、阐释者和示范者"[3]。这段话与詹姆斯·凯瑞(James Carey)于1997年发表的讲话的核心观点是一致的:"如果说新闻业有基础,那基础就是公众;如果说新闻业有客户,那客户就是公众。新闻业以公众为名,使自身获得合法性;其存在之价值就是告知公众,成为公众的耳目,保护其知情权,服务于公共利益。……公众是新闻界的图腾与护身符,是新闻界仪式致敬的对象。"[4]因此数字技术确实重构了新闻生态和样式,也在很大程度上颠覆了传统新闻业赖以生存的经济模式,但是公众对新闻业的期待,尤其是寄望于通过严肃的新闻传播网络建立起一张可以敏感捕捉(甚至是解释)关于自然和社会变动的信息的功能并未被颠覆。

---

[1] 常江、田浩:《芭比·泽利泽:新闻学应当是一个解释性的学科——新闻研究的文化路径》,《新闻界》2019年第6期。

[2] 王辰瑶:《未来新闻的知识形态》,《南京社会科学》2013年第10期。

[3] 潘忠党:《"元传播":新闻变迁的核心问题》,《中国社会科学报》2016年第1002期。

[4] Carey J W. The press, public opinion, and public discourse: On the edge of the postmodern. In Munson E S, Warren C A. *James Carey: A Critical Reader*. Inneapolis: University of Minnesota Press, 1997, pp.228-257.

CHAPTER 1

| 第一章 |

理解媒介技术

DIGITAL
JOURNALISM

第一节　媒介技术演进脉络的哲学考察

媒介的演进历程是一个研究者广泛关注的话题。从哈罗德·英尼斯、马歇尔·麦克卢汉、尤尔根·哈贝马斯到曼纽尔·卡斯特,他们对媒介领域的社会历史研究给我们带来了许多宝贵的智慧财富。他们通过对各种媒介的历史进行梳理和比较,厘清了与媒介相关的政治、文化、经济等多方面的影响,并对媒介在社会演进进程中的作用进行了深入剖析。弗洛伊德和刘易斯·芒福德等人论述了技术与文明的关系,海德格尔对于技术哲学的思考也发人深省。他们从哲学的角度出发探讨了技术对于人类的意义和作用等问题。在这些学者看来,技术不再只是工具或者中立的媒介,而是具有主体性和价值性的存在,通过技术的进步和演进,人类也在不断地进化和发展。

"媒介决定了我们的处境。"弗里德里希·基特勒在《留声机电影打字机》一书的开篇就这样写道。但什么是媒介?当我们讨论媒介时,指的是其传播的内容,还是媒介的技术维度,抑或其他的面向?在《理解媒介》中,麦克卢汉的名言之一是"媒介即信息",他把信息定义为媒介本身,强调要实现从信息内容到技术形式的概念性转变,使内容成为技术形式。当他说,媒介是人身体的延伸时,似乎是想说,技术是人类确认和强化自身的方式。麦克卢汉的思想是由对信息意义和技术表达——信息和媒介——的深刻洞察所驱动的,这对我们今天对媒介的理解具有重要意义。[1]安德鲁·芬伯格有言:"人类是什么和将会变成什么不仅取决于政治家的行为和政治运动,而且也取决于我们工具的形态。因此技术设计是一种充满着政治后果的本体论的决策。"[2]有意思的是,伯

---

[1] Hansen M B N. Media theory. Theory, Culture & Society, 2006, 23(2-3): 297-306.
[2] 安德鲁·芬伯格:《技术批判理论》,韩连庆、曹观法译,北京:北京大学出版社,2005年,第1页。

纳德·斯蒂格勒认为,人类的进化源于通过文化传递他们的知识,这意味着人类"本质上"是技术性的,从他们的起源开始就是如此。为了区别于严格意义上的动物学进化,斯蒂格勒将人类的进化定义为不可复制的生物和文化;它作为一个过程发生,他称之为"表生",即通过生命以外的手段进行进化。这一观点似乎被尤瓦尔·赫拉利全盘接受了。在尤瓦尔·赫拉利看来,生物组织都是算法,个体人只是许多不同算法的集成,认为人类作为一个物种是独特的不过是自作多情。他认为,智人只是一种相当平庸的算法,它注定会过时,或者升级。

本书虽然也会讨论技术的本质,但并不打算讨论所有的技术,本书重在对媒介技术进行分析。因为媒介已经在我们的日常生活中扮演着越来越重要的角色,人人拿着手机或搜索,或聊天,或视频,从博客,到YouTube,再到社交媒体和ChatGPT,媒介化(数字化)生存已经是基本事实,有人甚至说"人类历史就是一个不断强化的媒介化过程"[①]。不过,媒介的演进历史太复杂,牵扯的因素太丰富,因此媒介学者虽然乐此不疲却仍然是谁也说服不了谁。戴维·克劳利、保罗·莱文森、罗伯特·K.洛根、弗里德希·基特勒、克劳斯·布鲁恩·延森、雷吉斯·德布雷等人长期关注这方面的问题,但各家的理路和旨趣有很大的差异。本书旨在基于他们的思考回答如下几个问题:(1)技术的本质是什么?(2)如何理解媒介技术演进的逻辑?(3)未来的媒介形态将会如何发展?

一、技术的本质

"对技术的普通理解是不明确的,因此受到误导的希望的影响,对技术文化中人类繁荣的可能性视而不见。"[②]在最深切的本质上,技术是什么?它从何而来?它又是如何进化?[③]这是圣塔菲研究所复杂性科学奠基人布莱恩·阿瑟

---

① Couldry N, Hepp A. Conceptualizing mediatization: Contexts, traditions, arguments. *Communication Theory*, 2013, 22(2): 191-202.

② Borgmann A. Reality and technology. *Cambridge Journal of Economics*, 2010, 34(1): 27-35.

③ 布莱恩·阿瑟:《技术的本质:技术是什么,它是如何进化的》,曹东溟、王健译,杭州:浙江人民出版社,2014年,第5页。

(Brian Arthur)在其著作中不停追问的问题。1877年,卡普(Kapp)出版了《技术哲学导论》,"技术哲学"一词首次出现。他和马克思一道,成为第一代技术哲学家中的代表性人物。他们都关注技术对人、对社会的重大影响,不过马克思更趋向于技术决定论,强调技术对人类社会的积极正面影响,而卡普视技术为人类器官和身体功能的延伸。他的思想是否影响了后世麦克卢汉的观点不得而知,但他们观点的相通之处是显而易见的。

  关于技术与人类的关系问题,长期以来有两种不同的思考向度:其一,强调技术是一个科学的人类控制自然的过程;其二,强调技术让人类产生了根本性的转变。这两种观点都在卡尔·雅斯贝斯的著作中得到了很好的阐述。1949年,卡尔·雅斯贝斯在《历史的起源与目标》中提出:"不能低估现代技术的侵入及其对全部生活问题造成的后果的重要性。一般说来,历史思想盲目地依附于错误的观念,即认为现代技术是对过去的直接继续,并把我们的存在和我们以前的东西固执地作错误的比较。"[1]在谈到技术对于人类的目的性时,雅斯贝斯写道:"技术是一个科学的人类控制自然的过程,其目的是塑造自己的存在,使自己免于匮乏,并使人类环境具有诸事取决于自己的形式。人类技术给自然造成的面貌,以及这一技术过程又如何作用于人类,形成各条历史基线中的一条,通过这种方式,人类的工作方式、工作组织和环境发展改变了人类自身。"[2]由此,自然而然,雅斯贝斯发现了马克思所提出的技术与物的异化问题。他指出,"人类靠电影和报纸生活,靠听新闻和看电影而生活,到处都在机器因袭性的范围内","越来越多的人被迫成为机器的零件"[3]。雅斯贝斯指出,"属于精神或信仰范畴内的一切,只有在用于机器目的的条件下才被接受。人类本身变成被有目的地加工的一种原料。……文化传统,在其包含的绝对要求方面,已被摧毁,人们变成一盘散沙,他们越缺少根基,就越容易被利用。在使用机器的过程中,求生的感情同私生活脱离。但是生活本身也变成空虚,业余时间也机械化了,娱乐成为另一种工作。……原来的精神解放通过无所不在的新闻,转变为通过控制新闻来统制一切。通过通信体系,国家意志能在任

---

[1] 卡尔·雅斯贝斯:《历史的起源与目标》,魏楚雄、俞新天译,北京:华夏出版社,1989年,第115页。
[2] 卡尔·雅斯贝斯:《历史的起源与目标》,魏楚雄、俞新天译,北京:华夏出版社,1989年,第113页。
[3] 卡尔·雅斯贝斯:《历史的起源与目标》,魏楚雄、俞新天译,北京:华夏出版社,1989年,第128页。

何时刻在广大地区生效,甚至直到每个家庭"①。

海德格尔进而将这两种有关现代技术的解释化约为两个基本观点:第一,技术是目的的手段;第二,技术是人的行动。正是因为有了技术,传统的时间观念发生了变化(自然天象的时间替换为机械时间),而空间也在缩小,麦克卢汉的"地球村"得以成为可能。曾经人们只能远望的星球,今天可以成为人类星际航行的中转站。远方的故事,可以即时传遍全球——我们可以一起观看英国皇家婚礼,可以即时分享战争与灾难的现场影像。不同语言背景、不同文化传统的人,可以借助谷歌翻译等工具,在互联网上直接交流,我们甚至可以与故人在虚拟现实中再见。芒福德写道:"显然现在的交流范围更广了,更多的联系花费更多的精力、花费更多的时间,不幸的是,这种世界范围内的即时交流,并不意味着能够避免狭隘和琐碎的个性。及时的联系确实方便,但也带来了负面影响,阅读、写作和绘画是思维的高度提炼,也是深刻思想和深思熟虑的行动的媒介,现在却被这种即时交流削弱了。与直接而有限的接触相比,人们在保持一定距离的时候更善于交流,有时看不见对方的交流进行得更顺畅……从社会角度看,过分频繁而重复的个人交流可能并不有效。"②用海德格尔的话来说就是"人类在最短时间内走过了最漫长的路程。人类把最大的距离抛在后面,从而以最小的距离把一切都带到自己面前"。不过,海德格尔警告说:"这种对一切距离的匆忙消除并不带来任何切近;因为切近并不在于距离的微小。在路程上离我们最近的东西,通过电影的图象,通过收音机的声响,也可能离我们最远。在路程上十分疏远的东西,也可能离我们最近。小的距离并不就是切近。大的距离也还不是疏远。"③那么什么是切近?海德格尔解释说:"物化之际,物居留大地和天空,诸神和终有一死者;居留之际,物使在它们的疏远中的四方相互趋近,这一带近即近化。近化乃切近的本质。切近使疏远近化,并且是作为疏远来近化。切近保持疏远。在保持疏远之际,切近在其近化中成其本质。如此这般近化之际,切近遮蔽自身并且按其方式保持

---

① 卡尔·雅斯贝斯:《历史的起源与目标》,魏楚雄、俞新天译,北京:华夏出版社,1989年,第140—141页。
② 刘易斯·芒福德:《技术与文明》,陈允明、王克仁等译,北京:中国建筑工业出版社,2009年,第213页。
③ 马丁·海德格尔:《演讲与论文集》,孙周兴译,北京:生活·读书·新知三联书店,2011年,第172页。

为最切近者。"①由此,海德格尔认为:"如果我们思物之为物,那我们就是要保护物之本质,使之进入它由以现身出场的那个领域之中。物化乃是世界之近化。近化乃是切近之本质。"②有学者评价说,在《存在与时间》《艺术作品的本源》系列演讲,以及《物》的演讲中,海德格尔"从基础存在论分析之于认识存在者的关系,通达物之物性之于理解对象物的关系,以及天、地、人、神的意蕴整体之于呈现物的意义关系三个方面,对物之切近之思之于物的表象之思的基础作用作出了深刻的阐析"③。在《物》的演讲中,海德格尔引用了一个著名的壶的例子,分别从天、地、人、神的关系视角解释壶之为壶的切近思考。海德格尔认为:"作为这种壶——物的壶是什么,如何是?这是决不能通过对外观即'相'的观察得到经验的,更不消说由此得到合乎实事的思考了。"④他的结论是:"壶的本质是那种使纯一的四重整体入于一种逗留的有所馈赠的纯粹聚集。壶成其本质为一物。壶乃是作为一物的壶。但物如何成其本质呢?物物化。物化聚集。在居有着四重整体之际,物化聚集着四重整体的逗留,使之入于一个当下栖留的东西,即:入于此一物,入于彼一物。"⑤可见,海德格尔的物是一个汇聚天、地、神、人的四重整体。他所描述的黑森林中的农家院落充分体现了"物"的这一本性。这个200多年前由农民筑造的院子坐落在"大地上",它的木石结构取自大地,且终将返归大地。院落位于避风的山坡上,屋顶承载着冬日的积雪。"风雪"透露出它在"天空下"。公用桌子后面的圣坛、死亡之树是终有一死者的归宿,暗示着院内人的终极命运,院落在"护送终有一死者"。一家人在这个院子里生活和享受着收获的喜悦,天、地、神、人在这个院子里和

---

① 马丁·海德格尔认为,大地(die Erde)承受筑造,滋养果实,蕴藏着水流和岩石,庇护着植物和动物。天空(der Himmel)是日月运行,群星闪烁,是周而复始的季节,是昼之光明和隐晦,夜之暗沉和启明,是节日的温寒,是白云的飘忽和天穹的湛蓝深远。诸神(die Göttlichen)是暗示着的神性使者。从对神性的隐而不显的支配作用中,神显现而成其本质。神由此与在场者同伍。终有一死者(die Sterblichen)乃是人类。人类之所以被叫作终有一死者,是因为他们能够赴死。赴死(Sterben)意味着有能力承担作为死亡的死亡,因此只有人才能说赴死,而动物只是消亡而已。马丁·海德格尔:《演讲与论文集》,孙周兴译,北京:生活·读书·新知三联书店,2011年,第185—186页。
② 马丁·海德格尔:《演讲与论文集》,孙周兴译,北京:生活·读书·新知三联书店,2011年,第190页。
③ 蒋红雨:《表象之思与切近之思:海德格尔物的分析思想》,《哲学研究》2015年第7期。
④ 马丁·海德格尔:《演讲与论文集》,孙周兴译,北京:生活·读书·新知三联书店,2011年,第175页。
⑤ 马丁·海德格尔:《演讲与论文集》,孙周兴译,北京:生活·读书·新知三联书店,2011年,第181页和

谐地栖居,这是人真正的家园。但海德格尔认为,现代科学技术的解蔽方式拆散了这种聚集,把院落还原为可供享用的物质资料。在他看来,技术是一种展现(revealing),而现代技术的本质——构架——是一种将世界遮蔽起来的具有挑衅逼迫性的、预置式的展现。迪亚斯(Dias)解释说,在海德格尔那里,无论是古代技术还是现代技术,都是一种展现,但现代技术不是"带出",而是"挑衅逼迫"[1]。可见,在海德格尔的哲学中,现代技术消解了物的世界,使人始终处于无家可归的状态。

18世纪法国学者拉·梅特里(La Mettrrie)在《人是机器》一书中使用了"驯顺"这一概念,旨在说明科技让人的身体变成可解剖和可操纵之物。当代技术哲学的代表性人物之一雅克·埃吕尔(Jacques Ellul)在《技术社会》一书中也指出:"技术已成为自主的;它已经塑造了一个无孔不入的世界,这个世界遵从技术自身的规律,并已抛弃了所有的传统。"[2]这一类型的观念,似乎正受到广泛关注,兰登·温纳(Langdon Winner)先后出版了《自主性技术:作为政治思想中的主题的技术失控》(1977年)和《鲸鱼与反应堆》(1986年)两本著作,对由现代技术引起的政治和文化的统治展开了系统的批判。他认为,技术在自身设计的过程中就包含了政治和文化的因素,他描绘了技术是如何给我们的生活带来影响的,并倡导技术设计的变革。技术不仅仅产生社会后果,而且重构了社会,为社会"立法",人类要反过来"适应技术"。温纳称之为"反向适应"[3]。所以,单一地讲人是主体,或者物有自主性,都缺少了一种人与自然、人与技术共同进化的视角,仍然没有超越二元论的思维框架。[4]在这一方面,拉图尔的观点值得我们重视,他将这个世界称作"集体"(collective),所谓集体就是"人与非人(non-human)在一个整体中的属性交换"[5]。因此,科学进步不

---

[1] Dias W P S. Heidegger's relevance for engineering: Questioning technology. *Science & Engineering Ethics*, 2003, 9(3): 389-396.

[2] 兰登·温纳:《自主性技术:作为政治思想主题的失控技术》,杨海燕译,北京:北京大学出版社,2014年,第12页。

[3] 兰登·温纳:《自主性技术:作为政治思想主题的失控技术》,杨海燕译,北京:北京大学出版社,2014年,第203页。

[4] 吴飞:《新闻传播研究的未来面向:人的主体性与技术的自主性》,《社会科学战线》2017年第1期。

[5] Latour B. *Pandora's Hope: Essays on the Reality of Science Studies*. Cambridge: Harvard University Press, 1999, p.193.

再是分裂式的,而是杂合式的;不再是纯化式的,而是转译式的。也就是说,进步是一个自然与社会杂合的过程,拉图尔称为"集体实验""万维实验室""物的议会""杂合论坛"。实验室的范围越广,人类和非人类因素被征募到集体内的数量就越多,集体也就越进步。这一进步的方向是"指向在更广范围内将人类与非人类动员起来,将各种'行动者'联结起来的能力"[1]。

法兰克福学派新一代的领军人物安德鲁·芬伯格将已经建立起来的技术理论归纳为两种形式:一种是工具理论(instrumental theory),另一种是实体理论(substantive theory)。芬伯格解释说,前者将技术看成从属于在其他社会领域中建立起来的价值,这是现代政府和政策科学所依赖的占主导的观点,后者则类似于雅克·埃吕尔持有的观点,即将技术看成一种自主的文化力量。[2]安德鲁·芬伯格引入"技术代码"概念,发展出了一种技术批判理论,强调技术的辩证法需要考虑技术的社会和文化情境,尤其是技术发展过程中社会的两难困境,如物质与道德、效率与平等的悖谬关系。芬伯格认为,对于技术的思考,不能站在支持或反对技术的角度,因为无论你支持还是反对,都没有办法改变技术进化的动力,我们能做的是通过公众参与技术设计,改变技术代码,推进技术领域的民主化。他强调"技术的民主化要优先考虑那些被排斥的价值和表达这些价值的公众"[3],只有通过技术的民主化,技术的发展才会走向文明。

20世纪末,艾尔伯特·鲍尔格曼(Albert Borgman)推出了他的技术哲学三部曲:《技术和当代生活特征:哲学研究》(1984年)、《跨越后现代的界线》(1992年)和《抓住现实:千年之交信息的本质》(1999年)。在这些著作中,鲍尔格曼继承并超越了海德格尔的技术哲学观。他用"设备范式"(device paradigm)观念代替了海德格尔"物"的观念。[4]他所说的"设备范式"是指现代

---

[1] 刘鹏、蔡仲:《法国科学哲学中的进步性问题》,《哲学研究》2017年第7期。
[2] 安德鲁·芬伯格:《技术批判理论》,韩连庆、曹观法译,北京:北京大学出版社,2005年,第3—4页。
[3] 安德鲁·芬伯格:《技术批判理论》,韩连庆、曹观法译,北京:北京大学出版社,2005年,第24页。
[4] 技术是人类与世界交往的特殊方式。传统社会中,人们使用工具与世界打交道,而在现代社会中人们所使用的工具越来越复杂、功能越来越强大,因此鲍尔格曼将其称为"设备"(device)。"设备"在结构和功能上都大大强于传统技术模式下的"工具"。参见董晓菊、邱慧:《焦点技术观是本质主义技术观吗?》,《自然辩证法通讯》2015年第6期。

社会人在追求可用性共同信念的指引下,根据可用性法则决定自己的行为活动和生活方式。①鲍尔格曼认为古代技术(物)是手段和目的的统一。人要想实现目的,就必须参与物,而同时在参与中体认物的"与境"(世界)。如此,世界也就展现在世人的面前了。但现代技术(设备)则是手段(机械)和目的(用品)的分离,而这种分离就使现代技术(设备)具有卸负和提供用品两个特征。卸负是指设备通过手段即机械掌握了人的参与,从而卸除了人的负担,同时也意味着卸除了物的与境,因而也就遮蔽了世界。不过,这只是事实的一个方面。另一面是"设备在卸除物的与境和人的负担的同时,为人提供了美好的前景,即为人提供了用品(可用性)。这些由设备的手段(机械)部分生产出来的可用性具有即时性、普存性、安全性和容易性的特征"②。可见,虽然艾尔伯特·鲍尔格曼同海德格尔一样,也是从"人—技术—世界"的多元维度来分析技术,但却立足于技术本身(技术人工物)来研究技术。在海德格尔那里,构架意味着对那种摆置的聚集,这种摆置摆置着人,也即促逼着人,使人以预置的方式把现实当作持存物来解蔽。在构架下,人丧失能动性和主体性。在《技术的追问》一文中,海德格尔写道:"现代技术作为订造着的解蔽,绝不只是单纯的人类行为。因此之故,我们也必须如其所显示的那样来看待那种促逼,它摆置着人,逼使人把现实当作持存物来订造。那种促逼把人聚集于订造之中。此种聚集使人专注于把现实订造为持存物。"③鲍尔格曼的设备范式强调了人的主体性和社会的建构性,认为人可以通过经济、政治、文化和社会等实践手段改变和控制技术的可能性。④鲍尔格曼指出,在这种技术范式之中,既不能将人与技术的关系概括为技术对人类的绝对统治,也不能将技术概括为如前技术时代中的"物"那般为人们的生活提供了明确的方向,而是一种"人类自身被牵入技术的关系"⑤。

---

① 顾世春、文成伟:《物的沦丧与拯救——鲍尔格曼设备范式与焦点物思想探析》,《东北大学学报》(社会科学版)2011年第5期。
② 顾世春、文成伟:《鲍尔格曼和海德格尔技术思想的分岔口》,《自然辩证法研究》2013年第1期。
③ 海德格尔:《演讲与论文集》,孙周兴译,北京:生活·读书·新知三联书店,2015年,第17—18页。
④ 顾世春:《从海德格尔到鲍尔格曼技术哲学经验转向研究》,博士学位论文,大连理工大学,2013年。
⑤ Borgmann A. Technology and the Character of Contemporary Life: A Philosophical Inquiry. Chicago: University of Chicago Press, 1984, pp.104-105.

二、作为"焦点物"的媒介

鲍尔格曼受海德格尔之四重"聚集"的影响,提出了"焦点物"(focal things)的概念。鲍尔格曼在考证"焦点"(focus)一词的来源时,发现它最初指"火炉",这是因为它在前技术时代的屋子里,"构建了一个温暖、光明和日常生活实践的中心。对于古罗马人来说,火炉是神圣的……在古希腊,当婴儿被抱到火炉边,并放在前面时,他就算真正加入这个家庭和家族了。在火炉边举行的古罗马婚礼聚会是神圣的。至少在早期,死者是由火炉焚化的。一家人在火炉边用餐……火炉维持着房屋和家庭,维持其秩序,并且成为其中心"[①]。在象征意义上,"焦点"就是汇聚其与境中诸多关系的中心。鲍尔格曼就是在"焦点"象征意义的基础上使用焦点物概念的。

焦点物是指具有汇聚其所在与境中诸如自然、传统、文化和历史等各种要素能力的事物。鲍尔格曼认为焦点物可以在技术社会漫无目的的生活中为人类提供一个中心,有助于人们在新时代中重新定位自身。他写到,焦点物"使人的身心共同参与和为我们的生活提供中心。威严的在场(commanding presence)、与世界的联结(continuity with the world)和会聚力(centering power)是焦点物的标志"[②]。显然,鲍尔格曼将"焦点物"看成区别于"设备"(device)的东西。他写道:"物和它的与境(context),也就是它的世界不可分,也和我们与该物及其世界的交往,即参与不可分。关于一物的经验,总是既包含与该物之世界在质料上的参与,又包含社会的参与。在唤起多方面的参与时,一个物必然提供了不止一种用品。因此,火炉在过去远不仅被用作取暖,而且被用作家具。"[③]有学者解释说,"聚焦物是这样的一些事物,它以邀请人们

[①] Borgmann A. *Technology and the Character of Contemporary Life*.Chicago:University of Chicago Press,1984,p.196.转引自邱慧:《焦点物与实践——鲍尔格曼对海德格尔的继承与发展》,《哲学动态》2009年第4期。

[②] Borgmann A. *Crossing the Postmodern Divide*. Chicago:University of Chicago Press,1992,pp.119-120.转引自顾世春、文成伟:《物的沦丧与拯救——鲍尔格曼设备范式与焦点物思想探析》,《东北大学学报》(社会科学版)2011年第5期。

[③] 邱慧:《焦点物与实践——鲍尔格曼对海德格尔的继承与发展》,《哲学动态》2009年第4期。

自身参与的方式,要求人们在场实现他们的能力"[1]。这就是鲍尔格曼所说的"焦点实践",即要跳出技术模式的限定和统治,"在不降低其深刻性和一致性上保卫居于实践中心之物,就是保护它,使它免于被技术地分割为手段和目的"[2]。

切特罗姆曾指出:"媒介这个词所产生的多种含义,表现出一种潜藏在全部现代传播方式历史中的矛盾因素在语言学上的遗留物。……这些矛盾一方面是由新的传播技术提供的进步的或是乌托邦的可能性;另一方面是这些技术被用作统治和剥削手段的性质,广义地说,矛盾是由这两方面之间的张力表现出来的。"[3]克劳斯·布鲁恩·延森认为:"媒介首先是交流互动的资源,其次才成为表达的形式或思考的客体。"[4]库利认为,媒介技术是指"包括表情、态度、姿态、声音的语调、词语、作品、印刷、铁路、电话和一切可以成功征服空间与时间的技术"[5]。公元前51年,古罗马政治家兼演说家马库斯·图利乌斯·西塞罗(Marcus Tullius Cicero)在西里西亚就任总督期间,便充分利用在莎草纸上抄录的文件来了解远方的情况。他写道:"其他人也会给我写信,很多人会向我提供新闻,哪怕是谣言,我也能从中听到不少消息。"[6]在那个时代,虽然没有印刷术,也没有今天我们熟悉的大众传播媒介,但传播信息是人们日常生活必不可少之事。

那么如何理解媒介技术的本质呢?海德格尔指出,技术本质上既不是某个目的的手段,它本身也不是一个目的。技术的本质在目的和手段领域之外,这个领域是有因果作用规定的,因而被界定为现实领域。技术本质上根本不是其他种种现实中间的一种现实,技术乃是如今一切现实领域的现实性的基

---

[1] 傅畅梅:《论"装置范式"研究纲领的核心——技术信息》,《科技管理研究》2011年第2期。

[2] 阿尔伯特·鲍尔格曼:《设备范式与焦点物》,参见吴国盛编:《技术哲学经典读本》,上海:上海交通大学出版社,2008年,第409—432页。

[3] 丹尼尔·杰·切特罗姆:《传播媒介与美国人的思想——从莫尔斯到麦克卢汉》,曹静生、黄艾禾译,北京:中国广播电视出版社,1991年,第199页。

[4] 克劳斯·布鲁恩·延森:《媒介融合:网络传播、大众传播和人际传播的三重维度》,刘君译,上海:复旦大学出版社,2012年,第88页。

[5] Cooley C. *Social Organization: A Study of the Lager Mind*. New York: Charles Scribner's Sons, 1967, p.61.

[6] 汤姆·斯丹迪奇:《从莎草纸到互联网:社交媒体2000年》,林华译,北京:中信出版集团,2015年,第4页。

本特征。现实性的基本特征乃是在场状态。技术之本质乃是在集—置之本质形态中的存有自身。他在论及广播和电影时说:"广播和电影也属于那种订置的存料,通过这种订置,公众本身受到摆置,受到促逼,并且因此才被安排。广播和电影之机组乃是那种存料的存料—部件,这种存料把一切都带入公共领域之中,并且因此毫无差别地为了一切存在事物和每一件事物订置公众。"[1]

一切知识在一定意义上都取决于技术;不仅如此,我们还要有力地断言:如果没有技术,人的知识就不可能存在。借用鲍尔格曼的观点,我们可以认为传媒是典型的"焦点物"。"抽象的观念几乎完全依赖传播,传播则完全依赖抽象。"[2]而且"与其他技术不同的是,媒介技术具有创造想象环境的能力"[3]。无论我们是否承认人是符号的动物或者人是文化的动物,我们都必须承认,人无法离开媒介所创造的想象环境而生存。

从鲍尔格曼的"焦点物"观念出发,就"必须在双重视域之中考察电子传播媒介的意义:电子传播媒介的诞生既带来了一种解放,又制造了一种控制;既预示了一种潜在的民主,又剥夺了某些自由;既展开了一个新的地平线,又限定了新的活动区域——双重视域的意义在于,人们的考察既包含了肯定,又提出了批判"[4]。在鲍尔格曼那里,"物"之所以成为"焦点物","不仅仅在于'物之为物',还在于它的'在场方式'、'呈现'形式、'场域'、与'周遭'世界打交道的方式,以及那些'不在场'却是这个场域的重要组成部分的要素。它们共同组成了以'物'为中心的人们生活的有机场域,生活世界由此得以展开,社会由此得以构建,文化由此得以产生"[5]。在网络空间,所有的世界都变成了一个表面。例如,微软将其平板电脑称为Surface,它被称为"工程的壮举和艺术的作品"及"革命性的新平板电脑","将改变你工作和娱乐的方式。在一个设计精美、考虑周到的设备上完成这一切"。对此,鲍尔格曼提醒说,"微软一定是忽

---

[1] 海德格尔:《存在的天命:海德格尔技术哲学文选》,孙周兴编译,杭州:中国美术学院出版社,2018年,第103页。
[2] 保罗·莱文森:《思想无羁——技术时代的认识论》,何道宽译,南京:南京大学出版社,2003年,第153页。
[3] Best K. Redefining the technology of media: Actor, world, relation. Techné: Research in Philosophy and Technology, 2010, 14(2):140-157.
[4] 南帆:《双重视野与文化研究》,《读书》2001年第4期。
[5] 翟源静、刘兵:《从鲍尔格曼的"焦点物"理论看新疆坎儿井角色的转变》,《科学技术哲学研究》2010年第6期。

略了一个事实,那就是与 Surface 搭配的形容词是肤浅的"[1]。他分析说,从有形的环境和实际的人身上移开,对应的是记忆和想象力的精神衰减。当我们可以随时调用精确而丰富的信息时,把时间、地点和事件存储在我们永远易变而有限的记忆中似乎毫无意义。当你可以在屏幕上精确地描绘它时,想象空间上的遥远和时间上的遥远似乎很粗鲁。

虽然鲍尔格曼认为技术文化具有强大的不可避免性、持续性和诱惑力。但他和海德格尔等人的媒介技术决定论存在着根本性的差异。因为在网络空间中,虽然你可以通过 iPhone "召唤"一出清唱剧或一份古老的文件,"而你不能召唤神圣的东西,它有自己的地方和时间"[2]。按照威廉斯的总结,"技术决定论的基本设想是:一种新技术——一种印刷的报纸,或者一颗通信卫星——'产生'于技术研究和实验。接着,它会改变它从中'出现'的社会或者部门。'我们'要适应它,因为它是新的现代方式"[3]。"我们怎样去使用电视,事实上也就凸显了我们现有的某些社会秩序、某种人性,而这些社会秩序与人性又另由其他因素决定——即使没有电视的发明,我们还是免不了要受摆布,免不了茫无所知地度过我们的娱乐生活。没有电视,也许只不过是这种受摆布与茫然的状态,要轻微一些罢了。"[4]正是在这一意义上,有学者得出如下结论:"现代技术既不是救世主,也不是坚不可摧的铁笼,它是一种新的文化结构,充满问题但可以从内部加以改变。"[5]

三、媒体进化的逻辑

技术是人身延伸的观点的源头可以追溯到马克思。马克思曾提出,钱、商

---

[1] Borgmann A. The force of wilderness within the ubiquity of cyberspace. *AI & SOCIETY*,2017,32(2): 261−265.

[2] Borgmann A. The force of wilderness within the ubiquity of cyberspace. *AI & SOCIETY*,2017,32 (2):261−265.

[3] 雷蒙德·威廉斯:《现代主义的政治——反对新国教派》,阎嘉译,北京:商务印书馆,2004年,第171页。

[4] 雷蒙德·威廉斯:《电视:科技与文化形式》,冯建三译,台北:远流出版事业股份有限公司,1992年,第24页。

[5] 安德鲁·芬伯格:《可选择的现代性》,陆俊等译,北京:中国社会科学出版社,2003年,第2页。

品和机器这些不同的实体,实际上都是对人类基本生产力或者说劳力的转换或者延伸。弗洛伊德则讲得更明确,在1930年的一本著作中,他写道:"人类利用每一件工具,完善企业劳动器官和感知器官,便逐渐消失了人类能力方面的限制……通过望远镜,人类看到了更远的距离;通过显微镜,人类克服了视网膜结构对视力的限制。人类发明了照相机,这种可以保留瞬间的仪器,发明了留声机来保存听觉的印象,这两者都是对人类回忆和记忆的物化,在电话的帮助下,人类可以听到远方的声音,即使是在童话故事中,这都是难以想象的。写作从最开始,就是来自心灵的呼唤,而房子则是母亲子宫的替代品。"[1]不过,媒介是人体延伸的观点,在麦克卢汉那里被发扬光大,成为他的代表性观点之一。在《理解媒介》中,麦克卢汉写道:"凭借分解切割的、机械的技术,西方世界取得了三千年的爆炸性增长,现在它正在经历内爆(implosion)。在机械时代,我们完成了身体的空间延伸。今天,经过一个世纪的电力技术(electric technology)发展以后,我们的中枢神经系统又得到了延伸,以至于能拥抱全球。就我们这颗行星而言,时间差异和空间差异已不复存在。我们正在迅速逼近人类延伸的最后一个阶段——从技术上模拟意识的阶段。在这个阶段,创造性的认识过程将会在群体中和在总体上得到延伸,并进入人类社会的一切领域,正像我们的感觉器官和神经系统凭借各种媒介而得以延伸一样。"[2]"我们的神经系统已经延伸而成一个全方位的信息环境;在一定程度上,是进化的延伸。进化不再是千万年来生物学意义上的延伸,而是过去几十年那种信息环境的延伸。"[3]这一观点虽然看起来讲清楚了媒介技术演进的方向,但同样没有回答这一演进的逻辑是什么。

布莱恩·阿瑟有关技术进化的观点,也许有利于我们解决这一问题。在布莱恩·阿瑟看来,"技术在某种程度上一定是来自此前已有技术的新的组合"[4],而且技术的建构,不仅来自已有技术的组合,而且来自对自然现象的捕捉和征

---

[1] 转引自保罗·莱文森:《人类历程的回放:媒介进化论》,邬建中译,重庆:西南师范大学出版社,2017年,第22页。
[2] 马歇尔·麦克卢汉:《理解媒介:论人的延伸》,何道宽译,南京:译林出版社,2011年,第4页。
[3] 马歇尔·麦克卢汉:《麦克卢汉如是说:理解我》,何道宽译,北京:中国人民大学出版社,2006年,第104页。
[4] 布莱恩·阿瑟:《技术的本质:技术是什么,它是如何进化的》,曹东溟、王健译,杭州:浙江人民出版社,2014年,第14页。

服。但是技术不是由随机的现成技术进行组合而成的,它是"实现人的目的的手段"。此外,"技术具有递归性,包含某种程度的自相似组件,也就是说,技术是由不同等级的技术建构而成的"。雷蒙德·威廉斯以电视为例进行了分析,他认为电视的发明乃是非单一的事件或事件的系列。它是一个有赖于在电学、电报、摄影与电影,还有无线电方面的发明和发展的复合体。它可以说是"在1875年至1890年间作为一个确定的技术目标分离出来,接着,相隔一段时间之后,从1920直到1930年代的第一个公共电视系统,作为一个确定的技术实体而发展起来的。然而在其中每一阶段,它——就各部分的实现而言——都有赖于原本着眼于其他目的所获得的发明"[1]。布莱恩·阿瑟讲到一个核心观点,那就是技术进化需要从人的需求的角度去思考。他指出:"技术是那些被捕获并加以利用的现象的集合。……我还可以说,现象是为了某种目的而被驾驭、控制、缚住、应用、采用,或者开发的。"[2]

英国作家道格·海恩在一篇文章中写道:"在我坐着进城的那辆大巴上,每一位青少年和每一位成年人都坐在座位上,眼睛盯着他们那个小巧的、无所不能的机器:在这个口袋大小的窗口里,有我们永远也读不完的文章、永远也听不完的音乐、永远也看不够的裸照。可就在几年前,这种信息宝库还是不可想象的事情。当面对它们的时候,像我们这些现在已经多多少少成年了的人都会想:要是现在再变年轻,那该多不一样啊。我记得听一个人说过这么一句话:'有了Google,哪个小孩会觉得无聊?'"

著名的史学家费尔南德·布罗代尔认为:"一种革新,只有符合支持它和强制它的社会动力才有价值。"[3]雷蒙德·威廉斯显然也认同这一观点,他认为,"关于技术对需要的反应的问题,主要不在于需要自身,而在于它在现存社会构成中的地位。与实际决策集团的优先考虑相一致的需要,显然可以更快地吸引资源的投入和官方的允许、批准或者为任何实际使用着的技术——它有

---

[1] R.威廉斯、陈越:《电视:技术与文化形式(一)——技术与社会》,《世界电影》2000年第2期。
[2] 布莱恩·阿瑟:《技术的本质:技术是什么,它是如何进化的》,曹东溟、王健译,杭州:浙江人民出版社,2014年,第53页。
[3] 转引自帕特里斯·费里奇:《现代信息交流史:公共空间和私人生活》,刘大明译,北京:中国人民大学出版社,2008年,第3页。

别于可供使用的技术设计——所依赖的赞助"[1]。所以他指出,政治权力的中心化导致了对于从那个中心沿着非官方渠道而来的信息的需要。早期的报纸便是那种信息政治、社会消息和扩展着的贸易系统特有的信息分类的广告与一般商业新闻的结合体。"从机械与电子传输,到电报、摄影、电影、无线电广播与电视,这些技术手段互相激荡辉映,构成社会转型期的一大部分。个人意向汇整以后,形成了社会的要求,预期了某种科技的出现。在这一过程中,意向与需求固然会因为优势团体如资本家的塑造而变形,但也要在最小可以接受的范围内,得到其他人如一般劳动者的首肯。"[2]雷蒙德·威廉斯指出,"传播是个人独特经验转变成共同经验的过程……我们对自己经验的描述,组成了人际关系的网络,所有的传播系统又是社会组织的一部分。我们对经验的描述中,必然有选择和解释,从而蕴含了我们的态度、需求、利益和兴趣,他人的描述亦然……这样说来,我们看事情的方式即是生活的方式,而传播的过程也就是共享的过程:共同意义的分享,然后分享共同的活动、共同的目的,更有新意义的提出、接受与比较,导致了张力、成长和变迁"[3]。

"几乎所有的自然科学都不得不通过一个神话阶段。在科学思想的历史上,炼金术先于化学,占星术先于天文学。科学只有靠着引入一种新的尺度,一种不同的逻辑的真理标准,才能超越这些最初阶段。……科学不是要描述孤立分离的事实,而是要努力给予我们一种综合观。"[4]那么技术的追求是什么呢?

技术的进化,毕竟包含着创造者对于他们理想生活的想象,如Facebook的发明者原本是希望建立一个新的平台,可以使人们更方便地约会,但技术最终的呈现却超越了发明者最初的想象。因为在技术的演进过程中,加上了其他设计者和使用者的想象。如此,技术便越来越与更多的人的理想生活(至少是在某一面向上)接近了。这便不难理解,为什么在赛博空间中,"虽然我们面

---

[1] R.威廉斯、陈越:《电视:技术与文化形式(一)——技术与社会》,《世界电影》2000年第2期。
[2] 雷蒙德·威廉斯:《电视:科技与文化形式》,冯建三译,台北:远流出版事业股份有限公司,1992年,第15页。
[3] Raymond W. *The Long Revolution*. London:Chatto and Windus,1961,pp.38-39.转引自许继红:《雷蒙德·威廉斯技术解释学思想研究》,博士学位论文,山西大学,2005年。
[4] 恩斯特·卡西尔:《人论》,甘阳译,上海:上海译文出版社,2004年,第288页。

对的不是现实的人和物,但是它却给我们真切的感受,实现着人与网络世界的真实互动。虚拟现实技术为感官创造了一个比现实显得更为'真实'的空间世界,人的感官在虚拟现实技术中被最大程度地调动、强化,使每一个参与者具有了一种超越现实的'真实'感、沉浸感"[1]。这种虚拟现实技术与增强现实的技术发展,正是对人类感官的一种抚慰,给人一种沉浸式的快感,对于越来越忙的人来说,那是一剂安慰的良药和一个可以休憩的港湾。

那么媒介技术进化、成长与变迁的目的是什么呢?

恩斯特·卡西尔认为:"每一种生物体都是一个单子式的存在物:它有它自己的世界,因为它有着它自己的经验。在某些生物种属的生命中可以看到的一些现象,并不就可以转移到任何其他的种属上去。两类不同的生命体的经验——因此也就是这两类生命体的实在——是彼此不能比较的。"[2]从生物学的视野看,不同的生命体虽然形态不同,结构有异,但却"各有一套察觉之网(Merknetz)和一套作用之网(Wirknetz)——一套感受器系统和一套效应器系统。没有这两套系统的互相协作和平衡,生命体就不可能生存。靠着感受器系统,生物体接受外部刺激;靠着效应器系统,它对这些刺激做出反应。这两套系统在任何情况下都是紧密交织、互不可分的"[3]。人类世界当然也没有发现什么例外,但"在人类世界中我们发现了一个看起来是人类生命特殊标志的新特征。(与动物的功能圈相比)人的功能圈不仅仅在量上有所扩大,而且经历了一个质的变化。在使自己适应环境方面,人仿佛已经发现了一种新的方法。除了在一切动物种属中都可看到的感受器系统和效应器系统之外,在人那里还可发现可称之为符号系统的第三环节,它存在于这两个系统之间。这个新的获得物改变了整个的人类生活"[4]。恩斯特·卡西尔的这番发现宣示了人的独特本质——人是符号的动物。那么,媒介技术进化的逻辑,是否就在于它可以强化人类至关重要的符号系统。回答是肯定的。保罗·瓦茨拉维克(Paul Watzlawick)和其合作者在《人类沟通的语用学》中就指出,传播的原理

---

[1] 李宏伟:《现代技术的社会文化后果》,《自然辩证法通讯》2008年第4期。
[2] 恩斯特·卡西尔:《人论》,甘阳译,上海:上海译文出版社,2004年,第33页。
[3] 恩斯特·卡西尔:《人论》,甘阳译,上海:上海译文出版社,2004年,第34页。
[4] 恩斯特·卡西尔:《人论》,甘阳译,上海:上海译文出版社,2004年,第34-35页。

之一是"人不可能不沟通"(one cannot not communicate)。①换言之,沟通是人类本质的基础。而沟通的前提,就是人类可以"创造"②和"使用"符号系统。

人类需要沟通,社会因为沟通而存在。沟通的本质,是彼此的相知、相识与相融,这是人作为一切社会关系总和的存在的本质所在。传播的前提是有他者的存在,人类不过是希望通过传播去了解他者的生活,没有"你",只有"我"的世界是不需要传播的。所以,传播的目的是发现并成就"我们",大写的"我们"就是人类共同体,就是社会。也就是说,传播只有在真正的共同体中才有可能得到有效实现。雷蒙德·威廉斯曾断言:"作为人类的生存共同体在现代传播技术营造的传播社会中也具备了建构的现实条件。传播技术时代的必然逻辑就是生存共同体的存在或建构,尽管当前的传播中仍存在一种支配性的气氛。"③他还指出:"我们需要一个共同的文化,这不是为了一种抽象的东西,而是因为没有共同的文化,我们将不能生存下去。"④这一观点与芝加哥学派很类似。罗伯特·帕克与欧内斯特·伯吉斯在研究广播和移民报刊时就指出,通过现代媒介技术的物质力量,能够实现社会组织化。

传播学家詹姆斯·凯瑞曾指出,电报的发明激发出无数的世俗幻想:和平、和谐、沟通等,传播与人性、启蒙、进步联系在一起,成为人类理想的引擎。⑤摄影技术的发明,则使得照片中的过去就是现在,逝去之物得以栩栩如生地留存。人类发明照相技术,不过是因为照片"意味着'逝者回归'到自身形象及自身形象现象的结构中"⑥。而电脑中介的通信使得即时对话成为可能,能够根

---

① Watzlawick P, Bavelas J B, Jackson D D. *Pragmatics of Human Communication: A Study of Interactional Patterns, Pathologies and Paradoxes*. New York: Norton, 1967, p.51.
② 这里也许用"更新"更合适。因为基于乔姆斯基和史蒂芬·平克等人的观点,语言符号是人与生俱来的。参见诺姆·乔姆斯基:《语言与心智》,熊仲儒、张孝荣译,北京:中国人民大学出版社,2015年;史蒂芬·平克:《语言本能:人类语言进化的奥秘》,欧阳明亮译,杭州:浙江人民出版社,2015年。
③ 转引自许继红:《雷蒙德·威廉斯技术解释学思想研究》,博士学位论文,山西大学,2005年。
④ 雷蒙德·威廉斯:《文化与社会》,吴松江、张文定译,北京:北京大学出版社,1991年,第395页。
⑤ 丁未:《电报的故事:詹姆斯·凯瑞〈作为文化的传播〉札记》,《新闻记者》2006年第3期。
⑥ 贝尔纳·斯蒂格勒:《技术与时间2:迷失方向》,赵和平、印螺译,南京:译林出版社,2010年,第15页。

据个人的兴趣将人们聚在一起,使交互式沟通得以实现。①莱文森发现,一边走路一边说话是人类与生俱来的本能,这是最原初的人性化传播方式,今天这样的本能在人们使用手机时表现得最为明显。这个自古便形成的需要是人有别于其他动物的表现之一。因为,人这个有机体要用声带和舌头发出有符号意义的声音,且要用下肢直立行走,从一个地方走向另一个地方。②电脑和网络将人的本性与需要割裂开来,莱文森就希冀通过手机这种媒介来进行弥合。手机把我们送回大自然,使我们恢复同时说话和走路的天性。③

沟通对于人的重要性方面,也许还要补充一环,即沟通媒介与信息的关系问题。麦克卢汉称"媒介即讯息",认为任何媒介(即人的任何延伸)对个人和社会的任何影响,都是由于新的尺度产生的;我们的任何一种延伸(或任何一种新的技术),都要引进一种新的尺度。在麦克卢汉那里,任何媒介或技术的讯息都来自它引入的人间事物的尺度变化、速度变化和模式变化,这个"讯息"是媒介自身所带的,而不是它所传播的内容,这个媒介自带的讯息才是决定人类结构调整和变化的关键。

鲍尔格曼认为,焦点实践(focal practices)是人们在焦点物的指引下,依照焦点物自身的秩序,维护焦点物深刻性和完整性的实践活动。他指出,焦点实践守护着焦点物,将其放置在中心位置,防止其被割裂为手段和目的,沦为设备。它使汇聚在物之中的存在展现出来,进而克服了设备范式这一技术危机感性的现实基础,使人自由地栖居和游走在存在之中。④如果说,人类创造的媒介技术是需求的产物,那么媒介就是一种有目的的创造物,人如果被物役,成为物的对象,媒介如果变成权力控制的工具,成为商业的营利手段,便偏离了人类创造媒介技术的初衷——为"我"、为"我们"的自由与解放提供帮助。

1999年,鲍尔格曼出版了《抓住现实:千年之交信息的本质》一书,在这本著作中,他按照信息与现实的体验方式,将信息划分为三种不同类型,即自然信息、文化信息和技术信息。他认为信息能照亮、转换或取代现实。他这样写

---

① 曼纽尔·卡斯特:《网络社会的崛起》,夏铸九、王志弘等译,北京:社会科学文献出版社,2001年,第561页。
② 保罗·莱文森:《真实空间:飞天梦解析》,何道宽译,北京:中国人民大学出版社,2006年,第17页。
③ 保罗·莱文森:《手机:挡不住的呼唤》,何道宽译,北京:中国人民大学出版社,2004年,第9页。
④ 顾世春:《从海德格尔到鲍尔格曼技术哲学经验转向研究》,博士学位论文,大连理工大学,2013年。

道:"为了避免陷于无尽无休的和没有结论的评论性的纠缠,我们需要一种信息理论和信息伦理学……我们会看到,美好的生活需要在三种信息之间进行调节,需要在信号与事物之间保持一种平衡。"①

在"前技术"时代,人们看见颜色和三维空间,听见各种声音,这些声音通常是与视觉同步的。人类已经能够接受直接环境中呈现出来的一切信息,并在这些环境中具有完全的主动性,也就是说,"在任何地点,人类都能够在其直接物理环境中,随心所欲地接收或者发送信息。但这样的交流只能发生在直接物理环境之内,因为不借助技术的交流要受到视力和听力范围的生物限制,而且只能通过人类的记忆过程得以延伸"②。即使到了今天,在一些不通电、没有通信网络的偏远乡村,人们仍然如此。那么,对我们这些生活被现代媒介技术环绕的现代都市人来说,我们的信息生活方式,就是我们所希望的吗?对于鲍尔格曼所谈到的三种信息之间的平衡问题,我们处理得很好吗?答案自然是否定的,我们有太多的冗余信息,而且大多数信息良莠不齐,真假难辨;我们的私人信息,因为各种移动技术和监控技术,而变得越来越难以保护了;我们渴望交流,而且在交流上花的时间越来越多。但我们仍然很孤独,微博上充满广告和商业代理,我们关心的信息得不到准确地报道。所有这一切,都是生活在现代媒介技术高度发达时代的人类的沟通痛点,也自然是技术创新需要面对的问题。如果这样的理解是正确的话,那么我们就比较容易把握媒介演进的未来走向了。

一是信息的质量问题,其中关键的是信息的真实性核查问题。2016年,"后真相"成为热词。但"后真相"并不意味着人类已经不需要事实、不关心真相了。事实上,在社交媒体时代,人们追求的是"'人人皆可进行信息表达的社会化分享与传播'的技术民主",媒介技术的更迭与变迁自然不会改变人们对新闻基本品质——真实、客观、全面、公正——的要求。诚如李良荣所言:"新媒体确实打破了新闻生产由专业人士所垄断贩售的局面,但其作为一个理念在今天还是有用的。即使是个体化的小媒体,新闻报道也要求真实、客观、全

---

① Borgmann A. *Holding on to Reality, the Nature of Information at the Turn of the Millennium*. Chicago: University of Chicago Press, 1999. 转引自傅畅梅:《论"装置范式"研究纲领的核心——技术信息》,《科技管理研究》2011年第2期。

② 保罗·莱文森:《人类历程的回放:媒介进化论》,邬建中译,重庆:西南师范大学出版社,2017年,第149页。

面、公正。"近年来,出现了一些事实核查类媒体分支部门或者专门机构,以帮助我们确认获得的信息是真实可靠的。从某种意义上说,在物联网时代,大数据存贮和分析能力的提升,是非常有利于对于真相的寻求和核查的。例如,根据路透社2018年10月4日的报道,土耳其警方在伊斯坦布尔沙特领事馆找到了沙特著名记者贾马尔·哈苏吉的遗体,确认是谋杀,贾马尔·哈苏吉被称为沙特最敢言的批评者,生前供职于《华盛顿邮报》。贾马尔·哈苏吉的未婚妻表示,由于贾马尔·哈苏吉担心沙特因他对王储的批评而对他进行报复,一直生活在华盛顿。他于10月2日进入伊斯坦布尔沙特领事馆,准备办理结婚所需的文件,之后失踪。一位土耳其高级警察说,监控录像显示,贾马尔·哈苏吉遭到残酷折磨后被杀害。从目前透露的信息看,哈苏吉进入伊斯坦布尔沙特领事馆时戴上了Apple Watch,它可能记录下哈苏吉进入领事馆后的过程。另外,使馆内外的监控录像也记录下了当天使馆内的人员流动,甚至有相关视频。透过多个不同渠道获得的信息,人们便可能找到事实的真相。

二是网络巴尔干化及群体极化问题。"信息技术不仅重构了信息生产和传播的方式,也改变了人际关系的结构。社交媒体一方面卓有成效地完成了相同背景、相同观点、相同兴趣个体的组织聚合;另一方面也因本能的利益驱动,通过个性推荐、定制推送等算法机制将已隔离的网络社群进一步割裂。"[1]美国麻省理工学院的斯通纳·詹姆斯·芬奇(Stoner James Finch)于1961年就发现了群体极化(group polarization)现象。他通过实验研究发现,在群体决策情境中,个体的意见或决定,往往会受到群体间相互讨论的影响,而产生群体一致性的结果。1996年,阿斯汀和宾杰桑在文章中指出,互联网使人们之间的沟通可以突破地理障碍而进行,但由于人的信息处理能力是有限的常数,而且人们在接触信息和建立联系时会表现出一定的偏好,所以网络传播带来的未必是地球村,而只是人们交流方式的一种转换,从原先地域性交流转变为以共同兴趣和偏好为基础的交流。[2]维尔姆(Wilhelm)通过对网络群体进行研究也发现,即使那些通常被认为最容易卷入多元意见的政治议题的讨论群体也经

---

[1] 虞鑫:《语境真相与单一真相——新闻真实论的哲学基础与概念分野》,《新闻记者》2018年第8期。
[2] 转引自陈红梅:《互联网上的公共领域和群体极化——整合视野的思考》,《新闻记者》2015年第5期。

常发展成意识形态同质的"兴趣共同体"(communities of interest)。①以今日头条为代表的平台算法,就是基于读者自身的偏好来推送内容的,这自然更容易形成信息茧房,进而导致群体极化。卡内基梅隆大学计算机学院副院长贾斯汀·卡塞尔对此建议说,媒体将新闻传递给每家每户每个人时,应使每个人收到的内容是不一样的,同时能够确保每个观点都能够得到不同受众的认可,这样不仅可以听到官方的观点与信息,还可以听到大众的观点。人工智能在聚合大众的同时,需要把不同的观点融合到一起,不能存在偏见,"让更多的人参与其中,我们需要排除一切的性别、年龄、种族及背景的歧视"②。各种不同的舆情传播造成的分裂是当今矛盾与冲突的来源,群体极化盖源于此,这便需要通过更为有效的专业技术手段去统合。蒋纯认为,商品、精神产品都可以个性化分发,但新闻是不能个性化分发的。"对新闻的个性化,让部分真理自我传播、自我加强,是制造社会分裂的行为。而新闻专业主义的初心,理性、中立、客观,是要让整个社会有一个共识,然后在真相的客观、理性、中立上找到国家前进的方案。如果我们造成整个世界分裂的话,这就背离了我们的初衷。"

三是新闻的"公共服务"问题。马克思指出:"自由的出版物是人民精神的慧眼,是人民自我信任的体现,是把个人同国家和整个世界联系起来的有声的纽带;自由的出版物是变物质斗争为精神斗争,而且是把斗争的粗糙物质形式理想化的获得体现的文化。"③他又指出:"报刊按其使命来说,是社会的捍卫者,是针对当权者的孜孜不倦的揭露者,是无处不在的耳目。"④2016年2月19日,习近平总书记在北京主持召开党的新闻舆论工作座谈会并发表重要讲话时也强调,党的新闻舆论媒体的所有工作,都要坚持党性和人民性相统一,⑤把

---

① Wilhelm A. Virtual sounding boards: How deliberative is online political discussion? In Hague B N, Loader B D. *Digital Democracy: Discourse and Decision Making in the Information Age.* London: Routledge, 1999, pp.154-177.
② 郜晓文:《当AI遇见传媒业》,《人民政协报》2018年5月23日,第12版。
③ 《马克思恩格斯全集》第1卷,北京:人民出版社,1995年,第74页。
④ 《马克思恩格斯全集》第6卷,北京:人民出版社,1961年,第275页。参见陈力丹:《精神交往论:马克思恩格斯的传播观》,北京:中国人民大学出版社,2016年,第282页。
⑤ 习近平:《坚持正确方向创新方法手段 提高新闻舆论传播力引导力》,《人民日报》2016年2月20日,第1版。

党的理论和路线方针政策变成人民群众的自觉行动,及时把人民群众创造的经验和面临的实际情况反映出来,丰富人民精神世界,增强人民精神力量。显然,新闻出版的重要使命是为公众服务。潘忠党和陆晔指出:"一个社会的公共生活,即各群体表述和交流其诉求、巩固共同体的内部纽带、形成协调性行动、建造公共物品(public goods,亦可以单数形态译作'公共善')的社会活动,必需共享的事实性信息,而这事实性的判断不能由资本或政治权力所垄断,必须由独立的社会机构、具有必要技能而且获得社会认可的专业人士按照公开、可循的程序和规则来确定。"[1]他们在文章中介绍说,《纽约时报》前执行主编吉尔·阿卜拉姆森(Jill Abramson)在一次演讲中指出,新闻并不仅仅是一份工作或一个职业,它还是(或应当是)一份收入和社会声望不错的工作,它更是一种"服务公众的召唤"(a calling for public service)。在中国,"铁肩担道义"是卓越新闻人的追求,也是社会公众对新闻业的期许。从"公共服务"这一点看,至少中外理念上是相通的。但今天已经进入了人人都是记者的时代,如何确保新闻信息的生产与传播还具有这种公共性显然是一个大问题。我们不能寄希望于每一个人都有传统媒体时代的专业记者与编辑的媒体素养,那么媒介技术在多大层面上可以解决这一问题,就成为媒介技术未来最大的挑战之一了。

四是私域信息的安全问题。"电视的一人实力便是比其他任何技术都能更充分、更有力地进入当下的、当代的公共行为和——在某种意义上进入——私人行为的领域。"[2]大众传播媒介的出现,让私域越来越多地展现在公众的视野之中,而在社交媒体时代,传统的公域与私域之间的界限更是越来越模糊。私域是公众权利得以受保护的空间,是自由主体自由的空间,在过度社交时代,这更是一个人得以修复和补充能量的空间。但梅洛维茨指出,"电视和其他的电子媒介,把敌对的外部社会带到家里,这既改变了公共领域也改变了家的领域"[3]。威廉斯认为,20世纪20年代前后,资本主义社会出现了两种既矛盾但又相互关联的趋势:一方面,人们在工业社会往往需要四处流动;另一方面,生活中所需要的东西,愈来愈可以在家庭中得到满足。早期的公共设施,以铁路

---

[1] 潘忠党、陆晔:《走向公共:新闻专业主义再出发》,《国际新闻界》2017年第10期。
[2] R.威廉斯、陈越、赵文:《电视:技术与文化形式(三)——电视的形式(续完)》,《世界电影》2000年第6期。
[3] 罗杰·西尔弗斯通:《电视与日常生活》,陶庆梅译,南京:江苏人民出版社,2004年,第42—43页。

最为明显(只能满足流动的需要),逐渐被新的技术条件,如收音机、汽车等取代。对于后一种可以同时满足流动,并且满足家庭作为生活中心的现象,威廉姆斯称之为"流动藏私"(mobile privatization)。他解释说,"外在世界是人生活的依靠,他在闭锁的空间里,却短暂地以为他是独立自主的中心。这种既能'流动',又可以'藏有'个人财货,并且达到'隐私'目的之现象"就是"流动的藏私"①。在工业社会,家庭手工作坊一体模式被打破,工作单位与家庭被拆解开,呈现出流动的特点。家庭的生活支撑需要倚仗外部世界的支持和保障。在威廉斯这里,"藏私"有双重的含义:一方面,通过工作获得金钱可以购买私有的物产;另一方面,也指家庭这个相对私密的空间。但是,今天越来越多的移动网络平台,正在不停地收集我们的数据,它们随时入侵大众的私域,如我们的生活消费习惯、阅读习惯、生活与工作场景、交友的偏好等。我们已经无处可以藏私了。未来的沟通技术,显然需要在解决这一问题上花更多的努力。

五是时代精神的救赎。我们从哪里来?如今身在何地,又将去向何方?各种不同的媒介渠道向我们传递着各种不同的信息、知识和答案,人们是否越来越清楚这些问题的答案?事实正好相反,太多的选择或者只有唯一的选择都意味着没有选择,无数的答案其实就等于没有答案。"每个钟点,每一天里,他们都为广播电视所迷住。每周里,电影都把他们带到陌生的,通常只是习以为常的想象区域,那里伪装出一个世界,此世界其实不是世界。到处是唾手可得的'画报'。现代技术的通信工具时刻挑动着人,搅乱和折腾人——所有这一切对于今天的人已经太贴近了,比农宅四周的自家田地,比大地上空的天空更亲近,比昼与黑夜的时间运转、比乡村的风俗习惯、比家乡世事的古老传说更熟悉。"②我们听和读到某些东西,也即简单地知道某些东西,这是一回事情;而我们是否认识到,也即思考过所见所闻,却是另外一回事。20世纪相继出现的飞机、电视和互联网,彻底地改变了人类的空间感、时间感、图像意识和视觉经验等。地球村得以成为现实,人类的普遍交往网络也得以形成,但人并没有得到期望的全面解放,手虽然可以拉着手,但心无法连着心。个体的孤独与群

---

① 雷蒙德·威廉斯:《电视:科技与文化形式》,冯建三译,台北:远流出版事业股份有限公司,1992年,译者导言,第13页。
② 海德格尔:《存在的天命:海德格尔技术哲学文选》,孙周兴编译,杭州:中国美术学院出版社,2018年,第180页。

体的焦虑,并没有因为媒介技术的发展而得到片刻的缓解,相反我们变得越来越不敢"与陌生人说话"。

威廉·詹姆斯(William James)在一篇文章写道:"人与野兽最重要的区别在于,人类自身那种心高气傲、永不知足的主观精神取向。人类后来能超越野兽,纯粹由于人类的需求特性——包括他的物质需求、道德需求、审美需求以及知识和智能需求——无论在数量上或它那种奇妙又似乎全没必要的特性上,都绝对超过了野兽。人类能超越野兽,原因仅此一点,而非其他。……人类还可以汲取一个重要教训和启发,这就是:他的这些需求都是正当的,是可以信赖的,甚至,即使恣纵放任,放浪形骸,那么,随即引起的不安和自责,也会成为人类下一步的最佳向导,引导他们思索如何面对目前尚无力解决的各种重要难题。你若把他们身上这些毛毛躁躁的东西全部去掉,让他们回归冷静理智状态,你可就把他们彻底毁掉了。"[1]在智能技术倒逼着人类对自身未来进行思考时,人们对于技术的恐慌正在蔓延。也许威廉·詹姆斯的这一段话给了人类信心。

第二节　媒介与现实建构的中介化

中国先后出现了各种媒介技术应用,传媒业发生了天翻地覆的变化。近几年,人工智能的引进,更是在组织框架与观念上对传统传播业进行了重构。纵观媒介技术的进化历史,我们发现它一直遵循着人性化趋势。未来的传媒必然朝着增强人与人之间的社会关系力量、实现人的全面解放的方向进化。

传媒场域的变革,当然是无数力的合力结果,正如恩格斯在1890年致约·布洛赫的信中所指出的:"历史是这样创造的:最终的结果总是从许多单个的意志的相互冲突中产生出来的,而其中每一个意志,又是由于许多特殊的生活条件,才成为它所成为的那样。这样就有无数互相交错的力量,有无数个力的

---

[1] 刘易斯·芒福德:《机器神话(上卷):技术发展与人文进步》,宋俊岭译,上海:上海三联书店,2017年,第45-46页。

平行四边形,由此就产生出一个合力,即历史结果,而这个结果又可以看作一个作为整体的、不自觉地和不自主地起着作用的力量的产物。"[1]中国传媒变革的作用力,主要是体制变革所带来的,因为政治体制和经济体制的改革,从政策和环境层面,改变了新闻传播业生长的基本土壤。与此同时,人的新闻传播观念的变化,也决定着新闻传媒业的具体表现。本章将从媒介技术发展的角度,来谈谈40多年来中国传播领域的变化,但不是对媒介技术进行哲学探索,而仅仅从历史发展的维度观察中国传播业态的变化,以及这些变化的内在动力。换言之,在本章中,我们要研究的是,40多年来中国媒介技术是如何推动中国传媒变革的,分析多年来中国先后出现的各种媒介技术应用,以及在此基础上建立起来的媒介帝国的发展逻辑。

一、半个世纪,天翻地覆

1978—2022年,中国传媒业的发展可谓天翻地覆。如果从媒介技术的开放、共享、参与、智能等几个维度综合考察,我们大体可以将这40多年分为如下几个阶段。

第一阶段为1978—1994年,传统纸媒告别"铅与火"的时代,进入"光与电"的时代。从中国现代报业史看,自19世纪后期中国出现日报以来,铅字印刷延续了100多年。在"铅与火"的时代,"每当夜幕降临,新闻车间灯火通明,各工位紧张而有序。拣字工左手拿着手托和编辑好的文稿,右手从字架上一字一字拣取所需的铅字放在手托里,转眼便排好一篇文章;排版工将拣好的铅字放在三面有框的方形铁盘上,按照编辑画好的版样排版,像玩积木似的编织着一块块版面;校检员逐字逐句校对着小样,工作是那么专注、认真,只有日光灯陪伴着他们……"[2]进入20世纪80年代,纸媒逐渐将铅印改为胶印之后,引

---

[1] 《马克思恩格斯选集》第4卷,北京:人民出版社,1958年,第695页。
[2] 邓德洪:《拣字排版,见证铅与火的时代》,《洛阳日报》2011年1月1日,第T3版。

进了国外先进胶印设备,彩色图片清晰。很快,激光电子照排进入新闻业。[1]从此,正式进入"光与电"的时代。技术的进步,使得大规模出版报纸成为可能,报纸扩版潮(厚报现象)席卷中国大地。在广电领域,无线发射技术只能支持少数的频道,而且信号也基本上只能是模拟的。随着有线网的建设,频道越来越多,电视也越来越高清。

第二阶段为1994—2008年的"数与网"时代。1994年,北京中关村地区接入国际互联网的教育与科研示范网64K专线正式开通。1995年,北京电报局大约有3000个互联网用户,大学校园里已经有了E-mail、BBS等。1996年,《三联生活周刊》刊发了胡泳撰写的名为《Internet离我们有多远?》的专题文章。这篇文章有一万多字,是国内最早全面介绍互联网的文章之一。1996年12月,尼葛洛庞帝用六个星期写完的《数字化生存》(Being Digital)被胡泳翻译成了中文,并由生活·读书·新知三联书店出版,此书立即成为畅销书。在这本书中,尼葛洛庞帝认为,比特作为"信息的DNA"正在迅速取代原子成为人类社会的基本要素,而且信息不再被"推给"消费者,相反,人们或他们的数字勤务员把他们所需要的信息"拿过来"并参与创造它们的活动中,这样的观点,确实令人耳目一新。1996年8月,张朝阳得到尼葛洛庞帝7.5万美元的天使投资支持而创办搜狐公司,很快门户网站飞速发展起来。以网易(1997年)、搜狐(1998年)、新浪(1998年)、腾讯(1998年)、盛大(1999年)、阿里巴巴(1999年)和百度(2000年)为代表的门户网站和互联网平台吸引了大量的用户。[2]不过,这里的门户网站虽然有用户,有信息流,但新闻并不是主要产品,娱乐和游戏是主要目标。当然,这一格局的出现,也与中国政府的网络管理政策有关,因为没有一家门户网站获得采访权。这一阶段是Web1.0时代。Web1.0时代,门户网站基本上是传统新闻产品的搬运工,从交互性看,Web1.0时代以用户为主,基本上是单向的传统模式,当然也有有限的互动,如以天涯社区为代表

---

[1] 1975年开始,王选主持中国计算机汉字激光照排系统和之后电子出版系统的研究开发。1987年5月22日,北大方正完成了第一张整页输出的中文报纸的制作,到1991年,中国99%的报社、90%的出版社和印刷厂使用方正激光照排系统。1994年1月5日,国家新闻出版署宣布北大方正成功研制了高档彩色出版系统,随后,全国几乎所有方正用户都使用了这套系统。

[2] 20世纪90年代,美国众多互联网公司相继上市。事实上,中国大多数早期的互联网公司都是克隆美国的模式加上有限的创新发展起来的。

的BBS。曼纽尔·卡斯特评论说:"因特网作为通信媒体第一次被允许在特定时间,以全球规模进行多对多的通信,正如西方印刷媒体扩散创造出的麦克卢汉所命名的'古腾堡星系'一样,我们现在进入了通信的新世界'因特网星系'。"①

第三阶段为2008—2014年的Web2.0时代。Web2.0技术主要包括:博客、百科全书、RSS、网摘、社会网络、P2P和即时信息等。这类技术的特点是,用户的交互作用得以实现,用户既是网站内容的消费者,也是网站内容的生产者。同时,因为Web2.0具有自由、开放、共享、平等、创新等方面的显著特征,越来越多的人进入各种不同的平台,可以不受时间和地域的限制分享信息和观点。与此同时,以兴趣为聚合点的社群也开始出现。从技术的角度看,随着移动互联网和传统互联网出现迅速融合的趋势,微博、微信等和移动互联网结合的一大批创新应用产生。胡泳在接受《好奇心日报》的采访时曾说道:"互联网给我们带来了一个崭新的可能性,这种可能性从根本上来说,就是让信息没有障碍的流动,让拥有信息的人能够没有障碍地彼此连接,彼此交流。只有在这种情况下,互联网才能发挥它最大的效用。如果变成各种各样的互联网,可能信息的自由流动和拥有信息的人自由交流,我觉得都会产生巨大的障碍。"这一时代典型的媒体产品有如下几种:一是2008年新浪推出的微博。二是2011年腾讯推出的微信。如果说微博构建了信息传播的集中化的小商品自由交易广场,那么微信所提供的智能终端即时通信服务更像是一种信息连锁专卖模式+信息交流俱乐部。三是以百度百科和知乎为代表的知识与信息生产共享平台。一方面,知乎是一个实名制的网络问答社区,在这里,用户分享着彼此的知识、经验和见解;另一方面,知乎更像一个公共论坛,因为在这里,用户可以围绕着某一感兴趣的话题进行相关讨论,而且还能与兴趣一致的人建立起密切的联系网络。

第四阶段为2014年至今的"众媒—融媒—智媒"的快速迭代时代。网络和数字技术裂变式发展,带来媒体格局的深刻调整和舆论生态的重大变化,新兴媒体发展之快、覆盖之广超乎想象,给传统媒体造成很大冲击。②从媒体发展

---

① 曼纽尔·卡斯特:《网络星河:对互联网、商业和社会的反思》,郑波、武炜译,北京:社会科学文献出版社,2007年,第2页。
② 刘奇葆:《加快推动传统媒体和新兴媒体融合发展》,《党建》2014年第5期。

格局看,传统媒体的受众规模不断缩小,市场份额逐渐下降,越来越多的人通过新兴媒体获取信息,青年一代更是将互联网作为获取信息的主要途径。大数据、云计算和人工智能,是当前具有代表性的几种新技术,这些技术的发展和运用颠覆了传统的新闻生产与分发模式。媒体内容制作、存储、分发流程等都发生了巨大的变化。信息网络技术更新换代的周期越来越短,如 4G 技术的应用和推广,包括可折叠电子纸、可穿戴设备、虚拟现实和增强现实技术,5G 技术也越来越成熟了,这将带来信息传播新的变革。我国网民规模继续保持平稳增长,互联网模式不断创新、线上线下服务融合加速及公共服务线上化步伐加快,成为网民规模增长的推动力。值得注意的是,我国手机网民规模不断扩大,台式电脑、笔记本电脑、平板电脑的使用率均出现下降。以手机为中心的智能设备,成为"万物互联"的基础,车联网、智能家电推动住行体验升级,构筑个性化、智能化应用场景。移动互联网服务场景不断丰富、移动终端规模加速扩大、移动数据量持续扩大,为移动互联网产业创造更多价值挖掘空间。

在这一时代,传媒业典型的变化之一就是出现了以下几种新形态。

一是"中央厨房"的出现,从 2014 年开始,全国媒体大规模建设"中央厨房"。"中央厨房"为新一代内容生产、传播和运营体系,如《人民日报》的"中央厨房"就是"策、采、编、发"的大脑和神经中枢。二是以今日头条为代表的智能算法构筑的新的平台框架机制。基于个性化的算法机制来推送媒体产品,虽然看起来是一种产品创新形态,但更是对平台框架逻辑的更新。三是云存储技术。马云说,云是一种新能源。在智能时代,没有云,所有的智能产品都无法运行。四是虚拟现实技术。2014 年,大约只有 20 万名虚拟现实活跃用户,如今这一数字正在不断增加。五是机器人写作。新闻机器人,或者叫 AI 机器人,是人工智能在新闻领域的最新应用之一,目前已被广泛应用,如美联社的 Wordsmith、《纽约时报》的 Blossom、《华盛顿邮报》的 Heliograf、新华社的快笔小新、腾讯的 Dreamwriter、第一财经的 DT 稿王等。而基于独有算法的抖音国际版更是成为全球用户数量增长最快的平台,其用户数量在 2022 年便超过了谷歌。《华尔街日报》2022 年 12 月 28 日报道,美国众议院已禁止所有众议院管理设备使用抖音国际版。

二、新技术与新想象

麦克卢汉把媒介发展分为口语时期、文字时期、电子时期,其中文字时期又分为书写时期与印刷时期。麦克卢汉的同事洛根则在他的三分法基础上,将媒介发展分为五个阶段,即非言语的模拟式传播时代、口语传播时代、书面传播时代、大众电力传播时代、互动式数字媒介或"新媒介"时代。①

麦克卢汉和洛根的划分是清晰的,也揭示了媒介技术演进的脉络,可媒介技术为何如此演进? 媒介技术演进的逻辑是什么?

其一,人类的需求引发了技术的创新,但是"一个需求之所以成为一个需求,主要是由于人之外的一个大规模技术系统需要那个需求成为人的需求"②。在讨论鲍尔格曼焦点技术观的文集《技术与美好生活?》(*Technology and the Good Life?*)中,埃里克·希格斯(Eric Higgs)、安德鲁·莱特(Andrew Light)及大卫·斯特朗(David Strong)认为,鲍尔格曼从现象学阐释出发,将技术置于一种关系的网络中来考察。其对于技术的研究并不是单纯地将技术本身作为研究对象,而是通过考察受技术影响的人类之间的关系及人类与其所处环境之间的关系来反思技术,关注自然和环境问题,倡导对于当前社会生活进行一种哲学的重新评价,据此提出有关技术改革的全面性建议。③这种研究视角,对我们观察媒介技术的演进是有启发意义的。雷蒙德·威廉斯正是从这一视角来分析媒介技术的。他认为,在大量复杂的和相互联系的领域中,无论是机械与电力运输,还是电报、摄影、电影、无线电和电视的流动与传递系统,就其处于一个普遍的社会转型期而言,均互为刺激和反应。尽管有些关键性的科学技术发现源于孤立的个人,但是对于一个在最普遍层面中均以组织规模的变动与扩展为特征的社会来说,存在着侧重和取向上的关键一致性。他写道:"在最广阔的视野中,一个新型的开放、流动和复杂的社会与现代传播技术的发展之间具有一种运作关系。在某一层面上,这种关系可以合理地并

---

① 罗伯特·洛根:《理解新媒介——延伸麦克卢汉》,何道宽译,上海:复旦大学出版社,2016年,第24页。
② 兰登·温纳:《自主性技术:作为政治思想主题的失控技术》,杨海燕译,北京:北京大学出版社,2014年,第212页。
③ Higgs E, Light A, Strong D. *Technology and the Good Life*?. Chicago: University of Chicago Press, 2000, pp.1-15.

在直接意义上被视为因果性的。"①从中国传媒业40多年的发展历程看,全球化时代使得开放观念逐渐深入人心,人们对信息的需求大增,与此同时,政策和体制层面的有限鼓励,使得人们寻求满足这一基本需要的行为成为可能。

其二,媒介是现实的中介化建构的重要环节。麦克卢汉认为,技术和媒介是人与自然互动的中介,是身体的延伸。为了对付各种环境,需要放大人体的力量,于是就产生了身体的延伸,无论工具还是家具都是这样的延伸。例如,衣服是肌肤的延伸,住房是体温调节机制的延伸,自行车和汽车是腿脚的延伸,而媒介即技术可以是人体任何部位的延伸。他写道:"在机械时代,我们完成了身体的空间延伸。今天,经过一个世纪的电力技术(electric technology)发展,我们的中枢神经系统又得到了延伸,以至于能拥抱全球。就我们这颗行星而言,时间差异和空间差异已不复存在。我们正在迅速逼近人类延伸的最后一个阶段——从技术上模拟意识的阶段。在这个阶段,创造性的认识过程将会在群体中和在总体上得到延伸,并进入人类社会的一切领域,正像我们的感觉器官和神经系统凭借各种媒介而得以延伸一样。"②其实,技术是人的延伸的观点,并非麦克卢汉独创的。马克思认为,金钱、商品、土地和机器这些看似不同的实体,实际上都是人类基本生产力或者劳力的转换或延伸。而弗洛伊德更是明确指出,人类利用每一件工具完善其运动器官和感知器官,并逐渐消除了人类能力方面的限制。工具赋予人类巨大的力量,使人类可以像使用自己的肌肉一样任意使用这种力量。由于轮船和飞机的出现,无论是海洋还是天空都不能阻挡人类的活动;镜片帮助人类弥补了眼睛晶状体的缺陷;通过望远镜,人类看到了更远的距离;通过显微镜,人类克服了视网膜结构对视力的限制。人类发明了照相机这种可以保留瞬间的仪器,发明了留声机来保存听觉印象,这两者都是对人类回忆和记忆的物化。在电话的帮助下,人类可以听到远方的声音,即使是在童话故事中,这都是难以实现的。写作从最开始就是来自心灵的呼唤,而房子则是母亲子宫的替代品,它是人类的第一个寄宿之处,在那里,人类是安全与自在的。③

---

① R. 威廉斯、陈越:《电视:技术与文化形式(一)——技术与社会》,《世界电影》2000年第2期。
② 马歇尔·麦克卢汉:《理解媒介:论人的延伸》,何道宽译,南京:译林出版社,2011年,第4页。
③ 转引自保罗·莱文森:《人类历程的回放:媒介进化论》,邬建中译,重庆:西南师范大学出版社,2017年,第22页。

不过近几年麦克卢汉的这种"人体延伸"观念受到了"中介化"观念的挑战。尼克·库尔德利(Nick Couldr)和安德烈亚斯·赫普(Andreas Hepp)在他们的著作《现实的中介化建构》中强调,社会是媒介化的(the social to be mediated),即社会是通过媒介化的过程和媒体这种传播机制来建构的,而对于社群化的人类来说,现实是通过社会化的过程来建构的。因此他们的研究没有将重点放在媒介文本、表征方式和想象形式上,而是关注媒介实践对社会世界的现实意义。他们认为,随着社交媒体网络的出现,"媒介"不仅是以特定内容为中心的渠道了,还包括平台,对许多人来说,他们通过交流使这些平台成为社会交往的空间。[1]他们还认为,作为人类,我们必然的中介性的相互依赖不基于某种内在的精神现实,而是基于物质过程(物体、联系、基础设施、平台),通过这些物质过程,交流和意义的建构发生了。陈昌凤也分析说,"中介化"是提供不在现场的"体验""经历"的过程。作为中介化载体,随着受众/粉丝研究的开展,媒介过程被发现不再是生产—分发—接受的闭环,而是跨越空间的、广阔的中介化过程。中介化建构起由媒介逻辑规制的共同经验世界,是持续无休止的过程,通过中介化,媒介对于我们对世界、对个人生命的体验产生了影响。陈昌凤解释说,"媒介化"是指一种更普遍的媒体和传播研究方法,媒介化理论提出了一个社会学框架,思考媒介如何在高度现代性的特定历史阶段发展成为社会中的半独立机构,融入各种社会和文化机构,以及媒介如何通过这种分化、整合及其与社会和文化机构互动的过程,以多种方式影响社会。[2]

其三,媒介技术的演进遵循着人性化趋势。这一观点由保罗·莱文森提出,他认为,人性化媒介的演进趋势可再现真实世界的水平,但同时这样的再现又试图维持,甚至增强原始媒介在时空方面的延伸能力。这就意味着,媒介技术的人性化趋势演进的目的,不是再现前技术环境,而是回应现实世界对传播的生物局限,力图超越人类身体本身的生物局限。因为他发现,非技术传播是在没有人工介入的情况下完成的,就像是面对面的交流,或者我们依靠自身的感觉器官对周围环境的观察。但是"技术传播只有在某种机械的、电子的或

---

[1] 尼克·库尔德利、安德烈亚斯·赫普:《现实的中介化建构》,刘泱育译,上海:复旦大学出版社,2023年,绪论,第3页。

[2] 陈昌凤:《元宇宙:深度媒介化的实践》,《现代出版》2022年第2期。

别的人工发明物的介入下才能发生,就像印刷品、电报和摄影那样"①。据此,他提出了媒介发展的三阶段模型:(1)最初,所有的传播都是非技术的,或者说面对面的,所有真实世界的元素,如色彩、动作,都被呈现出来;当然跨时空传播能力上的生物局限也被呈现出来。(2)技术被发明出来,用以克服跨时空传播的生物局限性,但是为了克服这些局限性,早期的技术必须丢掉真实世界环境中的许多元素,如色彩、动作。(3)技术变得越来越复杂,试图重新获得早期所丢失的面对面传播中的元素,与此同时保持着对时空的延伸。"因此先进的技术将第二阶段的延伸功能与第一阶段中的现实功能结合起来,使我们既有延伸时空这个蛋糕,又能实实在在地享用它。"②马克思在《德意志意识形态》中指出:"人的本质不是单个人所固有的抽象物,在其现实性上,它是一切社会关系的总和。"③理解了人的这一本质性存在的意义,我们就可以预测媒介技术未来的走向了,即朝着增强人与人之间的社会关系力量的方向演进。因为人类社会发展的方向就是人的解放,是人的自由发展,是人向真正的人即合乎人性的人的复归。这是人的目的,也是人与技术共同演进的归宿。也许正是因为明白了这一点,所以詹姆斯·凯瑞认为,电报的发明激发出无数的世俗幻想——和平、和谐、沟通等,传播与人性、启蒙、进步联系在一起,成为人类理想的引擎。④

其四,媒介技术进化的"媒介定律"是提升、过时、再现和逆转。媒介定律来自麦克卢汉,包括四条:(1)每一种媒介或技术能提升或强化(enhance or intensify)某人的功能;(2)如此,它使以前的某种媒介或技术过时(obsolescence),过时的媒介或技术,曾被用来完成某种功能;(3)在完成其功能时,新的媒介或技术再现(retrieval)以前的某种旧形式;(4)推进到足够的程度时,新的媒介或技术就逆转(reversal)为一种补充形式。⑤显然,"媒介定律"

---

① 保罗·莱文森:《人类历程的回放:媒介进化论》,邬建中译,重庆:西南师范大学出版社,2017年,第5页。
② 保罗·莱文森:《人类历程的回放:媒介进化论》,邬建中译,重庆:西南师范大学出版社,2017年,第6页。
③ 《马克思恩格斯选集》第1卷,北京:人民出版社,1995年,第60页。
④ 丁未:《电报的故事——詹姆斯·凯瑞〈作为文化的传播〉札记》,《新闻记者》2006年第3期。
⑤ 埃里克·麦克卢汉、弗兰克·秦格龙:《麦克卢汉精粹》,何道宽译,南京:南京大学出版社,2000年,第428页。另见罗伯特·洛根:《理解新媒介——延伸麦克卢汉》,何道宽译,上海:复旦大学出版社,2016年,第332页。

不过是一种简要的传统观念的挪移。因为任何物都遵循成长、繁荣、过时与逆转的基本模式。不过,用这一模式来观察媒介技术的进化,是十分贴切的。因为根据麦克卢汉的提示,我们发现一种新媒介通常不会置换或者代替另一种媒介,而是增加其运行的复杂性。例如,人类最早的技术是言语,这是文字印刷和电报的源头,转化为文字以后,言语就获得了强大的视觉偏向。但与此同时,文字也使得言语和其他感知分离,广播的发展使言语得以延伸,但广播把言语转化为一种感知——听觉,也就是说,广播再现了言语又不同于言语,因为我们只用一种感官即听觉,面对面传播的视觉部分不见了,虽然我们有时形容广播会令人感觉到身临其境,但这是人类经过长期言语和文字训练后的符号再现能力的创造性转化,而不是广播本身的功能。顺着麦克卢汉的思路,我们可以想象媒介技术未来的进路是再造人类面对面交流时具有的全方面感知被充分激发的情境,无论是视觉、听觉、嗅觉和触觉都被调动起来,这是真正的全媒体时代人的全方位延伸。更重要的是,这种延伸是对人身体的一种超越。麦克卢汉写道:"电视工程师已开始探索电视形象与盲文相似的性质,他们把电视形象映射到盲人的肌肤上,借以使盲人'看见'电视,我们需要用这样的方法使用一切媒介,使自己能看见置身其中的环境。"[①]也许未来这种超越会溢出"感官"和"身体"层面,而达到"思"的层面。语言大模型和Sora技术已向人类独有之"思"领域近了一步。此后,技术可能成为超越人类之存在方式的智化存在,后人类社会不太远了。

三、反　思

"我们这个时代的媒介和处事方法,即电力技术正在重塑和重构社会相互依存的模式和我们生活的方方面面。这迫使我们重新思考和重新评估以往被视为理所当然的一切思想、一切行为和一切机制。一切都在变——你个人、你的家人、你的教育、你的邻里、你的工作、你的政府、你和他人的关系,这一切都

[①] 马歇尔·麦克卢汉:《理解媒介:论人的延伸》,何道宽译,南京:译林出版社,2011年,第14页。

在发生戏剧性的变化。"①当古登堡在15世纪中叶印刷《圣经》时,他应该想不到此举会使得50年后路德进行宗教改革成为可能。《圣经》的批量发行,②使得人们可以直接阅读《圣经》而不必依赖教堂的解释,路德由此开创了一种新宗教之路。同时,印刷术使得信息和知识得以广泛传播,刺激了科学革命的产生。同样,如果没有印刷术,很难想象公共教育的兴起和启蒙运动的发展。恩格斯指出:"印刷术的发明以及商业发展的迫切需要,不仅改变了只有僧侣才能读书写字的状况,而且也改变了只有僧侣才能接受较高级的教育的状况。在知识领域也出现劳动分工了。新出现的法学家把僧侣们从一系列很有势力的职位中排挤出去了。"③芒福德在谈到印刷术的发明时也认为:"几乎挥手之间印出的大批廉价书籍,瞬间打破了知识的长期阶级垄断,尤其是打破了有关数学运算和物理现象认知的一小撮专业集团。从此,即使贫穷而有能力阅读的人群,也都可以获得书籍和知识。这是一种民主化进程,其重要的内容之一恰是知识的民主化。"④如今机器学习的能力很强,借用麦克卢汉的观点,它已经全方位地延伸甚至强化了人体的功能,当然所有这些部分组合起来,它仍然只是一台机器,而不是人本身,因为到目前为止,这些部分的组合尚没有获得灵魂和精神的注入,这大概是技术最难的一步。所以,这台强大的机器虽然有足够的力量,可以做人做不了的事情,但仍然不过是制作物,是工作者,而不是实践者和有目的的行动者。

"在追求科学的真理的过程中,人获得了知识,他能够利用这些知识来驾驭自然。他获得了巨大的成功。然而,由于片面地强调工艺与物质消费,人丧失了与他自己、与生命的接触。……他制造的机器变得如此的强大有力,以至于它竟产生了目前正在支配人的思想的计划。"⑤弗洛姆的这番警示很超前,因为到目前为止还没有一种技术做到了支配人的思想,但并不意味着未来没有

---

① McLuhan M, Fiore Q. *The Medium is the Massage*. New York: Bantam, 1967, p.8.
② 仅从1448年到1450年,欧洲246个城市建立了1099个印刷所,印刷了4万种共1200万册《圣经》。参见董进泉:《黑暗与愚昧的守护神——宗教裁判所》,杭州:浙江人民出版社,1988年,第347页。
③ 《马克思恩格斯全集》第7卷,北京:人民出版社,1959年,第391页。
④ 刘易斯·芒福德:《机器神话(上卷):技术发展与人文进步》,宋俊岭译,上海:上海三联书店,2017年,第306页。
⑤ 埃里希·弗洛姆:《弗洛姆著作精选:人性、社会、拯救》,黄颂杰主编,上海:上海人民出版社,1989年,第478页。

这种可能性。兰登·温纳认为,技术自身有其政治性和律令,"不管掌握权力的人最初的动机是什么——无产者的或是资本家的目的,关于社会如何运转以及它造就了什么,其最终的结果大致都是相同的"①。当然这段话也许可以换一个角度去理解,即技术是基于一部分技术发明者和创新者认识到的社会实践的需求来制作的,这种制作出来的技术,反过来诱导更多人的追随行动,因此看起来就是技术的自主性引导着人类新的社会实践的产生。诚如美国学者保罗·利文森所说的:"任何信息技术所产生的影响都是复杂的意料之外的结果,加上我们能够对信息技术所产生的影响进行评价和可能的调整——我们登上了一个有关信息技术发展历史和发展未来的旅程,一个信息技术的发展如何对我们的世界产生影响的旅程,一个信息技术的发展将如何影响未来世界的旅程。"②

技术一旦产生便有了自己的成长逻辑,虽然这种成长并非其自生自发,而是源于人类的本能和需求,但新的技术往往在旧的技术上发展起来,这足以说明技术的自主性。芒福德认为,技术从一开始就是以生命、生存为中心的,而不是以劳动生产为中心的,更不是以权力为中心的。因此,他指出:"人类发明、创造以及改变自然环境活动中的每一个阶段,与其说是为了增加生活资料的供给,或者还有为了控制自然界这些目的,还不如说是为了开发利用人类自身极其丰富的有机生物资源,是为了体现和发挥自身的潜在能力,最终是为了更充分实现自身超越生物性的更高追求和理想。这些目标则不是一般生物所具备的。"③40多年的改革开放,使中国人更清晰和深刻地认识到了人的复归、人的自由发展和人的真正解放才是未来的正确方向。党的十六届三中全会提出,坚持以人为本,树立全面、协调、可持续的发展观,促进经济社会和人的全面发展。党的十九大明确了要大力提升发展质量和效益,更好满足人民在经济、政治、文化、社会、生态等方面日益增长的需要,更好推动人的全面发展、社

---

① 兰登·温纳:《自主性技术:作为政治思想主题的失控技术》,杨海燕译,北京:北京大学出版社,2014年,第225页。
② 保罗·利文森:《软边缘——信息革命的历史与未来》,熊澄宇等译,北京:清华大学出版社,2002年,第10页。
③ 刘易斯·芒福德:《机器神话(上卷):技术发展与人文进步》,宋俊岭译,上海:上海三联书店,2017年,第7-8页。

会全面进步,必须坚持以人民为中心的发展思想,不断促进人的全面发展、全体人民共同富裕;指出"中国共产党是为中国人民谋幸福的政党,也是为人类进步事业而奋斗的政党。中国共产党始终把为人类做出新的更大的贡献作为自己的使命",并提出要推动构建人类命运共同体。这些政策和体制性的力量必须与每一个中国人技术创新的基本功力产生强大共振,因此,我们有理由相信,未来中国的媒介技术必然朝着这一共同的目标演进。

2018年,在上海举行的世界人工智能大会上,马云认为,在发明电脑的时候,我们人类就要明白,机器一定会比人更加聪明。他没有说明的是,正是因为人类发现自己的计算能力有限、记忆能力有限、寻找有用信息费时费力,所以,人类才发明出了计算机、互联网和搜索引擎。这就是到目前为止,机器总与人那么相似的原因。马云在讲话中还强调,人类的优势在于智慧,智慧是机器永远都无法获得的,换言之,机器永远不可能有价值观、有梦想、有爱。这是目前为止大多数科学家甚至是人工智能专家的观点。可是,技术真的永远不可能获得灵魂与智慧之境吗? 也许,我们可以看到一个重大转换的发生,即从媒介是人的延伸,到人是媒介的延伸,人即是媒介,人不过是数字技术演进中的一个环节、一个过程而已。

第三节　智能算法与读心术

ChatGPT是一款火爆的AI语言模型,由美国人工智能实验室OpenAI于2022年11月底发布。ChatGPT可以用来创作故事、撰写新闻、回答客观问题、聊天、写代码和查找代码问题等。不少人认为ChatGPT会成为科技行业的下一个颠覆者。其实早在2016年就有一款名叫埃米·英格拉姆(Amy Ingram)的机器人。你只需要把电子邮件抄送给埃米,她就会开始为你做助理工作。埃米有"酷似人类的语调",又有"能说会道的不凡谈吐"。一名用户说她"的确比人类更能胜任这项工作",有些男人甚至想和她约会。智能机器人正在向我们走来。相比而言,ChatGPT更值得期待,因为ChatGPT体现的是自然语言处理的新进展:它能阅览互联网上几乎所有数据,并能在超级复杂的模型之下进行深度学习。

"万物皆数"是包括图灵在内的许多学者的观点,他们思考的是,如果人的五官能够感受到的世间万物都可以被机器转换成数字来表示,那么人的思考过程也自然可以被机器转换成数字来表示。香农和奈奎斯特等人的杰出工作,让人们真正将物理世界的信号编码成数字,数字技术拉开了历史的序幕。

从大型计算机到PC机,再到移动互联网,最后到今天的云计算,六七十年来,科学家和工程师编写出各种各样的程序,建立了各种不同的人工智能或机器学习的数学模型,推进了虚拟现实、无人驾驶、人脸识别、语音助理等技术的发展。换言之,机器今天已经拥有了识别语音、图像和活动场景的能力,它甚至可以与人对话。那么,人心可以识别吗?让机器看着人的脸,读懂人的心,正激励着无数科学家不断探索。因为这种探索具有获得官方制度性的认可和商业营利的动机,而人类探索自身的好奇心也是一种重要的诱导性力量。

本节从心智的机理、算法与智能的发展脉络等两个不同的维度切入,揭示机器识别人心的可能性。正如希尔伯特所言,我们必须知道,我们必将知道。

一、心智的产生及其机理

1979年,美国考古学家托马斯·维恩撰文称:"现代心智起源于30万年前。"[1] Homo sapiens本指"会思考的人"。瓦尔特将智能分为三个层次:第一个层次是"顺化智能",其满足的标准是心智中的所有内容都来源于感知传递;第二个层次是"正常智能",即可以通过自己的力量在自身内部构建出知识所依赖的原则;第三个层次是"疯狂的混合体",即通过这种智能,一些人可以在缺乏艺术训练和学习的情况下,说出巧妙而让人叹服的言语。虽然这些言语是真实的,但是没有被记录,其他人没有看到过、听到过,甚至想都没有想到过,这种智能属于真正的创造性的能力。[2] 现代人的记忆、推理、判断、反省、理

---

[1] 乔治·扎卡达基斯:《人类的终极命运:从旧石器时代到人工智能的未来》,陈朝译,北京:中信出版集团,2017年,第20页。

[2] 诺姆·乔姆斯基:《语言与心智》(第三版),熊仲儒、张孝荣译,北京:中国人民大学出版社,2015年,第9–10页。

性,以及使用语言沟通的头脑才是人目前为止超越其他物种的关键。正所谓人是符号的动物,人是文化之网上的动物所指的就是人理性思考(rational thought)的能力。笛卡儿认为语言是人类这个种属所独有的能力。也就是说,人的心智的出现,使得人拥有了无与伦比的创造性和适应性,从而超越了地球上的其他生命形态。虽然这被一些学者批评为人类中心主义,但人类的想象力、创造力,尤其是丰富语言表达和虚构故事的能力,尚无出其右者。

但人心是什么?人心可以计算吗?如果可以计算和测量,那么它能够被识别吗?作为碳基的信息处理工具的人类大脑与作为硅基的计算机设备之间可以对话甚至相互理解吗?要想清楚回答这一系列问题,我们首先要弄清楚何谓人心。

"人心"可以界定为人的心智活动的总称。所谓的心智是指"产生和控制知觉、注意、记忆、情绪、语言、决策、思维、推理等心理机能的成分","是形成客观世界表征的系统,促使人们采取行动以实现目标"[1]。可见,心智既包括人的认识、判断、思维等意识活动,也包括人的情感与情绪活动。21世纪被称为"脑的世纪"或"心智的世纪"。欧盟发起的"人类大脑计划"(Human Brain Project,HBP)集结了欧洲乃至世界上一批科学精英,他们研究如何在超级计算机中精确地模拟大脑。对人的认知和脑的研究,已经有了巨大发现,基于现有的研究成果,对于人的心智问题,我们有如下判断。

首先,人的心智是自然进化的结果。如果说,柏拉图在《理想国》中已经透露了一些遗传的奥秘,那么亚里士多德则更进一步,他发现传递信息是遗传物质的核心功能。其后,达尔文发现了生物进化的规律,而孟德尔则在修道院花园里的豌豆杂交实验中找到了生命进化的密码——基因。尽管在1866年至1900年,孟德尔的文章仅被引用四次,[2]但这一具有划时代意义的科学发现,为后续的研究指明了方向。随后,埃克弗里根据基因的化学形态,确认DNA就是遗传信息的载体。而沃森、克里克、威尔金斯和富兰克林最终解开了基因的分子结构之谜。现代DNA测序技术表明人类与黑猩猩有着非常近的亲缘关系。事实上,研究还发现,人类的基因与海葵也有惊人的相似性。生命科学从

---

[1] E. Bruce Goldstein:《认知心理学:心智、研究与你的生活》(第三版),张明等译,北京:中国轻工业出版社,2018年,第4页。
[2] 悉达多·穆克吉:《基因传:众生之源》,马向涛译,北京:中信出版集团,2018年,第46页。

基因编码的角度进行分析,指出今天的人类就是猿的一个分支而已。但又有研究表明,人类的前额叶—顶叶网络的体积要远远大于与人类血缘最近的其他灵长类动物,这使得人类处理与组合信息的能力远超其他物种。不过,人类大脑所积累起来的一系列功能也只是满足了最原始的进化需求——生存与繁衍。理查德·道金斯提出了著名的"自私的基因"学说,他认为,基因是进化的核心,宿主通过复制将基因传给下一代。

其次,心智是一种信息方式。史蒂芬·平克认为,心智是一个由若干计算器官组成的系统,是我们祖先在解决生存问题的过程中"自然选择"出来的。心智不是大脑,而是大脑所做的事情。人是心智进化的产物,而不是剃光了毛的"裸猿"。心智进化的最终的目的是复制最大数量的基因,而正是基因创造了心智。他写道:"所有的人类心理都可以被一个唯一、万能的理由所解释:大脑、文化、语言、社会化、学习、复杂性、自组织和神经网络动力学。"[1]他认为,"视觉、行动、常识、暴力、道德还有爱,无一例外,都是可以厘清的智能的核心组成部分,它们是信息处理过程"[2]。20世纪50年代,沃伦·麦卡洛克(Warren McCulloch)等人提出了"心智的计算理论"(computational theory of mind,CTM),该理论的核心观点是,大脑是一种计算的机制,其能力(包括其心理能力)能够通过计算得到说明。[3]他将认知过程看作一种基于规则的符号操作过程,而心智或大脑则是一个物理符号系统,大脑被看作生物的硬件,而心智是运行于其上的软件。[4]

再次,人类一直在探索破解自身的密码,并且确实找到了越来越科学的方法和测量工具来测量心智。科学家认为,大脑实质上纯粹是起到一个信息的、计算的和控制的作用。因此"其精确的功能组织可以通过语言对其信息功能进行准确的描述,即通过认知而非细胞、解剖或者化学的形式来予以描述"[5]。

---

[1] 史蒂芬·平克:《心智探奇:人类心智的起源与进化》,郝耀伟译,杭州:浙江人民出版社,2016年,第5页。
[2] 史蒂芬·平克:《心智探奇:人类心智的起源与进化》,郝耀伟译,杭州:浙江人民出版社,2016年,第20页。
[3] 保罗·萨伽德:《心智:认知科学导论》,朱菁、陈梦雅译,上海:上海辞书出版社,2012年,第11页。
[4] R.M.哈尼什:《心智大脑与计算机:认知科学创立史导论》,王甦、李鹏鑫译,杭州:浙江大学出版社,2012年,第11页。
[5] Michael S. Gazzaniga、Richard B. Ivry、George R. Mangun:《认知神经科学:关于心智的生物学》,周晓林、高定国等译,北京:中国轻工业出版社,2011年,第554页。

心理学家通过核磁共振等神经影像技术比较识字者与文盲的大脑时发现,两者的大脑活动方式有诸多不同。在测量他们的脑波,并用一连串认知能力测验对他们进行测试之后,心理学家得出结论:阅读和书写技能的获得改变了脑组织结构……不仅在语言上,在视觉感知、逻辑推理、记忆策略和条理性运筹思维上都是如此。[1]

最后,人的意识活动并非纯粹的精神活动。笛卡儿相信"机器中的幽灵"这一观点,他认为,一个人的思想是某个"神秘的幽灵",其生存在人这一生物机器的大脑里面。这种身心二元论几个世纪以来一直被很多人认可,他们相信意识是人的决定性要素,身体不过是意识和精神活动的障碍物,沉重的肉身牢笼似地困住了精神。但是从19世纪中期开始,医学和新兴的神经科学领域内越来越多的证据表明笛卡儿的身心二元论站不住脚。自尼采以降,肉身的意义得到新发现和赞美。在尼采那里,"酒神的魔力,使人和人、人和自然、人和神的界线和藩篱消失了,一切都得以解放,一切都达成了和解,一切都在一个兴奋的大海中融为一体,相互吞噬、转换、变幻"[2]。在尼采看来,感觉、思考和激情都是意志的构成部分。他写道:"肉体乃是比陈旧的'灵魂'更令人惊异的思想。"[3]如今越来越多的人相信,身(肉)体活动体现了一种推动认知发展的所谓"生存意向性"[4]。英国哲学家吉尔伯特·赖尔(Gilbert Ryle)在1949年出版的著作《心的概念》中指出,笛卡儿的身心二元论犯了一种"范畴错误",他认为人的身体和心灵,精神和行为是一回事。

二、智能、算法与全息连接

"当人类走出了'自我中心'之后,又遭遇了机器智能的挑战。这一次,是

---

[1] 凯文·凯利:《技术元素》,张行舟、余倩等译,北京:电子工业出版社,2012年,第16页。
[2] 汪民安:《尼采与身体》,北京:北京大学出版社,2008年,第2页。
[3] 弗里德里希·尼采:《权力意志——重估一切价值的尝试》,张念东、凌素心译,北京:中央编译出版社,2000年,第22页。
[4] 李恒威、盛晓明:《认知的具身化》,《科学学研究》2006年第2期。

人—机交流,即人与物之间的互动,建构了存在于人与物之间的公共心智。"[1]图灵于1948年在英国国家物理实验室发表的题为《智能机器》的内部报告中提到了"肉体智能"(embodied intelligence)和"无肉体智能"(disembodied intelligence)的区分问题,正式开始对智能的思考。在1950年的 *Mind* 杂志上,图灵发表文章提出"机器能够思考吗?"的问题。在图灵测试中,被测试者(人)在一个黑暗的屋子里面与一台机器或一个人进行对话(当时采用的是文本方式,现在可以采用语音方式),若被测试者无法区分对话的是人还是机器,我们称机器通过了图灵测试。"图灵坚信,人工智能一定能以某种方式实现。"[2]

1952年,发现了神经学功能的离子学说和突触电位的诺贝尔生理学或医学奖得主——艾伦·劳埃德·霍奇金爵士提出了脉冲神经网络这种神经行为学模型。这种模型的价值在于,它描述了神经元之间的电位是如何产生和流动的。他认为神经元之间的交换主要靠"神经递质"来产生化学放电,从而在神经网络中实现复杂和可变的神经系统交互。2011年,IBM发布了TrueNorth芯片,这是人类用电路模拟神经行为学的开端。2017年,Intel发布了类脑芯片Loihi,其拥有13万个人造突触。不过,到目前为止,类脑芯片的任务性处理能力比较差,算力水平也相当低。

1956年夏天,在新罕布什尔州达特茅斯学院的一次小型会议上,赫伯特·西蒙、约翰·麦卡锡、克劳德·香农等提出,智能的任何特征,原则上都可以被精确描述,因此我们可以制造机器来对它进行模拟。在这次会议上,专家首次用到"人工智能"这一术语。这次会议后来被认为标志着人类开始用一种全新的方式来研究心智问题。2013年,"人类大脑计划"将重点放在了如何通过超级计算机技术来模拟人脑功能的问题上,以期实现人工智能。瑞士洛桑联邦理工学院建立了脑与心智研究所(Brain Mind Institute),包含与基础神经科学、计算神经科学、人工智能、机器人相关的科研人员,他们共同从事瑞士"蓝脑计划"、欧盟"人脑计划"相关的研究。斯坦福大学成立了心智、脑与计算研究中心(Stanford Center for Mind, Brain and Computation),该中心集成理论、计算和实验研究的方法,致力于研究感知、理解、思维、感受、决策的脑神

---

[1] 蒋柯:《"图灵测试"、"反转图灵测试"与心智的意义》,《南京师大学报》(社会科学版)2018年第4期。
[2] 玛格丽特·博登:《AI:人工智能的本质与未来》,孙诗惠译,北京:中国人民大学出版社,2017年,第11页。

经信息处理机制。①

在这股探索风潮中,逐渐形成了符号主义、联结主义及行为主义等多种不同的学派。深度学习表现相对突出,尤其是在"阿尔法狗"(AlphaGo)战胜全球的围棋高手后,人工智能进入了公众视野,而2022年上线的ChatGPT,更是引起了社会各领域的关注。ChatGPT是"智商超高"的人工智能,到GPT-4其内核更强大了。OpenAI关键技术突破了情景学习(in-context learning)、思维链(chain of thought)和指令学习(learn from instructions)等。"毛毛虫从食物中提取营养,然后变成蝴蝶。人们已经提取了数十亿条理解的线索,GPT-4是人类的蝴蝶。"在GPT-4发布的第二天,杰弗里·辛顿发了这样一条推文。这只蝴蝶掀起的飓风,正在席卷全球各行各业,对新闻传播业的影响肯定也是巨大的。

不过,纽约大学教授加里·马库斯(Gary Marcus)认为,从技术角度看,深度学习可能擅长模仿人类大脑的感知任务,如图像识别或语音识别,但它在理解对话或因果关系等其他任务上仍有很大不足。玛格丽特·博登(Margaret Boden)指出,人工智能一直专注于智力的理性,却忽略了社会或情绪智能,更不用说智慧了。她认为,人类的心智太丰富,我们还缺乏能全面说明心智工作方式的好的心理/计算理论,因此,在她看来,人类水平的通用人工智能的前景堪忧。约翰·塞尔(John Searle)曾经通过著名的"中文屋论证"(Chinese Room argument)阐述了人类的"心智"与机器的计算之间的区别。塞尔假设有一个不懂得中文的人被关在一间小屋里,只能通过字条与外面的人进行中文符号的交流。房间内有一本完美的说明书,看了这本书就可以用中文回答外面的问题。这样一来,就算只懂英语,房间里的人也可以通过说明书,用中文回答问题。塞尔认为,只要规则足够完备,那么屋子外面的人就不会怀疑屋子里面的人不懂中文。塞尔希望通过这个论证表明,通过图灵测试的计算机及会下围棋的程序和中文屋里不懂中文的人一样,只是对符号进行规则化加工而不论符号的意义,而人能够对"意义"做出应答。②然而,实际上塞尔的论证仅仅表明通过图灵测试的计算机可以没有智能,却没有提供足够的证据表

---

① 曾毅、刘成林、谭铁牛:《类脑智能研究的回顾与展望》,《计算机学报》2016年第1期。
② 塞尔:《心、脑与科学》,杨音莱译,上海:上海译文出版社,2016年。转引自王佳、朱敏:《对强人工智能及其理论预设的考察——基于中文屋论证的批判视角》,《心智与计算》2010年第1期。

明计算机事实上没有智能。[1]

牛津大学计算机科学系主任迈克尔·伍尔德里奇(Michael Wooldridge)曾在其著作《多Agent系统引论》中提出：区别于地球上的其他生物，不只是因为人类有毋庸置疑的学习和解决问题的能力，更是因为人类具有与伙伴通信、合作、达成一致的能力。这些我们每天都使用的社会能力，与规划和学习等智能同等重要。他认为虽然目前的AI还不能做到复杂推理、处理定义不清的问题、对事物做出判断及对外界环境进行感知，但还是相信机器、设备同样具备智能。[2]韩国科学技术院生物和大脑工程系李相完在《科学》杂志上发表了一篇文章，其中提出了一种新的理论——"前头叶控制"理论。他认识到人脑可以自行评价对自己外部环境的认知度，并通过外部信号来处理信息。因此，他认为将该原理应用于AI算法和机器人等领域，便可以设计出能够根据外部情况变化，在性能、效率、速度等各个方面自动达到最佳状态的智能系统。以色列巴伊兰大学的科学家坎特(Kanter)教授和他的合作者在《科学报告》(Scientific Reports)杂志上发表的文章表明，在连接神经元的网络中，突触模型中每个神经元的学习参数数量要比树状模型中的数量"明显更多"[3]。对人工智能充满信心的人不少，如2015年《纽约时报》科技版记者约翰·马尔科夫(John Markoff)的报道《人工智能的学习能力匹敌人类》就代表了这种典型观点。深度学习似乎已经解决了"感知"问题：它具有照片自动分类(图像识别+分类)、图像描述生成(图像识别+理解)等能力。现在计算机可以比人类更好地识别字符、图像、物体、声音、语言，甚至是视频画面中的物体。[4]百度用了11940小时对语音网络进行英语口语训练，现在百度的网络转录语音能力可以媲美人类。基于算法，机器也可以创造出听起来很自然的短语字幕，以此描述图像内容。2011年，美国流行的电视智力竞猜节目《危险边缘》历史上最成功

---

[1] 杨小爱、魏屹东：《中文屋论证究竟证明了什么？——由"中文屋论证"引发的计算机思维问题探析》，《山西大学学报》(哲学社会科学版)2013年第2期。

[2] Michael Wooldridge：《多Agent系统引论》，石纯一、张伟、徐晋晖等译，北京：电子工业出版社，2003年第25页。

[3] Uzan H, Sardi S, Goldental A, et al. Biological learning curves outperform existing ones in artificial intelligence algorithms. *Scientific Reports*, 2019, 9(1):12558.

[4] 阿米尔·侯赛因：《终极智能：感知机器与人工智能的未来》，赛迪研究院专家组译，北京：中信出版集团，2018年，第26页。

的两位人类选手肯·詹宁斯和布拉德·鲁特在节目中与IBM开发的计算机程序"沃森"(比赛时,它被切断了网络)比赛。为期两天的比赛结束时,詹宁斯赢得了24000美元,鲁特赢得了21600美元,而"沃森"却赢得了77147美元,遥遥领先于两位人类对手。尽管不能说"沃森"有智能,但它能读懂语言,并且能够从自己的记忆库中找到答案,这种探索、匹配关系并能识别的能力是很强大的。

人工智能的概念很广,分很多种,我们按照人工智能的能力将其分成三大类:(1)弱人工智能(artificial narrow intelligence, ANI)。弱人工智能是擅长单个方面的人工智能。(2)强人工智能(artificial general intelligence, AGI)。强人工智能是指在各方面都能和人类比肩的人工智能,人类能干的脑力活它都能胜任。琳达·戈特弗教授把强人工智能定义为"一种宽泛的心理能力,能够进行思考、计划、解决问题、抽象思维、理解复杂理念、快速学习和从经验中学习等操作"。(3)超人工智能(artificial super intelligence, ASI)。人工智能思想家尼克·博斯特罗姆把超人工智能定义为"在几乎所有领域都比最聪明的人类大脑聪明很多,包括科学创新、通识和社交技能"。超人工智能可以是各方面都比人类强一点,也可以是各方面都比人类强万亿倍。

与智能共同推进的是基于物联网、大数据的存储与数据挖掘技术。如果说5G时代就能够通过云网融合、边缘计算、终端多样化相结合,获得有关每一个联网个体的全息数据,进而达到"信息随心至,万物触手及"的话,那么6G时代则可以实现智慧连接、深度连接、全息连接、泛在连接,使得"一念天地,万物随心"成为可能。"一念天地"中的"一念"强调实时性,指无处不在的低时延、大带宽的连接,"念"还体现了思维与思维通信的深度连接,"天地"对应空天地海无处不在的泛在连接;"万物随心"中的"万物"指的是智能对象,能够"随心"所想而智能响应,即智慧连接;呈现方式也将支持"随心"无处不在的沉浸式全息交互体验,即全息连接。①随着车联网、物联网、工业互联网、远程医疗、智能家居、空间网络等新业务类型和需求的出现,未来的网络正呈现出一种泛在化的趋势。黄韬等预测说:"在未来,人工智能将在网络的自配置/自管理、网络流量

---

① 赵亚军、郁光辉、徐汉青:《6G移动通信网络:愿景、挑战与关键技术》,《中国科学:信息科学》2019年第8期。

自学习/自优化、网络威胁自识别/自防护和网络故障自诊断/自恢复等方面起到重要作用,在复杂的网络环境下实现自动化、智能化的网络管控。"[1]1983年,罗素(Russell)提出了"全球脑"(global brain)的概念。他认为,通过电话、传真等电信传播工具,人类将会形成连接紧密的全球网络。他还认为,人口有可能达到100亿,如果100亿人通过通信设施连接,"全球脑"即可形成。这个类似于人的大脑的"全球脑"会成为具有独立运作能力的有机体,具有记忆、思考、反馈等诸多功能。社会的网络化及技术推进的网络性联结,使得人与人、人与物的信息都以流动的云的数据化形式存在。这种数据化、信息化的方式,造就了人和人工智能共同的社会环境和文化环境,提供了取之不尽、用之不竭的生产资源。我们在利用机器进行思考时,机器也在把我们变成它的"齿轮"和"螺丝钉"。[2]网络社会不断进化与扩张,至脑的最后界限被突破,有学者称其为一统(unification)阶段。这样的网络是一种"知化网络",它从冰冷的物理连接逐步进化为主动感知各类连接设备,进而知晓如何适应外界的变化,最终使得整个网络具备智能思考的能力,形成自有的知识体系。智能与联网,提供了大量的数据,这些数据包括了who(谁)、what(什么)、where(在哪儿)、when(什么时间)及why(为什么)。这五个"w"为机器识别提供了丰富且相对精确的个人信息。

三、可识别的"人心"

尽管人们常说"人心难测",但至少到目前为止,我们使用的是一个"难"字,并没有表明这是不可能之事。我们看一物,便能知其形,观其色,辩其质。这一看似简单的意识知觉的背后乃是数十亿大脑神经元精致而复杂的关联性活动的结果。"意识是全脑皮质内部的信息传递,即意识从神经网络中产生,而神经网络存在的原因就是脑中有大量分享相关信息的活动。"[3]虽然人类大脑

---

[1] 黄韬、霍如、刘江等:《未来网络发展趋势与展望》,《中国科学:信息科学》2019年第8期。
[2] 赵涛:《超文本·全球脑·内爆——网络世代思想生产的社会学考察》,《社会科学战线》2006年第6期。
[3] 斯坦尼斯拉斯·迪昂:《脑与意识:破解人类思维之谜》,章熠译,杭州:浙江教育出版社,2018年,第30页。

与计算机有诸多不同点,但本质上都是信息处理机器。在神经科学领域已经出现一些杰出的计算机模型,其特性与人类大脑神经元的生物特性非常接近。这些计算机模型表明人造神经元群体出现了很有意思的新趋势,如组织集群与活动波。[1]类脑信息处理的研究目标就是构建高度协同视觉、听觉、触觉、语言处理、知识推理等认知能力的多模态认知机。目前这一方面已取得了不少进展。机器识别人心初步取得的成就和未来努力的方向主要包括以下几方面。

识图看脸。"眼睛是心灵的窗口",读心先读脸,读形识脸是识别人心的第一步。人脸识别(face recognition)是"一种依据人的面部特征(如统计或几何特征等),自动进行身份鉴别的一种技术,它综合运用了数字图像、视频处理、模式识别等多种技术"[2]。研究发现,对一个人脸部的整体记忆,是由几千个神经元互相作用,综合产生一种突发特性才完成的。机器学习和深度算法,已经注意到了这种特性,开发出了越来越复杂的机器网络,以模仿神经元的功能。2006年,辛顿教授提出的深度信念网络,标志着深度学习理论的诞生,图形识别技术得以快速发展。如今,人工神经网络(artificial neural network,ANN)被广泛应用,使得自动人脸识别成为现实。斯坦福大学李飞飞教授牵头创立了一个庞大的图片数据库ImageNet,该数据库目前拥有超过1400万张高分辨率图片,标注的类别超过2.2万个。从2010年起,每年举办一次大规模视觉识别挑战赛,借此推进图形识别技术的发展。2012年,参赛的AlexNet深度神经网络一举将识别错误率下降至15.3%,完胜第二名26.2%的识别错误率。2018年,多伦多大学的研究人员创建了一个神经网络,"让计算机拥有了一种神奇的能力来感知照片中的物体"[3]。多伦多大学的研究人员在他们最近发表的关于这一主题的论文《视频人脸聚类的面部表征的自我监督学习》中指出,基于故事情节,更深入地理解视频,能够预测哪些角色将于何时何地出现。

---

[1] 丹尼尔·博尔:《贪婪的大脑:为何人类会无止境地寻求意义》,林旭文译,北京:机械工业出版社,2013年,第22页。

[2] 王心醉、郭立红、肖永鹏等:《基于BDPCA和KNN的人脸识别算法》,《武汉理工大学学报》2009年第19期。

[3] 肖恩·格里什:《智能机器如何思考:深度神经网络的秘密》,张羿译,北京:中信出版集团,2019年,第144页。

为此,这些研究人员开发了一种无监督模型,能够根据现有的数据集和有限的训练来创建高度准确的面部识别模型。这些模型可以基于有序面部距离,动态生成正/负约束,不必仅依赖于目前常用的轨道信息。国内也有学者使用MTCNN算法进行人脸检测,在多姿态人脸数据集上准确率为96.25%,相较于单一姿态的人脸数据集,准确率提升了2.67%。①

辨音释义。语言是最好的识别人心的路径之一,乔姆斯基认为人的心智与语言是同步发展的。我们可以通过探索和挖掘一个人写了什么、说了什么而大体判断出一个人的精神形态、态度和立场,这也是当下许多人工识别技术的算法逻辑。语言是人类独有的符号系统,是表情达意的中介,如果不能理解人类的语言,识别人心自然也是空话。理解语言,不但要理解各种书面语言的意义(如篇章结构、上下文、句子和语词的含义等),还包括语音理解、非语言性表达(如人的肢体语言)。乔姆斯基认为:"人类语言可以用来告知信息,也可以造成误导,可以用于澄清个人思想,也可以用来表示个人的聪明才智,或者就是为了娱乐。"②人类可能用同样的语词来表示不同的事物,人们还喜欢借用语言的多义性来实现委婉表达,而且表达的情境和上下文对理解也极为重要,所以计算机要想真正掌握人类的语言并不容易。"理解不是一件简单的事情。部分原因在于语音、语义和拼写之间的关系,大部分都带有主观任意性……造成语言表征的不同水平之间联系困难的另外一个原因是歧义(ambiguity)。在语言领域,歧义是指人们可以对一个发音、单词、短语或者句子做出不止一种解释的现象。"③露斯·米利肯(Ruth Milikan)甚至认为"思想和语言是生物现象,它们的意义取决于我们的进化史"④,如果这种观点是正确的,那么不能进化的强人工智能当然就不具备真正的理解力。不过雷·库兹韦尔却相信"结合大量并行神经网络和其他计算模式对系统进行训练和演化,可以使其能理

---

① 龚锐、丁胜、章超华等:《基于深度学习的轻量级和多姿态人脸识别方法》,《计算机应用》2020年第3期。
② 诺姆·乔姆斯基:《语言与心智》(第三版),熊仲儒、张孝荣译,北京:中国人民大学出版社,2015年,第76页。
③ 爱德华·史密斯、斯蒂芬·科斯林:《认知心理学:心智与脑》,王乃弋、罗跃嘉等译,北京:教育科学出版社,2017年,第539页。
④ 玛格丽特·博登:《AI:人工智能的本质与未来》,孙诗惠译,北京:中国人民大学出版社,2017年,第159页。

解语言和模型,包括阅读理解文字文件的能力"①。自然语言处理技术就是在朝这个方向努力。目前科学家运用与编译原理相关的技术,如词法分析、语法分析、语义理解,使机器学习获得了很大的突破。被称为形态解析(morphological analysis)的算法就试图解决语言理解问题。2016年,微软的一个团队宣布,其开发的一个拥有120层的深度学习网络已经在多人语音识别基准测试中达到了与人类相当的水平。20世纪50年代一位研究肢体语言的先锋人物阿尔伯特·麦拉宾(Albert Mehrabian)在研究时发现,一条信息所产生的全部影响力中7%来自语言(仅指文字),38%来自声音(其中包括语音、音调及其他声音),剩下的55%则全部来自无声的肢体语言。那么,对那些非语言性表达的分析也是一项重要的工作。据报道,卡内基梅隆大学机器人学院的科学家研究出了一种能解读人类肢体语言的计算机系统——OpenPose。该系统使用计算机视觉和机器学习技术来处理视频帧,甚至可以实时跟踪多个人的肢体运动,包括手和脸部。研究人员亚瑟·谢赫(Yaser Sheikh)表示,这一方法为人类和机器之间的相互作用开辟了新的方式,人类使用机器能更好地了解周围的世界。另悉,语言技术研究所的路易斯-菲利普·莫朗西(Louis-Philipe Morency)使用多模式机器学习来评估病人的非语言行为来帮助医生更好地评估抑郁症和焦虑症。宾夕法尼亚州立大学的一个研究小组也在探索这一领域。该小组处理了大量的电影剪辑,并建立了超过1.3万个人物角色、近1万个身体动作的数据集。研究人员利用众包的人类注释器来审查电影剪辑,并确定每个人的情感属于26个分类情绪中的哪一个。研究表明,在识别人类情感时,人体可能比面部更具诊断性。

通心会意。20世纪著名的实验心理学家乔治·米勒(George Miller)在1962年建议禁止使用意识这个词。2019年,美国哥伦比亚大学创意机器实验室总监、工程学教授霍德·利普森(Hod Lipson)一直在探索打造具有自我意识的机器。他解释说,在机器人和人工智能领域,我们曾经视意识为禁忌,不允许触及这个话题。但在我看来,意识可以说是一个悬而未决的大问题,与生命起源和宇宙起源一样。什么是感知?什么是创造力?什么是情感?我们想知道人之所以为人的意义,我们也想知道如何人为地创造出这些东西。是时候

---

① 雷·库兹韦尔:《机器之心》,胡晓姣、张温卓玛、吴纯洁译,北京:中信出版集团,2016年,第7页。

直面这些问题了。根据霍德·利普森的观点,感知或自我意识的基本构建块之一是"自我模拟"(self-simulation):建立一个人的身体及其在物理空间中如何运动的内在表征,然后使用该模型来指导行为。2019年,他率领的研究团队发明的新兴粒子机器人登上了《自然》杂志封面。研究团队的创新包括两个方面:一是这些由"粒子"(即圆盘状单元)组成的机械系统,不需要人类的强集中控制,也能依靠自主性伸缩和随机运动完成复杂的任务;二是这种系统很可能产生觉知,通过思考"我为什么在这里"进而实现自我模拟、自我复制,在设备故障、特殊作业环境中顺利完成任务。对于机器人是否会拥有自主意识问题,霍德·利普森给出了肯定回答:"这件事情将在10年之后发生,还是100年之后发生,我也不知道。但是,我比较确信的是我们的孙辈所生活的世界里,机器将会有自我意识。"不过,他强调,该自我意识是可以被人类操控的。人类将和人工智能一起学习,一起进步。心理学家就通过词汇学假设(lexical hypothesis)来测量人格。这一假设最先由英国学者高尔顿于1884年提出。1936年,美国心理学家奥尔波特和奥德伯特在英语词典中找到了17953个描述人格心理特质的词语,又从中选出4500个做归类分析,通过几十年数代学者对这些词语进行筛选和分析,五大人格在不同的实证研究中不断地被发现,最后五大人格特质模型得以建立。研究显示,只要有足够的社交数据,不用任何人为的建议,计算机和算法就可以自动判别一个人的心理特质,甚至仅仅凭借"点赞"的数据就可以完成。如果掌握一名用户在Facebook上的10个点赞,对他的了解就可能超过他的一般同事;如果掌握70个,对他的了解就可能超过他的朋友;如果掌握150个,对他的了解就可能超过其家庭成员;如果掌握300个,对他的了解就可能超过其最亲密的妻子或丈夫了。[1]2008年,剑桥大学的研究人员迈克尔·科辛斯基开发了一项可以在Facebook上进行的OCEAN测试。2012年,根据Motherboard网站上的一篇文章,科辛斯基证明,平均来说,根据一名用户在Facebook上的68个"爱好"就可以推测其肤色(95%的准确率)、性取向(88%的准确率)、亲民主党还是共和党(85%的准确率)。

情绪感知。计算机对人的心智的理解的另一个更大的挑战是,对人的情

---

[1] Wu Y Y, Kosinski M, Stillwell D. Computer-based personality judgments are more accurate than those made by humans. *Proceedings of the National Academy of Sciences of the United States of America*, 2015(4):1036-1040.

绪和感受的把握。情绪指的是存在于脑和身体之内、通常由某个特定的心智内容所激发的一系列机体变化。感受是对这些机体变化的知觉。安东尼奥·R.达马西奥认为:"在意识形成之前,以及在意识作为一种我们常常没有有意识地认识到的诱导物而在我们每个人身上表现出来之前,情绪很可能就已经产生并发展起来了……感受在意识心灵的剧院里发挥着最根本的、更为持久的作用。"①人工智能系统已经能够用多种方式识别人类的部分情感。有些是生理的,如监测人的呼吸频率、心电和脑电反应;有些是口头的,如注意说话的语气、语调、语速及用词习惯;有些是视觉的,如分析眼动规律与人的面部表情;有些是运动感知,如观察身体的移动、手指的动作等。②美国心理学家埃克曼(Ekman)在19世纪60年代提出并发展了"情绪指纹"理论。他发现不同民族的语言虽然不同,但对应相同情绪的面部表情(脸部肌肉运作方式)却是接近的、普遍的。他还为人类3000多种有意义的表情总结出了清晰的编码和规则。以埃克曼的研究为基础,全世界已开发出多个表情分析系统。例如,加州大学圣地亚哥分校研发的CERT(表情识别工具箱)可以自动检测视频流中的人脸,实时识别面部表情编码系统中30个动作单元组合,包括愤怒、厌恶、恐惧、喜悦、悲伤、惊奇和轻蔑等表情。经卡内基梅隆大学和麻省理工学院联合检测,CERT的表情识别准确率达到80.6%。③目前,微软、IBM、亚马逊、京东等公司已经开始出售"情绪识别"算法——基于对人脸的分析来推测人类的心情。迪士尼公司开发了一个观众表情分析系统(FVAEs)。在实验中,研究小组在一个能容纳400人的电影院设置了4个红外线摄像机,并把FVAEs应用到了150个热播的电影中。在漆黑一片的影厅中,这个系统能够捕捉观众的大笑、微笑、悲伤或流泪等反应。从3179名观众中,研究小组最终获得了包含1600万个面部特征的数据集合。通过分析这些表情,迪士尼公司得以知道观众是否喜欢这部电影,哪些情节最能打动人,由此可以用量化的方法对电影的

---

① 安东尼奥·R.达马西奥:《感受发生的一切:意识产生中的身体和情绪》,杨韶刚译,北京:教育科学出版社,2007年,第31页。
② 玛格丽特·博登:《AI:人工智能的本质与未来》,孙诗惠译,北京:中国人民大学出版社,2017年,第86页。
③ 涂子沛:《数文明:大数据如何重塑人类文明、商业形态和个人世界》,北京:中信出版集团,2018年,第307页。

情节设计进行评价。

  2014年底,日本著名的投资公司软银在新闻发布会上展示了一个名叫"胡椒"的智能机器人,它具有人类的情感,能理解人类细微的情绪波动。孙正义称,他们的目标是研发出让人们微笑的情感机器人。当然,真正确认并理解人的情感,不是一件很容易的事,因为就算是人,在把握与他人之间的情感时也常存在困难,如我们经常忽视与我们交流的对象的细微情绪波动,也常常曲解对方的情感反应。有学者撰文指出,"情绪指纹"理论在方法论上存在缺陷。有学者通过对数百个实验的分析得出结论:在自主神经系统中,不同的情绪并没有一致的特定指纹。一种精神活动(如恐惧)不是由一组神经元创造的;相反,只有不同的神经元组合起来才能产生恐惧。在美国心理科学协会的委托下,五位科学家展开了数据收集和科学证明。他们的研究成果显示,情绪的表达方式多种多样,很难从一组简单的面部运动中准确地推断出一个人的感受,没有充分的科学依据证明表情与心情之间有直接关联。研究者之一、马萨诸塞州东北大学心理学教授莉莎·费德曼·巴瑞特(Lisa Feldman Barrett)在接受媒体采访时表示,数据显示,人们在生气时,平均只有不到30%的时间会皱眉。所以愁眉苦脸不是愤怒的表现,而只是愤怒的众多表达方式之一。这意味着在超过70%的情况下,人们在生气的时候不会皱眉。更重要的是,他们在不生气的时候经常会皱眉。巴瑞特说,虽然"能检测到一张愤怒的脸,但这与察觉到愤怒的情绪是两回事"。当然,这些批评都无法断言情绪识别是不可能的。事实可能是目前做不到精确的识别,只是因为还没有找到更科学的方法。斯坦福大学教授李飞飞表示,(深度学习)无论在智力、人力或机器设备方面,都还有很长的路要走。为了创造能力更强、智能范围更广的机器,也就是俗称的通用人工智能,深度学习必须与其他方法相结合。马库斯和欧内斯特·戴维斯(Ernest Davis)在《重启人工智能》(*Rebooting AI*)中主张开辟一条新的前进道路,包括构建算法的规则。未来,AI可以通过语音识别、视觉识别、文字识别、表情识别等数据,并结合深度学习,具备识别情绪的能力。

  总之,智能技术目前看起来还相当不成熟,但至少其已经可以在一定程度上识别人心了。

  人类与猿类有什么区别?历史学家尤瓦尔·赫拉利(Yuval Harari)在《人

类简史：从动物到上帝》(Sapiens: A Brief History of Humankind)一书中认为，人类与其他生物的不同点之一是我们会集体说谎。无论如何，人类都是这个世界上最复杂、最智能的生物。人类的大脑包含了无数的智能组合和联结，要特别注意这种联结的意义，因为"思考、感受和行动都是依靠许多神经元的综合活动，而不是单一细胞的产物"①。

我们与生俱来就有脑中枢，其控制着各种感觉和肌肉群的移动（如眼睛和四肢的活动），让我们能够区分声音和语言，区分面孔的特征，区分各种不同的触感、味道和气味；我们天生就带有原型专家，其参与我们的饥饿、欢笑、恐惧、愤怒、睡眠和性生活。肯定还有其他许多尚未被发现的功能，每个功能都依托于某种不同的结构和操作模式。"成千上万的基因参与安排了这些智能组合以及它们之间的神经束。"②人类大脑有着超强的短时间记忆能力，且能够基于情境需要而随时调动这些记忆单元，并加以重新组合，以应对复杂的外部环境的变化。所以，机器要想完全读懂人心自然不是件简单之事。至少到目前为止，还没有发现人工智能具有共情式理解的能力，也可能还做不到自主编造谎言，所以机器要真正读懂人心还早得很。但正如前文所述，人工智能已经在一定程度上可以读懂人类创造的多种符号甚至是进行创作，如机器人写作已经被广泛运用于新闻报道、绘画、创作音乐和诗歌。

人工智能越来越有能力识别人心，但这还不意味着机器有意识和思维力。有学者将人类心智进化的历程分为五个层级：神经层级的心智、心理层级的心智、语言层级的心智、思维层级的心智和文化层级的心智。③对比一下人工智能的进化程度，可见它还远未达到思维和文化的层级，因此，人工智能领域的先驱马文·明斯基认为，智能机器人可以完成具有超高智商的人类都无法完成的事，但很多小孩子都能做到的事，它却做不到，如产生思维意识。目前的人工智能仅属于弱人工智能，无非是让机器产生某种智能行为，却没有达到强人工智能的自主意识——机器能够真正像人类一样地思考（can machine

---

① 布鲁斯·E. 韦克斯勒：《大脑与文化》，罗俊、石绮、姚桂桂译，杭州：浙江大学出版社，2016年，第2页。
② 马文·明斯基：《心智社会：从细胞到人工智能，人类思维的优雅解读》，任楠译，北京：机械工业出版社，2016年，第405页。
③ 蔡曙山、薛小迪：《人工智能与人类智能——从认知科学五个层级的理论看人机大战》，《北京大学学报》(哲学社会科学版)2016年第4期。

really think)。从识别人心的视角看,当下的技术突破难点还在于识读人的心境、感受、情绪等方面。黄欣荣认为,"机器毕竟是机器,在体力、智力方面胜过人类,但在情感、意志等方面,机器还无法匹敌人类。因为人工智能目前仍是有智力没智慧"[1]。涂子沛曾预测:"表情分析、情感计算,未来将会和更多的传感器、可穿戴设备所获得的数据相结合,即通过人类的表情、语言、手势、大脑信号、心血管血流速度等生理数据,实现对人的情绪、生理状态的全面解读。基于这些数据,机器可以对人类的生理、心理,甚至是情绪的变化进行预测。机器做出的这种解读和预测,要比人类更为准确。"[2]史蒂芬·霍金在其遗作《大问题的简答》(Brief Answers to the Big Questions)中断言,计算机可以模拟甚至超越人类智能。他预测说,若计算机的发展满足"摩尔定律"(Moore's law),即运算速度每18个月翻一番,则将在百年之内超越人类智能。[3]雷·库兹韦尔对这一天更是充满憧憬,他写道:"正是存在于世——有体验、有意识,才有心灵而言,这也是心灵的本质。机器由人类思维演变而来,却在体验能力方面超过了人类,因此它们也可以被认为是有意识、有心灵的,至少机器们自己对这点深信不疑,认为它们也经历过有意义的心灵体验。"[4]

当然,人类自己何曾真正读懂别人的心。胡塞尔推测"人同此心,心同此理"的同理心机制的存在:我之所以能够产生同理心,是因为我们同处一个生活的世界,我们可能会有相似的生活体验。"同情感的缺失,在相当程度上或许便是与两个相关主体各自所具有的生活世界之间的差异性有关的。"[5]海德格尔给人们提供的超越日常生活的出路是"向死而生",这种根本性出路的核心是"畏"——对所有存在的虚无化的恐惧。至少到目前为止,机器不能体验人的生活世界,无法理解"向死而生",无法真正理解"畏"[6]。因此,对机器完全读懂人心的演进程度没有必要过于苛求,何况基本读懂,甚至比他人更好读懂人

---

[1] 黄欣荣:《人工智能对人类劳动的挑战及其应对》,《理论探索》2018年第5期。
[2] 涂子沛:《数文明:大数据如何重塑人类文明、商业形态和个人世界》,北京:中信出版集团,2018年,第309-310页。
[3] 史蒂芬·霍金:《十问:霍金沉思录》,吴忠超译,长沙:湖南科学技术出版社,2019年,第109页。
[4] 雷·库兹韦尔:《机器之心》,胡晓姣、张温卓玛、吴纯洁译,北京:中信出版集团,2016年,第174页。
[5] 徐英瑾:《欧陆现象学对人工情绪研究的挑战》,《探索与争鸣》2019年第10期。
[6] 影视剧中机器人大多是具有意识和感情的。在《人工智能》中,机器人戴维在人类组织的一次次机器人解体秀中,目睹了其他机器人被摧毁的惨状,并产生了关于自身存在之有限性的意识。

心的可能性还是存在的。

  2016年,微软联合创始人比尔·盖茨在南加州举办的编程大会上表示:"人工智能的梦想今天终于实现了,这是一件好事,也是一件坏事,因为这对未来的人类来说,可能会成为一大担忧。"读懂人心,与其他技术一样,效用都是两面的:一方面,可以用于治疗和治理;另一方面,也需要防止对人类自身的侵犯。2018年,伦敦咨询机构剑桥分析(Cambridge Analytica)遭到英国数据监管机构——信息专员办公室的突击调查。这家公司涉嫌非法获取Facebook数据以建立美国选民档案,干涉美国大选。据报道,2016年,剑桥分析与特朗普竞选团队合作,利用多达8700万名Facebook用户的个人档案建立起个人信息系统,以预测和影响民意选择,让选民投票给特朗普。剑桥分析把8700万人的社交数据与美国商业市场上2.2亿人的消费数据进行匹配、组合和串联,就性格、年龄、兴趣爱好、性格特点、职业专长、政治立场、观点倾向等上百个维度给这些人打上标签,并基于这些数据进行心理画像、建立心理档案,再通过这些心理档案进行分析,总结出不同人群的希望点、恐惧点、共鸣点、兴奋点、煽情点。剑桥分析运用的显然是一种新型读心术。当然,这种读心术是基于数据分析师和计算机共同完成的。其实,即使是通过公开的数据,人工智能也可以成为影响、操纵、控制他人心理和观点的工具,这种心理入侵、思想入侵和意识入侵的行为更应该引起广泛关注。据推测,未来人类将会改变通过视觉、听觉、触觉与人工智能交流的方式,而是通过脑机接口更直接地操作人工智能这个新的"超级大脑"[①]。诺贝尔物理奖得主理查德·费曼(Richard Feynman)曾说道:"在某种程度上,科学是开启天堂之门的钥匙,但它同样可以打开地狱之门。我们没有得到任何指点来知晓哪个门是通往天堂之门。但为此我们就该把钥匙扔掉,从此放弃进入天堂之门的求索?抑或我们该就什么是运用这把钥匙的最佳方式继续争论?这当然是个非常严肃的问题,但我认为,我们不能就此否认这把天堂之门的钥匙本身的价值。"[②]

[①] 张晓林:《类脑智能引导AI未来》,《自然杂志》2018年第5期。
[②] 理查德费曼:《费曼讲演录:一个平民科学家的思想》,王文浩译,长沙:湖南科学技术出版社,2012年,第4页。

第四节 虚拟现实:共情传播的技术实现路径探析

近年来,技术变革不断冲击着传统媒介的生产模式与话语叙事方式,尤其是以VR(virtual reality,虚拟现实)新闻与VR纪录片为代表的非虚构虚拟现实影像。[1]一方面,虚拟现实因其强大的浸入空间与立体感官体验而引起人们越来越强烈的体验兴趣;另一方面,相比于传统影像技术作品,虚拟现实影像更能激发起人们的共情心理,常被冠以"终极共情机器""共情引擎""数字共情"的名号。本节从媒介技术层面出发,试图阐明虚拟现实如何激发参与者的共情情感,以及在产生强烈的共情效果的同时如何看待对这一现象的诸种质疑,以期在呼唤"人性中善良天使"的时代,为更好推动人与技术的良性互动提供理论思考。

一、共情:虚拟现实的人性根基

共情(empathy),也称同理心或移情,是一种对他人可能正在经历的事件的日常感受,是一种建立在共通人性意义上的情感能力。共情概念最早出现在19世纪末的美学理论当中,用以描述观察者对艺术对象或建筑作品的审美反应。罗伯特·维舍在其论文中创造了einfühlung(feeling into)这一术语,它意指"观众对艺术作品或其他视觉形式的积极参与,是身体与感知对象之间相互交流的体验"[2];是我们通过想象投射到艺术作品中,并调动自身感知经验而感同身受的行为;是一种想象中的主体与客体之间的亲和力。在这种情感关系产生时,我们的感觉向外移动到他者身上,形成关于他者的感知与心理的

---

[1] 相比虚拟现实,其影像主题更具有鲜明现实关怀与宏观指向。参见Rose M. The immersive turn:Hype and hope in the emergence of virtual reality as a nonfiction platform. *Studies in Documentary Film*, 2018,12(2):132-149;常江、徐帅:《非虚构的"浸入转向":虚拟现实与影像纪实》,《新闻大学》2019年第3期。

[2] Vischer R. On the optical sense of form: A contribution to aesthetics. In Mallgrave H F, Ikonomou E. *Empathy, Form, and Space: Problems in German Aesthetics, 1873-1893*. Los Angeles: Getty Center for the History of Art and the Humanities,1994,p.90.

情感状态。

事实上,共情作为一种基本能力、一种与生俱来的本能,在整个人类文化史上一直受到哲学家与心理学家的探讨。在中国,孟子指出,同情心是人的"四端"之一:"恻隐之心,人皆有之;羞恶之心,人皆有之;恭敬之心,人皆有之;是非之心,人皆有之。"之后的陆王心学也对这一问题进行了充分探讨。在西方,虽然亚里士多德没有直接指出作为本能情绪的共情心理的存在,但他认为,人天生就是城邦的动物,离开城邦非神即兽,过群居生活是人的本性,而群体性"是与社会性、依恋性、喜爱、陪伴这种感情相依附的。而驱动这些情感的第一个动力便是一种具有移情作用的归属感"[1]。他认为,情绪是人类合理的反应,不应该被斥为过于动物主义和无意义的东西,相反,情绪不仅仅是非理性的冲动,在某个时间、某个地点,人们可能用正确的令人满意的情绪对合适的情景做出反应。

共情在人类社会中具有基础性地位,是一种原初性社会情感。卢梭具体区分了共情的两个层次:一方面,共情作为一种前文明自然状态的情感,是一种自我保存的动物式本能;另一方面,卢梭将共情置于道德的高度,认为共情是人类一切道德的基础。不同于卢梭,康德则把共情称作一种人性的义务,甚至作为一种进入他人主观世界、了解他人思维和情绪状态的能力,在某种程度上已经成为人之为人的本体性构成。而休谟所理解的共情则更接近于当下更多人的认知,在他看来,共情是一种心理机制,是感同身受得以实现的主观条件。共情是人类根源于基因的一种天赋:共情不是一种情绪,也不是一种感受,而是人类与生俱来的一种能力。在人类整个形而上学史上,究竟人是理性的动物还是情感的动物,人的本性是善还是恶,抑或是无善无恶、有善有恶,人们对于这些问题一直争论不休,但在这些争论中作为人类原始情绪或本能的共情得到了部分思想家的确证。[2]"人类的进化之旅可能存在一个永恒的动机和目标,即深化自我认识,拓展同理心的应用领域即人性意识。"[3]某一个体从与之发生共情关系的他者身上获得了更多的人性,个体被他者人性化,人性化

---

[1] 吴飞:《共情传播的理论基础与实践路径探索》,《新闻与传播研究》2019年第5期。
[2] 参见吴飞:《共情传播的理论基础与实践路径探索》,《新闻与传播研究》2019年第5期。
[3] 杰里米·里夫金:《同理心文明:在危机四伏的世界中建立全球意识》,蒋宗强译,北京:中信出版集团,2015年,第26页。

成为共情关系的基础。共情属于尚未异化的同一性,"一种尚没有任何关系的原始社会的情感,它先于一切(作为还原他人的同一性的)关系,它并不依赖任何关系"①。总之,无论是根深蒂固的"心灵理论",还是"模拟"另一个人的经历体验,或者可能存在的镜像神经元,技术通过感官证实了从他人经验中获得情感共鸣的可能性。

既然共情之心人皆有之,那么,现代技术可能会实现人类共情机制的最大化呈现,从而建立起与他者共在、互爱的生存理念,发展出以爱为基础的共情共同体。毫无疑问,虚拟现实的出现使这种"唤醒本能""承认他者"的共情情感在更大范围内得到了展现。法国著名记者佩纳率先将虚拟现实应用于对社会问题的报道,并指出媒体具有"产生强烈同理心的能力"②。技术不仅依赖我们的神经心理传达适当形式的共情关系,还可以塑造我们的大脑和身体,使我们对他人产生共情。正是虚拟现实使这种"想象的再现"成为真实的再现,使一个人了解另一个人的心灵成为可能。"共情是一个人承认他人存在天生所具有的一种能力。"③彼得·高迪也认为,产生共情的前提是"意识到另一个人是不同于我自己的意识中心",并且能够对他者的"实质性的特征","有一个可以想象的叙述再现"④。换言之,共情范畴内的"理解他人"或"感同身受"是一种超越表象层面的共同存在,是一种积极承认他者经验与个体存在的道德情感。"共情似乎是虚拟现实中重要的因素。虚拟现实可以用来让人们关心难民、无家可归者及身心有障碍的群体。"⑤研究人员发现,向受试者展示一部关于叙利亚难民生活的虚拟现实纪录片,相较于以电影形式向他们展示同样的内容会使受试者产生更高水平的自我参与感和同理心。⑥同样对精神分裂症或痴呆症患者生活场景的模拟也会增强受试者的同理心。由此可见,虚拟现实作为

---

① 贝尔纳·斯蒂格勒:《技术与时间1:爱比米修斯的过失》,裴程译,南京:译林出版社,2012年,第140页。
② Nowak M. The complicated history of einfühlung. *Argument*,2011(1):301-326.
③ Schntte N S,Stilinović E J. Facilitating empathy through virtual reality. *Motivation and Emotion*,2017,41(6):708-712.
④ Goldie P. *The Emotions:A Philosophical Exploration*. Oxford:Oxford University Press,2000,p.195.
⑤ Shin D. Empathy and embodied experience in virtual environment:To what extent can virtual reality stimulate empathy and embodied experience?. *Computers in Human Behavior*,2018,78(0):64-73.
⑥ Schutte N S,Stilinović E J. Facilitating empathy through virtual reality. *Motivation and Emotion*,2017,47(6):708-712.

一种建设性技术，具有促发同情心的能力并且"可以而且应该能把我们团结到一起"①。美国著名电影制作人克里斯·米尔克(Chris Milk)在一段 TED 演讲中甚至将虚拟现实上升为一种让富人关心世界上更多不幸之人的政治媒介，"它以一种我从未在任何其他媒体上见过的深刻方式将人类联系起来……这是一台机器，但通过这台机器，我们变得更加富有同情心，我们的联系变得更加紧密，最终我们变得更加人性化"。

二、虚拟现实：情感共振的技术基础

虚拟现实的历史可以追溯到20世纪70年代，当时哈佛大学的计算机图形学先驱伊万·萨瑟兰(Ivan Sutherland)首次向世人展示了"头戴式三维显示器"，而真正开始使用"虚拟现实"这一概念则是20世纪90年代以后的事情。近年来，即使是在新兴技术突飞猛进的大背景下，虚拟现实的发展速度与统治力也格外吸引人们的眼球，特别是在共情效果的技术呈现上。它以营造高仿真性的浸入空间，充分激发参与者的感知能动性为根本目标，创造出一种与传统视听媒介截然不同的叙事能量与纪实话语体系。布里格斯对其做了一个较为完整的定义，它是"一种三维的、计算机生成的模拟，在这种模拟中，个体可以在另一个环境中漫游、互动和沉浸"②。具体而言，虚拟现实以360度全景视频(360-degree video)、计算机生成图像(computer generated imagery)和立体图像捕获(volumetric capture)三大技术优势为参与者营造一种沉浸式的"在场"状态。

首先，较之于传统的视频形式，360度全景视频依据仿生学原理可一次性收录多方向的全部图像信息而且不存在后期合成与多镜头拼接画面的问题，突破了传统视频的视角限制，参与者可以任意改变观察角度，浏览周围场景，展开互动。有的学者将这种参与者不再依赖于符号表征，而倾向于沉浸式的

---

① Granados L. Virtual reality and empathy. The Humanist, 2018, 78(2): 11.
② Briggs J C. The promise of virtual reality. The Futurist, 1996, 30(5): 13.

三维模式称为"后符号传播"①。其次,计算机生成图像涵盖了整个数字系统生产过程,包括基于数字信号传输的半导体集成电路、计算机硬件系统、图形算法、显示硬件系统等。近年来,随着这一技术的不断发展,从电子游戏到纪实影像,参与者可以通过手动控制器在一个房间大小的环境中自由走动,而虚拟环境也会依据实体空间进行现实调整。最后,虚拟现实的图像生成功能的重要特征是立体捕获,这一技术特征表现为包括位置或性能在内的以数据形式呈现的三维空间,这些数据可以实时呈现并响应用户活动。这三种形式的结合使参与者切实地沉浸其中,实现情感共振。

毫不夸张地说,虚拟现实已经完全突破了媒介传播的传统纪实话语,达到了最大化调动多重感官的目的,某种程度上是对传统纪实话语的颠覆与重构,实现了视听传播范式的革新。这种以虚拟现实为代表的数字媒介、动作捕捉等技术引发了特定的、关系性的共情情感。克里斯·米尔克形象表达了这一媒介技术的重要功能,"虚拟现实是一扇窗口,可以使人类穿越到另一个世界。虚拟现实更是一个使人类变得更加富有同理心,更加紧密相连,更加富有人性的'终极共情机器'(ultimate empathy machine)"。从根本上来说,虚拟现实的这种"窗口"与"机器"作用实现的是一种人与技术交互的共情表达机制,这一机制包括三个方面的内容或三个相互关联的环节,即沉浸式进入、感官具身参与和高度感性化。

首先,沉浸式进入。这种"浸入"以空间的、叙事的、游戏的或社会的方式占据参与者的接受官能,通过对表层符号系统的"浸入",而触及参与者的精神与心理层面,使之不仅具有认识论意义,更具有生存论意义。布伦达·劳雷尔认为,20世纪90年代早期的虚拟现实系统实现了三种非常强大功能的融合:远程存在、远程操作、感官沉浸。②其中,远程存在是基于远距离感受自我存在的幻觉并以化身的形式表现出来;远程操作是指通过一些特定设备对物理世界进行操控的能力,也就是可访问的权限;感官沉浸在一定程度上使技术越来越不像工具,而是逐渐成为一种技术环境。虚拟现实的运用则为共情的激发提供了重要的技术条件。比起面对面交流,计算机媒介沟通(computer-

---

① Lanier J, Biocca F. An insider's view of the future of virtual reality. *Journal of Communication*, 1992, 42(4):161.
② Laurel B. *Computers as Theater*. Boston: Addison-Wesley Professional, 1991, p.188.

mediated communication)的具身互动性、社交性都相对较弱,而"在场"的核心要素就是亲密性与非中介化,即个体未察觉到他者所处的社会环境中存在某种媒介,其相关表现与相关媒介不存在时相似,在这里媒介呈现的环境似乎优先于实际存在的物理环境,而虚拟现实的魅力也恰恰在于弥合了真实体验与媒介体验之间的巨大鸿沟。

这一鸿沟的弥合是通过虚拟现实所营造的虚拟空间来实现的,它刺激了参与者的多重感官,赋予参与者一种出离当下状态的"在场感"(sense of presence),让其体验另一个世界的"真实"。在这一状态下,个体注意力对特定事态高度集中,获得一种高度的充实感与兴奋感。不同于平面媒体、电视、互联网的被动接受式二维体验与叙事形式,这种在场感呈现出独特的阅读场景,人成为场景的一部分并做出反应,真正具有身临其境的体验。人们越来越广泛地将这种VR项目运用于新闻报道、纪实影像与游戏设计中,这一媒介技术所呈现的亲在经验,使传统电影、电视影像技术相形见绌。例如,美国广播公司推出了多部经典VR作品,其中包括《地震之后的尼泊尔》(Nepal: After the Earthquake)、《切尔诺贝利30年后》(Chernobyl 30 Years Later)等。除此之外,游戏创作者中的代表人物安娜·安托弗(Anna Anthropy)的作品更使许多原本被社会边缘化或所忽略的声音在游戏中得以体现。其中,她制作的Dys4ia作为一款自传体性质的电子游戏,讲述了开发者对于性别焦虑及接受激素取代疗法的体验,而玩家可以在游戏中激发情感、理解激素治疗,进而引发对自身相关话题的思考。[1]同样也有人运用这一技术进行旅游宣传,因其提供了强大的叙事量能,制造了生动的在场感,从而实现对特定景点的瞬间呈现,给参与者强烈的视觉刺激,使参与者对永远无法置身其中的事件与景象产生本真的具身体验。就运行机理而言,VR作品既取决于媒介技术对客观环境的精准模拟,也取决于参与者自身的普遍认知。通过技术对精神、情感与心理诸因素的促动,可达到感知现实与指涉现实的目的。具体而言,是以虚拟现实的方式还原事件或景象的具体环境元素,唤醒参与者潜在的感知与情绪,这种还原包括场景的布置、画面的穿插、旁白的设定、声音(广播声、水流声、走路

---

[1] Anna Anturopy、Naomi Clark:《游戏巧妙设计探秘》,李福东、曾浩译,北京:电子工业出版社,2016年,第8页。

声、吼叫声、拍打声、脚步声、欢笑声及呢喃声等)的环绕、图案的设计等。各种体验元素在真实环境中可能无法同时存在,但虚拟现实却能够同时将这些元素纳入作品设计,使其同时在场,还原了客观环境,最终使参与者身临其境并沉浸其中。

其次,感官具身参与。在通过高度模拟化的数字环境来模糊现实与虚拟世界界限的同时,虚拟现实还充分调动了参与者的视觉、味觉、听觉、嗅觉等,进一步促发了人的情感共鸣。在基于虚拟现实的特定环境中,视觉虚拟环境被分层到物理环境上,这时,物理环境并没有消失;相反,它成为一种更具有引领性的视觉虚拟体验背景来主导感官领域。虚拟现实通过打破原有的权力规范与地理限制,无限延伸我们经历的现实世界,使参与者进入虚拟环境,经历转换、传输、扩展甚至重建内在的感知连接。在这一点上,虚拟现实往往用于专业训练项目中,一方面,它作为一种剥夺视觉感官的方式可强化更复杂的感官体验,以此提高专业人员身体与环境的能动性;另一方面,作为一种不强调视觉形式的训练方法,它可以扩大视觉空间。由于人和虚拟事物的存在不再被感知为可识别的、静态的实体形式,而是作为连续的关系过程来被感知,参与者身体感官系统在这样的过程中重新适应感知自身、他者与空间的位置,从而使身体能够自由地感受到与外界的勾连。因此,虚拟现实中耳机或头戴式显示器看似是隔绝"外面世界"所有视觉信息的"眼罩",但事实上通过它,参与者可以理解虚拟现实中的感官联结,调节现实身体与虚拟现实环境之间的持续对话。这意味着,虚拟现实中的"看见"不再仅仅属于眼睛,它也在引导着身体与非物质空间之间实现触觉平衡、移动与定位。

而这种由技术促发的具有主体间性意义的情感交流互动达到极致便会产生共情效应。虚拟现实为参与者提供了一种激发共情的体验契机,使其具有对他者感同身受的情感,通过对各种历时性生活场景的共时性置入,参与者实现身临其境或感同身受。尤其在感受他人痛苦与不幸的场景中,虚拟现实可生成三维虚拟场景,与参与者进行信息互动,根据参与者的反应,实现图像的精准传输,使其具有与在真实世界同样的感受状态,赋予其各种社会角色(婴儿、难民、囚徒、探险者),并附以各种数字包装,包括相关的时间、地点、状态、动作、旁白、文字、图像的设计与营造,使其获得有别于当下真实身份的独特身份与独特境遇。很显然,虚拟现实作为一种"共情机器",使参与者化身为周围世界某一特定情境的亲历者,强化其被赋予的各种角色,旨在唤起人们强大的情感力量与体验快乐,从而使每一个体都真正成为共情的践行者,使每个人散发出更多的人性光芒。因此,虚拟现实展现出超凡的共情力量,但并不制造共情,只是通过现有物理条件激发人类心中固有的原始情绪或本能。当奥斯卡获奖导演凯瑟琳·毕格罗(Kathryn Bigelow)被问及为何运用虚拟现实拍摄刚果濒危大象保护纪录片时,她直言"最简单的答案就是共情"[1]。

最后,高度感性化。尽管技术的高度模拟为人们营造出身临其境的体验,但若要充分激发共情,内容的高度感性化同样不可或缺。莱克维茨将情感的高度重要性看作异质性社会的第二大核心特征,"各个构件都高度感性,而主体渴望在情感上被打动,也渴望在情感上打动别人"[2]。"在关注度市场和赋值市场上,文化相比信息具有一个决定性的优势:它能触动情感。在争夺受众关注度的时候,富有感性力量的(消遣、吸引人的)文字、图像和游戏更有可能胜过情感力量薄弱的一方,而且,能获得短暂体验和长期赏识的,不是一件东西的用处,而是文化的形式"[3],是不断转变为文化机器和情感机器,以行动为特征的感性化过程。

这一感性化过程是虚拟现实通过技术要素与文化元素的多重交叉功能来实现的,它能产生特定的虚拟情境,在这一虚拟情境中,参与者获得了比现实客观世界更多的行动自由,生发出一种力图建构与改善现实的正向情绪或权能,并将这一情绪或权能带入现实世界,以更加合理的判断在现实世界中积极行动,使不幸者幸福,使世界更加健康、自由与丰富。例如,受到2011年爆发的叙利亚内战的影响,大量叙利亚人在国外成为难民,而虚拟现实在突出难民危机的过程中发挥着重要作用,为联合国和许多组织在人道主义救援中提供帮助。米尔克就在达沃斯论坛上让许多精英决策者通过头戴虚拟现实装置感受一位年轻的叙利亚难民的生活。研究表明,经历过VR项目体验会激发参与者

---

[1] Granados L. Virtual reality and empathy. *The Humanist*, 2018, 78(2):11.

[2] 安德雷亚斯·莱克维茨:《独异性社会:现代的结构转型》,巩婕译,北京:社会科学文献出版社,2017年,第10页。

[3] 安德雷亚斯·莱克维茨:《独异性社会:现代的结构转型》,巩婕译,北京:社会科学文献出版社,2017年,第202页。

更多的慈善行为,使他们给弱者提供更多的帮助。虚拟现实可以使参与者的情感力量于第一时间得到极致发挥,进而使这种独特的情感体验发展为一种新的社会心态与文化行动模式。

总体来说,虚拟现实的使用让越来越多遥远的生活元素成为公开或半公开,如事态、景象与人的行为举止方面的现实表现,结合情境内容,转变成了叙事与符号相联结的观看对象,在这一互动过程中,情感成为与对象接触的媒介。这意味着情感在虚拟化身体的同时发掘了形象的潜能,关键要素不是形象或身体本身,而是它们之间的动态互动。技术与受众之间并非冰冷的技术接口,而是具有交互主体性特征的情感连接,从而弥合了真实体验与中介体验的鸿沟,最大限度实现了情感的共振。

三、契机大于危机:虚拟现实的批判与探索

某种程度上来说,虚拟现实是人类视觉文化的巨大突破,它以其生动地模拟周围世界、本真地呈现自然景象、逼真地营造生存幻象的巨大体验震撼力,满足了人类对生存的迷思,是影像技术文化与影像纪实话语的重大突破与解放。当然,也有人对虚拟现实的叙事形式与呈现方式、对特定事件与场景的指向性持高度怀疑的态度,认为虚拟现实超凡的共情机制固然激发了参与者对他者境遇的同情,但信息设置的预设化、过量化、去语境化,使参与者很难做出理性判断,容易陷入设计者的种种圈套。因此虚拟现实可能成为受资本力量驱动的权力话语,是媒介赋权的产物,是对传统话语根基的一次挑战。正如威斯顿·布莱恩所言,"纪实影像所追求的共情,其实是一种'致幻议程'(illusionistic agenda),它在大多数时候不过是为发达国家的人们凝视其他人不幸的人生提供了一个无责旁观的通道而已"[1]。在技术参与和主体的互动过程中,参与者仍然是以受众的身份被动地接受虚拟现实情境的设定的,因此会出现诸多遮蔽或过度放大极端情感方面的体验的情况。特别是在涉及一些隐

---

[1] Winston B. *Claiming the Real: The Documentary Film Revisited.* London: British Film Institute, 1995, p.137.

私、政治、宗教等敏感问题时，虚拟现实很可能成为一种强大的精神操纵机器来创建或发布虚假信息，导致技术滥用甚至破坏职业伦理。因此，一些业内人士将这一新兴技术视为一种盲目的技术乐观主义而加以批判与拒斥。归纳起来，这种批判主要集中于两个方面。

一方面，虽然虚拟现实以极具诱惑的方式弥补了人性的脆弱，参与者会因为经历虚拟现实情境而产生强烈的情感共鸣，提升设身处地为他人着想的能力，但虚拟现实的运用也可能完全不会激发参与者的共情情感，从而出现零度共情的现象。因为个体的独特经历与生存体验并非能轻而易举地进入公共话语。"移情意味着承认一个你所能看到、听到，甚至感觉到的不断延伸的语境范围。"[①]无论个体感官经验如何令人信服地被复制，在主观动机与客观效果之间，移情总是有一个不可逾越的鸿沟。虚拟现实在特定时间内将所有因素聚合到同一空间，将他人经验仓促吸收到虚拟经验中，并不一定能完全唤起人们真正的共情情感，其结果可能适得其反。另一方面，大多数虚拟现实的体验提出对原有的视觉感官、听觉感官、嗅觉感官、触觉感官部分或全部封闭的要求，这会导致对参与者身体延伸瞬时性、断裂性的"截除"。涉及战争、灾难、病痛等题材的情境内容更易使人产生共情，但这也意味着参与者需要更多去语境化的技术感官连接，由此带来的种种"感官剥夺"现象也会不断增加，从而可能会造成过度共情的生存体验。

当然，我们必须理性看待虚拟现实自身的技术文化属性并正视它的潜在危险。如上所述，持零度共情观点的人认为，作为虚拟现实效果机制的"共情"是以去语境的方式为前提的，如果参与者语境信息特别丰富，共情可能不会在场。但共情作为人的本能，并不以人的偶然属性——如教育、出身、种族、民族——为前提。也就是说，只要是一个具有正常理智与情感的个体，就会很自然地生发出特定情境下的特定情感。另外，持过度共情观点的人认为，制作者通过控制光线、声音、事态细节实现高精度模拟环境对参与者的感知引导。这种所谓的真实是一种人为操纵，因为素材的取舍、环境的选择、信息的隐显都可能会产生非原生素材，其真实性与可信性自然会大打折扣。特别是涉及战争议题与难民议题时，虚拟现实更是起到了引擎与催化的作用，以至于这种强

[①] Jamison L. *The Empathy Exams: Essays*. New York: Graywolf Press, 2014, p.5.

烈效果使参与者失去了对事态本身的理性静观,失去了主客体间固有的距离感,阻碍了参与者对事实本身的批判与反思,甚至导致对非理性主义的狂热。此外,在缺乏相关背景知识与必要心理准备的情况下,参与者很容易陷入陌生而又令人好奇的虚拟镜像中,产生情感冲动,实现轰动性的媒介效应。这时,虚拟现实很可能成为捕获参与者脆弱心灵的圈套,成为滥用媒介技术、制造虚假情绪的始作俑者。

但现实的发展早已给出了部分答案。当前,人们已经将"沉浸式叙事"工具普遍应用于科学、健康、商业、教育、娱乐等领域,参与者获得了前所未有的消费体验、购买体验,同时一种新的经济形态——体验经济得以产生,这成为媒体消费与社会发展新的经济驱动力量。这一新兴技术已经远远超越了传统信息媒介的呈现方式、叙事规则、报道框架,大大拓展了人们的体验空间,使人们能够与遥不可及的部分人事、其他景象产生多维的共通感,帮助人们在各种奇幻体验中增长知识及遵守规范,其效果是增加了叙事价值,而非单纯的技术噱头。这一技术也在不断地与时俱进,在营造情境的真实性与舒适性之间实现平衡以满足人们对未知世界的好奇,或促使人们产生与社会形成良性互动的社会正向力量。

从更为宏观的视野来看,任何一种新生事物,都与它的使用规范与伦理法则相伴而生。"技术物体的存在意义不仅在于'它的机能在外界机制中产生的结果',而且也在于它所载有的、使它获得'后代'的'未饱和'现象的'生殖性'。"[1]新兴技术范式的应用过程,同样是新的伦理规范与新的媒介技术的对话过程。不仅如此,真与假、善与恶、美与丑从来都是共存于世,也同样是共存一事,负面效应是任何一种新兴事物适应新的叙事方式的题中应有之义。虚拟现实所产生的共情效应自然也不例外。因担忧技术革新可能呈现的复杂性或不确定性而止步不前并非明智之举。因为虚拟现实发展至今,在应用于娱乐、计算、工作等领域的同时,应用于知觉、情感与思维等方面的正向意义亦足以显示出其具有媒介正当性。我们需要做的就是在这样一个技术急剧更迭的时代,理性规范并大胆实践,以乐观而理性的态度包容人与技术的有机互动。

随着数字技术的不断进步,虚拟现实在新闻流通、商业、医疗保健、教育和

---

[1] 贝尔纳·斯蒂格勒:《技术与时间1:爱比米修斯的过失》,裴程译,南京:译林出版社,2019年,第84页。

就业等各个领域发挥了重要作用,其正向效能也日益凸显。虚拟现实的应用不仅使我们更加容易产生共情,打破了可见规范的限制,而且还将我们的现实世界边界无限延伸,在一定程度上更新了我们的生活意义。

然而,我们不得不承认,人们往往执着于技术的发展和进步,忽视了对情感和同理心的需求。虚拟现实逐渐占据人类具身情感交流空间的同时,也使我们对同理心的需求变得更为迫切。因此,共情传播的媒介关怀就应该充分发挥虚拟现实所具有的心理治愈和促进社会进步的潜力,重视情感体验,避免受限于将他人经验转变为个人经验的误导性情感框架。

在这一背景下,我们需要不断尝试建构一个文化情感互联互通的共情社会。应通过优化虚拟现实,促进人们在共情传播中的情感交流,提高媒介关怀的实际效果。同时,加强对虚拟现实媒介传播的规范和引导,避免其被滥用和误导。这样,虚拟现实才能更好地服务于人类生活,为我们的社会进步注入新的活力和动力。

CHAPTER 2

| 第二章 |

数字新闻学的框架重构

DIGITAL
JOURNALISM

第一节　数字守门人

"守门人"现象、概念及相关理论自20世纪20年代起便逐步在新闻传播领域为人所关注,传统守门人理论引领着新闻业的发展,构成新闻业的发端。舒德森就曾指出,守门人研究是最早的关于新闻组织是如何生产新闻产品的正式研究。[1]守门人与新闻业的直接渊源最早可追溯至美国芝加哥学派代表人物罗伯特·E.帕克,帕克在《移民报刊及其控制》一书中,对报业中存在的控制移民报刊现象及作用进行了描述,但彼时他并未将笔墨置于把控报刊信息的守门人角色上,因而人们公认的系统研究新闻守门人的首个学者是确立了守门人理论的戴维·曼宁·怀特,怀特将守门人研究正式应用于新闻业,由此开启了守门人理论在新闻传播学科史上的新篇章。

守门人研究在大众传播时代已具备较为完善的逻辑框架与理论范式,然而数字技术对新闻传播领域造成的业态颠覆,使得传统守门人理论阐释力面临着相当大的压力与挑战。具体来说,由互联网所营造的信息环境变幻莫测,新闻业生态正在经历着平台化逻辑的改造,传统守门人模式在网络平台语境中遭遇危机,这一模式不再能充分掌控、分析和预测数字传播时代的守门过程。主流媒体新闻业正加速融入以数字平台为中心的数字新闻业,这就意味着传统守门人理论必然要在媒介技术变迁的跨时代背景中实现蜕变,以全新的视角迎接数字空间中的新型守门人——数字守门人。

数字平台的守门过程是动态而充满未知的,数字守门人的角色类型也趋于丰富化,他们共同承担起数字传播环境中的守门人职责,重建了新闻业态的发展版图与主客关系。原本负责协调社会现实与"拟态环境"的新闻媒体守

---

[1] Schudson M. The sociology of news production. *Media, Culture & Society*, 1989, 11(3): 263-282.

人,不再以内容、权力、机制等为核心,传统新闻守门的行动规则与方式遭到解构。平台、算法、人工智能等新技术的介入无形中为守门人建立起一套新的原则与导向。我们不禁要问,数字技术浪潮究竟给传统守门人理论带来何种程度上的转变? 其背后反映了新闻业及公众的何种诉求? 这些转变又能够为中国互联网平台新闻业的守门镜像带来什么样的新思考?

可以说,数字传播技术将守门人的身份、职能与使命推向新的历史起点。传统守门人理论需要重构,与新的概念进行深度对话。针对传统新闻媒体在互联网时代的生存发展问题,澳大利亚昆士兰大学的布伦斯教授创造了一个更贴合当下互联网景观的"望门"(gatewatching)概念,试图用"望门"代替"守门",由此突破守门人理论的阐释局限性。更重要的是,"望门"可被看作公众为谋求新闻公共利益而找到的一个行动支点。从"守门"到"望门",我们的最终目的依旧是观照本土互联网平台中的独特现象,以期通过数字守门人理论的重构洞见中国互联网平台新闻业的守门镜像。

一、传统守门人理论的由来与式微

1947年,美国社会心理学家库尔特·勒温进行了一项有关胰脏食品如何进入美国家庭的研究。研究发现,家庭主妇在食品流通的过程中处于关键位置,她们扮演着重要的食品决策者角色,这一角色对"家庭决定购买什么食物,谁能最终决定家庭餐桌上的食物"等问题起到"守门人"的作用。由此勒温正式提出了守门人的概念,并揭示出守门人在传播过程中的控制、选择和决定作用。随后他的学生怀特对一名报社编辑如何做新闻选择进行了为期数月的实地个案调查,结果发现,该编辑在决策新闻是否登报的过程中带有强烈的个人主观色彩。[1] 这项有关报社编辑的审稿调查使得守门人研究正式进入新闻业的研究视域。沿着怀特的研究路径,吉伯进一步揭示出了影响个体决策的诸多结构性因素。[2] 之后,布里德对新闻编辑室内的社会守门人力量进行了细致

---

[1] White D M. The "gate keeper": A case study in the selection of news. *Journalism Quarterly*, 1950, 27(4): 383-396.

[2] Gieber W. Across the desk: A study of 16 telegraph editors. *Journalism Quarterly*, 1956, 33(4): 423-432.

分析。①守门人力量的阐析维度逐渐拓宽。

　　传统守门人理论中的守门人角色明确,一般由新闻记者或编辑、新闻从业者、媒体决策者等具有一定权威的专业媒体(人)组成,他们通过对信息的采集、加工、分发等过程完成守门人的实践,因而传统新闻信息来源的获取具备高度稳定性和制度性特征。麦克奈利注意到全球新闻信息流动的特质,将当时未被人过多关注的守门人角色置于更广阔的国际化语境中展开描述,并创造了新闻流动的模型。②美国新闻学者巴斯在勒温、怀特、麦克奈利的守门人模式基础上提出了新闻流动内部的双重行为模式,③旨在对新闻流动进程中两个不同的部分(新闻收集与新闻处理)进行功能区分,揭示出不同阶段的守门人是不同的。

　　有关守门人的研究议题,曾在很长一段时间内受到新闻传播领域专家、学者、从业者的热议,引发热议的一大原因在于"守门"是新闻业正常运作的行为基底。对于哪些新闻及信息可以公之于众,面向社会公共领域,守门人行为是决策判别的基础,其职能聚焦于大量新闻信息经过特定"关卡"的过滤、筛选、管控、分发等,可以说通过传统守门人活动掌控着新闻信息的可见性命脉。

　　守门人活动的形式是多种多样的,"选择"仅是其中的一种形式。一些学者认为,守门是一个涉及筛选的过程,④同时也包括对完整信息的塑造、展示、核对、隐瞒和重复等过程。他们将"守门"定义为一个更为宽广的信息控制过程,这个过程包括讯息编码的所有方面:不仅包括(信息的)挑选,而且还包括(信息的)隐瞒不报、传递、塑造、展示、重复及信息由发送者到接受者的时机掌握。⑤帕梅拉·休梅克等人认为,守门是一个从挑选、写作、编辑、定位、安排调度到重复或修改那些即将成为新闻信息的过程。⑥他曾从决策者的角度将"守

---

① Breed W. Social control in the newsroom:A functional analysis. *Social Forces*,1955(4):326-335.
② McNelly J T. Intermediary communicators in the international flow of news. *Journalism Quarterly*,1959, 36(1):23-26.
③ Bass A Z. Refining the "gatekeeper" concept:A UN radio case study. *Journalism Quarterly*,1969, 46(1):69-72.
④ Shoemaker P. *Gatekeeping*. Newbury Park:Sage,1991,p.5.
⑤ Pamele J. Shoemaker:《大众传媒把关(中文注释版)》,张咏华注释,上海:上海交通大学出版社, 2007年,第20页。
⑥ Shoemaker P J,Vos T,Stephen D R. *Journalists as Gatekeepers*. New York:Routledge,2009,p.188.

门"定义为,"每天世界上数以亿计的信息被删减并转化成数百条信息,在特定的日子传递给特定个人的过程"。此时,他认为守门主要是一个在某种特定条件下的筛选过程。后来,他与蒂姆沃斯再次修订该定义,"经新闻媒体传播而建构社会现实的完整过程,不仅仅是一系列'输入'和'输出'的决定"[1]。守门人活动从信息筛选、控制等过程拓展到了媒介建构社会现实的过程。休梅克是公认的传统守门人理论研究方面的集大成者,他几乎每隔十年就会对其做出侧重点不一的界定,由此可以看出守门人理论潜在的丰富内涵与开阔的建构视角。新闻不是客观实在的镜像,而是对社会现实的建构,是经加工和创造的"作品",而这一建构与加工的基础是"守门"[2]。学者哈丁认为,守门本质上是编辑为读者塑造的一个对社会现实的综合看法。[3]

守门人理论已经为分析公共新闻的选择和控制提供了一个坚实的框架基础。成为守门人意味着对社会中的信息和社会现实的架构行使控制权。[4]随着越来越多相关研究的出现,学者开始致力于将"守门"作为议程设置和社会变革的行为模式。这些推动了讨论群体共识对守门人活动的影响、[5]市场压力如何影响守门人[6]等。

然而守门人理论在面对由互联网所引发的信息技术变革语境时,缺乏分析工具、机制原理与假设。卡芮·芭兹莱-纳昂认为,"守门"广泛地指当信息通过门或过滤器对其进行控制的过程,并与行使不同类型的权力相关联。她也对新闻传播领域某一时期(1997—2005年)内的相关守门人文献做了系统爬梳,结果发现,这一时期的研究对守门人的分析都没有超过个体层次,守门人

---

[1] Shoemaker P. *Gatekeeping*. Newbury Park:Sage,1991,p.5.
[2] Shoemaker P J, Reese S D. *Mediating the Message in the 21st Century: A Media Sociological Perspective*. New York:Rouledge,2014,p.18.
[3] Hardin M. Stopped at the gate: Women's sports, reader interest, and decision making by editors. *Journalism and Mass Communication Quarterly*,2005,82(1):62-77.
[4] 阮立、朱利安·华勒斯、沈国芳:《现代把关人理论的模式化——个体、算法和平台在数字新闻传播领域的崛起》,《当代传播》2018年第2期。
[5] Bantz C R. Organizational communication, media industries and mass communication. In Anderson J. *Communication Yearbook*. Newbury Park:Sage,1990 pp.153-169.
[6] Donohue G A, Olien C N, Tichenor P J. Structure and constraints on community newspaper gatekeepers. *Journalism Quarterly*,1989(66):807-812,845.

大多被当作一个集体、机构或公司的一部分。在面对新技术和信息实践的变化时,大部分研究依旧沿用传统守门人理论框架,忽视了那些守门对象(gated),包括他们在守门过程中的权力和影响。另外,从宏观层面上看,过去十年中几乎没有关于守门概念化的讨论。[1]面对网络媒体中出现的动态守门人现象、守门人和守门对象的角色之变,传统守门人理论早已无法进行充分的解释。纳昂富有洞见地提出了网络守门人理论,以阐释新媒体中的守门人机制。她将守门人机制描述为"用于守门的工具、技术和方法"[2],并阐释总结了十种类型的守门人机制,这些机制本身自带特有的守门人原则。

一般来说,传统守门人理论基本都遵循"信息控制论"的范式。该理论实际上是大众传播时代的学理产物。在大众传播时代,专业信息技术平台的公共—私人边界非常分明,[3]新闻信息呈现出单向线性传播的流动方式。闭环式、呈静态发展的传统守门人模式面临着理论式微与数字化消解的尴尬,由于数字平台自身的属性构造,信息传播一直处于流动、任意、无规律的状态。"新闻守门"变成在一个多元层次的结构化语境中进行的活动,守门再也不是业务流程的一个环节、一种行为,而变成了永远没有终结、实时动态的过程。[4]

二、数字传播时代的新闻守门:多角色守门与业态颠覆

互联网信息技术变革为人类置身的世界创造了一个全新的数字传播环境,赋予守门人这一身份某种不确定的因素,究竟是谁在扮演数字守门人的角色?平台媒体作为数字传播环境中的重要中介,促使汇聚于此的守门人之间出现了何种关系上的新情况?解答类似这样的问题是传统守门人理论在数字

---

[1] Barzilai-Nahon K. Gatekeeping: A critical review. *Annual Review of Information Science and Technology*, 2009, 43(1): 1-79.

[2] Barzilai-Nahon K. Toward a theory of network gatekeeping: A framework for exploring information control. *Journal of the American Society for Information Science and Technology*, 2008, 59(9): 1493-1512.

[3] 胡翼青:《论大众传播的历史性与意识形态性:基于技术的知识社会学视角》,《南京社会科学》2018年第3期。

[4] 方兴东、钟祥铭:《"守门人"范式转变与传播学转向——基于技术演进历程与平台治理制度创新的视角》,《国际新闻界》2022年第1期。

平台语境中实现转型的核心。

（一）数字平台和算法：超级守门人

进入数字传播时代，主流新闻业需要依托一个又一个有影响力的数字平台来运作。范·迪克等学者将平台定义为"一种聚集和促进用户、内容、服务之间的互动，并对它们进行治理和加以变现的数据基础设施"，其中包括计算机硬件、操作系统、游戏设置、移动装置等。欧洲著名的竞争法专家达米安·格拉丁就数字环境下的守门人指出，在一个平台化的传播生态中，大型数字平台已成为供需关系的守门人。数字平台以数据为动力，经由算法与界面进行组织与自动化运作，通过商业模式驱动的所有权关系得以形成，并由用户服务协议进行管控。[1]数字平台基于其拥有的巨大权力，也被称作"超级守门人"。

2020年12月15日，欧盟委员会发布了《数字服务法案》和《数字市场法案》两份数字法案。守门人成为新制度架构的核心概念。[2]以全球五大巨头科技公司为代表的大型数字平台都被认定为守门人，它们分别是总部位于美国西海岸的谷歌、Facebook、苹果、亚马逊和微软。在过去几年里，这些平台已经在数字市场上获得了持久的地位，在全球范围内产生了巨大影响力，未来这些平台甚至会控制整个线上生态系统。两份数字法案的颁布为全球数字市场上存在的垄断、不公平竞争、侵犯用户权限等不良现象做出裁判，通过阻止守门人不合理的商业行为，确保重要数字服务的开放性与有序性，[3]这也反映出国际社会对这些大型数字平台的高度重视与警惕。不只这些大型数字平台成为重要守门人。范·迪克等学者指出还存在一种垂直领域型平台，也就是在某一领域内为特定市场群体提供专项服务的平台，这些平台的运行建立在大型数字平台之上，也成为该平台特定服务领域内的专业守门人。

---

[1] van Dijck J, Poell T, de Waal M. *The Platform Society: Public Values in a Connected World*. Oxford: Oxford University Press, 2018, p.5.
[2] 吴沈括、胡然：《数字平台监管的欧盟新方案与中国镜鉴——围绕〈数字服务法案〉〈数字市场法案〉提案的探析》，《电子政务》2021年第2期。
[3] 吴沈括、胡然：《数字平台监管的欧盟新方案与中国镜鉴——围绕〈数字服务法案〉〈数字市场法案〉提案的探析》，《电子政务》2021年第2期。

自21世纪互联网兴盛以来,网络平台的技术建设不断完善,聚合能力不断提高,平台汇聚着庞大的用户与海量资讯,成为一种典型的数字化基础设施守门人。平台自身基本不从事新闻生产,而是将那些专业媒体生产出来的内容更有效率地分发给用户,帮助它们实现这一功能的正是算法……平台正是携算法这一利器,在新闻推荐、自动化生产、受众监测等领域与新闻业结缘。[1]平台媒体运用算法对从传统媒体抓取的新闻信息进行筛选,并推送到用户的手机上,[2]算法成为数字领域的另一重要守门人。

互联网上充斥着多种不同类型的算法,每种类型的算法守门功能和选择标准都不同。在多种算法类型中,算法推荐成为数字新闻业中较为普遍的一种类型,是平台内容分发和流量分配的核心机制。[3]原本依托人工编辑的传统守门人模式为算法推荐等精准分发模式所取代。[4]早在2016年,基于用户兴趣的算法分发就已经逐渐成为中国网络新闻的主要分发方式。算法正在网络上重新分发和引导信息。在新闻媒体平台上,指定相关信息、凸显议程和关联新闻的自动分配是较为常见的算法程序。广义上说,算法是一系列编码的过程或规则,这些过程或规则将信息输入转换为解决问题所需的信息输出。

算法守门人决定了新闻的选题范围,在某种程度上改变了新闻媒体平台运作过程中的新闻价值评判标准。算法根据用户在互联网上留下的浏览足迹,将选定的新闻或广告等内容信息自动分配、推送与呈现给特定的群体,用相关程序计算并描绘出每个用户的精准画像。算法推荐等作为平台运行的重要程序,使得平台化社会在某种程度上转变为用户化社会,为用户量身定制私人化的专属界面成为每一个平台的重要战略。

算法守门人不再受制于特定的传统渠道,取而代之的是其与新闻组织或机构形成特殊关系。人力(用户)加算法的混合守门人模式,即新守门人已经远离了建制化的媒体人及其内容能力和意识形态,从而进入一个由编程能力

---

[1] 白红义:《"平台逻辑":一个理解平台—新闻业关系的敏感性概念》,《南京社会科学》2022年第2期。
[2] Tufekci Z. Algorithmic harms beyond Facebook and Google:Emergent challenges of computational agency. *Colorado Technology Law Journal*,2015,13(2):203−217.
[3] 张志安、冉桢:《中国互联网平台治理:路径、效果与特征》,《新闻与写作》2022年第5期。
[4] 张志安、冉桢:《中国互联网平台治理:路径、效果与特征》,《新闻与写作》2022年第5期。

及其意识形态主导的新守门人秩序中。[1]任何一种算法推荐都与商业利益紧密相连,以某种特定的营利目标或流量变现为追求法则,由此瓦解了传统守门人理论对于新闻内容筛选与管控的机制。

一般而言,算法是在具有一定信息内容量的平台内发挥守门人功能,但初步证据表明,算法本身就会创建新闻文本。[2]越来越多的新闻条目由算法驱动的自然语言生成编写。尽管算法自动制作新闻在新闻业中还不多见,但文本生成算法的影响在不久的将来可能会扩大。[3]算法守门人的影响力势必日趋显著。

(二) 互联网用户:集体守门人

休梅克和沃斯指出,互联网带我们进入的是专业守门人和非专业守门人并存的双重守门人时代。[4]所谓"非专业守门人"指的是互联网上规模庞大的网民及平台媒体中的个体用户。用户对新闻进行选择、分享、评论等行为已成为新闻守门过程中不可或缺的一部分。绝大多数的报纸都允许读者通过社交媒体或社交书签工具对内容进行评分。有了这种可供性,用户就可以"识别出供个人使用的、有价值的东西",向他人传达评估结果。[5]

辛格直接将在互联网上发布内容的用户命名为"二级守门人"[6]。彼得·布罗发现在数字时代,新闻编辑室外的人在处理新闻过程中也具有发布新闻等能力。而且这些人占据着越来越有影响力的新闻守门人的位置,他称他们为"最后"和"终端"守门人。新技术的影响使新闻受众获得了权力,新闻编辑室

---

[1] 沈国麟:《全球平台传播:分发、守门和规制》,《现代传播》(中国传媒大学学报)2021年第1期。
[2] Dorr K N. Mapping the field of algorithmic journalism. *Digital Journalism*,2015,4(6):700−722.
[3] Wallace J. Modelling contemporary gatekeeping:The rise of individuals,algorithms and platforms in digital news dissemination. *Digital Journalism*,2018,6(3):274−329.
[4] Shoemaker P,Vos T P. *Gatekeeping Theory*. New York:Routledge,2009,p.18.
[5] Delulis D. Gatekeeping theory from social fields to social networks. *Communication Research Trends*,2015(1):19.
[6] Singer J B. User-generated visibility:Secondary gatekeeping in a shared media space. *New Media & Society*,2014,16(1):55−73.

以外的个人和组织不再需要新闻媒体对他(它)们进行调解。[1]纳昂注意到用户在互联网上不仅仅是信息的接收者,也是网络守门、平台守门决策的重要影响者。由用户行为所形成的数据是网络守门的参照指标,他将用户发挥的这种作用称为"守门"[2]。有学者研究了用户互动的决策过程,提出互联网上存在两种类型的守门人机制,分别为分散式守门与集中式守门。分散式守门由"从事特定工作的个体之间大量微观层面的小规模互动所构成。他们过滤和调节彼此的参与"[3]。当个人作为某社区成员与其他用户发生互动时,可被视为一种集中式守门。[4]虽然用户可能会继续在很大程度上将新闻媒体视为最初的守门人,但他们期望通过具体情况或相关性来改变媒体的选择。

用户可以直接与感兴趣的组织、机构或个体建立联系,基于多变的行动踪迹构成用户行动者关系网络,其守门的标准大多凭借个人经验或特定需求。作为新兴守门人,越来越多的新闻由用户在社交媒体等平台上发布,专业媒体随后跟进报道。正如舍基所宣布的:这种用户设置议程影响专业媒体的现象也被传播学者称为"反向议程设置"[5]。用户以集体守门的方式彰显了他们在数字新闻传播版图中的多重身份,不管是新闻制作者还是新闻消费者,用户都凭借其较大的集群数量拥有了集体守门优势。

(三) 新闻机构与从业者:专业守门人

原本在大众传播时代扮演社会瞭望者或主要守门人角色的新闻机构与从业者在数字时代面临着身份转型,他(它)们作为守门人的角色定位与职能也发生了改变。自媒体、社交媒体的兴盛在很大程度上破坏了传统媒体守门和

---

[1] Bro P, Wallberg F. Gatekeeping in a digital era: Principles, practices and technological platforms. *Journalism Practice*, 2015, 9(1): 92-105.

[2] Barzilai-Nahon K. Toward a theory of network gatekeeping: A framework for exploring information control. *Journal of the American Society for Information Science and Technology*, 2008, 59(9): 1493-1512.

[3] Shaw A. Centralized and decentralized gatekeeping in an open online collective. *Politics & Society*, 2012, 40(3): 349-388.

[4] Delulis D. Gatekeeping theory from social fields to social networks. *Communication Research Trends*, 2015(1): 19.

[5] 刘鹏:《用户新闻学:新传播格局下新闻学开启的另一扇门》,《新闻与传播研究》,2019年第2期。

从业者运作新闻的规则,模糊了记者、编辑、新闻用户、新闻制作人等多角色之间原本的界限,打乱了角色间的权力关系。

社交媒体的逻辑已深度"内嵌"和"植入"新闻生产和公共信息的扩散与流动。[1]首先,新闻机构依旧拥有获取社会信息的资源优势,为了融入社交媒体的新闻生产语境,在激烈竞争的多边市场中生存下来,其会选择放弃对新闻发行的控制,进而根据用户数据流来生产、优化、发布新闻,以适应数字平台的运营逻辑,并与数字平台信息生产规律保持较高的一致性。[2]不同级别与区域的新闻机构,都开始自建传播渠道,研发相应的新闻App等产品,形成自媒体传播矩阵,最为常见的渠道便是"两微一端"。在制度性的框架之中,推送每日发布的新闻内容。新闻机构的新闻运作已成为由社交媒体与其共同负责与守门的混合模式。此外,从过去被要求客观公正地进行新闻报道,体现专业水平与态度,到如今置身于新闻机构的自建渠道,成为社交媒体中新闻的重要创作者,并且在社交媒体的规则内展开新闻活动,记者、编辑等新闻从业者不再是总结、控制、终结公共舆论的守门人,他们通过注册个人账号更有效地参与原创内容的生产之中,进一步推动公共舆论的发酵。新闻机构与从业者依然保有过去内容审核、意识形态守门的影子,继续在数字平台语境中肩负着对内容的守门责任与义务。新闻机构在数字守门活动中对新闻从业者在社交媒体的新闻实践活动进行制度性的约束与管理,新闻从业者被他们所隶属的新闻机构赋予守门权力。

无论是超级守门人,还是集体守门人,抑或是在数字时代面临职责调适的专业守门人,以及其他不同类型的数字守门人,他们共同构筑了一个守门网络系统。正如凡卢所言,互联网服务供应商、搜索引擎、社交媒体等都是"守门人"[3]。这些守门人的多元角色、多重身份都在进一步丰富守门人理论的内涵。可以说,数字平台已经将守门人的范畴扩展到任何与互联网有关联的人员或数据基础设施,而"新闻市场"则是人们高度参与、互动、创建的共享空间。

新闻活动由于数字技术的影响而处于多变而不稳定的格局之中,这在很

---

[1] 史安斌、朱泓宇:《平台化时代传统媒体机构如何"做新闻":挑战与对策》,《青年记者》2022年第9期。
[2] Peterson-Salahuddin C, Diakopoulos N. Negotiated autonomy: The role of social media algorithms in editorial decision making. *Media and Communication*, 2020, 8(3): 27.
[3] van Loo R. Rise of the digital regulator. *Duke Law Journal*, 2017, 66(6): 1267−1329.

大程度上基于用户可以参与、组织及管理大量的新闻题材和他们认为有价值的新闻信息,以至于他们对信息流通要经过的那扇"门"具备了相当自主的把控能力。"人人都是记者"使新闻业态发生了从"以专业内容为中心"到"以个体用户为中心"的结构变迁。作为新闻生产者、新闻消费者,或是新闻守门人的用户,在数字化的新闻业态之中都已成为一股集数量与群体智慧优势于一身的压倒性力量。有学者将"用户新闻学"作为未来新闻学发展的一个重要方向,这样的观点近年来备受认可,因为参与式新闻、公民新闻、互动新闻、目击式新闻等不断强调用户作用的新闻形式早已在人们的日常新闻活动中变得普遍。

如今,用户越来越能够绕过主流媒体,从其他组织和渠道获取一手新闻资讯。许多主流新闻机构的从业者对非专业的、用户主导的新闻形式的兴起感到无比焦虑与困惑,如没有经过权威新闻机构过滤的新闻是否可信?新闻专业价值与平台商业逻辑之间的平衡该如何把握?应该以何种视角来正确看待数字时代的新闻守门人?事实上,这些困境指向了一个更深刻的问题,即在传统大众传媒影响力明显下降的数字时代,守门人理论该如何重构。

三、望门:数字守门人理论的重构起点与展望

互联网和社交媒体的兴起催生了一种新型新闻制作方式,这种方式相比传统的守门式新闻生产方式更具有参与性和协作性,并且去中心化。布伦斯将其命名为"望门",这一概念的兴起源于两个外部因素的发展:一是在互联网成为最流行的媒介之一后,新闻发布和传播渠道持续倍增;二是用户参与和内容创建的合作式模型在Web2.0时代迅速发展。[1]"望门"作为一种新闻实践,既成为线上新闻运作的基本范式,也高度体现出互联网技术环境中的信息结构。

"望门"概念的提出既引发了新闻传播领域学者、新闻从业者及用户的广

---

[1] Bruns A. Gatekeeping, gatewatching, real-time feedback: New challenges for journalism. *Brazilian Journalism Research*, 2011, 7(2):117–136.

泛讨论，也得到了全球学者不同程度上的认可，颇具影响力。更重要的是，该概念影射出对新闻业长期以来莫衷一是的公共利益与公共价值的重申，这为重新审视守门人理论在数字传播时代的适应性演化提供了新的逻辑起点与可能。

（一）公共性的观照

新闻业的发展从来都离不开讨论公共传播的话语建构与力量博弈，无论是涉及公共利益，还是公共价值，公共性都在其中被视为圭臬。公众作为公共领域重要的传播主体，始终是新闻公共性的一个重要构面，他们既可以引导新闻话语空间的舆论走向，又可以使公共利益获得社会现实层面的观照。新闻业与公众之间的关系历经演变，公众在大众传播时代是被遮蔽的隐性群体，在新闻实践中一度处于悬置状态。直到数字时代来临，公共活力被新技术激活，新闻才变成一种可以由用户直接进行生产、发布，不受任何编辑干预的新兴实践。

"望门"一词，凸显的是"望"（watching）这一动作，"望"包含了观看、观察、守望等意思。"望门"意指观察不同来源的新闻向每道"门"流动的过程。"望"的主体指向用户，他们被布伦斯称作"望门人"。望门人扮演的角色就如同记者或信息传递的中间人，他们促使新闻业对主流媒体尚未报道的题材或社会问题进行群体关注，引发公共舆论。另外，他们也会提供一些超脱于主流价值观的新颖视角和观点，以帮助扩大被边缘化的声音和事件传播力。望门持续依赖于望门人的直觉来判断公众可能会感兴趣的新闻主题，这促使一种更为开放、散漫的新闻制作形式的形成。[1]新闻选择与制作权从传统新闻媒体人的手中转移到了望门人的手中，所以望门人能够自发地宣传那些符合公共利益与集体价值观的新闻。望门的过程裹挟了用户与群体情感色彩、道德判断、事实认知的文本等内容，使得公共价值与公共利益的诉求能被看见与聚焦，进而凸显出与个人利益或社会利益直接相关的信息。

---

[1] Bruns A. Gatewatching, not gatekeeping: Collaborative online news. Media International Australia, 2003, 107(1): 31-44.

（二）变革性的参与

如前所述，数字守门人的角色由多个主体共同承担，但方式各异的守门人力量会因为分散而被削弱。事实上，在数字空间中，凭借单一守门人的力量，已无法将新闻经过的这道"门"守住。与守门相比，"望门"是布伦斯对原本新闻信息要经过的这道"门"的行为的重新思考，指明了原本需要由专业机构或专业人士驻守的"门"不再"坚固"，信息随时都可以绕开某个守门人而进入大众视野。有意思的是，望门这一新闻实践也对望门人提出了更多的要求，望门人已然成为新闻的积极用户，摆脱了以往被动接收新闻的身份，承担起了传统编辑的角色与功能。在搜索和评估信息的过程中，用户成为自己的守门人。

布伦斯强调了用户在望门过程中的重要作用，他们对于望门决策具有一定的能动性，用户以"观察""守望"的方式积极参与数字网络。例如，网站上的评论者被定位为观察者，观察和评估内容发布者的内容输出，使他们对报道不足和分析不足等承担相应责任；反过来，内容发布者也被鼓励对反馈做出回应，并展开对话。[1]望门实际上是一场面向所有新闻用户的新闻活动变革。

数量庞大的用户就像一个个小型守门节点嵌入了更广泛的新闻参与和新闻创建。通过持续选择、共享、聚合、公开传播渠道，用户以集体"过门"的方式输出数以亿计的信息材料。望门行为已经成为人们日常新闻生活的重要组成部分。

数字化时代，网络的分布式系统成为个人力量的集合器和放大镜，集体智慧散发出前所未有的活力。较为典型的"众包新闻"就是一种完全由用户自发主导参与的新闻活动。"众包"是集体智慧的再现，这一词语最早出现在美国《连线》中，指的是企业利用互联网将工作分配出去、发现创意或解决技术问题的一种商业模式。"众包"的力量在互联网时代新闻生产与传播过程中越发显现。[2]用户参与生产的新闻形式越来越常见，这使得新闻从生产到发布，变成舆论热点的速度有时会快于专业新闻机构，于是用户在新闻领域的主体地位，甚至是主导地位被确立。类似众包新闻这样的新闻制作方式反映了数字时代

---

[1] Bruns A. *Gatewatching and News Curation: Journalism, Social Media, and the Public Sphere*. New York: Peter Lang, 2018, p.44.

[2] 王军、王鑫：《国内外对失实新闻的核查机制初探》，《新闻爱好者》2019年第2期。

传统守门人模式的转型与升级。

(三) 能动性的合作

与经典"守门"不同的是,"望门"包含更多的是对弥散在世界各个角落的事件的主动性调查与检视,由个人借助社交媒体、论坛等数字平台,以点赞、转发、评论等方式展开新闻协作互动,共享新闻资讯。在信息输入、输出、反馈三个环节上,用户都能够轻松地参与进来,尽可能多地呈现和表现观点,形成"合作性望门过程"[1],即"合作性线上新闻生产"方式,这是一种集体性、分布式和参与式的新闻互动形式,[2]也是由数字环境严重依赖算法和用户生成内容而出现的一种新合作形式。同时,望门完成了一个转变,这个转变是从"对各式各样信息来源的总结"到"指出每个信息来源的源头"[3]。因而望门实现了对新闻信息溯源机制的完善,对新闻信息的来源有了更为透彻的甄别与检视,挑战了守门理论。

望门人模式下运作的新闻网站或平台与其在传统守门人模式下有了较为本质的区分,也正是由于望门人模式的作用,新闻从一个相对静态的产品变成了动态的、不断发展的、不断扩充的可再生资源,这种资源是由用户共同积极开发生产的。由于守门人权力的分化,用户在新闻生产的过程中也从被动接受向主动构建转变。越来越多的用户自主生产新闻、传播新闻,接收反馈并予以修正补充,他们在经历的,其实是一种新闻范式的转变。[4]反观中国互联网平台新闻业的守门镜像,特色化的制度架构、服务性的平台意识与规模庞大的网民,亦构成了独特的守门景观。

---

[1] Bruns A. Gatewatching, not gatekeeping: Collaborative online news. *Media International Australia*, 2003, 107(1): 31-44.

[2] Bruns A. *Gatewatching and News Curation: Journalism, Social Media, and the Public Sphere*. New York: Peter Lang, 2018, p.44.

[3] Bruns A. Gatewatching, not gatekeeping: Collaborative online news. *Media International Australia*, 2003, 107(1): 31-44.

[4] Bruns A. Gatewatching, not gatekeeping: Collaborative online news. *Media International Australia*, 2003, 107(1): 31-44.

四、中国互联网平台新闻业的数字守门镜像：全局、服务与聚集

根据中国互联网络信息中心发布的第51次《中国互联网络发展状况统计报告》，截至2022年12月，我国网民规模已达10.67亿，互联网普及率达75.6%。中国是世界上互联网用户规模最庞大的国家，形成了复杂又冗余的信息环境。在数字新闻传播的生态语境中，虚假信息、失真报道、错误新闻肆意蔓延，平台算法运行规则不透明，算法权力与偏见问题争议较大，个人隐私、数据泄露等安全问题，都使得我国互联网平台新闻业的数字守门人面临重重考验与难关。

（一）全局性把控——政府主导，顶层守门

近年来，有关全球互联网数字平台监管、治理与守门等问题一再引发热议。各国学者与业界人士多次强调了人们在互联网平台管理过程中对国家权威角色回归的期盼。[1]中国拥有中国特色社会主义制度优势，国家始终处于核心主导地位，始终保持角色在场。[2]自党的十八大召开以来，党中央高度重视意识形态建设工作，尤其在新闻传播领域，宣传与弘扬国家建设功绩，为人民传递社会正能量，这成为互联网平台新闻业信息守门的重要根基。

党的十九届五中全会明确提出，加强数字社会、数字政府建设，提升公共服务、社会治理等数字化智能化水平。2022年，中共中央、国务院发布的《关于构建数据基础制度更好发挥数据要素作用的意见》指出，构建数据基础制度体系，是新时代我国改革开放事业持续向纵深推进的标志性、全局性、战略性举措。这意味着我们已完全步入数据主导、数字经济渗透各行各业的时代。同时互联网平台肩负的社会责任与义务在更重大的意义上有了提升。

国家市场监管总局组织起草的《互联网平台分类分级指南（征求意见稿）》《互联网平台落实主体责任指南（征求意见稿）》为规范中国互联网平台生态秩

---

[1] Haggart T, Scholte J A. *Power and Authority in Internet Governance: Return of the State?*. New York: Routledge, 2021, p.26.
[2] 张志安、冉桢：《中国互联网平台治理：路径、效果与特征》，《新闻与写作》2022年第5期。

序起到一定的保障作用。通过科学划定平台的类别、细致划分平台分级的标准——6类3级,对互联网平台环境实施科学化、规范化、层级化的监管,这为规范新闻业在平台经济中的发展,维护用户的合法权益,指明了发展方向。同时,对于平台企业需要具体落实的主体责任也有了清晰界定,对平台企业的行为规范有了明确要求,其中涉及公平的市场竞争、用户的数据安全保护、用户的合法权益维护等方面。针对超大型互联网平台企业更是进一步提出九条履行义务。这些义务也反映出中国对互联网平台的垄断现象持坚定的反对意见。

在保护用户的个人隐私和数据方面,2021年8月,《中华人民共和国个人信息保护法》经全国人大常委会审议通过,11月正式生效实施。2021年9月,我国数据保护领域的《中华人民共和国数据安全法》生效。为保障人民、法人和其他组织在网络空间中的合法权益,依法维护网络安全,第十二届全国人民代表大会常务委员会第二十四次会议通过《中华人民共和国网络安全法》。2022年9月,国家网信办发布《关于修改〈中华人民共和国网络安全法〉的决定(征求意见稿)》。2021年11月,国家网信办发布《网络数据安全管理条例(征求意见稿)》,向社会公开征求意见。条例进一步落实与加强了以上三部法律在数据安全、公共利益等方面的规定。

2017年,《互联网新闻信息服务管理规定》发布时,国家网信办负责人明确指出,互联网新闻信息服务提供者要履行主体责任,规范服务活动,维护用户合法权益,促进服务水平和效果迈上新台阶。在此基础上,国家网信办、工信部、公安部、国家市场监管总局联合发布了《互联网信息服务算法推荐管理规定》(简称《规定》),并于2022年3月起实施。《规定》主要针对中国境内互联网新闻信息服务的提供者,为各类平台服务。《规定》规范了互联网信息服务算法推荐活动的具体做法,弘扬传播互联网正能量信息,坚持主流价值导向。

另外,近年来国家持续不断推进"清朗"系列专项行动,依法加强对互联网空间的整治,如在2021年,国家网信办部署开展"饭圈"乱象整治、春节网络环境整治、用户账号运营乱象整治等15项"清朗"系列专项行动。但网络生态乱象极易反弹,一些顽瘴痼疾仍然在不同程度上存在,许多深层次问题还没有得到根本解决,新情况新问题也在不断出现,这就要求必须持续深入、久久为功。

新闻业作为平台经济运作中的一个特殊领域,承担起了宣传思想的重任,成为舆论角逐的重要空间。这些法规、条例、指南等政策体系在法律层面对中国互联网平台的生态架构起到领航作用。政府主导建章立法,为全方位维护数字生态良好秩序,保障互联网空间意识形态安全起到顶层守门人的作用。

由国家主导的顶层守门人模式与规制方式在面对网络信息内容良莠不齐等情况时,也会对公共管理及公共政策产生冲击,[1]从而引发政府公信力危机。不过在中国互联网平台新闻业语境中,国家自始至终拥有全局守门人的地位优势,内嵌于人民日常生活的数字化中,已形成了国家网信办、工信部、公安部、国家市场监管总局等多部门并驾齐驱、共同作用的治理格局,这一治理体系与党政体系高度契合,折射出平台社会的中国认知与中国政策。[2]

(二)服务性履职——平台担责,内部守门

平台以其先进的数字科学技术汇聚起超大规模的数字用户群,创建了与专业媒体、新闻从业者、用户等群体更为紧密的关系网络,培养了用户线上参与的习惯,架构起数字新闻业运作的基本逻辑。

根据相关法律法规对互联网空间中不同类型平台的管治,平台必须承担起相应的社会责任,履行在数字公共领域中的义务,做好内部信息审核与内容守门工作,坚持符合国家意识形态要求的舆论导向,成为数字时代重要的服务型守门人。

新闻机构需要借助不同类型的新闻平台,以进驻(开设企业/组织/个人账号)或自建系统程序(独立运营App或建立门户网站)的方式来实现新闻推送与内容运营。不管是何种类型的平台,它们都已经成为新闻信息流动的主要社交媒体。这些媒体与主流新闻机构经过平台化后所创建的应用程序形成强烈的竞争关系。[3]另外,平台也正是通过汇聚这些社交媒体上传的新闻信息,成功赚取数据流量,平台间的竞争也由此变成了激烈的资本角逐。

目前,中国大型的互联网平台企业仍以追求经济发展效益为目标,以由数

---

[1] 吴飞:《数字平台的伦理困境与系统性治理》,《国家治理》2022年第7期。
[2] 张志安、冉桢:《中国互联网平台治理:路径、效果与特征》,《新闻与写作》2022年第5期。
[3] 张志安、冉桢:《中国互联网平台治理:路径、效果与特征》,《新闻与写作》2022年第5期。

据和流量主导的商业逻辑为核心,以获取自身利益为价值导向,由此难免会与其所肩负的社会责任与应当关注的公共利益之间产生难以调和的矛盾。平台作为一股重构数字守门人版图的新力量,在某种程度上改变了传统守门人模式。新闻阅读量、用户参与度、竞争平台的新闻热点、信息变现的可能性、流量转化率等数字依据成为新的准则,新闻互动成为评估数字新闻影响力与价值的重要指标。新闻业被"降维"成文化产品的供应商,因而,平台的新闻文本失去了其文化独特性,利益驱使下的新闻选择不可避免地会损害新闻业的公共性。①

由于受到国家等外部力量的管束与规制,一些平台负责人在公开场合表达了平台担当责任、履行义务的为国服务意识。例如,腾讯董事会主席兼首席CEO马化腾在2021年底的员工大会上说,腾讯只是国家社会大发展时期的一家普通公司,是国家发展浪潮下的受益者,随时都可以被替换。未来,腾讯在服务国家和社会的时候,要做到不缺位、做到位、不越位,做好助手、做好连接器。再如阿里巴巴创始人马云也曾公开表示,会将阿里巴巴定位成国家企业,只要国家有需要,支付宝随时上交国家。这些言论反映出平台企业以旗帜鲜明的立场,服从国家治理,服务社会改革,也从侧面表现出平台企业在发展进程中承受的监管重压。另外,平台也在不断加强内部的守门人机制,维护网络传播秩序。从平台自身对信息内容的反复审核守门,到算法智能守门的整改,再到守门人队伍的不断壮大,我国互联网平台企业逐步落实互联网空间治理新规,积极响应网络政策管理规定,明确服务国家与社会的企业定位。

(三) 聚集性守望——公共底蕴,公众守门

中国互联网平台新闻业具有国家意识形态与人民主体地位高度同构的鲜明特征。新闻机构被赋予了"上情下达""舆论监督"等独特的职能,并以"党性"和"人民性"为其价值底色。在这个意义上,我国理想的新闻业天然就是"公共性的"②。笔者认为,若要真正实现新闻的公共性,需要贯彻以"连通性"

---

① 常江、狄丰琳:《数字新闻业的平台化:演进逻辑与价值反思》,《编辑之友》2022年第10期。
② 常江、刘璇:《数字新闻的公共性之辩:表现、症结与反思》,《全球传媒学刊》2021年第5期。

为核心实践理念的做法,新闻机构通过数字平台搭建起公众与国家政府机构直接沟通的模式,从而在公众参与、互动交流的过程中朝着"政通人和"的理想公共生活迈步。

2020年3月正式实施的《网络信息内容生态治理规定》中的第二条与第三十三条规定了由社会、网民等主体共同参与监督评价,需定期对区域内网络信息内容服务平台的生态治理情况进行评估。由此可以看出社会和网民在网络空间中的治理主体地位。公众主体地位在我国的确立说明"能动参与""自主监管"等行为已成为公众在互联网空间中的守门方式。

中国特色社会主义制度为我国有序展开公共领域的传播提供了坚实有力的制度保障,公众在此制度框架下拥有相应的言论自由权,以讨论公共话题、协商公共事务来共同谋求公共利益与集体幸福。同时,正是由于公共传播在人民民主实践中潜在的底蕴,我国互联网平台新闻业的公众守门也彰显出守望特色。公众可以自行生产、制作、传播新闻,并得到反馈,这些实践都使得新闻的社会价值与传播意义被不断丰富。由于我国网民数量之大,公众在参与新闻的过程中形成了聚集力量,他们对什么样的新闻能够进入大众视野、新闻之门的边界何在等问题拥有较大程度的掌控权,又或者说,公众自身就可以界定新闻之门的起点。

尽管公众的守望行为也暴露出虚假信息、理性失智、流言肆虐、数字野火等问题,但在中国制度体系下,公众带来的新闻议题的公共价值也不能轻易被忽略,其以数量优势将注意力聚焦于人民真正关注的社会议题,或许这便是公众守望带来的某种理想化的公共空间展演,在这个空间内,个体精神与表达权利都使得公共利益的诉求有了话语通道,从而推动社会进步。

数字化的传播技术,从根本上改变了知识产生和信息传播的过程。与以往任何时候相比,今天的公众显然更容易通过网络媒体获得免费的信息和知识,无论是知乎、维基百科,还是各种社交媒体,都成就了无数的"专家"——每个人都可以在网上声称自己是某一领域的专家,而且通过传播知识、信息发展起数量可观的用户,除了提高自己的知名度外,甚至有可能获得大量的经济回报。这一媒介生态推动着传统守门人理论的重构,因为今天的守门行为,以及守门人的角色都发生了实质性的变化,这一变化正是基于由数字存储和传输规模的扩大带来的媒介时空颠倒这一不争事实。用"望门"取代"守门"并非一种单纯的概念过渡或理论设想，而是为了探寻数字新闻业的公共价值回归路径，打开新闻公共性的时代命题。

但同时，新的媒介融合文化机制，在很大程度上影响着数字守门人的活动，如有学者研究发现，在维基百科中，高活跃用户倾向于避免删除其他编辑的文本，这表明他们将自己视为内容生产者，而不是现有文章的监督者。研究还发现一些证据表明维基百科的讨论页建立了一个协调空间，因为通过这个渠道与同行互动的用户不太可能删除其他人的贡献。在新闻流动过程中真正能够对新闻起决定性作用的数字守门人，无论是大型在线数字平台、算法、新闻编辑、用户、还是社交媒体等，都在重构数字图景中的守门人模式。当然，虽然大多数传统媒体也开始以某种形式使用新闻算法推荐系统，但由于对共享新闻领域的担忧和不愿转移编辑控制权，它们的使用程度仍然有限。

中国互联网平台新闻业中的守门人逐步由越来越多的角色共同承担。平台、记者、用户和算法等都被纳入一个共享性的新闻传播过程。新闻业、合作性平台、强大的算法和社交网络的发展都表明，这些守门人的不同守门方式不是彼此排斥与抵触的，它们以多主体协作、层级分明、相互配合之势存在。

总体而言，我国的数字新闻守门图景既包含国家建设的制度优势，又有平台以服务为旨向，在公共底色的基础上围绕用户，共同构筑了富有本国特色的数字守门人网络生态系统。但是理想的新闻公共价值并不能代替网络空间中的新闻信息治理，只有持续不断健全互联网制度法律，切实落地政策法规，才能保障新闻业的发展与公共价值紧密结合，从而激发数字空间中的新闻生命力。守门人理论只有承担起理论引领的积极作用，才能更好抓住数字时代跳动的脉搏。

第二节 数字新闻生态论

新闻和新闻业一直处于变动过程中,因此,布尔迪厄指出新闻场域是一个与其他场域深度交织和相互嵌入的非自主性场域。然而,让传统的新闻学研究者矛盾的一点在于,新闻学一直背负着学科合法性的诘问——当然,学科合法性问题可能是现代学科演进分化过程中普遍存在的,只是在新闻学这一源于"技艺"之学身上莫此为甚。所以,泽利泽说,新闻学采取多种视角是必要的,"这不仅是因为新闻学没有产生一套能够反映所有问题的学术体系,也因为还没有形成一个熟悉学术研究全局的学者群体"[1]。

基于宏观视角打开新闻和新闻业的历史面向与社会语境会发现,无论是基于时代变迁的历时性考察,还是跨越民族国家的地理边界比较,新闻和新闻业从来不是恒定或趋同的。也就是说,可能新闻学研究最为核心的问题,并不是泽利泽所言的"产生学术体系"问题,而是如何保持一种高度的开放性和包容性,或者套用齐格蒙特·鲍曼(Zygmunt Bauman)比较喜欢的用语"液态""流动",即构建一套更具宏观视野和超越可能、同时又是流动的新闻学的"学术体系"。本书所面临的语境与当下人类面对的现实动向息息相关,那就是与数字文明曙光同频共振的数字现代性。

一、生态论与媒介生态、新闻生态

生态的概念最早源于1869年德国生物学家恩斯特·海克尔(Ernst Haeckel),当时主要聚焦于生物之间,以及生物与其生存的周围环境之间的相互关系。在今天,这一概念的使用范围已经大大扩展,它不仅关注人与自然环境之间的关系问题,而且更延伸至"探讨自然、技术和社会之间的关联"[2]。顺理成章地,传播研究在其发展过程中也借用了这一概念并赋予它新意,从而开

---

[1] 芭比·泽利泽:《想象未来的新闻业》,赵如涵译,北京:中国人民大学出版社,2022年,第133页。
[2] 汉斯·萨克塞:《生态哲学》,文韬、佩云译,北京:东方出版社,1991年,前言,第3页。

辟了新天地。

媒介生态学(media ecology)的研究起源于北美,美国学者尼斯卓姆(Nystrom)的《面对媒介生态理论:人类传播系统研究理论范式集锦》是这一领域开创性的著作。尼斯卓姆将媒介生态学的理论基础锚定在刘易斯·芒福德的"技术与文明"分析。而在这一研究路径的发展过程中,尼尔·波茨曼(Neil Postman)做出较大贡献。这位纽约大学教授最早将"媒介生态"明确概念化并作为一门课程在高校推广,在他看来,媒介生态学就是将媒介生态系统(media ecosystem)作为研究核心,甚至以此回应了对此前围绕麦克卢汉而展开的所谓"媒介决定论"(或"技术决定论")的批评。

事实上,直接将思想渊源追溯至芒福德,并形成了多伦多学派和纽约学派的媒介生态学研究,从来没有推崇技术的逻辑力量,更多地从人类传播的结构和过程来解析文化的形成、延展和变迁。媒介生态学研究者沃尔特·昂(Walter Ong)主张,媒介生态学是一种可以使他称作"生态关怀"(ecological concern)的内容得以具体化的理念,他把"生态关怀"描述为"一种新型观念,最根本的开放式生态系统(open-system)的意识"[1]。或许正是在此意义上,虽然在世纪之交我国邵培仁、张国良等人开风气之先,进而形成蔚为大观的媒介生态学研究,但他们一开始就采用了与北美媒介生态学研究完全不同的路径。崔保国在《媒介是条鱼——理解媒介生态学》一文中就认为,国内的媒介生态学研究立足于媒介,更偏向政治经济学和媒介经营管理学,而北美媒介生态学研究从人出发,以文化研究和人类学研究方法为主。[2]近年来,林文刚、何道宽等学者更主张将北美的媒介生态学翻译成"媒介环境学"[3],虽只是词语变换,但也可见其力求更为精确的学术追求。

无论是媒介生态学,还是媒介环境学,都指向"将媒介作为环境研究的领域"[4]。这个领域的关键词至少从顺序上来说,首先是媒介(当然可以是单数的medium,也可以是复数的media),其次才是生态学(ecology)或环境

---

[1] 兰斯·斯特拉特:《麦克卢汉与媒介生态学》,胡菊兰译,开封:河南大学出版社,2016年,第2页。
[2] 崔保国:《媒介是条鱼——理解媒介生态学》,《中国传媒报告》2003年第2期。
[3] 林文刚:《媒介环境学:思想沿革与多维视野》,何道宽译,北京:北京大学出版社,2007年,译者序。
[4] 兰斯·斯特拉特:《麦克卢汉与媒介生态学》,胡菊兰译,开封:河南大学出版社,2016年,第134页。

(environment)。这一派的中坚人物约书亚·梅罗维茨(Joshua Meyrowitz)在《多种媒介素养》一文中探讨了三类明确的媒介素养:媒介文本素养(media content literacy)、媒介语法素养(media grammar literacy)和媒介本质素养(medium literacy)。[1]他当然不是要将媒介置于中心或主宰地位,但也点出了媒介的生发性,或者说这是媒介理论研究者的学科自觉显现。假若考之以马修·富勒(Matthew Fuller)的《媒介生态学:艺术与技术文化中的物质能量》一书,更可以发现他不仅关注尼尔·波茨曼等人缔造的媒介生态学传统,而且还将媒介考古学、设计学、计算机科学和行动者网络理论等归并在一起,进一步强调了媒介生态系统的"系统性"[2]。

如前所述,倘若说新闻和新闻业乃至新闻学都处于变动过程中,且这个过程并不会呈现出若干界限明晰的段落,那么"媒介"更是如此。德布雷显然旗帜鲜明地强调这一点,甚至不惜调用了精神分析中"笔误和梦之间的差异"来比拟媒介与媒体的差异。他声称,"在媒介学中,médio首先近似地指在特定技术和社会条件下,象征传递和流通的手段的集合"[3]。换言之,在德布雷的媒介学视域里,媒介具有极其广大和久远的包容性。亨利·詹金斯(Henry Jenkins)就指出,"一种媒介的内容可能会发生变化,它的受众可能会发生变化,它的社会地位可能会上升或下降……可一旦一种媒介确立了自己的地位,它就会继续成为媒介生态系统的一部分。没有哪一种特定的媒介会'赢得'争夺我们耳朵和眼球的战斗"[4]。由此延伸,或许可以套用芒福德对城市的描摹来形容今时今日的媒介生态与新闻生态,那就是"容器的容器"。

---

[1] 林文刚:《媒介环境学和媒体教育:反思全球化传播生态中的媒体素养》,《国际新闻界》2019年第4期。
[2] 马修·富勒:《媒介生态学:艺术与技术文化中的物质能量》,麦颠译,上海:上海社会科学院出版社,2019年,第5页。
[3] 雷吉斯·德布雷:《普通媒介学教程》,陈卫星、王杨译,北京:清华大学出版社,2014年,第4页。
[4] 亨利·詹金斯:《融合文化:新媒体和旧媒体的冲突地带》,杜永明译,北京:商务印书馆,2012年,第44页。

二、新闻生态的构成

"新闻生态"作为一个概念独立出现的历史并不算太长。克里斯·安德森在《新闻生态系统研究二十年:历史轨迹与未来发展》一文中说,"新闻生态系统"(news ecosystem)首次出现于2010年的《政治传播》(Political Communication)中,美国著名的调查机构皮尤研究中心(Pew Research Center)也发布了《新闻是如何发生的:关于美国城市的新闻生态研究》报告。随后短短两年,就涌现了50多篇(本)包含"新闻生态系统"一词的文章和图书。[1]值得注意的是,正是克里斯·安德森将"新闻生态系统"引入新闻学研究,并且他特意突出这一概念与北美媒介生态学研究、芝加哥社会学派的关联。美国芝加哥社会学派是20世纪上半叶围绕芝加哥大学社会学系形成的学术共同体,这一学派以罗伯特·帕克(Robert Park)和赫伯特·布鲁默(Herbert Blumer)为代表,直接将芝加哥这个鱼龙混杂的移民城市作为社会实验室,考察新闻媒体在社区重建过程中的角色。[2]据此,英国利兹大学克里斯·安德森认为,新闻生态系统就是在一个特定的地理社区或围绕一个特定的问题,由新闻生产和新闻消费相关的个人、组织、技术构成的整体。[3]

不过,从规范意义上看,新闻生态系统更像是一种隐喻,而非具有明确种类的识别性概念。当然,这丝毫未影响这一说法所能激发的理论想象和研究视角。迄今为止,新闻生态研究除了北美媒介生态学范式和芝加哥社会学派范式之外,还有以安德森领军的"根茎路径"(rhizomatic approach)范式,他借用了后现代思想家德勒兹的"根茎"概念,强调新闻信息的流动不再具有强势的中心,不再呈"树状"分布,而是在物理和数字空间中扩散,激活属性各异的节点,从而形成一张动态扩展、复杂联结的网络。正因如此,有学者认为安德森的"根茎路径"范式关注多元行动者关系,有行动者网络理论的影子。然而,无论如何,我们可以看到新闻生态研究正在形成规模庞大的研究脉络。

[1] 克里斯·安德森:《新闻生态系统研究二十年:历史轨迹与未来发展》,何仁亿译,夏倩芳主编:《中国网络传播研究:数字新闻学与平台劳动》,北京:中国传媒大学出版社,2021年,第18页。
[2] 李金铨:《"国际传播"国际化》,李红涛等译,北京:中国传媒大学出版社,2022年,第6页。
[3] 王斌:《作为研究进路的新闻生态:基本内涵、运行机制与实践面向》,《兰州大学学报》(社会科学版)2021年第2期。

第二章　数字新闻学的框架重构　121

还是要回到"新闻生态"这一隐喻性概念上来,即便这一概念没有精准地指明新闻生态研究的若干关键要素,我们也依然可以像北美媒介生态学研究那样推导出,新闻和新闻业不是新闻生态研究的理论起点或核心,但一定是深具生发性的研究源。在此可以沿着或许先验性存在的"信息"这一概念出发——毕竟将新闻看作一种信息的观点在任何时代或语境下都不会遭到反对,有助于构造出具有层级性的新闻生态的隐形结构。因为按照信息社会研究者的说法,"信息存在是不容否定的事实——它的存在不需要被感知;它的存在不需要被理解;它的存在不需要任何情报去解释;它的存在不需要任何意义;它就是存在着"[1],那么,这种具有近乎先验性存在的"信息"恰好可以成为构造模型化新闻生态大厦的第一块基石。

首先,当然是将新闻作为一个节点。不论采取哪一种方式、着眼于哪一种视角,抑或强调不存在一个可以广泛意义上共享的新闻定义,我们都可以说,新闻与信息之间的关联必然超越时空的阈限而存在。《韦氏大辞典》将"新闻"描述为"最近发生事件的报道"及"关于某事的新信息"。埃默里父子则定义"新闻"为"发明出来以区分偶然的信息发布和有意地搜集并处理最新情报的尝试"[2]。而在近年的西方新闻学研究中,"新闻"更倾向于指"关于某个公共利益主题的新信息,这个信息由某些公众共享"[3]。根据新闻的定义确证了其与信息的关联之后,就可以进一步考察新闻这种特定信息,如何被发现,如何被生产,如何被传播,又如何被接受和理解。这里看似在指明一条线性式道路,其实不然。因为我们如果将这里提出的每一个"如何"都视作一个节点,那么就会发现每一个节点都具有多维生长的潜能,节点与节点之间的连接又会呈现立体式的跨时空样态。进而言之,新闻生态系统中的"新闻"可以在不同的媒介上存在,表现出完全不一样的样貌,正如传统新闻学科建设过程中经常做的那样,依照媒体组织来划分,形成了(报刊)新闻学、广播电视学、网络与新媒体等专业;同时,"新闻"也可以在不同的历史[即便并不是布罗代尔意义上的"长时段"(long stage)]语境存在,如扒粪新闻、新新闻、建设性新闻、液态新

---

[1] 弗兰克·韦伯斯特:《信息社会理论》,曹晋、梁静、李哲等译,北京:北京大学出版社,2011年,第34页。
[2] 埃德温·埃默里、迈克尔·埃默里:《美国新闻史:大众传播媒介解释史》,展江、殷文译,北京:中国人民大学出版社,2001年,第4页。
[3] 芭比·泽利泽:《严肃对待新闻》,李青藜译,北京:中国人民大学出版社,2022年,第26页。

闻；更重要的是，它还可以依据不同的生产方式而进行细部命名，聚合新闻、公民新闻、推特新闻等即属此列。当然，数字新闻学理论体系中的"新闻"同样处于这样密集、立体的网络中，成为一个节点的同时还凭借其生发性向外不断生长，保持一以贯之的开放与包容姿态。

其次，新闻业必然是同为实在和无形网络的层级架构。从实然存在的网络来看，新闻业即便只是在一个民族国家的内部，也已然是一个非常复杂的构成，这很好理解。迈克尔·舒德森就曾经不无夸张地说，在18世纪前期的美国，"似乎只要有一个印刷商，就有一个办报模式"[1]。尼基·阿瑟(Nikki Usher)则指出，这种新闻业内部的复杂性在社交媒体时代有增无减，"网络新闻世界有了引导新闻工作的新价值观。新闻从业者必须考虑如何适应一个全天候的新闻环境的需求，如何适应一个互动参与式的社会环境的需求，如何适应一个一家媒体对大众传播的模式已被颠覆的世界的需求"[2]。大卫·阿什德则较早地把"后新闻事业"作为标签，他在《传播生态学：控制的文化范式》一书中声称，"在媒介世界里，有组织的新闻工作已经消亡了。我们因两个理由而成为后新闻从业者(postjournalists)"[3]。他在此将新闻产品的生产运作纳入媒介逻辑转变的语境考察，从而表现出某种不安。只是，凡此种种都表明新闻业的复杂生态是跨历史的常态化存在，这一点在以"媒介首都"著称的美国各大城市已经毋庸置疑。在中国，尽管基于社会制度的新闻体制与美国存在巨大的差异性，可是在新闻业生态构成的复杂性方面不遑多让。仅从新闻业的性质上分析，就可以发现其作为社会文化事业的社会属性、作为阶级舆论工具的阶级属性和作为信息产业实体的经济属性交织在一起。[4]这也就直接促成了20世纪末新闻改革进程中"事业单位、企业管理"二元混同的路径和方向。类似地，电视勃兴时期为求最大限度地扩展覆盖面形成的"四级办台、交叉覆盖"等方略，也从另一个侧面反映了中国新闻业历史进程和地理空间上呈现出"混杂系统"(hybrid system)的特征，也恰恰说明中国新闻业生态错综繁复。

最后，哪怕预防性承认新闻学是一门"技能之学"，也依然能确保它在现代

---

[1] 迈克尔·舒德森：《好公民：美国公共生活史》，郑一卉译，北京：北京大学出版社，2014年，第29-30页。
[2] 尼基·阿瑟：《〈纽约时报〉是怎么做新闻的》，徐芳芳译，上海：上海译文出版社，2019年，第6页。
[3] 大卫·阿什德：《传播生态学：控制的文化范式》，邵志择译，北京：华夏出版社，2003年，第164页。
[4] 郑保卫：《当代传媒业性质辨析》，《新闻界》2006年第5期。

学科体系中的位置,进而自然而然地要郑重审视新闻学与其他学科之间的互动。简言之,学科之间的生态系统愈复杂,反倒让新闻学作为一门学科所具有的知识生产潜能、兼收并蓄潜能愈发显豁。倘使认识到这一点,应该就能理解新闻记者出身的学者芭比·泽利泽为何要用几乎整本书(即《严肃对待新闻》)来讨论新闻研究的新学术视野。同样可以顺势接受埃默里父子当初的豪言壮语,"人们公认,新闻专业的学生应该接受广泛的大学文科教育和良好的新闻技能训练,并理解他们所选择的职业的社会含义"[1]。不过,这些对美国新闻史了如指掌的学者恐怕没有预料到今日新闻学科所面临的全新课题。而新闻学科或新闻教育领域必须要做的调整,在21世纪初就有学者做了特别强调,如帕夫利克(Pavlik)提到新闻和大众传播的教学科研必须改变工作方式,专业内容的讲授要重新选择,大学或其他高等教育机构的结构要大刀阔斧地改革——此处可以联想一下国内各大高校新闻院系和专业的更名——甚至新闻学科的教育科研与外部力量(如公众、课题项目资助等)都会一并调整。[2]值得注意的是,帕夫利克这里提出的一系列需要改变的方面,以及他后续的研究《虚拟现实时代的新闻业:体验式媒体如何转变新闻》构成了纵横交错的生态网络。与此呼应的是,作为在新闻学科或新闻教育领域一直执牛耳的哥伦比亚大学,其校长李·鲍林格在2003年的一次演讲中也明确了新闻学院的新目标,"在这所伟大的大学中,这个伟大的新闻学院应该一直和这个职业本身保持一定的距离……像新闻本身和社会整体之间的关系一样,新闻学院必须保持对于这个专业和这个世界的独立视角"[3]。鲍林格校长的这份宣称,或许也可以解读为面对纷繁复杂的新闻学科面貌,他在追求一种似乎可以悬浮于系统之外的超然地位,这不能不说是一种无奈的坚持,其志固然可佩,但执着于新闻学科研究和新闻教育要能够立在俯瞰新闻生态系统的云端,恐怕还会落于鲁迅言及的"拔着自己头发想离开地球"的境地。

---

[1] 埃德温·埃默里、迈克尔·埃默里:《美国新闻史:大众传播媒介解释史》,展江、殷文译,北京:中国人民大学出版社,2001年,第603页。
[2] 约翰·V.帕夫利克:《新闻业与新媒介》,张军芳译,北京:新华出版社,2005年,第219页。
[3] 卡琳·沃尔-乔根森、托马斯·哈尼奇:《当代新闻学核心》,张小娅译,北京:清华大学出版社,2014年,第53页。

三、数字新闻(学)生态

行文至此,本书需要进一步论述数字新闻(学)的生态构成。同样非常好理解的是,数字新闻(学)的生态构成可以从三个层级来认识。只不过需要说明的是,之所以在此将数字新闻、数字新闻业、数字新闻学单列出来,并非这三者真的可以被剥离而独立存在,与其说这是三个层级,毋宁说这是观察"数字新闻生态"这张大网的三个抓手,因为从任何一个入手,都必然会牵扯到整个网络,但无法厘清整个网络的节点、面向和千般联结。

(一) 数字新闻

"重造新闻学,避免以旧知识旧眼光旧思维拥抱新交往,已经是刻不容缓。"[1]我们当然承认知识的连续性,但是同样值得注意的是,传统新闻学所确立的"新闻"定义无疑是基于大众传播时代到来后的信息传受格局和语境,并以此追溯"新闻"一词的古意或历史状态,后者则进一步确证了"新闻"的正统地位——初民社会的"人体无线电报"、前现代的咖啡馆与"说书人"等,都无一例外地被视作"前新闻阶段"[2]。只是,一旦人类传播进入数字时代,尤其是如丹麦传播学者夏瓦说的,"现代社会完全由媒介所'浸透'(permeated),以至于媒介再也不能被视为一种与文化和社会制度相分离的中立性要素"[3],就不太可能继续将新闻生态系统的生发源锚定在传统新闻学的"新闻"上了。一言以蔽之,新闻在库恩意义上的范式革命已然到来。库恩说过,"科学革命是科学发展过程中的非累积性事件,其中旧典范全部或部分被一个与旧典范完全不能并立的崭新典范所取代"[4]。也许,现在还不能完全精确地描述数字时代"新闻"的意涵(套用哈贝马斯的说辞,是像现代性一样属于"未完成的工程"),但是可以明确,传统新闻学的"新闻"所包含和生发的一系列概念、意涵,都需要

---

[1] 黄旦:《重造新闻学——网络化关系的视角》,《国际新闻界》2015年第1期。
[2] 米切尔·斯蒂芬斯:《新闻的历史》,陈继静译,北京:北京大学出版社,2014年,第15—26页。
[3] Hjarvard S. The mediatization of society: A theory of the media as agents of social and cultural change. *Nordicom Review*, 2008(2): 29.
[4] 托马斯·库恩:《科学革命的结构》,王道远译,台北:允晨文化实业股份有限公司,1985年,第161页。

全面再检验和改写。例如,"新闻真实"是传统新闻学的核心概念之一,且既是"新闻"这一概念的向后推导(由真实的事实报道构成新闻),又是"新闻"的向前延展(真实性成为判定新闻产品的标准),然而传统新闻学将"新闻当成现实的镜子,不仅远远落后于人文和社会科学的基本认识,在今天的网络化关系中更是处处捉襟见肘"[1]。其实,"新闻真实"只是一例,再如"新闻生产者"在传统新闻学中几乎等同于广义上的记者,由此又与新闻专业主义等一整套理念和操作规范紧密相连,共同构成了新闻必须被严肃对待的理由。可是,自进入21世纪以来,所谓的"公民记者""草根媒体"等说法,看似只在扩展原先的某些概念和意涵,其实质则是库恩所说的"范式革命"正在如雨后春笋般涌现。"科学革命也起源于科学社群中某一小单位的人逐渐感觉到:他们无法利用现有典范有效地探讨自然界的某一面向。"[2]库恩说得非常对,而我们在这里要做的可能仅是将"自然界"一词换成"新闻界"。

那么,何为数字新闻?有人略显大而化之地将其描述为,"由数字媒体生态所培育的,旨在对社会现实进行再现、建构和介入的信息关系网络"[3],尽管这一界定没有从本体论入手形成"数字新闻"的规范性表达,可显而易见的是,其中特别凸显了"数字媒体生态"作为锚定的生发源。同样值得强调的是,数字新闻从生产机制角度来看,一定是由"人主体"新闻活动向"人主体"与"人机交互主体""智能体"相融合的新闻活动形态转变。[4]

以此为基础出发,至少有几个新闻实践动向是转向数字新闻时值得关注的。一是情感新闻。众所周知,传统新闻学中的"理性、中立性、客观性"几乎已经成为(无论是生产过程还是最终呈现)金科玉律,与此相联系的,"客观性"成为西方新闻业的"不死之神"[5],但李普曼承认非理性是人类的常态。更为突

---

[1] 黄旦:《重造新闻学——网络化关系的视角》,《国际新闻界》2015年第1期。
[2] 托马斯·库恩:《科学革命的结构》,王道远译,台北:允晨文化实业股份有限公司,1985年,第162页。
[3] 常江:《什么是数字新闻:认识论的视角》,《山西大学学报》(哲学社会科学版)2022年第3期。
[4] 杨保军:《"融合新闻学":符合时代特征的总名称——关于"后新闻业时代"开启后新闻学命名问题的初步思考》,《新闻界》2022年第1期。
[5] 罗伯特·哈克特、赵月枝:《维系民主?西方政治与新闻客观性》,沈荟、周雨译,北京:清华大学出版社,2010年,第54页。

出的是，正如2016年《牛津词典》将"后真相"列为年度词语，以描摹"情绪比事实更能驱动舆论"的时代，[①]当下的新闻正越来越陷入"情感旋涡"。一个具有风向标意义的个案是《人民日报》近些年来在所谓"融媒产品"方面的内容突破，已经帮助它在各种社交媒体上占据了瞩目位置。[②]

二是人机协作新闻。人机协作新闻是指人类智慧与人工智能相结合，将智能机器运用于人类的新闻生产与传播工作中，优化工作模式并提高工作效率的新闻类型。[③]目前来说，这种实践样态还处在人机互补阶段，即人类智慧与机器相互补充形成合力，而尚未进入人机同构、融汇为一个整体的阶段。此处可以想象一下美国著名导演斯皮尔伯格在2018年推出的著名电影《头号玩家》(Ready Player One)，这部科幻电影里虽然没有直接呈现新闻场景，但虚拟现实所达致的几近无界状态则正是人机协作新闻可期的未来。从理论视角看，正如《我们何以成为后人类》中解释的：后人类的建构/观念并不要求他的主体成为一个实实在在的电子人(cyborg)。无论身体是否受到干预，认知科学和人工生命等领域出现的各种新的主体性模式，都必然包含着一个可以称为后人类的生物学上依旧如故的"万物之灵"(Homo sapiens)。[④]与此相关的一个概念是虚拟现实新闻。不过，在笔者看来，包括元宇宙等概念在内，更多地呈现了一种深度媒介化的趋向，换言之，对于虚拟现实、混合现实新闻，更应当从正飞速推进的智能媒体所体现的混同、耦合方面去理解，这折射的是后现代论述中"跨越身体""去人类中心主义"、强调主体间性的哲学意涵。

三是私有化新闻。这里的"私有化"并非基于所有制角度讨论归属问题，而是以私域流量、个性化定制为特色的新闻实践，其操作基础则是算法技术、协同过滤。如果说情感新闻回答的是"数字新闻是什么样的新闻"这一问题——当然这只是一个构成部分，人机协作新闻回答的是"数字新闻由谁来生产"问题，那么私有化新闻基于算法技术、协同过滤最终以策展式推送通达新

---

① 赫克托·麦克唐纳：《后真相时代：当真相被操纵、利用，我们该如何看、如何听、如何思考》，刘清山译，北京：民主与建设出版社，2019年，第5页。
② 陈阳：《每日推送10次意味着什么？——关于微信公众号生产过程中的新闻节奏的田野观察与思考》，《新闻记者》2019年第9期。
③ 薛翔：《数字新闻的后现代主义实践》，《中国社会科学报》2021年12月2日，第3版。
④ 凯瑟琳·海勒：《我们何以成为后人类》，刘宇清译，北京：北京大学出版社，2017年，第5页。

闻用户的整个过程,回答的则是"数字新闻是属于谁的新闻"问题。这三个落点各异的新闻实践在当下就构成了数字新闻的生态。

(二) 数字新闻业

20世纪70年代以报道"水门事件"而享誉全球的调查记者卡尔·伯恩斯坦(Carl Bernstein)曾这样写道,"好的新闻事业即是大众文化,但这种大众文化能够帮助受众扩大其知识面,掌握更多的信息,而不会迎合消费者日益降低的最低欣赏水准"[1]。他的这一表述在布尔迪厄那里得到更为激烈,同时也更为学理化的呼应。布尔迪厄在法兰西学院电视台做了演讲,认为新闻场(journalistic field)是一个"具有自身规律的微观世界"。不过,无论是伯恩斯坦,还是布尔迪厄,他们的批评都立足于新闻业是一个有准入门槛和相应的职业合法性的范畴,然而,恰恰是这一立足点在今天已然岌岌可危。安德森在2012年说的一句看似矛盾的话反而更好理解,"新闻业已经死了,但……新闻业在许多地方都存在"。当然,回过头来看伯恩斯坦和布尔迪厄的表述,他们将新闻业视作"大众文化""微观世界"的说法不仅独具一格,而且迁延至今,似乎依然如此。自2013年开始,阿姆斯特丹大学教授马克·杜兹(Mark Deuze)考察了一系列新型新闻机构,试图理解"数字新闻业是如何被塑造的",他在大量田野工作后得出判断,新闻业的"后工业化"是一个标志性趋势,"在数字语境下,新闻机构与其说是一个'地方',不如说是一个包含人、技术和空间网络的'过程';这一过程有着高度的流动性"[2]。

关注数字新闻业正在形成,以及所呈现出的生态特征之外,可能还需要关注具体而微的数字新闻业的构成单元,或者说需要关注这一层级的生态系统中无数个节点是如何运作的。在这一方面,尼基·阿瑟的工作适时地提供了一个参照样本。20世纪以赫伯特·甘斯、迈克尔·舒德森等诸多学者为代表的新闻生产社会学研究,开启了对新闻编辑室的内部观察,发现了马克·杜兹揭示的"从新闻业发轫之时起,它就依赖于某些形态、原型、主题或惯例,使得新闻

---

[1] 斯图亚特·艾伦:《新闻文化》,方洁、陈亦南、年玉涵等译,北京:北京大学出版社,2008年,第234页。
[2] 马克·杜兹、杨惠涵:《数字新闻业的未来:从经验到理论》,《全球传媒学刊》2021年第5期。

实践者能在一个又一个纵横交错的给定时间内处理层出不穷的信息量"[1]。尼基·阿瑟承继这一传统,通过对数字时代《纽约时报》所做的田野调查,发现数字时代三种核心价值观——即时、互动和参与——是如何作为矛盾和变化的基点应运而生的。需要指出的是,"即时、互动、参与"这三种核心价值观,不仅是《纽约时报》的运行规则,而且也极有可能构成数字新闻业中彼此联结的基本逻辑。这也是罗宾森特别强调的,要将数字新闻业界定为普遍共享的社会网络所承载和反映的社会关系。[2]

(三) 数字新闻学

《数字新闻》(Digital Journalism)期刊在2019年时曾提出要着力在五个方面推进数字新闻理论研究:(1)解析数字新闻继承和变化之间的矛盾关系,避免只强调创新而忽略之前的新闻实践常规。(2)继承与现有理论和概念相关的学术研究,开展有助于增进对数字新闻理解的跨学科探索;挑战那些占主导地位但需要重新审视的理论。(3)着力探索如何在数字领域定位新闻,避免将研究限制在新闻生产、发布或消费等熟悉领域,或局限于可以辨识的内容形式。(4)重新考虑新闻与数字化之间的关系,将数字新闻研究视为一个独立的、跨学科的研究领域。(5)推进对社会公众与各类新兴和现有机构之间角力的研究,包括那些影响新闻和技术或受到新闻和技术影响的社会活动,即以社会科学方法探索与数字新闻相关的政治与社会问题。[3]该期刊提出的这五个方面当然有助于推动数字新闻理论的研究,使"数字新闻学"的追求既不是无中生有的自说自话,又有可能在深耕实践的过程中走向精细化;然而,需要警惕的是,除了第四点明确将数字新闻理论作为一个研究领域(还不是一个学科)进行单列外,其他几条对承继性的强调如果不是过于偏倚的话,至少也容易导致黄旦所说的,放弃了对规范性研究的追求,落入经验性研究的窠臼,[4]以此产生

---

[1] 尼基·阿瑟:《〈纽约时报〉是怎么做新闻的》,徐芳芳译,上海:上海译文出版社,2019年,第12页。
[2] Robinson S, Carlson M, Lewis S C. Locating the "digital" in digital journalism studies: Transformations in research. *Digital Journalism*, 2019, 7(3): 368-377.
[3] 李喜根、张静、张雯雯:《探索数字新闻理论发展与创新路径》,《全球传媒学刊》2021年第5期。
[4] 黄旦、王辰瑶:《如何重新理解新闻学——学术对话录》,《新闻记者》2016年第7期。

"新瓶装旧酒"的路径,新闻研究的范式革命便无从谈起。

简言之,数字新闻学还需要"为承认而斗争"。这种"为承认而斗争"的努力同样需要放到学科生态中加以看待,而且一个显见的事实是,在这个时代,"媒介已经成为'环境的',以至于世界都变成了媒介城",故此许多学科也在深度媒介化,正基于各自的问题意识、调用各自的话语体系切入数字新闻场域,数字新闻研究的跨学科特色日益显豁。可以推测,芭比·泽利泽在《严肃对待新闻》一书中整整花了五章的篇幅(全书总共八章)讨论社会学、历史学、语言研究、政治学、文化分析等学科或研究路径与新闻(学)的关联、交叉及分野,正是因看到这一生态动向。数字新闻学已经不再是踽踽独行于旷野,更像是一支声音日渐雄浑的交响乐,焕发出勃勃生机。

在文学作品《爱丽丝梦游仙境》中有这么一段对话,爱丽丝问,"请你告诉我,离开这里要走哪条路?"对此,柴郡猫的回答是"这要看你想上哪儿去"。在笔者看来,这是一个极好的隐喻。在技术的驱动下,在社会的转型过程中,数字新闻(业)处于变动不居的过程中,这就意味着,数字新闻学的范式将逐步确立,并在一定范围内保持着稳定性,这种稳定性与它所具有的开放性和包容性是互为表里的;与此同时,数字新闻学在现代乃至后现代的学科生态中将更有进取心,这也是数字新闻学发展的题中应有之义。尽管当年施拉姆雄心勃勃地要将传播学打造成具有统摄能力的社会科学,可惜"创业艰难百战多",他的"宏图大业"受到多种因素掣肘;但是,倒不是说数字新闻学有前车之鉴,不会重蹈覆辙,而是时事移易,当下的学科生态(至少在跨学科的动力、热情和基础方面)已非当初模样,更为重要的是,信息与通信技术正普遍、深刻而又无情地创造和重塑着人类的理论基础和现实基础,改变着人类的自我认知,重组着人类自身以及与他人之间的关系,并升华着人类对这个世界的理解。[1]一言以蔽之,一种新的文明正在地平线上浮现,这便是数字文明。由此,在复杂的新闻(业)生态、学科生态基础上所做的数字新闻理论研究,构建数字新闻学范式的努力,皆是"再造文明的尝试"。

---

[1] 卢西亚诺·弗洛里迪:《第四次革命:人工智能如何重塑人类现实》,王文革译,杭州:浙江人民出版社,2016年,第30页。

第三节　数字新闻学的认识论

　　新媒体技术尤其是社交网络和人工智能算法等技术的发展，改变了人类的信息生产与传播方式，传统的以大众传媒业为基础的新闻业受到了新的冲击：新闻业笼罩在高度不确定的危机中，去工业化、去仪式化、去权威化等新情境缠绕在新闻业的具体实践中。与此同时，传统新闻学受到影响，再造新闻学成为学界必然要思考的重大议题。在不确定性的危机之中，新闻业与新闻学要重新审视其发展脉络，重访人文主义，关注技术变革之下的个体境遇。新闻业作为一种特殊的传播方式具有促进公共沟通的责任，但并没有因为技术和传播情境的变化而得到根本性的改变，因此，在重访人文主义中寻找自身的确定性是题中应有之义。

　　传统媒体赖以生存的根基受到数字技术的冲击，转型、变革与反思成为新闻业谋求生机的重要手段。建立在大众传播模式基础之上的传统新闻业独立运作所依赖的市场与文化权威正在消解，用户流失、广告收入下滑带来的经济压力使新闻业难以维持新闻产品的质量。新闻业的生产逻辑、价值观念、商业模式、行业基础都面临新的不确定性，这种不确定性不仅来源于数字媒介的冲击，也与后现代社会中弥漫的权威瓦解、去中心化、流动性相关。新闻业与新闻学亟待在变动的社会中重新确立其地位，但若仅考虑数字技术的使用，将新闻业视为信息生产的工厂，新闻业有可能沦为"数字血汗工厂"（digital sweat shop），成为信息市场的低端产业，[1]丧失其在文化意义塑造、批判性思考方面的能力。而过度重视内部逻辑与现实语境，将导致新闻业忽视与外部的联系，新闻研究趋于内卷化，缺失与公共价值等规范性理念之间的联系。[2]

　　在数字时代，以一种去工业化的方式考量新闻业或许是新闻业重新确立其合法性的重要手段。新闻业运作的商业模式、生产过程，指导新闻实践的范

---

[1] Bakker P. Aggregation, content farms and Huffinization: The rise of low-pay and no-pay journalism. *Journalism practice*, 2012, 6(5-6): 627-637.

[2] Blumler J G, Cushion S. Normative perspectives on journalism studies: Stock-taking and future directions. *Journalism*, 2014, 15(3): 259-272.

式及相应的社会功能都架构于现代社会的技术逻辑与价值理念之上。[1]因此,数字时代新闻学面临的问题不再是如何拯救新闻业,而是新的技术基础、结构性因素、流动的现代性塑造了什么样的新闻实践。整个社会的结构与话语体系已经发生了改变,社会对新闻的期待、定义也随之变化。基于此,本节将立足于数字时代的运作逻辑,讨论传统新闻业何以成为现在的模样,在当下的语境中新闻业发生了何种改变,在流动的社会中新闻业将如何实现地位的重构。我们认为,新闻业与新闻理论不仅有着社会科学的传统,也存在人文主义传统。在技术之外,新闻业与新闻理论的发展应该更加关注人,尤其是为数字化叙事所遗忘的个体,人文主义转向将促进我们对新闻业的重新理解。

一、大众传播时代的新闻认识论与新闻业

(一) 新闻认识论

认识论是关于人类知识的哲学理论,其讨论了人们如何获取知识并阐明对知识的要求,也是人们用以评价真理和证据的信念、方法。

新闻认识论指关于新闻的一系列知识主张、规范与实践,即新闻生产者如何知道他们所知道的并且表达、证明其知识主张。[2]新闻认识论中所涉及的实践是指在新闻业的运作和具体操作中所形成的共同的行为惯例。新闻实践活动要求新闻业在有限时间内提供关于社会现实的多样化知识,囿于新闻生产的及时性,新闻业提供的知识主要针对具体事件与新闻焦点,而非深层次的知识,即系统理解的知识。正如帕克所言,新闻是知识的一种特殊形态,给予人们发生了什么事的通知。[3]新闻认识论便是关注新闻业作为一种特殊形态的知识如何生产、以何种形式呈现及公众对知识主张的接受程度,新闻认识论

---

[1] Broersma M, Peters C. *Introduction: Rethinking Journalism: The Structural Transformation of a Public Good*. New York: Routledge, 2013, pp.1–12.

[2] Ekström M, Lewis S C, Westlund O. Epistemologies of digital journalism and the study of misinformation. *New Media & Society*, 2020, 22(2): 205–212.

[3] Park R E. News as a form of knowledge: A chapter in the sociology of knowledge. *American Journal of Sociology*, 1940, 45(5): 669–686.

"在社会环境中运行的规则、惯例和制度化的程序,决定了知识生产和表达的形成"[1]。

新闻认识论在不同的时代随着社会语境的变化发生了不同的改变,有学者总结了从17世纪到20世纪五种不同的新闻认识论:(1)17世纪,党派的真理与事实的重要性;(2)18世纪,公共启蒙认识论;(3)19世纪,自由主义认识论;(4)20世纪前半叶,新闻客观性认识论;(5)20世纪后半叶,交替的认识论。

新闻业是现代社会中最具影响力的知识生产机构之一,与每天提供相关的、准确的、经过验证的公共知识的高要求有关。帕克把新闻看成是一种介于"日常熟悉知识"(acquaintance with)和"系统理解知识"(knowledge about)之间的一种知识类型——传播速度快、传播易懂易理解、传播形式易感知,像历史但又不是历史,更关注当下,孤立处理各类事件,不像科学知识那般严谨,但也在政治生活中占据重要地位(能催生舆论),且作为对事件的记录有益于历史学、社会学、民俗学、文学等。在帕克看来,新闻或多或少是经过证实的,也就是说新闻已被置于公众的批判性审视之下,而这些公众正是新闻的传播对象和利益关注对象。[2]当记者说"新闻"时,他们指的是"第六感""容器""镜子""故事""孩子""服务"和"参与"。这似乎揭示了帕克所说的"综合知识",一种"体现在习惯和习俗中"的隐性知识。

(二) 新闻业

尽管人类的社会生活一开始便有信息传播,但现代意义上的新闻业诞生于19世纪,发轫于工业革命后所形成的现代社会。新闻业的运作体系与内在逻辑受到技术的影响,如印刷的逻辑与新闻生产紧密地联系在一起,印刷业影响了新闻业的基本架构,因为印刷的时间、报纸的排版、印刷产品的阅读感知等形塑了新闻生产的常规与基本理念,即使是数字传播时代,我们在讨论新闻时仍或多或少地会受到印刷媒介逻辑的影响。所以早期的新闻学,自然而然以印刷业为基础,这也正是早期德国新闻学(报学)和美国新闻学研究的基本

---

[1] Ekström M. Epistemologies of TV journalism:A theoretical framework. *Journalism*,2002,3(3):259-282.

[2] Park R E. News as a form of knowledge:A chapter in the sociology of knowledge. *American Journal of Sociology*,1940,45(5):669-686.

模式。后来电报技术的出现,更是直接形塑了倒金字塔式的新闻形态(journalism forms)。

当然,与此相联系的是人们对理想社会形态和治理模式的思考,包括新闻业在社会结构中的地位和作用。在工业化运作与现代社会中,便士报应运而生,新闻业获得了有限的自主性。便士报时期奠定了新闻业的基本运作模式与规范性理论,报纸不再依附于政党,而是依靠广告、销售所带来的市场实现经济独立。便士报发明了现代"新闻"的概念,新闻作为市场化的产品融入了日常生活,在公共生活中扮演着重要角色。规范性新闻理念要求新闻报道不再作为道德判断的权威或责任者,而是将判断权交予受众,由此,新闻也从政党报业时期的观点纸转变为信息纸,逐渐成为"民主的市场化社会"的核心。新闻与民主的勾连,是包括伏尔泰、洛克、杰弗逊、杜威等在内的西方思想家政治思考的必然延伸。

新闻业的产业化运作和美国实证主义哲学的兴起,直接促成了新闻客观性理念的产生。至今,客观性仍然是新闻理论体系中的核心概念之一。事实和观点的分离,逐渐成为大众传媒时代新闻业的"不死之神"。对客观性的强调,使新闻业得以独立于国家和市场,具有合法性。客观性作为一种修辞神话,不仅是新闻产品的一种重要属性,也是新闻操作规范的重要标准,在做新闻的过程中,新闻生产的采访、报道、编辑、核实等都具有一整套的行动规范。新闻作为专业组织提供的产品,力求客观、不带偏见地报道事实,明确区别事实与观点,寻求中立、公平、平衡地报道,从而刊载不同政治立场的内容。[①]

建构论认为,新闻业虽然强调客观性,但其输出的产品并不是对社会现实的真实反映,而是提供了看待现实的窗口,输送了确定性。这种确定性塑造了人们看待世界的方式,定义、形塑了新闻事件,形成了拟态环境,从而构建社会现实,这一观点在李普曼提出之后,一再被提及。在印刷业所塑造的社会现实与共享的符号体系中,人们凭借共同消费的形式形成相互联结的意向,形成想象的共同体。新闻在参与社会建构的过程中获得了一种垄断性的文化权威,这种文化权威不仅强调新闻记者在报道实践中建构现实的作用,也表现在新

---

① 迈克尔·舒德森:《发掘新闻:美国报业的社会史》,陈昌凤、常江译,北京:北京大学出版社,2009年,第1—7页。

闻业逐渐建构的行业边界上,即建立一套规范性理念及对专业主义的强调,从而申明新闻业在社会生活中不可替代的地位。

是的,新闻业塑造了我们看待世界的方式,建构、维护了我们共同生活的现实,以此强化了新闻在社会生活中不可或缺的重要角色。长久以来,新闻学研究密切关注新闻实践,不仅理论化新闻实践,关注新闻业内部的规范性理念与新闻生产过程,也将新闻领域视为多元力量运作的场域,借以窥探更大层面的问题。在新闻业的众多期待中,促进民主发展一直是最重要的规范性理念之一,新闻被塑造为公共利益的行动者,其基本假设和职业理想都与民主相关。新闻便是民主的同义词,参与并塑造了人们的生活,维持基本公共生活的运转。在规范性新闻理论中,新闻业被看作可以监督政治社会环境、进行有意义的议程设置,并作为一个可理解和具有启发性的政治宣传平台、官员行使权力的责任追究机制、人们学习的激励机制抵抗各种外部权力对新闻自主性的影响等。换言之,新闻业被寄予发挥提升公共对话质量、改善人民生活的不可替代的作用的期望。

当然,新闻业深深地嵌入人们的日常生活,日常生活实践中新闻如何成为一种仪式与生活惯例便成为新闻学研究的主题。印刷媒体、广播电视的运作逻辑使人们形成了特殊的使用习惯,早报、晚报、晚间新闻、夜间广播等媒介使用连接了固定的时空形态。报纸成为茶余饭后的必需品,而晚饭后观看电视则凝聚了人们对家庭生活的想象,中央电视台的春节联欢晚会更成为一种新民俗。新闻业通过新闻框架、重复性的叙事结构与修辞策略突出某些事实,从而达成与读者间的文化共鸣(culture resonance),形成一种神话般的吸引力与仪式性。[1]这种仪式化的媒介使用加强了新闻的象征性权力,在日常生活领域,传统媒介形塑了人们的日常生活方式,通过一定的情感体验与情感联结建构了身份认同。新闻业的知识生产不仅传递了新闻文本,也在持续生产一种具有权威性的意义和文化解释。

基于工业逻辑形成的新闻业是一种相对稳固的形式,新闻业形成了比较固定的生产模式、报道模式、基本观念与商业模式,但并非一成不变。这种稳

---

[1] Ettema J. Crafting cultural resonance: Imaginative power in everyday journalism. *Journalism*, 2005, 6(2): 131-152.

固的新闻业依靠特定的实践形式,形成了一套知识模式。新闻学研究作为一个跨学科的研究领域架构于动态的新闻实践之中,这套知识模式由于各国不同的实践形式有着不同的路径,但是都集中讨论了记者如何报道新闻、理想新闻业应该担负何种责任、新闻业是如何发展成如今形态的等问题。

需要指出的是,尽管新闻业被冠以"第四权""瞭望者"等名号,但新闻业的独立性是有限的,其被复杂的权力网络笼罩,受到各种结构性因素的影响。作为理想信息的新闻也是一种特殊的文化实践过程,通过售卖政治经济信息、社会生活信息成为日常生活不可或缺的重要商品,实现了对信息行业的垄断与文化权威。形态稳固的新闻业为日常生活提供了一种权力型知识,这种知识形成了对变动信息的控制与垄断。

二、数字传播时代的新闻认识论与新闻业

(一) 数字新闻认识论

我们日益生活在流动的、不确定的社会环境中,新闻业也逐渐转向后工业化模式。传统媒体在特定时代与技术环境下形成了特定的新闻认识论,但在新的媒介生态语境中,传统新闻学的元话语受到新闻实践的冲击与质疑,新闻业原有的秩序需要重新配置。新闻生产逐渐转向多元化的生产模式,数字技术参与了新闻业重塑的过程,转型与变革成为新闻学讨论的热点。数字新闻认识论(epistemologies of digital journalism)的论争便是数字时代新闻业如何重新确立其在社会中的地位,重点在于解析数字时代新闻业如何重新确立知识生产方面的合理性、权威性、合法性与独特性。

新闻业转型时期,其原有的运作逻辑与认识论都面临危机,这不仅源于社交媒体对受众注意力的争夺,也与新闻的错位(dislocation)相关。这种错位是指媒介权力从专业新闻机构逐渐转移到社交媒体,如今专业新闻机构受到社交媒体的运行机制的规范。有学者提出数字新闻认识论应以社会认识论(social epistemology)代替建构主义,在大数据与算法时代,社会认识论有利

于分析新闻业中"基于证据的知识"与"基于技术的知识"[1]。新闻的流通在知识生产的社会实践中具有重要作用,那么研究数字媒介的特质、使用模式,以及新闻应该由谁生产、应该是何种形态就成为学者关心的问题了。

随着数字媒介的发展与流动性、不确定性的弥漫,21世纪数字新闻认识论更趋向多元化、碎片化与非体系化发展,建构主义、情境主义等不同的新闻认识论存在于数字新闻业之中,形成了一种动态的竞争网络,这些不同的认识论不仅形成于新闻记者的报道实践之中,也成为不同的报道规范与运作逻辑,随着新闻生产与流通而影响了作为实践的新闻。

(二) 新闻边界的模糊

随着技术的发展与时代的变迁,传统新闻业赖以生存的生产方式与商业模式受到冲击,新闻的生产方式、受众、营利方式等都面临着重大危机,因而新闻业如何建构、保卫自身的合法性成为热点话题。新闻的错位不仅使新闻认识论逐渐碎片化与流动化,也促使新闻业以不同的方式保卫新闻边界(the boundaries of journalism)。边界这一概念被用以区分人、活动的类别,不同的类别形成了不同组织的边界,进而形成关于资源、社会机会的不平等获取与分配,即"一个社区组织构建了一个共同的意义系统,组织成员之间的互动比场域外行动者的互动更加频繁、对意义系统的构建更具有决定性"[2]。新闻业边界的确立有赖于新闻从业者的边界工作,杰伦·托马斯(Gieryn Thomas)于1983年描述科学家试图为科学创造一种意识形态风格时使用了"边界工作"一词。他认为,边界并不是一成不变的,而是根据具体的历史语境不断变化,有时甚至以模糊不清的形态出现,边界工作作为一种意识形态表现为扩张(expansion)、垄断(monopolization)和保护自主性(protection of autonomy)等不同类型。[3]

---

[1] Godler Y, Reich Z, Miller B. Social epistemology as a new paradigm for journalism and media studies. *New Media & Society*, 2020, 22(2):213-229.

[2] Scott W R. *Institutions and Organizations: Ideas, Interests, and Identities*. London: Sage, 2013, p.56.

[3] Gieryn T F. Boundary-work and the demarcation of science from non-science: Strains and interests in professional ideologies of scientists. *American Sociological Review*, 1983, 48(6):781-795.

新闻专业主义正是西方新闻业界和学界为表征新闻业的权威性、合法性和专业理想,提出的一种用以勾画职业新闻活动的"边界工作"的核心理念。这种边界工作以新闻何以成为一种职业、新闻业何以建立一种共识性的专业理念等问题为核心来展开。边界的确立是一种持续、动态的过程,关涉"局内人与局外人的区分、何种行为被接受、何种行为属于越轨行为,借由组织与个人的区别区分我们与他们"。确实,在传统媒体时代,新闻业通过新闻专业主义理念、职业实践及职业教育确立了自身的边界。但数字时代新闻业的边界面临内部瓦解和外部冲击等问题,新闻信息类自媒体不断冲击新闻业运作的内在逻辑与机制,智能算法改变了新闻传播的生态,而新闻业内部的盈利模式、专业主义理念都受到冲击,新闻业对新闻专业主义理念的呼声也没有停止过,对新闻的客观性理念也提出了挑战。

数字技术的网状拓扑模式使多元行动者进入了新闻生产场域,新闻生产者逐渐多元化,非专业新闻机构的行动者进入了新闻生产领域。尽管参与性逻辑长期嵌入新闻的基本理念,但是这种参与性一直由专业新闻机构把关。在中国新闻业的实践中,今日头条等网络媒体平台等行动者推动了新闻报道、产品分发模式的改变。新闻生产逐渐成为一种多元主体的实践过程,形成了专业新闻人士与其他新闻生产者关于新闻规范性理念、知识权力控制、社会意义网络的动态竞争网络。专业新闻人士与其他新闻生产者之间存在一定的张力,专业新闻机构存在单向信息控制的传统,但在实践中受到数字媒介的冲击,混合模式逐渐形成。[1]技术形塑了新的媒介生态系统,改变了新闻生产的基本形态,促使多元生产者进入该领域。技术作为一种行动者,也直接参与了新闻产品的生产过程,机器人新闻、无人机新闻引发了对新闻主体性、算法伦理等问题的讨论。

数字技术也影响了新闻产品的形态。虽然在传统新闻业的报道实践中,新闻文本并不局限于对客观事实的呈现,但在数字新闻业时代,软新闻与硬新闻、主观与客观、真实与虚构、观点与事实、感性与理性、新闻报道与文学作品之间的区分逐渐模糊。专业新闻机构对于"硬新闻"的生产不再具有垄断性,

---

[1] Lewis S C. The tension between professional control and open participation: Journalism and its boundaries. *Information, Communication & Society*, 2012, 15(6): 836-866.

社交媒体中的普通个体遵循专业新闻机构的核心理念可进行新闻实践，特别是进行公共性新闻产品的生产。专业新闻机构开始使用社交平台短新闻与专业性的报道方式相互配合的模式，尤其是在新闻记者没有办法很快到达现场的情境下，视频监控拍摄的形式便成为数字新闻业的新选择。此外，它们会在一定的新闻生产时间内配以成熟的新闻文本，总述新闻事件的发展脉络与新闻机构调查的基本情况。用户在新闻生产中愈来愈扮演重要的角色，而新闻业逐渐扮演策展人的角色。

非虚构写作新闻形态是民族志书写、文学创作与新闻报道三者的结合。非虚构写作的新闻文体形式承袭了"文学新闻""新新闻"等文体写作形式与专业新闻生产中深度报道对高质量新闻作品的想象，新闻报道不再仅仅客观呈现事实，而是用讲故事的方式、以情感性话语构建生产者与消费者共享的情感网络。文体形式的变化也显示了多元生产者对于新闻规范、新闻价值、新闻标准的竞争与协商。近年来，追求公共性的专业主义模式面临商业资本、网状数字逻辑、政治因素的冲击，新闻记者赖以生存的传统新闻业逐渐衰退，众多专业的深度报道记者离场，严肃的调查性报道逐渐退出新闻领域，代替这种新闻生产的是非虚构写作文本、以情感驱动或者轻知识性为卖点的文字，甚至是鸡汤式、贩卖爱国主义激情及各种所谓正能量的文本，其安抚着快速社会节奏中都市人的心灵。

数字化转型期的新闻业不仅变革了传统的生产方式与传播形式，新闻业在日常生活中扮演的角色也在逐渐改变。传统媒体时代，记者被认为是变动社会中的瞭望者，为公众提供日常生活的基本信息。但数字媒体时代，瞭望者的角色被改变。社交媒体在日常生活中的环绕在某种程度上替代了新闻业，满足了公众对信息的需求。新闻业在社会现实的建构与共同体联结方面的文化权威性受到数字媒体的冲击。传统媒体嵌入日常生活的形式逐渐被新的媒介形式替代，阅读报纸、看电视已经逐渐被使用社交媒体替代。电视、报纸等传统媒体嵌入一种现代化的家庭生活情境，而数字媒体则更加强调个体化，因此新闻生产也愈发个性化，引发了公众对信息茧房的相关讨论。

新闻产品消费的时空变化也消解了现代社会新闻业的稳固形态，社交媒体改变了人们对时间的认知，我们生活在逐渐加速的时代。时间结构的改变形塑了新闻业的生产形态,印刷时间、电视时间逐渐转变成为社交媒体时间,及时转变为即时,时间压力也使专业新闻机构在新闻核实方面面临困局,即速度与准确性之间的矛盾。新的媒介消费形式产生了新的新闻传播空间,信息消费的空间不再固定于餐桌或客厅,而是形成了一种无缝的消费模式,新闻碎片化使得其与信息的边界越来越模糊。

新闻边界的模糊也源于去权威性的新闻实践。新闻业文化权威的瓦解不仅来源于技术逻辑的变迁,也与宏大叙事的瓦解相关。数字技术的可供性正在挑战现代性的基本假设,传统新闻业赖以生存的现代社会正面临转型,后现代社会不再强调宏大叙事,而是更加多元化、碎片化、流动化,因此新闻业在建构共识、形塑主流价值观念等方面的文化权威性正在逐渐降低。新闻业在民主方面发挥的作用也在逐渐削弱,在社交媒体时代,公民意识、个体对政治生活的兴趣及新闻业在公共生活中的作用都在逐渐下降。不过,这并不意味着专业新闻机构逐渐边缘化,而是需要重新思考数字新闻业在网络社会之中的功能与作用,重新思考数字新闻业在采集新闻信息、确认事实真相、共享经验和价值观、建构社会认同方面的价值和意义。

三、新闻学研究的人文取向

传统新闻业架构于稳固的现代社会,技术的可供性形成了丰富的新闻实践,在智能技术未充分发达之前,人的主体性存在并没有受到根本性的挑战。但在数字时代,一切固化的观念和实践正受到冲击:新闻业面临重塑与变革,现实社会趋向流动、轻灵的现代性转变,去工业化、去仪式化、去权威化等新情境缠绕在新闻业的具体实践中,后人类社会也成为新闻传播学者关心的话题。从当下的新闻传播形态看,稳固的、组织化的工业逻辑转变成流动的、网络状的数字逻辑,数字逻辑成为新闻学讨论的核心问题,但是数字技术仅仅为新闻业提供了外部轮廓,塑造了一种特殊的期望、实践、可能与限制,[1]新闻业内在机制的转变仍然

---

[1] Zelizer B. Why journalism is about more than digital technology. *Digital Journalism*, 2019, 7(3): 343-350.

来自变动的社会环境,流动的现代性塑造了新兴的数字新闻实践。

正如鲍曼所言,沉重的模式是规则设计者给予他人确定的世界,是一个权威的世界,但是轻灵的世界导致了多个权威的出现,他们会相互抵消,因而权威不再发号施令,而是迎合、说服、引诱公众。[1]在规范性理念层面,专业新闻机构不再作为一种文化权威拥有信息垄断的特权,而是应逐渐成为新闻生产或信息生产的榜样,即专业新闻机构为社交媒介提供新闻报道的理想化模式。

新闻业在长期的报道实践中确立了自身独特的地位,尽管新闻业目前处于一种弥漫不确定性的剧烈变动之中,新闻边界不断模糊,新闻认识论逐渐多元化,但在不断变动的技术与社会模式之下,新闻业与新闻理论依然保持一定的稳定性,即作为中介化的传播方式将自身的责任与人类的命运紧密联系在一起,这源于新闻在基本假设中构建了与民主、沟通、参与、希望之间的联系。

尽管数字时代的信息生产者已经逐渐模糊,但是新闻与信息提供者仍然不同。近年来,建设性新闻的探索回应了去中心化数字网络中新闻业该如何自我定位的问题,即在各种关系网络中,新闻业积极提供解决问题的方案,并以一种充满希望的、积极实践的态度参与社会问题的解决。新闻被认为是一种理想的信息、民主的同义词。因为新闻并不是单纯的信息生产和传播,更是一种采集、分析、阐释文化意义的场域,在形塑公共生活、完善民主政治、促成社会正义方面都具有极为重要的作用。事实上,公共性价值始终是新闻业赖以生存的价值内核,也是新闻业为社会发展做出的独特贡献,即作为民主社会和公共生活的重要行动者。在数字生活时代,人们对新闻的想象建立在新闻业支撑并推动着公共生活之上,新闻业作为一种基础设施为人们提供了公共服务与公共讨论的空间,数字连接可以"促进一系列的互动和参与,包含增强自我的透明度、自我表达的需要、身份的体现、改头换面的机会,以及刻意去遗忘的雅量"[2]。

对于新闻研究的未来发展问题,安德森提出一种新的新闻学——"敬畏的新闻学"。这种规范性新闻理论强调"新闻与自由主义的联系"高于"新闻与民主的联系",新闻业应追求揭露残酷,站在弱者的立场将残酷最小化。数字技

---

[1] 齐格蒙特·鲍曼:《流动的现代性》,欧阳景根译,北京:中国人民大学出版社,2019年,第118—119页。
[2] 卢恰诺·弗洛里迪:《在线生活宣言:超连接时代的人类》,成素梅、孙越、蒋益等译,上海:上海译文出版社,2018年,第14页。

术的可供性使普通用户参与新闻生产、与新闻业互动的可能性增加,但这并不意味着技术将促进参与和民主,数字技术仍处于权力的笼罩之下,并作为一种催化剂增强了权力的规训技术,因此新闻业应该更加关注那些被数字权力结构遗忘的个体及所谓的"数字弃民"。类似地,库尔德利提出媒介正义(media justice)问题,总结了四种媒介不公的类型:(1)无法诉说伤害,一个人受伤害后找不到有效的办法让公众知道他的委屈;(2)不能为代表群体发声,在媒介机构或媒介门类的产出中,可界定的群体没有得到恰当的承认,而媒体却自封为这些群体的代表;(3)无法发声,个人或群体想直接发声,但由于缺乏表达的媒介而受阻;(4)无处发声,潜在的话语公共空间被关闭。[1]他指出媒介的重要性在于维护人们彼此承认的直接条件和潜在条件。在极简主义新闻学讨论中,新闻业作为一种特殊的媒介形式,在信息传递与媒介正义方面具有不可推卸的责任,这也是新闻业确立其自身合法性的重要途径。

不论是令人敬畏的新闻学对弱者的关注,还是库尔德利对媒介正义的讨论,都强调新闻的规范性理念应该关注人。尽管机器与生物身体之间的界限变得模糊,赛博格、电子人等后人类形态逐渐成为"可预期的未来",人类主体性与人之所以为人的神话面临结构性危机,但是人文主义仍然蕴含着超越性的力量,推动人们思考人类的未来。只有重访人文主义的传统,才能更好地理解商业化、技术化、信息化、工具化、客观化对理想新闻业的伤害,这种伤害使新闻业远离为人类发声、促进沟通的基础设施,沦为牟利或宣传的工具。无论是专业新闻机构、社交媒体还是另类媒介,良好的新闻生态应该强化对人性的关注,尤其是转型社会中被忽略、遮蔽、掩盖的他者,即弱势群体、数字难民、结构性弃民,强调人的生存、尊严与价值。新闻业不仅是传达社会变动信息的专业机构,也是人与人之间沟通、理解的重要组织,在沟通与理解之中,新闻业作为一种理想的信息模式传递了人们对理想沟通的美好想象。新闻业的确定性不仅依托于新的传播环境与社会语境,也依赖于对人文主义传统的重访,在观照个体之中编织公共传播的网络。新闻业应当重新思考数字时代中人类如何确立自身的主体性、建构更理想的生活方式,从而在变动的社会中确立自身的地位。

---

[1] 尼克·库尔德利:《媒介、社会与世界:社会理论与数字媒介实践》,何道宽译,上海:复旦大学出版社,2014年,第206—208页。

CHAPTER 3

| 第三章 |

数字新闻与专业理念重构

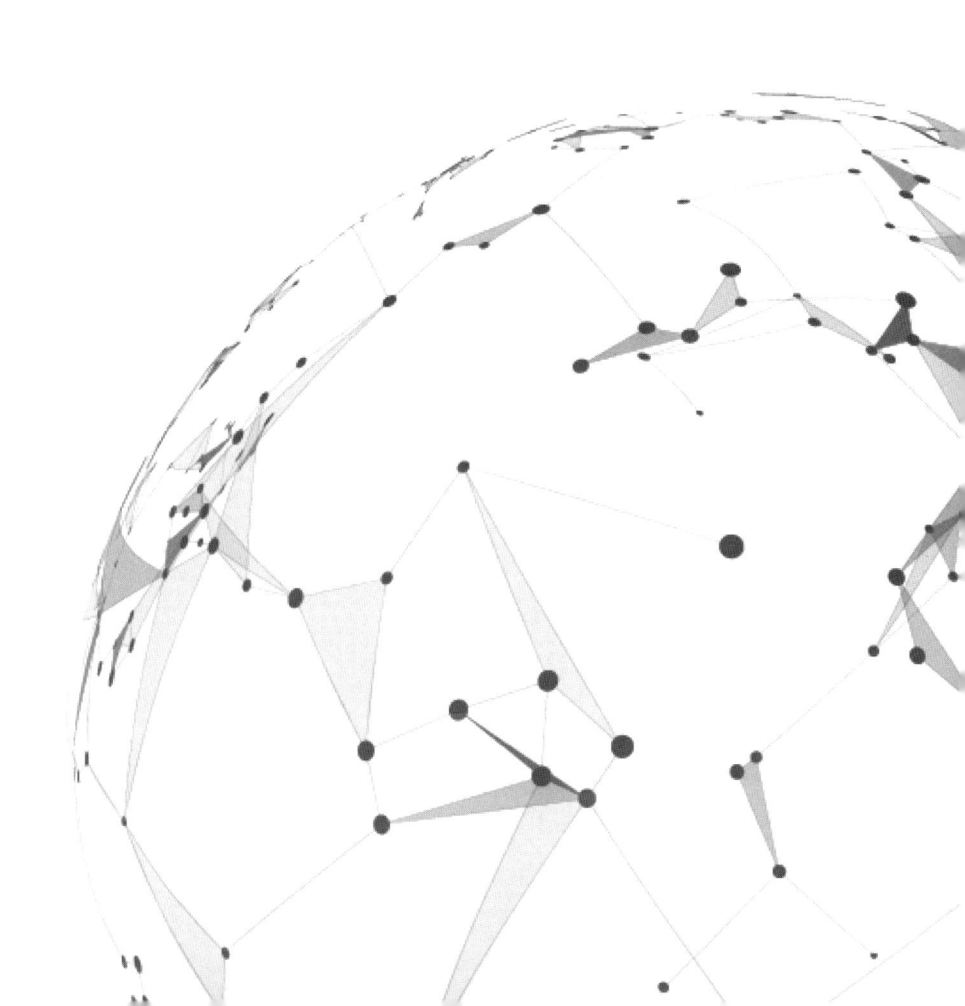

DIGITAL
JOURNALISM
———

第一节　新闻专业主义源流考

曾有一个"爆红"视频直播——其内容仅仅是两名网站编辑在直播平台展示如何用橡皮筋勒紧西瓜,直到西瓜裂开——吸引了超过80万用户实时观看,点击量超过千万。但不少人认为其内容毫无新闻价值。这种视频几乎没有提供什么信息,更谈不上价值与意义,但越来越成为各种平台最流行也最有效的流量吸收器。它们成就了"10万+"阅读量和"100万+"点击量,凭的是没有内容的内容,甚至连表达形式也相当粗糙,更谈不上事实的真实性或者理性的交流了。但它们是这个时代的流量英雄。"后真相""后事实"等词语因为特朗普当选美国总统而流行起来,在美国,许多选民与既定新闻机构之间脱节,假新闻和另类事实的出现,以及特朗普对社交媒体的使用,确实在21世纪新闻信息与政治之间架构了一座桥梁。为什么《纽约时报》"The Upshot"栏目当时认为希拉里·克林顿有85%的机会赢得白宫,但结果并非如此? 为什么特朗普在社交媒体上发布的许多内容被认为不真实,但粉丝根本不相信专业新闻机构的提醒? 传统媒体时代一些人提出的新闻专业主义理念这么不堪一击吗? 在数字时代,守门人理论失效了吗? 是新闻专业主义的理论假设本身就存在致命的错误,还是这个时代发生了根本性的变化? 本章就这个问题进行了思考。

一、何谓新闻专业主义?

从词面意义上说,profession(专业)指的是借以谋生的职业(occupation)。相对于occupation,profession强调的是从事职业活动的专业基础,需要通过长时间培训和正式认证,以科学或某一领域专业知识作为工作的基础,而不是纯粹的谋生手段。

摩尔(Moore)曾从职业的专业化发展历程角度区分了职业及专业化,认为专业化是某一项职业在后工业社会确立其地位的标志。[①]1994年,社会学家弗雷德逊(Freidson)在其著作中指出,对于"专业"概念存在两种不同的理解:第一种将专业看成一个较为宽泛、具有一定威信的职业群体,该群体成员都接受过某种形式的高等教育,成员身份的确定主要根据学历而不是他们专有的职业技能;第二种将专业界定为一个有限的职业群落,这一群落中各个体都有特定的、或多或少类同的制度(institutional)和意识形态(ideological)属性。弗雷德逊认为,只有第二种理解允许我们提"专业主义"(professionalism)。[②]

1915年,亚伯拉罕·弗莱克斯纳(Abraham Flexner)在题为《社会工作是一种专业性职业吗?》的演讲提出了专业化的六个特征:(1)有个人责任感;(2)有科学和学习的基础;(3)将专门知识运用到实践中;(4)群体共享技术;(5)组建自我组织;(6)有无私的概念。[③]布朗德士(Brandeis)对专业概念做了一个广受引用的经典描述:"专业是一个正式的职业,为了从事这一职业,必要的岗前训练以智能为特质,卷入知识和实现某些扩充的学问,它们不同于纯粹的技能;专业主要供人为他人服务而不是从业者单纯的谋生工具。因此,从业者获得经济回报不是衡量他(她)职业成功的主要标准。"赵康分析认为,在布朗德士这一描述中,强调了三个方面的内容:第一,专业应该是正式的全日制(full-time)职业;第二,专业应该拥有深奥的知识和技能,而这些知识和技能可以通过教育和训练而获得;第三,专业应该向它的客户和公众提供高质量的、无私的服务。1957年,欧内斯特·格林伍德(Ernest Greenwood)发表了《专业的属性》一文,从统一的理论体系、专业权威、社会认可、专业伦理、专业文化五个方面论证专业的特点,强调一种专业需要在专业等级体系中不断攀升,这样,"它

---

① Moore W E. *The Professions: Roles and Rules*. New York: Russell Sage Foundation, 1970, p.3. 转引自方巍、单佳丽:《专业化与福利多元:西方营利性社会工作发展及其启示》,《社会工作与管理》2015年第3期。

② Freidson E. *Professionalism Reborn: Theory, Prophecy, and Policy*. Cambridge: Polity Press, 1994, pp.16-17.

③ Flexner A. Is Social Work a Profession?. *Research on Social Work Practice*, 2001, 11(2):52-165.

就有可能最大限度地享有职业声望、权威性和专业垄断地位"①。韦伦斯基(Wilensky)在《美国社会学杂志》上发表了一篇题为《全员职业化》的文章,把职业的演变过程划分为五个阶段:(1)开始努力成为专职或全日制的职业;(2)建立起培训学校;(3)形成专业协会;(4)赢得法律支持以自主掌握自己的工作;(5)专业协会公布正式的道德准则。②这篇被广泛引用的文章,事实上建立了一个专业化标准的基本框架,新闻研究者同样广泛参考了这一框架对新闻专业主义进行分析。

二、新闻专业主义生成的推动力

新闻活动可谓古已有之,但新闻作为一种职业,不过两三百年历史。职业新闻人,以卖新闻为生,这与何扬鸣教授考证的宋代以卖新闻纸为生的南宋印刷业有着本质的不同,也与富兰克林早年通过撰写和印刷评论性文字,将其作为报纸卖点不同。职业新闻人,通过采集、撰写新闻故事,记录客观事实以获得一份安身立命的收益。

虽然早期的职业新闻人,不过是包打听之类的角色,但随着人们对公共生活的广泛关注,出于个人权利保障的需要和对民主运行体制的监督需求,社会渐渐将挖掘新闻背后的真相,担当瞭望者和对公权力的监督者的专业角色附着于职业新闻人身上。社会从此有了马克思所指的"第三权力",或者西方更喜欢说的"第四权",而职业新闻人,也因此获得了职业的尊严和权利的保障。

但新闻专业主义并没有随着现代新闻业的出现而产生,即使在客观性理念(这是后来新闻专业主义最重要的内容之一)成为新闻业最重要的职业追求之初,无论是学界还是业界都没有提出新闻专业主义这一概念。那么,新闻专业主义是怎么产生的呢?1890年9月,恩格斯在给约·布洛赫的信中谈到人是如何推动社会历史发展的:"历史是这样创造的:最终的结果总是从许多单个

---

① 欧内斯特·格林伍德:《专业的属性》,张剑、罗晓辉、秦晓峰译,王思斌主编:《中国社会工作研究》(第九辑),北京:社会科学文献出版社,2012年。
② Wilensky H L. The professionalization of everyone. *American Journal of Sociology*, 1964, 70(2): 137-158.

的意志的相互冲突中产生出来的,而其中每一个意志,又是由于许多特殊的生活条件,才成为它所成为的那样。这样就有无数互相交错的力量,有无数个力的平行四边形,由此就产生出一个合力,即历史结果,而这个结果又可以看作一个作为整体的、不自觉地和不自主地起着作用的力量的产物。"① 据此,我们将从新闻专业主义生成多维度力来分析、揭示这一问题。

一是新闻的产业化。它表现在发行量和广告额的激增、新闻业资金门槛的提高、报业经营形成集团化管理和行业细分等。新闻记者按照不同的分工,被分派到新闻网络中的各个网格上,进行十分具体的工作。他们的行事规范不是对事件的社会意义进行整体观察和判断,而是按照新闻价值和标准化的新闻采写规范来确定自己选择和加工的信息能否顺利地刊登和售卖。

二是美国的进步主义运动。王维佳认为,"社会达尔文主义……促成了新闻记者的所谓'客观'和'独立'意识"。王维佳没有在文章中讲清楚美国进步主义运动的目标,而且他只是从左派的视角来分析这一场运动,因此笔者有必要在此进行一些简要的修正与补充。

进步主义运动(Progressive Movement)"是美国历史上一场以中等阶级为主、由社会各阶级广泛参与的资本主义改革运动,改革的目的,是在资本主义已取得的巨大物质进步的基础上,推动社会的全面改善,创造出与物质繁荣相应的精神文化条件,重建遭到工业文明摧毁和破坏的社会价值体系,从而推动资本主义的顺利发展。因此,进步主义运动实际上是一场资本主义条件下的文化重建运动"②。进步主义运动参与者之一的沃尔特·李普曼与政治哲学家赫伯特·克罗利一起创办了《新共和》杂志,在说明这份杂志的宗旨时,李普曼指出:"我们不是党派的工具,不必要从事枯燥的宣传。我们的方向是社会主义,但在方式、措辞和志向方面却不必如此。如果要找一个代表我们理想的词的话,我想是人文主义,这与博爱主义根本不同。"③李普曼的这一段话,可以作为进步主义的经典解释,他写道:"我们再也不能将生活视为某种向我们涓涓流来的东西。我们必须审慎地对待生活,设计出它的社会组织,改变它的工

---

① 《马克思恩格斯选集》第4卷,北京:人民出版社,1995年,第697页。
② 李剑鸣:《大转折的年代:美国进步主义运动研究》,天津:天津教育出版社,1992年,第3页。
③ 邓超:《进步主义改革对美国社会主义运动的影响》,《当代世界与社会主义》2012年第1期。

具,形成它的方法,对它实行教化与控制。"①

从20世纪早期开始,一种阐释流派开始流行,这种进步阐释援引自由、民主、平等和美国国内改革等观念,为美国新闻工作提供了一个建构其职业权威合法性的视角,将新闻专业主义视为思考新闻的一种方式,将新闻史看成是新闻实践、规范和原则的演变,将新闻界本身看作一种环境,通过这一环境,新闻专业得以持续发展。阐释流派的观点在揭黑运动("扒粪运动")中得到了直接回应和强化。著名记者林肯·斯蒂芬斯、艾达·米纳瓦·塔尔贝尔、雷·斯坦纳德·贝克,以及作家厄普顿·辛克莱通过深入的调查,揭露了美国社会的种种黑暗与腐败,为进步主义运动做好了舆论准备。胡适曾对"扒粪运动"给予过很高的评价,1947年9月22日在《大公报》上,胡适在其发表的文章《我们能做什么?》中指出:"'扒粪运动',就是有计划,有知识的,对恶势力长期作战。根据调查的事实,来攻击恶势力,结果得到很大的效果。"1953年1月5日,胡适在联合国中国同志会座谈会上发表的题为《五十年来的美国》的演讲中再次介绍了"扒粪运动",他认为"扒粪运动""以人民的疾苦为背景,以事实和证据为武器,暴露黑暗面,唤起社会和政府的注意,从社会立法上加以改善。这种运动在美国文化上占最重要的一部分"②。"19世纪90年代的记者认识到,通过对场景和事件的真实性报道,描述社会运动,曝光社会阴暗面,他们能够更加强势地影响公众的思想,效果远胜于之前在评论版发表意见。他们发现,曝光政府和大企业的贪污贿赂行为,不仅能够提高报纸销量,还能改变整个世界。1906年,西奥多·罗斯福把揭露企业、政府贪腐行为的努力称为扒粪者工作。"③

三是阐释流派并非推进专业主义理念生成的唯一力量,另一个更为重要的力量来自19世纪末欧美社会出现的专业化运动,这是催生新闻专业主义生成的基本前提,④或者从某种意义上说,新闻专业主义不过是专业化运动在新闻业的延伸。19世纪90年代,媒体老板和编辑,重新界定了新闻业的宗旨,即

---

① 转引自李剑鸣:《大转折的年代:美国进步主义运动研究》,天津:天津教育出版社,1992年,第1页。
② 胡适:《五十年来的美国》,《胡适文集12》第7卷,北京:北京大学出版社,1998年,第827页。
③ 雷·埃尔顿·赫伯特:《公关之父艾维·李和美国公关发展史》,胡百精、顾鹏程、周卷施译,北京:中国传媒大学出版社,2014年,第50页。
④ Sarfatti L M. *The Rise of Professionalism: A Sociological Analysis*. London: University of California Press, 1979, p.18.

在18世纪作为媒体立足之本的评论功能,逐渐被19世纪中期兴起的事实报道(信息模式)取代。《纽约时报》的老板奥克斯和总编辑卡尔·范安达,强化了报纸报道新闻的功能,反对哗众取宠以取悦受众的传统模式,体现了《纽约时报》的信条——"刊载一切适于发表的新闻",这就是《纽约时报》最重要的办报原则之一。舒德森曾分析说,"新闻某种程度上是19世纪30年代的'发明',而记者则是19世纪八九十年代的'社会发明'"[1]。内罗内(Nerone)同样认为,"一种支配性的新闻业范型也在19世纪末20世纪初为职业记者所确立"[2]。这两位学者所指的,正是新闻业与其他行业一样,卷入了当时遍及美国的专业化运动。专业化强调在拥有更好的专业知识与专业技能的基础上,以更为自律的方式,向社会提供高质量甚至是无私的服务,能够建构职业的声望、权威性。可见,专业化运动的必然结果就是专业垄断,专业与非专业人士在专业化运动中开始分道扬镳。

需要特别强调的是,专业化还会导致国家通过鼓励或制裁的行为来控制某个专业领域的活动:给合格的职业提供市场保护(鼓励),禁止和惩处没有资格的人员从事需要经过国家特许的职业(制裁),这就形成了(国家特许的)市场垄断,其合理性不是基于袒护专业,而在于保护公众。因为外行既没有资格也没有能力提供复杂的专业服务,如不加以限制,势必会给公众的利益造成极大的损害。[3]

三、新闻专业主义的理论旨趣是什么?

19世纪末以来,新闻业就被认为是与新闻报道相关的某种特定的职业,但人们在一些根本问题上仍有着强烈的分歧。例如,新闻业到底是不是一门"专

---

[1] 迈克尔·舒德森:《发掘新闻:美国报业的社会史》,陈昌凤、常江译,北京:北京大学出版社,2009年,第55—56页。
[2] Nerone J. The historical roots of the normative model of journalism. *Journalism*, 2013, 14(4): 446–458.
[3] 赵康:《专业、专业属性及判断成熟专业的六条标准——一个社会学角度的分析》,《社会学研究》2000年第5期。

业",新闻从业者是否天然拥有某些特殊的权利和义务而区别于普通市民等,[①]这些问题并没有达成共识。笔者曾在一篇文章中指出,对新闻专业主义理念的认知,是基于我们对传媒在社会结构中的地位和作用,而传媒的作用和地位又是基于我们对于社会结构的总体认识,基于我们对于"国家—社会—公众"这一社会模型的设定,基于我们对于社会管理方式的设定。不过人类至今还没有就社会结构、社会体制和社会管理手段达成共识。例如,人们对社会民主理念的不同看法及民主手段的不同设计(目前社会建构的民主模型至少包括精英式民主、自由多元论民主或者利益团体民主、复合论民主、商议式民主等),要求不同的媒体功能,但对于什么样的民主方式才是最合适的,显然还没有共识。[②]

从新闻业的发展史看,新闻记者一开始并不是一个有尊严的职业。如巴尔扎克曾做过记者,为多家日报撰稿,每天写大量的文字,却只能换来一些微薄的稿酬。因为在那个时代,记者不过是三流作家的代名词。在美国政党报业时期,报纸上充满谎言和诽谤,真实性和客观性没有成为记者的座右铭。

直至1870年左右,随着"独立报业"的兴起及迈克尔·舒德森所言的"记者时代"的来临,美国记者才逐渐成为旨在提供新闻与信息的专门性职业。两位著名的报人普利策和奥克斯在办报过程中,都将办报作为一种职业,并且形成了各自的职业理念和职业精神,而这对新闻业从一门职业转向一门专业产生了重要的影响。[③]1900年,美国新闻专业刊物《新闻从业者》上发表的一篇文章中写道:"现在雇佣大学生是通用标准,随着越来越多的雅士取代浪子加入记者行业,报纸的报道质量有所提高,新闻从业者的道德水平和地位也得以上升。"[④]便士报兴起后,市场成为报业的基本导向,因为只有发行量大,才会有足够的广告客户,客观性一开始还没有成为那个时代的新闻法则。黄色新闻时

[①] 陶文静:《功能界定:新闻专业主义建构的新趋势——〈为何大众化的民主更需要功能型的新闻业定义〉译评》,《新闻记者》2015年第4期。

[②] 吴飞:《新媒体革了新闻专业主义的命?——公民新闻运动与专业新闻人的责任》,《新闻记者》2013年第3期。

[③] 郑保卫、李玉洁:《美国新闻专业主义观念的发展史的评述与反思》,《新闻与传播研究》2013年第8期。

[④] 迈克尔·舒德森:《发掘新闻:美国报业的社会史》,陈昌凤、常江译,北京:北京大学出版社,2009年,第59页。

期,新闻职业甚至带有资本的"原罪","你提供新闻,我提供战争",赫斯特虽然将报业生意做得风生水起,但却从根本上摧毁了新闻职业,以至于普利策深切地感受到新闻业需要从根本上加以改革。但他拿了大量的经费请求大学开办新闻专业时,几乎所有的常春藤大学都给予否决。[①]

虽然发展到了揭黑运动时期,新闻从业者获得了广泛的社会尊重,但黄色"扒粪者"夹杂其中,给新闻业带来一丝丝阴霾。

新闻专业主义,正是在这样的背景下逐渐发展起来的。虽然每一位定义者,都基于自己对新闻业的理解,给新闻专业主义下了形形色色的定义,但从历史的脉络中,我们还是可以梳理出新闻专业主义成长的基本路径。

其一,媒体的角色功能定位在19世纪末20世纪初逐渐清晰起来。在美国的专业化运动中形成的理念之一就是"专业承诺通过有效的内部治理和伦理、诚实的职业实践服务于它们的客户和其置于其中的社会,保护客户和社会的利益和福利"[②]。在独立报业形成后至19世纪末的这段时间内,最引人注目的就是以《纽约时报》等报纸为代表所进行的一系列"讨伐式报道"(crusades)。其中,较为著名的是以《纽约时报》和《哈泼斯杂志》为代表的报纸,反对对纽约政府腐败集团坦慕尼的报道,从而塑造了新闻业监督政府、服务公众的社会角色。而在1972年至1974年的"水门事件"中,《华盛顿邮报》的两位记者鲍勃·伍德沃德和卡尔·伯恩斯坦对整个事件进行了一系列的跟踪报道,揭露了白宫与"水门事件"之间的联系,最终促使尼克松辞职。这一事件成为美国新闻业引以为傲的重大事件。经此,美国媒体基本确定了揭露政府和官员的腐败是其最重要的社会功能之一。通过这一事件,美国人更相信横向的监督比纵向的监督更有正当性,普通民众也更安全。

其二,媒体的操作性价值体系也在报业实践中逐渐形成。郭镇之认为,"新闻专业主义有两个主要的特征——中立的守门人和客观的反映者。客观

[①] 1903年,普利策向哥伦比亚大学捐助250万美元建立新闻系并设置新闻奖金。1904年,伊利诺伊大学开办四年制新闻学课程。1908年,美国第一所新闻学院——密苏里大学新闻学院诞生了。全球专业性的新闻教育开始起步。

[②] Gallessich J. *The Profession and Practice of Consultation:A Handbook for Consultants,Trainers of Consultants,and Consumers of Consultation Services*. San Francisco:Jossey-Bass,1982,p.41.

性和中立性是新闻专业主义的特征,并由此发展出一套专业的理念和技巧"[1]。客观、公正地进行报道,不掺杂记者的个人观点和偏向,确实是新闻专业主义的"标配",甚至慢慢发展成一套机械的模式——倒金字塔结构、不党(nonpartisanship)、不偏(detachment)、据实(a reliance on observable)、平衡(balance)。[2]从新闻发展史看,客观性不过是20世纪美国新闻业才开始流行起来的概念,不仅要保证公正无私,而且要保证如实反映世界,不带任何偏私,更不能允许歪曲。相比较而言,这一观念在欧洲新闻业中出现"要稍晚了一步"[3]。因为欧洲新闻业一直以来与政党政治的关系很密切。有学者比较了美国与法国新闻业的区别,发现美国新闻业更注重事实,语气更为中立;而法国新闻业可能将新闻与观点混在一起,并且更具有党派性。[4]

德耶兹(Deuze)则认为新闻专业主义是新闻人共有的一套"职业意识形态",是"职业新闻人所特有的且广为认可的一组价值、策略和代码规范"。其主要包括五条理想的特性或价值:公共服务、客观性、自主性、及时性及伦理性。[5]20世纪40年代,出版自由委员会推出的《自由而负责的新闻界》这一专题性研究报告,从另一个层面深化了新闻专业主义。该报告提出了一系列重要的建议:(1)为政治制度服务,提供有关公共事务的信息、观点和讨论;(2)启发民智,使之能够自治;(3)监督政府,保障个人权利;(4)为经济制度服务,利用广告沟通买卖双方的商品和服务;(5)提供娱乐;(6)保持经济自立,不受特殊利益集团的压迫。[6]

其三,因为各种与新闻业有关的行业性协会的出现,以及新闻专业教育的发展,新闻专业主义这种操作性的价值法则,得以慢慢成为一种行业性的主导意识形态。专业化运动强调为公共利益服务,但为实现利他服务,专业需要一

---

[1] 郭镇之:《舆论监督与西方新闻工作者的专业主义》,《国际新闻界》1999年第5期。
[2] 黄旦:《传者图像:新闻专业主义的建构与消解》,上海:复旦大学出版社,2005年,第73页。
[3] Svennik H, Hadenius S, Wwibull L. The Politics and Economics of the Press: A Developmental Perspective. London: Sage, 1975, pp.29-30.
[4] 戴维·莱夫:《图绘新闻场域:过去、现在与未来》,闫文捷译,北京:中国传媒大学出版社,2022年,第82页。
[5] Deuze M. What is journalism? Professional identity and ideology of journalists reconsidered. Journalism, 2005, 6(4): 442-464.
[6] 弗雷德里克·S.西伯特、西奥多·彼得森、威尔伯·施拉姆:《传媒的四种理论》,戴鑫译,北京:中国人民大学出版社,2008年,第62页。

种伦理标准。这一标准需要全体专业成员共同遵守并有效运作,从而真正能够"界定在提供专业服务时恰当和非恰当的行为"。19世纪80年代开始,各种新闻性的行业协会出现了,如1885年华盛顿新闻从业者成立了格利迪隆俱乐部,各州也出现了"编辑人协会";同年,"全国编辑人协会"创办;1887年,报纸经营者创办了"美国报纸发行人协会"等。这类行业协会既是行业性的联谊性组织,也为行业规范的建立奠定了组织基础。与此同时,美国新闻教育也取得了飞速发展。密苏里大学、康奈尔大学、印第安纳大学、宾夕法尼亚大学、堪萨斯大学等,都在19世纪末建立起了新闻性的课程甚至是专业,这使得新闻从业者的素质大幅度提升。

其四,专业自主性。专业主义的倡议者强调专业的自主性,坚持专业自治在专业活动中的意义。虽然事实上无法摆脱政治与经济权力,以及社会上其他权力的作用甚至是制约,但他们认为自主决定其专业游戏规则是专业成熟的标志。如有学者认为,"专业者组织起来的最终成果是自治和伴随而生的威信。……自治专业的成员不受外行的评判和控制,被信托于接受和保护特殊信息。他们自己决定进入该职业所需的教育和培训标准,并在帮助国家形成规范这一职业实践的法律上发挥着巨大的作用"[1]。在西方的新闻实践中,曾经出现过一些极端的专业自治运动,曾有一家新闻媒体的记者将经营者赶出报社,建立了自治委员会,但结果是因为经营不善而失败。在《职业权力:论正式知识的制度化》一书中,弗莱德森(Freidson)认为职业控制被视为一种对形式知识(formal knowledge)的制度化过程,这些知识通过分化为各个学科的高等教育而发展和维系,并在职业的工作过程中成为一种福柯意义上的弥漫性权力,塑造并控制着人类生活的内容和过程,却并不依赖于身体性的压制(physical coercion)。在他看来,这一制度化的知识是职业权力的最终来源。[2]新闻专业主义发展过程中出现的专业性壁垒,是美国社会普遍的专业化运动的自然结果。但在新闻业中,这种壁垒并不是特别的严苛。另外,新闻专业主义的哲学基础是实证主义,其中核心的客观性问题也相当复杂。这就为新闻专业主义的理论张力留下了空间,也为一直不断的理论论争埋下了伏笔。

---

[1] Gallessich J. *The Profession and Practice of Consultation: A Handbook for Consultants, Trainers of Consultants, and Consumers of Consultation Services*. San Francisco: Jossey-Bass, 1982, p.4.

[2] 转引自刘思达:《职业自主性与国家干预——西方职业社会学研究述评》,《社会学研究》2006年第1期。

四、媒体精英的建构

如前所述，新闻专业主义是美国专业化运动的一部分，新闻业与律师、医生、护士以及会计等行业虽然有相通之处，但又存在一些根本性区别。相同的是，它们都是服务性行业，且都有公共善的追求。不同的是，新闻业从事的是文化产业，经营的是精神产品，无论是对生产难度和重要性的衡量，还是对产品质量与服务质量的判断，都远没有其他行业具有操作性。

而正是因为精神产业和信息服务的独特性，新闻专业主义虽然成为业界重要的目标和手段，但注定难以实现，因为它实质上是由媒体精英建构的。

其一，新闻业从来没有形成真正的行业壁垒，而且这种壁垒虽然在某种意义上说是必要的，但未必是人类社会最好的选择。美国社会学家拉尔森（Larson）认为新闻专业主义至少包括三个层面的内容：(1)自我评价层面，从业者将新闻专业与一般职业进行对比，强调专业的独立性、特殊声誉等非凡特性；(2)规范层面，这表现为一种服务导向，它赋予新闻业独特的伦理规范，以此将社会授予新闻业自我规制的特权合法化；(3)知识层面，它要求新闻从业者经过必要的训练以便掌握必备的专业知识和技能。专业的特殊门槛由这三个层面综合构成。新闻从业者由此共享一个相对稳定的联盟关系，确认一种身份，维持特定的志趣和对职业团体的忠诚。[①]新闻专业主义确实试图建立起专业壁垒，这种壁垒既有保护行业利益的动机，也有提升行业服务质量的动机。但新闻业与其他行业不同的是，它需要提供尽可能真实而全面的新闻信息。但当大众传媒产业成为一种垄断性行业之后，新闻业所建构的真实世界，就为新闻记者与编辑的视野所限制，这就是李普曼所指的"拟态环境"。自从大众传媒成为世界重要的信息渠道，"真实世界"不过就是媒体"报道的世界"。媒体的趣味与记者的新闻敏感，决定了大众的趣味与新闻的宽度与广度。所以，新闻业的壁垒如果仅仅成为阻止非专业者进入这个行业的墙，那么破墙可以带来更宽广的世界，就会刺激更多人的越墙行为，因为人不能生活在没有信

[①] Sarfatti L M. *The Rise of Professionalism: A Sociological Analysis.* London: University of California Press, 1977, p.27. 转引自王维佳：《追问"新闻专业主义迷思"——一个历史与权力的分析》，《新闻记者》2014年第2期。

息的空间里,这是人的社会性所决定的。当然,新闻专业主义只有成为一道保障新闻信息流通质量的墙,才会受到更多人的尊重。

其二,新闻专业主义,是服务性行业的操作性价值伦理,还涉及人类的认知能力,因此面临着哲学层面的根本性挑战。如前文所述,客观性是新闻专业主义最核心的特征之一,它强调人是理性的动物,强调新闻的阅听者有足够的能力对事实进行判断。但记者的客观性或者媒体的客观性,是一个几乎难以完成的使命,因为人都有自己的立场和认知图式,不可能不戴着有色眼镜看世界。萨义德在《报道伊斯兰》一书中,对此有过深入的揭露与批判。事实真相,从来都不是自明的东西。对事实的判断更会涉及多个不同的类型,即哈林所指的共识区(缺乏争议而没有必要)、合理争议区(争议会平衡地得到呈现)、越轨区(媒体无法中立,有偏向性)。人们面对共识度强的信息和观点时,倾向于不加质疑地引述消息源。而面对共识度弱的信息和观点时,虽然新闻专业主义要求做到平衡地呈现多方的观点,但事实上仅有主流政治秩序价值认可的合理观点和信息才能得以呈现,这正是马克思、恩格斯在《德意志意识形态》中指出的:"统治阶级的思想在每一时代都是占统治地位的思想。这就是说,一个阶级是社会上占统治地位的物质力量,同时也是社会上占统治地位的精神力量。支配着物质生产资料的阶级,同时也支配着精神生产的资料,因此,那些没有精神生产资料的人的思想,一般地是受统治阶级支配的。"[1]赫伯特·甘斯在著作《什么在决定新闻》中,曾指出美国新闻业的恒久价值(enduring values)包括"民族优越感、利他的民主、负责任的资本主义、小城镇的田园主义、个人主义、温和主义社会秩序以及国家领导权"[2]。他甚至还发现,新闻报道在用词方面,就体现了倾向性,如新闻媒体可以称呼拒绝在越南战争中服役的年轻人为逃兵役者(draft evaders)、逃避者(dodgers)或者反抗者(resisters),但极少使用最后这种说法。如果借用哈耶克所言——在决定什么样的问题值得回答的时候,就已经涉及了个人的价值判断——我们可以说,在记者决定什么样的事实值得报道时,就已涉及了个人的价值判断。

其三,在19世纪尤其是20世纪初期美国新闻业变得逐渐专业化之时,新

---

[1] 《马克思恩格斯全集》第3卷,北京:人民出版社,2002年,第52页。
[2] 赫伯特·甘斯:《什么在决定新闻》,石琳、李红涛译,北京:北京大学出版社,2009年,第52页。

闻专业主义确实在一定程度上成为新闻业的工作规程和工作伦理的主导性观念。但如果认为新闻业成为一个自主的生产领域,那是罔顾事实的。在对越战的研究中,美国著名的新闻传播学者哈林曾这样写道:"客观新闻学不是将媒体与政府的关系割裂开来,而是使这种关系理性化,将这种关系建立在一系列抽象原则的坚实基础上。这种原则体现在新闻判断的'专业'标准上,政党和政治家不再像政府机构那样去控制任何新闻媒体,政府的高级官员也无须如此。他们的看法是凭借地位的权威性,而不是特定党派和政见保证接近所有的主要媒体,从而保护不受'不负责任'的攻击。"[1]在哈林看来,媒体深深地与政治场域纠缠在一起,尽管他也承认,某些新闻机构,如《纽约时报》在某些新闻报道上确实存在一定的自主性,但那不是全部的事实,更不是所有媒体都能够做到这一点。

  布尔迪厄的场域理论对我们更清晰地揭示这一问题来说是一个可靠的框架。场域理论的核心是"关注经济资本,也要关注持续进行的有关声望和合法性的象征资本的斗争"[2],它既可以对一些特定的实践领域,如对美国或者法国的新闻模式进行分析,也可以对任何特定的国家、地区或者跨国语境下的多层次社会结构和文化实践之间的复杂关系进行分析。有学者认为,布尔迪厄的场域理论继承了韦伯、迪尔凯姆及马克思的思想,他们将现代性描绘为一个半自主和逐渐专业化的行动场(也就是说政治、经济、宗教、文化生产场域)不断分化的过程。"在这些领域内或者之间,权力关系是决定人们行动的基础,个人的行动并不单单追求他们合理的个人利益的最大化。"[3]在新闻专业主义成长的过程中,新闻场域内两种重要的权力(或者引用布尔迪厄的概念"资本")——经济资本(体现在发行量、广告收入、点击率与阅读量等)和文化资本(对于新闻从业者而言,主要体现在教育证书、技术知识、语言能力和新闻敏感性上,而对于一家媒体而言,则体现在媒体的声誉、深度报道、有洞见的评论、

---

[1] Hallin D C. The "Uncensored War": The Media and Vietnam. Oxford: Oxford University Press, 1986, p.70.
[2] 罗德尼·本森、艾瑞克·内维尔主编:《布尔迪厄与新闻场域》,张斌译,杭州:浙江大学出版社,2017年,第8—9页。
[3] 罗德尼·本森、艾瑞克·内维尔主编:《布尔迪厄与新闻场域》,张斌译,杭州:浙江大学出版社,2017年,第9页。

获新闻奖、知名记者等上),既存在一定的张力,又可以相互转换。不过,一般的情形是,经济资本要超过文化资本的力量,这一点支持了马克思的"经济基础决定上层建筑"的观点,虽然布尔迪厄不愿接受马克思的这一观点。布尔迪厄有一个观点值得关注,那就是他认为相较于其他的文化生产场域,新闻场域是一个自主性很弱的领域,新闻场具有高度的他律性,"不断被自身最他律的一极控制"[1]。帕特里克·尚帕涅分析指出,虽然新闻业为了使其活动专业化而做出毋庸置疑的努力,但记者对自主性的寻求受到了两种限制:一方面,新闻媒体严格的政治要求已经涉及更广泛的政治斗争,至少在法国是如此;另一方面,记者与大众之间真实的或想象的关系不断增强。近来,记者以此谋生。换言之,从结构上看,记者受到谴责,是因为在政治和/或经济的限制下工作(有时不同,依赖于不同时期和不同的媒体)。如果一些人试图像过去那样树起纯粹的道德标杆,从新闻业的外部限制力量及职业意向这一角度看,那么这些人注定不能有效地将这些法则加诸自身。[2]

其四,从严格意义上说,新闻专业主义不过是媒体精英社群的标准和理想,与大众之间还存在脱节甚至是分裂。1882年,纽约中央铁路公司的威廉·H.范德比尔特一语道破了工业精英的心理世界:"公众,去他妈的吧!"[3]美国的第一代资本家几乎没有什么社会责任,他们信奉社会达尔文主义,相信"物竞天择,适者生存",认为社会不平等是竞争的必然结果。所以当时的美国与欧洲一样,虽然在经济上获得了繁荣,但社会分裂相当严重,普通民众未能享受繁荣带来的利益。

进步主义思潮,正是出于对这种社会分裂的深切忧患而逐渐发展起来的一场声势浩大的美国改革运动。20世纪早期,西奥多·罗斯福和伍德罗·威尔逊总统提出了一种新的精英思潮,批判原有的社会精英缺少公共责任。胡佛时代,美国实行了一些新的治理措施,而到富兰克林·德拉诺·罗斯福的新政时

---

[1] 皮埃尔·布尔迪厄:《政治场、社会科学场和新闻场》,罗德尼·本森、艾瑞克·内维尔主编:《布尔迪厄与新闻场域》,张斌译,杭州:浙江大学出版社,2017年,第45-48页。
[2] 帕特里克·尚帕涅:《"双重依附":处于政治与市场之间的新闻场》,罗德尼·本森、艾瑞克·内维尔主编:《布尔迪厄与新闻场域》,张斌译,杭州:浙江大学出版社,2017年,第49-64页。
[3] 托马斯·戴伊、哈蒙·齐格勒、路易斯·舒伯特:《民主的反讽——美国精英政治是如何运作的》,林朝晖译,北京:新华出版社,2016年,第72页。

期,美国社会的改造更是进入了深水区,罗斯福的"位高任重"的个人哲学思想,即"精英对公众利益负责,很快成为当时新的自由主义组织的时代思想,这也使得民众产生了一种信仰:精英一直把他们的最高利益放在心上"[1]。在这股进步主义思潮中,美国的媒体精英与政治精英的步调保持了高度一致性。例如,罗斯福通过炉边谈话宣布要为人民谋求利益,要凝聚社会力量,去集体防范、抗御甚至扭转危机,引领社会发展。应该说,即使是在进步主义时代,普通民众也很难进入精英控制的传播渠道,自上而下的传播体系报道着精英精心选择的新闻信息,还有价值观、态度及情感的控制,这些都是新闻场域中精英的游戏规则。例如,新闻媒体一般要求记者尽可能引用"权威"的消息来源。有人认为,"要求记者客观引用权威信源,就会让政府部门的观点和解释成为新闻报道的重要内容,实现政府通过传媒向公众发言,取得比一般社会群体更有影响力的效果,从而加强了新闻媒体的精英化倾向和对政府的顺从。那些寻求媒体表达机会或正面新闻报道的人,首先要宣布他们对新闻自由和客观性的一种坚持,然后通过能服务他们自身目的的方式来定义这些概念"[2]。

在随后的岁月中,美国媒体仍然团结在"自由主义"大旗之下。主要的电视网(ABC、CBS、NBC、CNN)、有重要影响力的报纸(《纽约时报》《华盛顿邮报》)及全国性的新闻杂志(《新闻周刊》《时代周刊》)都反映了占统治地位的自由主义倾向。"这些媒体精英的价值观包括:自由主义改革、社会福利、关注少数族裔以及穷人、质疑宗教组织以及传统家庭、对商业的怀疑、对军事力量的敌意以及要求政府'做有意义的事'。"[3]浙江日报报业集团原总工程师蒋纯曾指出,"你所坚持的新闻专业主义,你所认为的理性、中立、客观其实只是所谓'精英'的,不是代表全体人民的。你把坚持特定群体的价值观当成了专业主义。坚持这种专业主义,其实是背离了新闻专业主义的本质"。

从上面这些论述可以看出,新闻专业主义的发展并非如塔奇曼所指的纯

---

[1] 托马斯·戴伊、哈蒙·齐格勒、路易斯·舒伯特:《民主的反讽——美国精英政治是如何运作的》,林朝晖译,北京:新华出版社,2016年,第76页。

[2] 段卉:《新闻客观性原理的职业社会学分析——兼论新媒体环境中新闻客观性的价值》,《西部学刊(新闻与传播)》2016年第3期。

[3] 托马斯·戴伊、哈蒙·齐格勒、路易斯·舒伯特:《民主的反讽——美国精英政治是如何运作的》,林朝晖译,北京:新华出版社,2016年,第145页。

粹的策略化仪式,这种过度简单化的结论,对专业化运动是不公正的,对充满理想和进步主义色彩的新闻专业主义的倡导者来说,也是不公正的。因为任何一场历史性的运动和社会思潮的出现,都会有不同的声音,但运动的主线不应该被一些支流或者说杂音湮没。新闻专业主义,虽然比较理想化,从来没有在新闻业的实践中完全实现过,恰如哈贝马斯的公共领域未曾出现一样,这种分析性的理论框架和有限的实践纲领,仍然有其社会价值,因为它至少表现了在传统媒体时代,社会对媒体角色的期望和对新闻从业者的期许,而这一理论操作性的各项指标也确实在相当长时间内,成为社会判断一家新闻媒体的标准,也成为新闻从业者追求的目标。

五、未来新闻专业主义将烟消云散吗?

(一) 专业新闻从业者在哪里?

新闻专业主义是大众传播时代的产物,谋求在"专业"与"业余"之间划定一条界限,建构新闻业内权力和阐释的共同体。新闻专业教育、评奖机制、行业性组织共同体、自律性的行业规范体系、专业性的意识形态等,就是这种共同体努力的结果,也是新闻专业主义的基石。但在传播新技术(目前主要是指网络与社交媒体技术)变革的情况下,内容产业已经进入了以今日头条和《天天快报》等为代表的算法时代。智能推荐和机器分发,替代了传统编辑的劳动,而各种自媒体生产者甚至是人工智能写手,正冲击着传统内容的生产方式。美联社于2014年7月开始使用Wordsmith平台撰写财报新闻;《洛杉矶时报》通过写作软件,从抓取美国地质调查局发出的预警数据,到生成报道并发布,只需3分钟;腾讯Dreamwriter已经写了3万多篇稿件;今日头条也开始与媒体合作,用AI机器写稿……专业与业余、传者与受众的边界早已模糊不清,正所谓人人都是记者,万物皆为媒体,传统工业文明时代建构的新闻专业主义法则面临的挑战更严峻了。

陶文静在其文章中介绍说,加拿大魁北克省(遵循法国民法典)法庭曾一直承认新闻的专业特性,认为对新闻的评判需要参照其专门的职业规范,自

1999年以来就一直依据"负责任的新闻业"原则来审理诽谤指控。但近年来，加拿大普通法系的法庭辩护中评判标准演变为"对公众共同关心的问题的负责任传播（活动）"，换言之，加拿大最高法院如今已经明确拒绝视新闻人为一个特殊群体（的要求）。首席大法官写道："传统媒体正在迅速地为一些新的传播公众关心事物的传播方式所补充，其中有些是在线的，并没有记者参与其中。没有任何充足的理由将这些新的新闻和信息传播者排除在外，他们应与所有现行媒体产品一样适用相同的法条。"①

加拿大学者艾佛·夏皮罗采用理论化的路径，将现行民主体系的大众化进程与剧烈变迁的新闻操作实践相关联，力求在学界、业界和公众认知上达成对新闻业操作实践及其理念根基的新共识。他认为，现代民主体系中，新闻业仍无可取代，但界定新闻业的标准不再是"谁"而是其"专业功能"——新闻业需要以服务民主社会为首要标准，无论所属机构、聘用方式、工作地点如何，达到这一标准的才算是新闻人。②

（二）精英社群的新闻专业主义能否适应新媒体时代？

芭比·泽利泽批判性地分析和考察了西方（尤其是美国）新闻业面对新媒体所带来的"不确定性"时的"危机话语"。她认为，新媒体的兴起、数据驱动新闻、用户生成的内容，以及越来越多样化的人群使用工具，让我们必须重新思考谁是公众、目击证据以及民主与伦理等问题。③浙江日报报业集团原总工程师蒋纯认为，互联网降低了传输成本，现在就变成了两个赋权：一是知识赋权，大家都可以用很低的成本查询信息，很快地验证知识信息。二是影响力赋权，任何人都可以跳出来发布内容、传播内容、评论内容。他认为，在新媒体时代，如果传统媒体仍然坚持原来的文化体系，也只是部分文化的代言人，就不是真正的中立、理性、客观，偏离了所谓的专业主义。传统媒体坐到精英那边去了，

---

① 转引自陶文静：《功能界定：新闻专业主义建构的新趋势——〈为何大众化的民主更需要功能型的新闻业定义〉译评》，《新闻记者》2015年第4期。
② 陶文静：《功能界定：新闻专业主义建构的新趋势——〈为何大众化的民主更需要功能型的新闻业定义〉译评》，《新闻记者》2015年第4期。
③ 芭比·泽利泽：《想象未来的新闻业》，赵如涵译，北京：中国人民大学出版社，2022年，第38页。

亚文化、非精英通过社交媒体发声。蒋纯还认为,"这种'两个舆论场'的媒体现象实际是世界性的"。李艳红和陈鹏在文章中指出,"商业主义"已经成为今天主控和统合有关新闻业危机之言说的主要框架,相对于过去的话语结构,正在形成新的"话语秩序"。以"公共性"为价值主导的工作、社会关系和社会认同则在这一过程中去合法化和边缘化。他们的结论是:"在今天技术和社会条件的变迁下,遭受种种矛盾和冲突挤压的中国新闻实践者放弃了'专业主义'话语,转而主动引进并接受了'商业主义'话语对这一场域的'殖民'。"[①]这一分析确实很有新意,但将商业主义(如果可以称为"主义"的话)与新闻专业主义完全对立起来的观点,还是存在一些误读。因为媒体可以有新的商业模式,而且即使是传统媒体时代,新闻业也是一门生意,商业模式是必须提及的内容。在中国当下讨论商业模式的多,说专业主义的少,并不意味着这是一种模式的颠覆,不过另有原因而已。笔者的观点是,不必也不能将新闻专业主义和商业主义对立起来。

在17世纪,人类对欲望的态度发生了较大的变化,即从压制到驯化。当然,机制是什么看不太清楚,所以亚当·斯密使用了"看不见的手"来描述,而在18世纪,维科更全面地阐述了这种观念。他写道:"社会利用全人类步入邪路的三种罪恶——残暴、贪婪和野心,创造出了国防、商业和政治,由此带来国家的强大、财富和智慧。社会利用这三种注定把人类从地球上毁灭的大恶,引导出了公民的幸福。这个原理证明了天意的存在:通过它那智慧的律令,专心致力于追求私利的人们的欲望被转化成为公共秩序,他们能够生活在人类社会中。"[②]虽然维科所指的天意是如何运作的,我们不清楚。但他们(包括韦伯、霍布斯、孟德斯鸠、培根等一大批学者)都认为,对财富与金钱之类私利的追求,最终会达到利他的结果。这与中国传统观念中对商业的私利之恶持有不信任的态度之间存在根本的差异(中国长期抑商重农的策略与这种观念有关)。不过自从改革开放以来,中国鼓励商业的发展,商业与市场也成为一种积极的解放力量以推进中国的社会变革,人们对商业和资本的态度也发生了根本性变

[①] 李艳红、陈鹏:《"商业主义"统合与"专业主义"离场:数字化背景下中国新闻业转型的话语形构及其构成作用》,《国际新闻界》2016年第9期。

[②] 阿尔伯特·赫希曼:《欲望与利益:资本主义胜利之前的政治争论》,冯克利译,杭州:浙江大学出版社,2015年,第14页。

化。所以,我们更没有理由将商业主义与专业主义对立起来。

不过,以今日头条为代表的个性化新闻分发机制,会带来一些新问题,那就是每个人都会是不同的头条。这就意味着每一个人"看见"的世界是不一样的,其结果是我们虽然生活在同一个世界,但因为我们被"喂给"的新闻信息不同,交往的人群不同,我们就不会讨论同样的事实。没有共同的语言,会不会导致一种分裂?有学者担心"算法"可能会让"过滤气泡"(filter bubble)现象更加严重,给社会舆论的健康带来风险。"过滤气泡"这一概念最早是由伊莱·帕里泽(Eli Pariser)在《过滤泡:互联网对我们隐私的操控》一书中提出的。他认为,新一代的网络过滤器,通过观察你可能喜欢的事物——你实际做了什么或者和你相似的人喜欢什么——试图推断你的爱好,各种预测算法正在不断地创造和完善关于你的理论:你是谁?你将会做什么?你想要什么?所有这类算法正在为每一个用户量身定制一个独特的信息世界。伊莱·帕里泽将这些整合后所创建的个性化信息世界称为"过滤泡"[①]。

所以在人人都是记者的时代,每个人都只有部分真理,如何把这些部分真理勾连在一起,形成一种相对真理或者说"共识"就成为这个时代的新命题。蒋纯认为这是媒体可以做的非常重要的事情,使带有各种看法的事实和立场,从部分真理中挣脱出来。虽然还没有解决问题,但至少能够让大家更多地知道事实,逼近真相,可以更好地达成社会共识去解决问题。不过,正如维基百科创造了一种知识生产的奇迹,知乎也为知识的再生产提供了一种新模式,但系统而深刻的洞见,是否可以经由水平参差不齐的参与者在线上的合作以达成呢?本书仍然持怀疑的态度,同样依靠没有专业性的新闻生产者提供足够的信息挖掘服务,真相可以靠众多的业余爱好者来揭示,这是否有些天真?不过,蒋纯认为,新闻专业主义没有过时,还是今后媒体人的立身之本。不过,新闻专业主义要站在新的、有互动的社区化新媒体形态下看待,除了自身的专业内容生产,还要站在理性、客观、中立的专业主持人和协调者的位置,激发大家共同生产内容的热情,推动各种不同部分的真理表达和互相认知,从而促成共识的建立,这才是新时代的新闻专业主义。他认为,新闻专业主义在现阶段最

[①] 伊莱·帕里泽:《过滤泡:互联网对我们隐私的操控》,方师师、杨媛译,北京:中国人民大学出版社,2020年,第8页。

大的敌人是分裂,因为各种不同的舆情传播造成的分裂,需要专业媒体去统合。所谓的个性化新闻分发不是新闻专业主义的态度,商品、精神产品都可以个性化分发,但是新闻是不能个性化分发的。"使新闻个性化,让部分真理自我传播、自我加强,是制造社会分裂的行为。而我们想到我们新闻专业主义的初心——理性、中立、客观,是要让整个社会有一个共识,然后在真相的客观、理性、中立上找到国家前进的方案。如果我们造成整个世界分裂的话,那么就背离了我们的初衷。"

(三)"雄辩胜于事实"的时代,新闻专业主义还能做什么?

从17世纪早期印刷报纸在欧洲诞生之初,对"真实性"(authenticity)或者说"真相"(truth)的追求就成为新闻话语的主要特征,将新闻业与市井闲聊、宣传小册子、新闻信、小说等其他现代化早期的信息传播渠道区分开来。这既是一种商业上的动机,也是理性至上哲学深入人心的体现。尤其是实证主义(positivism)哲学兴起之后,人们相信一切科学知识必须建立在来自观察和实验的经验事实的基础上,"事实胜于雄辩"便成为主导性的认知模式。但是今天,事实往往退缩到观点的后面,雄辩者不用事实就可以征服人心。这种时代表征,被称为"后真相"(post-truth)时代。

1992年,"post-truth"首次被美国《国家》杂志用来描述"水门事件""伊朗门丑闻"和"海湾战争"的共同特点。2004年,拉尔夫·凯斯(Ralph Keyes)使用了"post-truth politics"(后真相政治)一词来揭示美国候选人通过网络来操纵和影响民意这一新动向。2010年,大卫·罗伯茨(David Roberts)将"后真相政治"视作一种新的政治文化,即"媒体报道、公众舆论与政策讨论完全脱钩"。哈佛大学教授詹尼弗·霍赫希尔德(Jennifer Hochschild)将"后真相"解读为20世纪后期美国媒体相对的平衡之后,向18世纪政治和媒体实践关系的回归。

Post-truth成为《牛津词典》词语之一,《牛津词典》编纂人员表示,2016年"后真相"一词的使用率是2015年的2000%。根据牛津出版社的解释,"后真相"是指情绪和个人理念影响公众意见,而事实真相反而无足轻重的氛围。换言之,后真相的主要表征是情绪的影响力超过对事实真相的寻求。《纽约时报》将"后真相"定义为"情感及个人信念较客观事实更能影响舆论的情况"。美国CNN主持人阿曼普认为,后真相就是人们想相信什么就会去相信什么,真相已经无关紧要。评论者多将2016年英国脱欧公投、美国总统特朗普在选举过程中的种种做派与其最终当选归因于"后真相政治"。主张脱欧的英国政客约翰逊(Johnson)和特朗普被称为"后真相政客"。评论家指责,这些政客长于激发和调动社会上的偏激情绪,不断发表煽动式言论,曲解事实,甚至是编造"事实",用以打击竞争对手或者煽动对某种族群体的仇恨和猜疑。《华盛顿邮报》对美国两位总统竞选者在竞选期间的314则言论、政见进行了事实检验。结果发现特朗普92%的言论都是虚张声势和失实的,希拉里则有49%的言论失实。在这场竞选中,重要的不是真相,而是感觉。《明报》一篇专栏政论说:"政客说谎不再是为了瞒骗,而是为了巩固目标群众的偏见,换取共鸣与支持。一旦出现反对声音,只会加剧己方阵营的敌我对立心态,衍生各种阴谋论,令偏见更难被推翻。"

"我们只愿意相信我们愿意相信的",这本是传播学研究早已揭示出来的现象。特朗普当选、英国脱欧、诺贝尔文学奖得主是个民谣歌手,每个人都有自己解读新闻信息的方式,他们选择自己愿意相信的,坚守自己乐于坚守的。有网友评论说:"换作以前,人们关心的焦点往往是'事实的经过到底是怎么样的',而现在,已经换成了'到底谁的说法和认知才是精准而出彩的',最好是可以用来发在朋友圈里供人点赞,以及在闲聊时震慑一下群众。"各种社交媒体和算法推荐,都会自然而然地将我们引入观念类似的小群体空间,这会让我们感觉安全甚至感觉良好,我们相互激荡而彼此心心相印,真相或者真理似乎不再重要了。

史安斌分析说,"后真相"这一当下舆论生态体现了"新闻—事实"纽带的断裂。他认为,在现代主义哲学引领的大众传播时代,"客观新闻学"奉总体化、同一性、体系化、权威性为圭臬;而在以"社交媒体"为中心,以"后现代主义"思维为指导的互动新闻学时代,多元化、多样性、差异性、去中心化、碎片化、不确定性等成了主要特征,"后真相"正是后现代主义引领下的互动新闻学的具体反映,也集中反映了社交媒体给西方新闻理论所带来的变化。

有人追问普京的宣传网络主管德米特里·基谢廖夫(Dmitry Kiselev)和玛格丽特·西蒙尼扬(Margarita Simonyan)为什么阴谋论与基于可靠证据的研究同时播出时,他们宣称,"根本就没有所谓的客观报道这回事"。人类什么时候变得如此没有信心了?这就是事实的全部吗?这看似无望的世界,是否还可以有一丝亮光?

不过,在我们关注到"后真相"这一现象时,事实的另一面也值得我们关注。《纽约时报》《华盛顿邮报》印刷版和数字版订阅用户均出现多年未见的显著增长,美国有线电视新闻网等新闻频道的收视率更是创下历史新高。后真相时代传统主流媒体市场逆势上扬,这表明公众对高品质新闻的需求以及为此付费的意愿并未消退,也预示着传统主流媒体"信息守门人"和"公众守望者"角色的回归。[1]

近几年,国家网信办经常约谈搜狐、网易、凤凰、腾讯、百度、今日头条、一点资讯等网站的相关负责人,责令网站立即对自媒体平台存在的"曲解政策,违背正确导向""无中生有,散布虚假信息""颠倒是非,歪曲党史国史""格调低俗,突破道德底线""惊悚诱导,标题党现象泛滥""抄袭盗图,版权意识淡薄""炫富享乐,宣扬扭曲价值观""题无禁区,挑战公序良俗"等八大乱象进行专项清理整治,同时北京市网信办向上述网站下发了行政执法检查记录。北京市网信办指出,目前自媒体平台出现上述乱象一方面是由于各自媒体网站对坚持正确舆论导向的重要性认识不足,管理制度不健全,分级分类精细化管理缺位,内容审核措施有效性、针对性、专业性不足等;另一方面是由于自媒体账号运营者存在法治意识淡薄、盲目追求点击量、能力水平参差不齐、价值判断扭曲等突出问题。

当管理者、从业者和消费者都对新闻不满时,新闻业出了什么问题?或者说,民众到底需要一个什么样的新闻界?《头版:〈纽约时报〉内部解密与新闻业的未来》一书的作者、美国全国公共广播电台(NPR)资深记者戴维·福尔肯弗里克在2009年初做了一场思维实验:如果一座城市的基本新闻来源消失了,会出现什么样的后果?实验中,《哈特福德新闻报》政治新闻资深记者马克·帕茨尼尔卡斯(Mark Pazniokas)的观点是,失去这份报纸,将意味着这儿的人都

---

[1] 史安斌:《"慢新闻"缘何有机会火起来》,《人民日报》2017年6月26日,第21版。

第三章 数字新闻与专业理念重构

会失去一份共同的归属感。"如果每个人都在从数十甚至数百个不同来源获得新闻,人们就会缺乏一个共同的参照物——我不是在煽情——而这个参照物正是民主与群体感的重要组成部分。"①《纽约时报》专栏作家戴维·卡尔多少有些疑惑地写道:"平台涌现又消失了。优秀杂志的经销权,仅以一美元卖出,用信用卡出资建造的新闻网站则价值上千万。全世界的城市知识分子创建了维基百科,这本身就是独一无二的奇迹,储藏了广博的人类知识。耗资巨大策划周密的政治活动被个人手机录制的视频打乱了节奏。原本是主流媒体决定何为大事,现在由公民法则及民智定夺。许多人见到了这些巨变,就认为《纽约时报》已经无关紧要或者至少没那么重要了。"②

1931年,胡适称赞"中国最好的报纸"《大公报》时说,它这几年履行了"两项最低限度的报纸职务","第一是登载确实的消息,第二是发表负责任的评论",并认为这两项是每一家报馆应尽的职务。今天,重温这一段话,别是一番滋味。因为如今传媒形式变了,人们对新闻的需求似乎也变了,人们似乎越来越不在意新闻真实与否,我们曾经珍惜的客观、真实、为民请命、铁肩担道义的价值,已经不再那么重要了。这是一个碎片化的时代,是一个去意义的时代,理性早已走下"圣坛",传统的新闻专业主义确实越来越失去其追随者了。当人们将新闻的写作与推送分发都交给算法和机器人的时候,人的主体性也许将不复存在,新闻专业主义就自然烟消云散了。

但是,只要人类还有主体之梦,只要人类还没有彻底放弃理性,那么有关新闻专业主义的探索肯定还会继续下去,尽管我们可能称之为"新闻专业主义2.0"③。它可能以一种转换的形式,成为自由人(各种自媒体人)的自由联合体的内在机制而起作用,也可能成为在人人都是记者的时代,一些传统媒体精英坚守与生存的理由,因为社会还需要客观、公正、精确、全面和深入的新闻报道,这是新闻专业主义所追求的。彭兰教授认为,在新闻生产系统方面,机器、数据、云将成为未来新的关键词,而这样的时代也意味着专业媒体与新闻人的

---

① 戴维·福尔肯弗里克:《头版:〈纽约时报〉内部解密与新闻业的未来》,赵奕译,北京:中国人民大学出版社2017年,第6页。
② 戴维·福尔肯弗里克:《头版:〈纽约时报〉内部解密与新闻业的未来》,赵奕译,北京:中国人民大学出版社2017年,第14页。
③ 吴飞、田野:《新闻专业主义2.0:理念重构》,《国际新闻界》2015年第7期。

价值重塑。在新闻分发平台方面,多种基于新的传播机制的分发平台已对专业媒体渠道产生冲击,并形成新的格局,传播秩序的重建在未来也会成为一个重要的挑战。"在信息终端方面,可穿戴设备、智能家居、智能汽车将为未来人们的信息消费带来全新的模式。所有这些也意味着传媒业原有边界的进一步消解,一个极大扩张的传媒业新版图将在新的角逐中形成。但在这样重构的生态中,专业价值与能力仍然需要坚守。"①

总之,变化才刚刚开始,我们应该以流动和发展的观点来看待新闻专业主义,要看到它的不足,也要看到它的坚守,这才是马克思主义的科学观——不是简单的拒绝,而是扬弃与再造。

第二节 反思新闻专业主义

大量的学术研究说明,这是一个全新的社会。卡斯特将其表述为"网络社会"。他解释说:"作为一种历史趋势,信息时代的支配性功能与过程日益以网络组织起来。网络建构了我们社会的新社会形态,而网络化逻辑的扩散实质地改变了生产、经验、权力与文化过程中的操作和结果。"②他甚至宣称,"这是一个新存在的开端,事实上也是新时代及信息时代的开端"③。

21世纪以来,智能手机与平板电脑等移动互联网终端的广泛应用,使得信息生产、传播和消费的模式发生巨大改变。而近几年迅速发展的媒体融合实践,更是改变了传统媒体时代的生态系统。今天,更多媒体公司强调的是"以用户数据为核心、多元产品为基础、多个终端为平台、深度服务为延伸的全新的开放、共享、智能化的系统"④。

---

① 彭兰:《未来传媒生态:消失的边界与重构的版图》,《现代传播》(中国传媒大学学报)2017年第1期。
② 曼纽尔·卡斯特:《网络社会的崛起》,夏铸九、王志弘等译,北京:社会科学文献出版社,2006年,第434页。
③ 曼纽尔·卡斯特:《网络社会的崛起》,夏铸九、王志弘等译,北京:社会科学文献出版社,2006年,第441页。
④ 胡正荣:《媒体融合走向哪里?共媒时代与智媒时代》,腾讯传媒研究院:《众媒时代——全球媒体想象》,北京:中信出版集团,2015年,序言,第1页。

对于新闻传播活动而言，人类先后发明了书报、广播、电视等，这些被我们称为大众传媒业的信息生产与传播形态，它们在相当长时间内较好地满足了人类对于新闻信息的需求。不过今天，"由传统媒体垄断的传媒生态，已经有多种新力量（如自媒体、互联网公司等）进入，而这些新力量并非可有可无的配角，它们已经在一定程度上导致传统媒体话语权力削弱，也带来新的市场格局"[①]。诚然，移动互联网、物联网、大数据、人工智能，以及逐渐显现的智联网，正在倒逼传统媒体转型，人们使用信息的方式在发生重大的改变。有人甚至认为，新闻作为一种业态会消失，将会成为服务业的附属性产业存在。不过，我们需要更进一步追问的是，信息传播方式的变革到底意味着什么？就算只是服务业的一部分，但毕竟还是承认新闻仍是人类需要的，那么新闻能够发挥的真正作用是什么？未来的新闻信息服务的雄心是给舆论提供信息还是试图影响舆论？[②]就目前的媒介生态而言，互联网与社交媒体究竟扮演着什么样的角色？是作为庞大的信息来源库，还是作为对于传统新闻采写的内容补充，是作为受众评价、反馈、消费新闻的平台，还是最终将成为情报的利用者和传播的操纵者？

同时，机器人写作已经越来越多地取代记者，如九寨沟地震发生18分钟后，中国地震台网的机器写了篇新闻稿，写作用时25秒。这篇新闻报道用词准确，行文流畅，且面面俱到，几乎分辨不出文章出自机器。今日头条推出的新闻写作机器人Xiaomingbot上线不到一年时间，已完成5139篇体育类报道，总阅读量超1800万人次。虽然在每篇开头，机器人会很老实地写上"机器人写作"字样，但大多数文章读者根本无法辨认是否为机器人的作品。据报道，Facebook的项目经理马丁内斯对人工智能主导的未来深感悲哀。他认为，接下来30年内，一半的人类没有工作，大革命即将发生。他为此辞职，隐居在西雅图北部的森林。这虽不是本节讨论的主旨，但至少说明，这是一个变化中的世界，一切都已经开始。

那么，在新的媒介生态下提出的新闻专业主义是否还有存在的必要，或者其内涵是否需要被重构及如何重构？本节将从新闻的客观性理论、媒介技术

---

① 彭兰：《未来传媒生态：消失的边界与重构的版图》，《现代传播》（中国传媒大学学报）2017年第1期。
② 巴斯卡尔·博尼法斯：《造假的知识分子：谎言专家们的媒体胜利》，河清译，北京：商务印书馆，2013年，第16页。

革新和媒介的社会功能三个维度,介绍并分析近十年来国际新闻传播学界对这些问题的前沿思考。

一、新闻专业主义的客观性反思

新闻业得以存在和发展的正当性与合理性源于它对社会状况的真实呈现。[1]要弄清新闻如何呈现真相、真相又如何被展示给公众,自始至终无法避开对客观性理论的讨论。[2]新闻学领域的客观性概念起源于19世纪上半叶,曾被认为是对自由写作与沙文主义的修正,[3]又把主客观的区别意识、无党派立场与"倒金字塔"报道形式作为对其内涵的补充,发展到近半个世纪以来用新闻平衡继续拓展其意义。[4]

近年来,有学者集中针对新闻业客观性实践提出批判性观点与做出探索性回应。从理论角度和概念界定来看,有观点认为由于客观性的衡量标准难以达成共识,无法形成共同的规范尺度,因此关于客观性的问题存在着难以解决的逻辑悖论。[5]费格德(Figdor)进一步结合商业新闻实践明确指出客观性理论的三大主要弊病:客观报道倾向直接导致新闻生产成本大大增加,因此难以完整、长久地发展;客观报道降低了新闻文本的吸引力,难以吸引受众和广

---

[1] Wien C. Defining objectivity within journalism. *Nordicom Review*, 2005, 26(2): 3-15.

[2] 迈克尔·舒德森在《发掘新闻:美国报业的社会史》中对美国新闻业的客观性标准进行了阐述与批判。他认为,出于对理性的怀疑、对非理性的恐惧及对民主社会的构想与期待,新闻客观性成为一种被渐渐塑造起来的意识形态。迈克尔·舒德森:《发掘新闻:美国报业的社会史》,北京:北京大学出版社,2009年,第109-145页。

[3] Streckfuss R. Objectivity in journalism: A search and a reassessment. *Journalism Quarterly*, 1990, 67(4): 973-983.

[4] Mindich D T. *Just the Facts: How "Objectivity" Came to Define American Journalism*. New York: NYU Press, 2000.

[5] 麦戈德星克指出,如果缺少普遍认可的规范,极容易陷入主观判断,即自我认同或者某特定范围内认同的"客观"报道无法从外界获得相同评价。费格德通过若干步骤的哲学推理具体描述和评析了该悖论。McGoldrick A. War journalism and objectivity. *Conflict & Communication*, 2006, 5(2): 1-7; Figdor C. Objectivity in the news: Finding a way forward. *Journal of Mass Media Ethics*, 2010, 25(1): 19-33.

泛传播；新闻从业者作为文本生产主体很难从客观报道中找到职业价值和追求。

实践层面，在探讨新闻客观写作的实际障碍时，常被提起的有如下几个主要方面：政治立场（意识形态）、新闻体制因素、新闻话语（真相与事实）的表述与意义解释的争论。[1]有学者从感性客观和理性客观的不同角度去思考客观主义。新闻文本与其他各种类型的文本生产一样具有支配性，全体新闻从业者的言行与新闻产物汇集起来，形成并引导着新闻行业规范。同时，新闻文本在关注现实的时候是具有引申义的，会在一定环境因素的催发下引发相应规模的舆论效应与社会影响。英国记者梅斯（Mayes）将这种具有情感引申意义的新闻文本描述为"治愈新闻"（therapy news），她认为在局部战争与灾难议题下，媒体过分刻画了"受害者"形象，从感性层面上对受众产生影响，迫使其走入"感同身受"的状态。[2]

那么，剥离情感渲染的中立报道是否可能？学者布达纳（Boudana）等人批判了这一概念，[3]并指出，感性客观和理性客观并不会产生真正的矛盾，新闻客观性并不意味着立场的中立（neutrality）或者地位的平衡（balance）。[4]当新闻从业者将注意力过多地放在考虑是否该用一个"标签"去塑造某事件或人物的形象时，新闻客观性便容易被曲解为一种中立与平衡的状态，而与事实本身（可能既不中立也不平衡）脱节。CNN主持人阿曼普认为，在战争中，无论是普通人还是新闻从业者都不应该固守着"中立"立场，而是必须要将事物放置于语境之中去理解。对于她而言，客观性并不意味着平等地对待事件的每一个

---

[1] Morris J S. Slanted objectivity?: Perceived media bias, cable news exposure, and political attitudes. *Social Science Quarterly*, 2007, 88(3): 707-728; Thomson E A, White P R, Kitley P. "Objectivity" and "hard news" reporting across cultures: Comparing the news report in English, French, Japanese and Indonesian journalism. *Journalism Studies*, 2008, 9(2): 212-228.

[2] 转引自 Pantti M, Wahl-Jorgensen K. On the political possibilities of therapy news: Social responsibility and the limits of objectivity in disaster coverage. *Studies in Communication Review*, 2007(1): 3-25.

[3] Boudana S. A definition of journalistic objectivity as a performance. *Media, Culture & Society*, 2011, 33(3): 385-398.

[4] 学者霍普曼等人也认为，"中立报道"在现实中几乎不可能实现，尤其是在政治新闻报道中。Hopmann D N, van Aelst P, Legnante G. Political balance in the news: A review of concepts, operationalizations and key findings. *Journalism*, 13(2): 240-257.

方面,而意味着给予所有立场一种公平倾诉的权利。而这种看待新闻客观性的独特观点在CNN内部就遭到了质疑。编辑特纳(Turner)则认为,在事件中,出于氛围的影响,记者容易产生"越界"的倾向,而这种偏离则需要编辑去进行适时的调整和修正。①

新闻机构与记者的社会独立性是保证客观报道的外部条件,反向观之,个体的内在特质也是不得不考虑的影响因素。报道者和编辑常常被认为在新闻报道中带有个人立场、党派倾向或者政治偏见,但表明新闻事件受到偏见影响的证据尚少,因此还不能急于下定论。过去有相关研究指出,很多新闻从业者认为新闻客观性是难以实现的,除了之前提到的感性客观和理性客观的关系之外,从业者的偏好甚至超越组织或体制因素。新闻从业者受限于自身所在社会环境,这使得超越文化、种族和情感的纯粹客观性是不可能实现的。但具体而言,也有学者认为,在实践层面,新闻运作体制反而可能限制个人对于新闻报道过程的影响。人并不受制于决定论,而是受制于现实的既有条件。一个合格的新闻从业者应该具备超越个人固有观点和情感的基本职业素养和能力。

除了难以完全摒弃的记者个体印记之外,新闻及新闻价值的实现也受到时间、地域上的差异、新闻机构的后勤保障、采写预算及相关法律的种种限制。从法律层面来看,新闻从业者可能会承担因诽谤而被起诉的风险,这使得他们无法报道某些特殊类型的新闻,并且进行严格的自我审查(self-censorship),甚至会有意无意地避开对此类新闻的报道,因此,新闻专业性意图追求的使信息在大众面前透明和公开的目的难以达成。但是如果记者或编辑本身掌握了足够多的新闻要素去支持新闻报道中的推断,其客观性原则允许新闻从业者从经验元素中提取可以支持论断的证据,那么法律层面的风险完全无法对新闻从业者的专业性造成威胁。②

---

① Evans H. Propaganda versus professionalism. British Journalism Review,2004,15(1):35-42.
② Boudana S. A definition of journalistic objectivity as a performance. Media, Culture & Society, 2011,33(3):385-398.

二、新闻专业主义的技术反思

近 10 年来，社交媒体借助手机、平板电脑等移动终端快速发展，并且作为互联网的末端载体不断在日常生活的各个领域延伸，在重塑人们的生活方式与习惯的同时也打破了信息获取的传统模式。新媒体技术和网络平台带给新闻领域的改变主要在于提供高效的新闻内容采写路径及提升新闻流通的速度，传统新闻记者与新闻现场之间的时空关系也受到巨大影响。对表达事实的捍卫与信息透明度的保障是新闻专业主义立足的两个支点，在新媒体技术环境下，新闻对两者的展现方式更为灵活丰富，新闻专业主义也在时空高度压缩、采写效率大幅度提高的同时不断被重新解释和定义。

在社交媒体环境中，记者与受众间的边界在不断模糊，成千上万的网民自主或非自主地参与新闻内容的网络平台实践中。社交媒体上的信息并非简单地依靠内容或者简讯而流通。用户的个人简介、网络社交好友及其转发的信息都提供了附加信息。社交媒体使用者对于记者而言既是对照也是参照。总体来看，两者都重视对事实的呈现与肩负着一定的社会责任，但各自的表达方式有所不同。记者的专业性让他们更具备一种内在的职业警觉性，继而对真相的表达更为慎重。社交媒体使用者可以借助即时和广泛的信息获取渠道，对信息进行多方面筛选和选择性表达，某些情况下甚至也能扮演监察人角色（watchdogs on the watchdogs）。

社交媒体通过人际信息反馈与同伴接纳的多重路径来建构个人身份，它可以通过提供联系人信息更新功能加强群体内的个体间关联。与此同时，网络群体中的信息交换能够帮助建构信任关系。社交媒体的交往规则与日常生活既有所重叠亦有所区别。虚拟空间看似可以为完全摒弃社会不平等和偏见的交流提供一个完美场所，但实则永远无法避开某一群体内部"主体—边缘"的影响强弱与关系等级高低之间的区别。[①]例如，新闻网站 Guerilla News

---

[①] 对于此问题可以参照微博的"大 V"群体，即经过实名认证、拥有大量关注者的社会知名人士。草根群体如若意图在平台上表达诉求，都要在内容发布的同时点名"大 V"以引起他们的关注和转发，才能使该诉求有机会被更多用户看到。

（GNN）[1]可以计算某一新闻内容有多少人表示认可和支持，也会统计获得最多数量认同的文章并集结为"新闻头条"（top news），得到肯定的新闻发布者同样会因此受到更多关注，一个无形中的精英社会在社交媒体上形成自己的影响力，并会适时地转化为虚拟社区和现实世界的社会资本。

社交媒体再次塑造信息传播的方式。一项基于1600名加拿大网民的在线调查结果显示，"分享"（sharing）已经变成社交媒体使用者与新闻生产之间的核心连接方式，[2]形成了受众、社交媒体与新闻生产之间的互动格局。用户开始把社交媒体当作筛选和过滤新闻的工具，而不再单纯地依赖新闻机构和记者的专业判断。社交媒体的崛起展现了社会公共空间的演变，新闻发布与流通也被网络化的公众面貌重新定义。社交媒体同样也在影响记者在新闻生产中的角色和地位，使他们不再只是公共话语的传统监管者和仲裁者。年轻的新闻阅读者更容易从社交媒体上的专业新闻发布账号中获取信息，尤其是学生群体。他们是社交媒体的重度使用人群，因此更倾向于使用社交媒体的同时阅读新闻。2012年，学者埃文斯（Evans）随机选择61名美国中学生进行调查和访谈，发现社交媒体已经成为青少年获取新闻的重要渠道。年轻一代对专业渠道发布的新闻的真实性的态度日趋谨慎和保守，倾向于结合多种信息获取方式去"直视"新闻，[3]而信息丰富又活跃的社交媒体就成为一个重要渠道。有学者考虑到社交媒体可能会制约受众获取信息的广度，而数据则显示出不同的结果。大部分的社交媒体认为，相较于传统新闻媒介，网络社交圈为他们提供了一个更为广阔的信息获取渠道。社交媒体的使用程度并不会影响受众对传统媒体新闻的需求。社交媒体使用者更容易接纳诸如《赫芬顿邮报》（*The Huffington Post*）[4]这种结合新闻与独立博主评论的网络媒体。新媒体技术和网络平台拓展了发布和接受个人化的新闻生产路径。新闻媒体的守

---

[1] GNN网站是一家以新闻和视频为主要内容的网站，由乔希·肖尔（Josh Shore）和斯蒂芬·马歇尔（Stephen Marshall）于2000年在纽约创立，于2009年关闭。

[2] Hermida A, Fletcher F, Korell D, et al. Share, like, recommend: Decoding the social media news consumer. *Journalism Studies*, 2012, 13(5-6): 815-824.

[3] Marchi R. With Facebook, blogs, and fake news, teens reject journalistic "objectivity". *Journal of Communication Inquiry*, 2012, 36(3): 246-262.

[4] 《赫芬顿邮报》是一家在线新闻博客网站，创立于2005年，综合新闻、原创博客、讽刺文学等文本形式，涵盖各个领域的社会热点问题。

门人角色功能逐渐被削弱和分散,并被转移到社交媒体使用者的家庭、朋友与熟人身上。

社交媒体作为新闻报道的工具与平台,其突出作用在重大的、突发的及即时性事件中得以充分发挥。记者转向社交媒体的主要目的是捕捉新颖的新闻角度与迅速、即时的受众反馈。回顾从传统纸媒到广播电视兴起的大众传播时代,不难发现其客观的、一对多的单向特点。非线性"多对多"沟通模式使社交媒体可以分散信息流,并逐渐将受众纳入新闻生产的过程,同时也在改变着新闻生产者(记者)和新闻消费者(受众)之间的单向依赖关系。在事发现场,社交媒体往往被非新闻从业者用作发布现场照片、视频以及文字描述的平台,它带给新闻生产的影响使得新闻报道有机会摆脱精英话语的限制,使得大众更容易接触到关于某一重大事件的综合新闻内容。

学者赫米达(Hermida)提出"弥漫新闻"(ambient news)的概念。[1]"微博"形式的社交媒体拓展了社会交往的边界。它使用户可以同时通过网络发布简短信息,从而实现即时性的信息爆发。"Ambient"一词意在表达信息传播流动的、普遍蔓延的自然特点,使得人们感受和接受信息如同呼吸空气一般自然。新闻在人群四周"扩散"开来则意味着用户可以随时随地掌握社会生活中的任何变化。弥漫新闻的特点之一即可以实现全天候、不同平台的新闻生产,并且持续滚动发布标题式新闻。社交媒体的发展为"弥漫新闻"的形成提供了重要的技术支持。

"弥漫新闻"的概念建立在将公众作为新闻消费者的基本设定之上,继而形成的"弥漫新闻业"则进一步考虑公众是如何参与新闻生产的。这并不意味着非新闻从业者有同等机会掌握各类简短信息,能够有效地在新闻体制的框架下进行具有一定效率的客观性新闻生产,当中还要考虑新闻筛选、过滤和整合的专业能力。因此,只能说"弥漫新闻业"展现了一种面向多元受众的开放式、碎片式新闻,允许社交媒体使用者将若干细节内容拼接起来形成集合新闻。

以Twitter为代表的微型博客社交网站上的新闻生产与扩散被认为是"弥

---

[1] Hermida A. Twittering the news: The emergence of ambient journalism. *Social Science Electronic Publishing*, 2010, 176(2): E50.

漫新闻"的典型代表,其特点为持续蔓延、互相影响的信息动态性与碎片化。例如,2010年海地发生里氏7.0级地震,在采集新闻内容的过程中新闻从业者迅速转向Twitter和Facebook等社交媒体,他们从社交媒体的信息片段中试图去捕捉关键词,用以完成一篇出彩的新闻报道。除了可将社交媒体作为开放型数据库供新闻从业者使用之外,成立于2000年的韩国新闻网站OhmyNews尝试将新闻素材采写过程直接向任何注册用户开放。有学者将其评价为一个具有重大意义的节点,因为OhmyNews实现了新闻职业边界的突破,使得"人人皆记者"(every citizen a reporter)成为可能。[1]综合不同类型的融合路径,并且为了更好地筛选和分析社交媒体的信息流动,有学者提出一种社交媒体可视化信息分析工具Vox Civitas。该工具越过复杂的数据收集等前期环节,简化了对社交媒体信息的过滤,继而可以实现帮助记者在社交媒体上收集素材、选择独特报道视角,以及作为报道立足点促进更深层次调查等功能。

虽然Vox Civitas能为记者提供社交媒体资源高效筛选的功能,但与此同时也不能忽视社交媒体在此过程中所具备的"先天"劣势,即其作为信源的不确定性、模糊性、片面性等特点。并且,在事件发生之后由用户上传到社交媒体的大量相关信息都会被打上个人用户的烙印,这种以单一视角捕捉到的新闻内容也容易使真正可靠的信源埋没于众声喧嚣之中。因此搜索和筛选功能并不能完全解决社交媒体作为鱼龙混杂的新闻信源库的现实问题,在此基础上需要融入合理的机制对信息进行同步评估与取舍,确保信源的合法与可信,继而进行最终整合。在肯定社交媒体在新闻生产中的重要地位之外,也要坚守住新闻专业性立足的大本营——真实性和客观性,并以此为原则与社交媒体进行融合。需要明确的是,从作为信息流通平台的社交媒体与新闻生产的关系来看,社交媒体并没有颠覆既有的新闻采写过程,也并未对新闻专业主义的内涵产生剧烈影响。新闻专业主义的内涵需要不断发展和延伸,评估和整合社交媒体上泛滥的多方信息、获取可靠信源为新闻专业主义补充了新的内涵。

---

[1] Kim E G, Hamilton J W. Capitulation to capital?: OhmyNews as alternative media. Media, Culture & Society, 2006, 28(4):541-560.

如果在操作层面上继续思考,应该如何对社交媒体信源进行评估和过滤?如何将社交媒体的即时性和同步性移植到记者的职业能力之上?在社交媒体逐渐改变人们交流方式的大背景下,社交媒体将继续从各个层面整合新闻实践,因而新闻生产工具也迫切需要升级和发展才能适应新环境下的新闻工作需求。根据媒体的报道,一家由两个高中就退学的学生创立的公司——Owlin的主要服务是抓取大量的博客内容、公司主页还有新闻网站的内容,依据多种算法呈现即时新闻并且分析新闻背景和可靠度。Owlin的业务拓展人员称:"当我们发现世界各地都面临着资讯爆炸、新闻蜂拥的问题时,我们想要将资讯进行整合并直接传递到用户的控制面板中。我们会提供新闻发生的背景内容,用户在看到即时新闻的同时,还可以看到它在网络上是如何发展起来的,大概就可以了解它是怎么出现的,它的影响力到底有多大了。"学者戴克普洛斯(Diakopoulos)进一步提出了一个专门用于社交媒体的新闻平台SRSR(Seriously Rapid Source Review),并把记者作为核心受益群体。SRSR的概念在于构建立体的新闻发布维度,涵盖新闻内容、报道时间及新闻地点等基本元素,同时也加入"硬新闻"(政治、经济、犯罪等)与"软新闻"(娱乐、名人、民众兴趣)、常规新闻与非常规新闻。SRSR旨在通过整合社交媒体具有关系黏性的节点,清晰呈现某一事件的信息来源、整合者与发布者身份,同时也会标明事件的某些关键细节是否得到了相关个人和新闻机构的证实。

SRSR这一新闻平台的概念设置连接了社交媒体的即时性碎片信息与新闻生产过程,又将来源核实与内容审查等环节考虑在内,尽可能规避社交媒体容易导致的信息爆炸与虚实混杂的现象,继而最大限度地保护新闻内容的真实性与客观性。与此同时也应注意,SRSR虽然提供了一种较为理想化的社交媒体信息整合模式,但在实际运用层面还存在诸多问题和阻碍。SRSR本质上还是要依赖社交媒体,是一种需要社交媒体上的大量信息来补充的新闻生产模式,因而在模式植入时既要尽可能地限制社交媒体上的信息流通,又不能使新闻专业主义变成新闻传播的限制因素,同时在技术应用层面也有关于网络开发和算法等方面的技术性问题待解决。

三、新闻专业主义的社会性反思

(一) 新闻机构自主权与职业价值

新闻专业主义可以被看作一种客观、独立、以事实为根据的行动路径,引导新闻从业者承担一定的社会责任去发挥相应作用,而新闻业则可以被理解为新闻专业主义所规范的潜在职业内涵的集合。[1]对新闻专业主义的研究经常转向对新闻职业的社会学研究,更为强调职业特质(trait approach)。[2]新闻业专业化的一个重要问题在于它目前依旧处于一种动态的、尚未完善的状态。学者罗瑞(Lowrey)提供了一个多重因素影响记者职业模式的循环过程模型。[3]

《华盛顿邮报》专栏作家、资深记者尤金·迪昂(Eugene Dionne)认为,新闻业时刻处在若干严峻社会条件彼此交织的矛盾地带,它的首要原则应该是保持中立,新闻机构和记者应该保持独立思考但同时也有义务向受众表达观点、施加影响,既要保持公平,也要把握边界。[4]在不断向前探索的过程中,新闻机构和记者始终在若干悬而未决、亟待厘清的社会伦理问题中寻找新闻生产的边界和准则。新闻专业主义的目的与意义并不应仅仅局限于提供一个可实行且可测量的新闻业基准,还应该包括以带有信仰意味的理想主义去规范与引导新闻实践活动,并且使新闻业尽量避免报道立场的明显偏颇及过度商业化,以形成一种具备高度可信性的新闻业形态。

新闻是社会体制的产物,新闻是一种中介和代理的形式。"新闻文化"被看作新闻主体(新闻从业者、新闻资源与公众)与客观实体(媒介事件、媒介技术、新闻组织与机构、新闻体制)间的中间变量。[5]新闻专业性有其发生效用的语

---

[1] Dodson G. Australian journalism and war. *Journalism Studies*, 2010, 11(1):99-114; Figdor C. Objectivity in the news: Finding a way forward. *Journal of Mass Media Ethics*, 2010, 25(1):19-33.

[2] Schudson M, Anderson C. Objectivity, professionalism, and truth seeking in journalism. In Wahl-Jorgensen K, Hanitzsch T. *Handbook of Journalism Studies*. New York: Routledge, 2008, pp.88-101.

[3] Lowrey W. Mapping the journalism-blogging relationship. *Journalism*, 2006, 7(4):482.

[4] 转引自Cunningham B. Rethinking objectivity. *Columbia Journalism Review*, 2003, 42(2):24-32.

[5] Deuze M. National news cultures: Towards a profile of journalists using cross-national survey findings. *Journalism & Mass Communication Quarterly*, 2002, 79(1):134-149.

境和前置条件,新闻媒体和政治之间复杂的关系影响着记者对新闻专业主义的界定。对这一概念的理解来源于西方新闻传统,同时在个体的新闻实践过程中逐渐成形。记者、新闻机构与社会制度因素三者以链式关系持续运作:虽然记者有独立执笔的自由,但这种自由绝对不是在真空环境下发挥效用的。某特定条件下的"自由"也可能成为限制,对社会政治环境中的个人自主性造成一定的阻碍;在面对外界评价的攻击和非议时,记者的专业性需要且依赖于来自新闻机构的支持和庇护;新闻专业主义之下的行业自治很大程度上受制于制度因素,因此对新闻机构自主权的政治经济学分析倾向于这种互动关系(新闻专业主义与制度)的特点。

新闻生产的日常实践中,记者的独立性受到一定的限制,这与记者的个人新闻判断力、新闻资源获取路径及其所处的专业层面有很大关系。记者的自我呈现受制于集体共享的行业规范、价值及隶属于某一专业群体的归属感。[1] 霍尔认为,由无数细节构成的全套行为系统代代相传,常态下很难把握其运行规律,只有在这些规律被打破的时候,人们才能意识到其存在。[2] 匈牙利裔美籍作家卡蒂·马顿在回忆录中讲述,其父母在20世纪50年代分别为美联社与合众国际社在匈牙利的通信记者。在他们的职业生涯中,马顿夫妇一直生活在呈现真相、故乡情感和政治立场的夹缝之间,并且两人在因触及政治底线的报道与言行而被捕入狱之后试图向所供职的美联社寻求帮助与支持,并认为"(对我们的遭遇)美联社应该承担起部分责任……"[3] 这种个人与机构共同享有的归属感在日常新闻实践中凸显的意义不大,而往往在新闻实践违背新闻理想并使得记者本人或整个新闻机构感到不妥和危机之时,新闻专业性与新闻机构归属感的清晰轮廓才可能会出现。

过去以记者为核心的研究多集中于新闻生产体制的跨文化比较,而并未过多关注记者作为新闻生产的主体在新媒体时代的媒介内涵、发展和文化中

---

[1] Ahva L. Public journalism and professional reflexivity. Journalism: Theory, Practice & Criticism, 2013,14(6):790-806.

[2] 爱德华·霍尔:《无声的语言》,何道宽译,北京:北京大学出版社,2010年,第55页。

[3] 1954年,安德烈·马顿于狱中写给妻子伊洛娜·马顿的亲笔信。卡蒂·马顿:《布达佩斯往事——冷战时期一个东欧家庭的秘密档案》,毛俊杰译,南宁:广西师范大学出版社,2015年,第108-109页。

意味着什么,以及他们实现职业身份认同的方式是什么。[1]相关针对记者群体的实证研究发现,新闻生产行业内部积极性有下滑趋势,记者倾向于选择保守方式捍卫自身权利。一项针对美国记者的调查研究显示,[2]新闻机构人员数量呈下降趋势,该趋势与新闻从业者对其工作环境的负面认知和评价有关,甚至其中相当多的记者有更换职业的想法和计划。概括其原因可以发现,新闻机构的运作自主权与从业者的独立性出现变化,在日常工作负担加重的情况下新闻机构还要面临被收购的压力,从业者还要面临被裁员的压力。[3]美国立法通信员协会(Legislative Correspondents Association,LCA)进行的调查研究显示,除了某些显而易见违反新闻专业主义的内容(例如事实偏差、道德沦落以及消极懈怠等),LCA的成员倾向于将新闻专业主义的边界划在与政治领域区分开的有效自治区边缘。[4]记者为了支持和捍卫新闻自主权,会在行业团体内部形成一些带有规范性质的条例,如通过推行组织内部政策与设立行为准则来保护其独立自主性。记者也会选择在个人生活中做出相应的牺牲和退让,以保证其新闻实践的专业性。值得一提的是,新闻媒体的自我管理除了通过内部条例进行约束,记者本人也会有意识地进行危险规避和自我保护。通过报纸发表社论与表达某观点可能会对撰稿记者产生影响,甚至引起争议,记者可能会在面临新闻资源选择时,通过规避敏感型新闻资源,有意识地与写作敏感新闻的同事"划清界限",目的在于保护自己不受到相应问责。记者在实际工作中通过具体语境下的新闻事实去定义其职业规范,尽可能不让个人生活对专业判断产生影响,同时也运用具有象征意义的策略去划定新闻专业主义的边界与坚守内部自主权。

---

[1] Deuze M. National news cultures: Towards a profile of journalists using cross-national survey findings. *Journalism & Mass Communication Quarterly*, 2002, 79(1):134-149.

[2] Revers M. Journalistic professionalism as performance and boundary work: Source relations at the state house. *Journalism*, 2014, 15(1):37-52.

[3] Beam R A, Weaver D H, Brownlee B J. Changes in professionalism of U.S. journalists in the turbulent twenty-first century. *Journalism & Mass Communication Quarterly*, 2009, 86(2):277-298.

[4] Revers M. Journalistic professionalism as performance and boundary work: Source relations at the state house. *Journalism*, 2013, 15(1):37-52.

(二) 新闻生产中的公众实践

国内重大的政治变动往往会对新闻业产生巨大影响。在2009年的伊朗大选抗议中,民众运用社交媒体与政府意图控制新闻传播和信息扩散的行为做对抗。在政府信息管制的重压之下,西方通信社记者的言行也受到限制:有些记者被限制在酒店房间内无法自由行动,有些甚至被遣送出境。但是官方的种种限制举措从另一角度助长和强化了社交媒体上的公民新闻生产,继而也促进了主流媒体的新闻独立。埃及于2011年发生大规模抗议活动,2012年举行历史上第一次总统民主选举,政治的重压与社会的不稳定使得2008年至2013年间的埃及新闻从业者在新闻报道自由方面没有任何明显的进展。随着国内环境逐渐放宽与政治民主进程的推进,埃及记者的专业性与自主性也有逐渐觉醒的趋势。由此可见,国内局势的平缓为新闻业提供了较为安全和稳定的发展背景,政治重压和监管也可能迫使公民新闻因报道各类冲突事件反而呈现出爆炸式的发展。但对于本国内部新闻业与记者而言,这仅仅是新闻自主意识觉醒的起点。如若局势动荡不安,新闻业的发展也将随之波动,甚至停滞不前;如若新闻生产在重压下爆发,则容易陷入无章无序的杂乱境地,难以走向正轨。

社会环境深刻影响着不成熟的新闻业能否找到支点实现后续的平稳发展,对于较为成熟的新闻体制和机构而言,局部战争或动荡政治环境下的新闻专业主义又受到了怎样的影响? 其边界又应该落在何处? 一名普通记者直接参与军事行动的行为显然违反了《日内瓦公约》,[①]但在20世纪,战争与社会动乱中不少记者已经做出了类似的举动。战地记者往往被看作以身犯险的"英雄",但是作为新闻捍卫者的英雄光环是否与爱国主义有所冲突? 近200年来,无论是世界性战争还是局部动荡,爱国主义与新闻专业主义之间的天平一直处于摇摆不定的状态。出于保护国家利益与凝聚民众力量的考虑,战争议题下的新闻宣传往往不会过多考虑其是否会陷入将事实扭曲化、将其他种族妖魔化的报道困境。[②]

[①] 《日内瓦公约》中规定,敌对双方的一般新闻记者属于平民,应按照保护平民的规定,给予同等尊重和保护。如果新闻记者参与了军事活动,那么则不属于被保护的"平民"范畴。

[②] Evans H. Propaganda versus professionalism. *British Journalism Review*, 2004, 15(1): 35-42.

学者多德森(Dodson)认为,在伊拉克战争系列报道中,新闻专业主义变为报道战争真相的"绝对权威",限制和阻碍了新闻从业者对军队运作提出批判和检视的空间和能力。[1]此时,新闻专业主义以一种意识形态幻象的形式产生影响,使得记者沉迷于自以为是的"真实报道"。在战争报道中,媒体地位与记者的行动力被压制于军方的影响之下,对于军方中央司令部来说,战争议题下并不存在立场独立的、可以靠一己之力核实信息的记者群体,无论是新闻来源还是报道方向,记者均容易深陷军方设置的信息"泡沫"之中。这种反思很可能与在伊拉克战争系列报道中曾出现的新闻报道事故有关。《纽约时报》曾对伊拉克存在大规模杀伤性武器的报道进行反思,承认报道中有很多未加证实的误导性信息。《纽约时报》编辑丹尼尔·奥克伦特(Daniel Okrent)也曾对战争新闻报道中围绕"恐怖主义"的相关用词进行阐释和反思。例如,新闻报道中对于以色列方使用的词组"定点清除"(targeted assassinations),巴勒斯坦方则认为该用语不甚妥当,似乎在为以色列洗脱暗杀、伤害无辜平民的责任。《纽约时报》尽力在两方立场中权衡措辞意味,避免使用引起较大争议的用词,但最后敲定的"精确打击"(pinpoint killings)还是更为以色列方所采纳。对立立场下的中性用词可谓是难以决断,因而最终由大背景下的第三方来为新闻确定报道倾向。

因此,从具体情境下的新闻实践层面来看,新闻生产往往需要职业规范与独立选择这两个层面的彼此妥协才能完成。新闻专业主义保持着与各个领域的信息相关性和内容生产的职业自主性,很明显,战争报道中的新闻专业主义将战争逻辑、原理及假设纳入新闻生产的过程。因此,在有限环境和有限信息来源的影响下,记者的战争报道也容易因为严格遵循专业性原则而被有意引导,继而在外界其他因素的影响下固定化和进一步规范化。此种境地也并非完全将记者置于被动地位,强大的军方干预也能够帮助新闻从业者规避过度的自我审查与受到外界批评和质疑的风险。

新闻专业主义的要旨在经济、社会文化、技术革新及政治趋势等多重外部影响下被描绘出来。此外,公共新闻和公民新闻内部的诸多分支与元素也在

---

[1] Dodson G. Australian journalism and war: Professional discourse and the legitimation of the 2003 Iraq invasion. *Journalism Studies*, 2010, 11(1): 99-114.

不断地引导传统的新闻价值观进行重新整合。①除了唤醒和重新定义专业主义价值之外,新闻传播的大众路径引导记者从新闻机构中去挖掘公共新闻业的实践性意义。公共新闻业影响着记者所扮演的社会角色能承担的公众责任,虽然公共新闻的概念对于新闻从业者来说颇为熟悉,但是其真正的内涵是否被报道者与受众广泛理解尚存疑问。

学者阿赫瓦(Ahva)认为,公共新闻的概念可以从四个水平层面去理解。第一,在公共新闻的领域内,新闻生产理应与民众利益息息相关,信息内容同时要具备有效性和可理解性,以保证民众充分获取新闻内容并进行理解和消化。从这个意义上来说,因为媒体的宗旨即是将民众带入社会事务,因此它承载着提供服务的意义。这一理解同时也强调了新闻业行使着将政治术语"翻译"成日常用语的功能。第二,公共新闻为民众提供了参与"讲述"的机会,创造了足够广阔的空间给民众进行自由表达,尤其注重展现真实的民声、立场及隐蔽性事件等。从这一角度来看,民声可以作为公共新闻的信息来源之一,逐渐将新闻业的聚焦点和话语权从精英阶层转移到大众的日常生活上来。第三,公共新闻则强调民众参与公共事务的权利。新闻从业者作为肩负社会责任的民众而存在。此时,记者并不将自己当作理应将信息传递给广大受众的中间载体,这使得记者自然而然地将自身置于捍卫公众利益的一方。记者应当成为政府职能的监督者,而不是听命于官方指挥的盲从者。如果说新闻生产具有公共含义,它意味着所报道的内容必须是民之关切,也必须涵盖受众群体中的隐蔽性话题。在公共新闻业中,民众的影响必须要处于记者的职责与能力之上,同时记者也不能仅仅将"公民角度"的元素植入新闻生产,而仍旧应把新闻宣传的决定权把握在自己手中。第四,公共新闻要求新闻从业者努力提高民众参与积极性。社会参与的意识可以从两个层面去理解,一方面,新闻业要以开放的态度接纳非新闻从业者以自媒体新闻等形式参与新闻内容生产。另一方面,公共新闻业要为民众提供个人意见表达和公开辩论等行为的空间,使得经由新闻媒体进行的社会参与真正成为可能。总体来看,公共新闻的概念需要新闻从业者与民众共同建构。

---

① Ahva L. Public journalism and professional reflexivity. *Journalism: Theory, Practice & Criticism*, 2013,14(6):790-806.

抽象化的公共新闻概念在多大程度上可以在实际操作中得以运用和验证？这一说法似乎自动将自身置于实证主义批判之下。实际上，动态新闻的时效性要求与民众的新闻生产参与原则有所冲突。这意味着"硬新闻"与"软新闻"之间的内在区别将直接影响记者对于公众参与公共新闻生产的理解。同时也有观点质疑，某些情况下围绕新闻的公众评论可能会为新闻生产增添色彩，但实质上却并没有深层含义的新生产和新贡献，甚至可能会侵蚀新闻生产的严肃性。

围绕新闻专业主义的争议和讨论始终贯穿新闻业的发展。同时，突发性新闻事件不断考验着新闻从业者的专业价值判断能力和职业道德观念。此外，近年来动荡的局部环境导致地区问题尚处于未竟状态，战争与难民、宗教、医疗疾病、气候等问题作为局部敏感问题也在驱使新闻生产不断向前摸索，以试图在诸多挑战中反复明确新闻业的边界和专业立场。

对于新闻生产来说，社交媒体极大地拓宽了新闻专业主义表达的方式与路径，打破了以往新闻生产者与消费者之间的单向流通与单一关系模式：新闻从业者有在社交媒体上交流分享私人生活的需要，普通网络用户也可以作为自媒体在新闻现场发布即时讯息。此类社交媒体上个人用户身份和信息来源的多重性，以及彼此间日益紧密的互动关系与角色互置，使得传统新闻采写发生了深刻变化。用户的社交圈承担了原本属于新闻编辑的决定某一新闻是否重要、是否值得刊载的传统职能。而现在流行的精确推送，就是利用一种新的算法，让程序自主判断用户的新闻信息偏好，并及时把新闻信息推送给每一个用户。同时，每一个人也乐意通过社交媒体来发布和获取新闻，这一现象正是随着人们习惯于为喜爱和赞同的新闻"点赞"(liking)及关注社交媒体上的某位记者的行为而出现。社交媒体对用户来说不仅仅带来社会空间的虚拟拓宽，更加意味着人际信息交换渠道的拓宽。基于网络使用，社交媒体成为跨地域信息分享与新闻发布的集散地。对社交媒体在新闻生产与传播中的作用的关注，衍生出对信息同质性的担忧：用户更倾向于接纳个人社交圈内与自己立场相同的信息和观点。但综合来看，社交媒体使用者将社交圈融入新闻发布和接受，这一过程并不是以削弱主流媒体信息消费为代价的，因此新闻机构和记者依旧拥有相当的权威性和可信度。

我们还需要注意的是，在新媒体环境影响下，由新闻专业主义引导的公共事务条例与公众参与不再是单一路径的，其发生效用的方式得到极大的丰富和拓展。社交媒体时代的公共新闻并不是一种单纯的网络现象。它具有新闻业本身的一系列特性，同时也融入了灵活多变的特点。新闻的未来发展方向之一就是拓宽路径以便促进公共协商，以 Twitter 为代表的"微博"形式是这一方向的现实实践。在社交媒体信息为公共新闻提供了某种不同的功能时，两者间的区别是比较模糊的，这些现象之间的区别与功能重叠同时存在。检视公民新闻与社会新闻之间的关系可以帮助我们弄清楚社会新闻应用于民主进程和公共氛围的潜在含义。基于信息搜索功能，社交媒体的存在使得媒介形态在新闻生产中的重要性超过新闻内容本身。在认可"以内容为核心"是新闻生产的重要原则的同时，应思考的问题是如何利用社交媒体去规范新闻报道的信息来源与公众参与。

未来新闻业的发展重点在于如何更加灵活、精准、开放、透明。为了不断靠近这一理想目标，新闻从业者理应把获取的公众信任置于新闻工作的重要环节。这也要求记者不断在实践中反思和重新检视新闻专业主义——该如何在媒体技术革新的条件下更好地对记者的角色进行诠释。归根结底，在新闻业承担的内容生产和社会责任关系中，找到独立新闻价值才是新闻专业主义的关键所在。

我们观察到，即使是偏重算法的技术型公司，如 Twitter、Facebook、今日头条、腾讯等，目前都设立了人工编辑岗位。这表明，经过传统的新闻专业主义训练的人工编辑目前相对于机器程序而言，对新闻信息传播的识别与把关能力仍然更强。毕竟到目前为止，传统的新闻专业主义要求的行业伦理规则等，尚无法以一种好的算法进入机器程序。换言之，无论未来的信息生产与传播的业态如何改变，无论新闻专业主义是否要重构，一些核心的东西仍然会存续下去，只是其不再是人的规则，也会成为机器的规则。

第三节　新媒体革了新闻专业主义的命？

新闻专业主义的概念提出已经有半个世纪了,然而其基本内核应该包括哪些方面？今天流行的新闻专业主义与过去相比有什么差别？诸如此类的问题一直困扰着新闻传播界。而新媒体的出现又带来了新的变数。有美国学者断言:"大众传播时代不过是一个时代,它不会永远持续下去。"[1]他认为,公民新闻传播的时代已经到来,传统的大众传播将被公民新闻取代。以至于有人进一步追问,作为新闻业重要标志的新闻专业主义是否也将不复存在？那么,究竟问题核心何在？此类观点有多少合理性,又存在怎样的误区呢？

笔者认为,要回答这些问题,至少要先回答如下几个问题：

(1)新闻专业主义理念的出现对于理解人类的新闻需求有什么意义？(2)新媒体技术的出现,在多大程度上改变了人类新闻生产与传播过程？(3)公民记者的出现对新闻专业主义本身有什么影响？

一、社会需要什么样的新闻和媒体？

自新闻业产生以来,新闻报道范式(或者称报道方式)出现过几次重大变革。这些报道范式至少包括如下几种：政党报业(观念新闻学)—客观新闻业(信息新闻学)—解释性新闻报道—调查性报道—新新闻学—精确新闻学—亲近新闻学—公共新闻运动。

剖析这些报道范式变革的内在动因,其实是很有价值的研究课题。[2]因为这些报道范式的产生,是社会对新闻活动的基本诉求和新闻行业内部运动合力之产物。每一次报道范式的转型都有着认识论和实践论方面的哲学思考,除新新闻学选择了一种感性主义的主张,持反理性主义认识论哲学外,其他的报道范式都是西方主流的理性主义和科学至上思想对新闻传播活动进行反思

---

[1] Witt L. Is public journalist morphing into the public's journalist? *National Civic Review*, 2014, 93(3):55.

[2] 吴飞:《西方新闻报道方式变革的内在动力分析》,《现代传播》1999年第2期。

的产物。每次转型与变革,都直接吸收了哲学与社会科学研究的方法论成果。因为这些报道范式的探索者都在回答一个基本论题,那就是新闻从业者如何认识和符号化再现其所观察到的客观事实,如何把握事实背后的真相,如何才能将真实、精确、完整和深刻的新闻事实呈现给社会大众,让公众对社会的变化和运动有准确把握,让人们获得更好的社群生活,从而真正起到社会瞭望者的作用。

例如,客观新闻业强调新闻从业者要认识事实,并可以借助一些客观策略(如第三人称叙事、去感情化表达、事实与观点分离、倒金字塔结构等)来呈现新闻事实;解释性新闻报道提出,新闻报道不能止于事实的表象,而是要解释分析事实发生的来龙去脉,在how和why上下功夫;调查性报道对新闻报道提出了更高的要求,它要求记者深入事实的脉络,去揭示事实表象背后的深层原因,挖掘那些被权力和利益遮蔽和掩盖的真相;精确新闻学则希望记者不仅可以报道那些显露的新闻事实,而且能够用实证社会科学方法来收集、整理那些隐含在日常生活中的运动规律;而亲近新闻学则强调以人类学民族志的方式来揭示普通人的日常生活中细微之处,期望记者成为当地社区历史与公众生活方面的专家——知道如何倾听,如何与公众交谈,如何传递公众意见,如何及时掌握更多的细节,以达到"接近真实"的目的。[1]换言之,这些报道范式的探索者,孜孜以求的是新闻事实的精确性,真相的完整、全面。

顺沿这一思路,我们大概不难发现,人类之所以对新闻报道要提供精确、全面的新闻信息有着固执般的苛求,是因为人类一直追求一种自主的社会生活,而这种自主的社会生活与民主有关,是以笔者认为,新闻的根就是民主。[2]众所周知,民主的前提是独立的、理性的公众,在充分占有信息的前提之下,就公共事务进行广泛的辩论,以求在观念的市场上寻求妥协与共识,并在共识的基础上完成决策与行动。

哈佛大学教授罗伯特·帕特南(Robert Putnam)发现,托克维尔描述的美国社区生活正在逐渐衰落,那种喜好结社、喜欢有组织的公民生活、关注公共话题、热心公益事业的美国人不见了;今天的美国人,似乎不再愿意把闲暇时

---

[1] 吴飞、卢艳:《"亲近性新闻":公民化转型中的新闻理论与实践》,《新闻记者》2007年第11期。
[2] 翁一:《吴飞新闻是寻"根"的事业》,《青年时报》2011年11月7日,第TK05版。

间用在与邻居一起喝咖啡聊天、一起走进俱乐部去从事集体行动上,而是宁愿一个人在家看电视,或者独自去打保龄球。①其实在他之前,美国新闻从业者已经发现了这一问题,并在20世纪80年代末、90年代初发起了一场旨在重建公共领域的新闻改革运动——公共新闻运动(public journalism),亦称公民新闻运动(civic journalism)。

二、公共新闻运动的内涵与困境

哥伦比亚大学新闻学院教授詹姆斯·凯里认为,公共新闻思潮是美国继党派新闻学和以寻求社会信任为特征的现代新闻学以来的第三次革命性思潮。

公共新闻运动的内核是什么?北卡罗来纳大学新闻与传播学院的教授梅耶(Meyer)从六个方面界定"公共新闻":第一,公共新闻要重新树立公共意识,让大家关心公共生活;第二,新闻媒体应该对那些重要的公共问题关注更长时间,不能总是从报道一事很快地转向另一事;第三,报道不能仅仅关注事件本身,还要帮助公众看到事实背后潜在的社会问题根源;第四,不要只关注极端,关注反常;第五,对有关政治争论的报道,应该重视争论的内容而不是热闹的技巧;第六,要培养公众的思考能力。②

与社会责任论建立在精英民主基础之上不同,公共新闻运动的哲学基础是当下流行的商议民主(deliberative democracy)理念。③从20世纪90年代初起,西方发生了一次从"以投票为中心"的民主理论到"以对话为中心"的民主理论的转向,而这一转向的集中体现就是商议民主的出现。按照哈贝马斯的观点,民主是一场博弈。因为"根据自由主义观点,政治本质上是一场争夺人们可借以控制行政权力的职位的斗争。决定公共领域和议会中政治性意见

---

① 罗伯特·帕特南:《独自打保龄——美国社区的衰落与复兴》,刘波译,北京:北京大学出版社,2011年,第30页。
② Meyer P. Precision Journalism: A Reporter's Introduction to Social Science Methods. Bloomington: Indiana University Press, 2002, pp.18-51.
③ 学界对deliberative democracy的翻译有不少分歧,如曹卫东译为"话语民主""商谈民主",谢地坤、潘忠党译为"商议民主",刘莘译为"慎议民主",李君如译为"协商民主",陈东升等人译为"审议民主"等。

形成和意志形成过程的,是为保住或获得权力职位而进行策略性行动的集体行动者之间的竞争"①。公共新闻运动的主将罗森(Rosen)指出,民主的理念是一个"交谈者的社会"(society of conversationalists),而新闻的公共作用正在于"放大和改善"交谈者的交谈。他指出,"当报纸将其角色限定为仅向交际渠道另一端输送信息时,它就已经放弃了积极推动交谈的作用"②。斯坦福大学新闻传播系西奥多·L.葛拉瑟(Theodore L. Glasser)总结说,公共新闻运动是一种每天都在运行的新闻传播活动,它号召记者:(1)将受众作为公民,作为公共事件的潜在参与者,而不仅仅是(公共事件的)牺牲者或旁观者;(2)帮助解决社会问题;(3)改善公众讨论的舆论环境,而不是冷眼旁观这种环境越变越坏;(4)帮助公共生活走向更加和谐美好。③但他批评说,公共新闻运动没有提供有关善的理论,也没有对正义提出明确的要求,因此,他担心"如果不加以控制,其狭隘的公平观很容易使新闻界无法推动社会变革"④。

不过,舒德森教授认为公共新闻运动并非一种新模式。他将美国历史上新闻业服务民主归结为三种模式:市场模式、倡导者模式和受托人(守门者)模式。⑤市场模式:记者通过提供公众要求的东西更好地服务公众,其目的是取悦受众或者消费者。消费者就是新闻产品的最终仲裁者。这种模式是记者所诅咒的,他们从来不把它看作一种理想或志向。这是商业机构的模式,而不是新闻编辑室的。倡导者模式:新闻业应该从政党的视角供给新闻,新闻业应成为传递政党观点的机构以服务公众。这里新闻业是一个顺从政党的附属机构,而不是一个完全自治的商业企业。这种模式在19世纪政党报纸时期流行。受托人(守门者)模式:记者从他们作为职业组织认为公众应该知道某些东西

---

① 尤尔根·哈贝马斯:《在事实与规范之间——关于法律和民主法治国的商谈理论》,童世骏译,北京:生活·读书·新知三联书店,2003年,第335页。
② Rosen J. *What Are Journalists?*. New Haven: Yale University Press, 1999, p.185.
③ Glasser T L. Public journalism movement. In Mazzoleni G. *The International Encyclopedia of Political Communication*. London: Sage, 1999, pp.1315-1320.
④ Glasser T L. The idea of public journalism. In Glasser T L. *The Idea of Public Journalism*. New York: Guilford Press, 1999, p.9.
⑤ Schudson M. What public journalism knows about journalism and doesn't know about the public. In Graber D, McQuail D, Norris P. *The Politics of News*. Washington: Congressional Quarterly Press, 1998, pp.132-149.

的立场出发提供新闻。他们相信公众应该是被告知的民主社会的参与者。

在西方,新闻业一直被认为处于市场模式和受托人(守门者)模式之间连续不断的斗争中。在受托人(守门者)模式里,记者把公众看成公民。在这个意义上说,公共新闻运动其实就是守门者新闻业的变种。因为,公共新闻运动和守门者新闻业一样,报道新闻的权威没有变,服务的宗旨也没有变——不是服务于市场利益,也不是某政党的利益,而是公共利益。

公共新闻运动虽然为世人所关注,但其理论与现实困境影响了其进一步发展。梅耶认为,公共新闻运动最大的困惑是与新闻报道的客观性原则相矛盾,因为理论的初创者没有对公共新闻这个概念给出定义,而且在理论框架上也是比较模糊的。《华盛顿邮报》前主编李奥纳德·唐尼(Leonard Downie)对公共新闻提出了质疑,他认为这个被称作"公共新闻"的东西,更像是报社发展推广部门要做的事情,而不是记者应该做的事。[1]美联社1997年的调查表明,只有14%的媒体主管认为新闻媒体听取公众的意见使新闻报道得到了改善,而33%的媒体主管认为建立公众和媒体之间的直接交流是个糟糕的想法。41%的媒体主管认为公共新闻充其量是起哄,是一种促销手段,或是"让那些发行人自我感觉良好的噱头"[2]。

公共新闻运动在美国终究未能成为媒体的主流形态,出于经费、理念、支持的媒体等多方面的原因,这一运动实际上至2003年就终结了。但这一新闻改革运动还是值得反思的。查瑞特(Charity)认为,"公共新闻运动一个值得注意的特征是,它对'人'——报纸的读者或电波媒体的受众——的关注,将他们作为报道什么、如何报道的决定性来源。在一个民主社会中,公共领域应建立在公众自己达成协议的基础之上,所以公共新闻记者已探索出让美国人自己塑造'人民论坛'(national debate)之道"[3]。还有学者认为,公共新闻是一种理想化的尝试,"这场运动是为了提高公民的意识和改善所有人的生活所做的真正努力。这对社会中的每个人来说都是一个伟大的尝试,但这是不是新闻

---

[1] 蔡雯:《美国新闻界"公共新闻"之争》,《南方周末》2004年11月4日。
[2] W. 兰斯·班尼特:《新闻:政治的幻象》,杨晓红、王家全译,北京:当代中国出版社,2005年,第97页。
[3] 邵培仁、李一峰:《论美国"公共新闻运动"》,《嘉兴学院学报》2007年第4期。

的一项功能却是另外一回事"[1]。

三、从两个不同的视角透视新闻专业主义

无论是西方还是中国,对于新闻专业主义概念的基本内核并没有统一的说法。但这并不妨碍我们频繁使用这个术语,如我们会指责某媒体的报道没有达到新闻专业主义的标准,也会说某记者不够专业等。那么我们是在何种意义上使用这一概念呢?

第一,新闻专业主义与新闻专业有关。1915年,弗莱克斯纳(Flexner)提出了专业化的六个特征:(1)有个人责任感;(2)有科学和学习的基础;(3)将专门知识运用到实践中;(4)群体共享技术;(5)组建自我组织;(6)有无私的概念。社会学家帕森斯(Parsons)于1968年在其著作中对专业化的简单界定是:(1)正规的培训;(2)高水平的技能;(3)确保社会责任。1970年,社会学家莫尔(Moore)提出要衡量专业化的尺度,他将专业化界定为一种过程,包括:(1)职业;(2)职业使命的形成;(3)组建组织;(4)组织要求的职业教育;(5)组织要有服务的意向;(6)组织要有自治权。[2]也有学者从过程视角来理解新闻的专业化问题。艾博特认为,专业并非一静态的标准,而是随着时间的推移而发展的,但这一发展包括了如下几个层面的进化:(1)获得对一系列与工作相关任务的控制权;(2)围绕这些任务组织一套知识体系;(3)抵制其他社会群体侵入其领域。[3]这种过程视角较好地解决了试图建立一个整齐划一的专业标准的问题,以此来比照新闻专业领域的状态更为灵活,也更有解释力。

尽管对"专业"的概念的理解还有差异,但大体没有走出戴维德·卡尔(David Carr)归纳的专业主义的五个标准范围,即提供一种重要的服务;既有

---

[1] 埃弗利特·E.丹尼斯、约翰·C.梅里尔:《媒介争论:19个重大问题的正反方辩论》,王纬等译,北京:北京广播学院出版社,2004年,第116页。

[2] Banning S A. The professionalization of journalism: A nineteenth-century beginning. *Journalism History*, 1999, 24(4): 157-163.

[3] Abbott A. The sociology of work and the professions. *Annual Review of Sociology*, 1993(19): 187-209.

理论背景又有实践背景的专门技能(expertise);有特别的伦理维度(dimension),一般都明确写在实践规范中;有组织和内部约束的规则;专业者要有较高程度的个人自治——独立判断权力。①

第二,新闻专业主义与职业共同体有关。施拉姆在其著作《大众传播的责任》中对"专业"的概念做过介绍。他说,专业者,是为完成某一种重要公众服务而存在的。专业者大部分并非受雇于他人。专业者与大众中接受他们服务的少数人之间有紧密的关系。一般而言,他们在被获准从事于某一专业之前,显示出专业的独特知识。他们为了获取专业知识,大体上都曾花很长的时间在专业学校中学习,这些学校为研究、批评与讲学的中心。每一专业者都有其良知,一般表现在行为规范之中。如果他未能做到,权威机构在收到领袖分子的指示后,有权禁止他继续从业这一专业。每一个专业都有其传统,专业者应该不计较报酬地完成所需的公众服务。以上所述,为真正专业所具有的特性的一部分。②

在任何社会体制下,大众传播系统要对依赖它而获知信息的公众负责。③这也就成为从事新闻工作的人们必须追求的一种职业理想。韦伯(Weber)指出,"一个人的职业责任,是……社会伦理的最特有的本质……是一种个人应当感知和确实感知到的其职业活动内容的义务"④。体现在新闻业,就是新闻专业主义的职业理想。这一理想,本应作为新闻业的职业制度成为实践操作中的指针。正如艾略特(Elliott)所说的,构成一个职业的最重要的东西就是被大多数成员分享的价值(values),即使这些观念没有明文规定。⑤

几十年来,虽然有关新闻专业主义的信念、伦理和规范的研究文献日有所增,但到今天,对于新闻专业主义的含义从未达成一个统一的认识。陆晔和潘忠党将新闻专业主义的要素归纳为如下五方面:(1)传媒是社会的公器,新闻

---

① Carr D. *Professionalism and Ethic in Teaching*. New York:Routledge,2000,p.23.
② 威尔伯·施拉姆:《大众传播的责任》,程之行译,台北:远流出版事业股份有限公司,1992年,第368—369页。
③ Elliott D. *Responsible Journalism*. London:Sage,1986,pp.33—34.
④ 韦伯:《文明的历史脚步——韦伯文集》,上海:上海三联书店,1988年,第139页。
⑤ Bertrand C-J. *Media Ethics and Accountability Systems*. New Brunswick:Transaction Publishers,2000,pp.36—37.

工作必须服务于公众利益,而不是仅仅服务于任何政治或经济利益集团;(2)新闻从业者是社会的观察者、事实的报道者,而不是某一利益集团的宣传员;(3)他们是信息流通的"把关人",采纳的基准是以中产阶级为主体的主流社会的价值观念,而不是政治、经济利益冲突的参与者或鼓动者;(4)他们以实证科学的理性标准评判事实的真伪,服从于事实这一最高权威,而不是臣服于任何政治权力或经济势力;(5)他们受制于建立在上述原则之上的专业规范,接受专业社区的自律,而不接受在此之外的任何权力或权威的控制。[1]这五条从社会责任、身份识别、社会功用、职业价值取向与专业自律上做出相对明晰的判断,但这一界定仍然受到一些学者的质疑。

在笔者看来,对新闻专业主义理念的认识是基于我们对传媒在社会结构中的地位和作用的理解,而对传媒的作用和地位的理解又是基于我们对于社会结构的总体认识,基于我们对于国家—社会—公众这一社会模型的设定,基于我们对于社会管理方式的设定。不过人类至今还没有就社会结构、社会体制和社会管理手段达成共识。例如,人们对社会民主理念的不同看法及对民主手段的不同设计(目前社会建构的民主模型至少包括精英式民主、自由多元论民主或者利益团体民主、复合论民主、商议式民主等),导致对不同的媒体功能的要求,但对于什么样的民主方式才是最合适的方式,显然还没有共识。[2]

四、新媒体技术解构了新闻专业主义

新媒体技术的出现,确实在很大程度上改变了新闻生产与新闻传播的过程,有人认为传统的新闻从业者垄断新闻生产与传播过程(如果真的出现的话)的格局被打破了。人人都是记者,每个人都可能是突发性事件的目击者与传播者,也可能是一些隐藏真相的揭露者。甚至新闻从业者往往会从微博、博客、个人网页上获取新闻线索。无论是新闻的广度、密度和速度,都较传统的

---

[1] 陆晔、潘忠党:《成名的想象:社会转型过程中新闻从业者的专业话语建构》,《新闻学研究》2002年第71期。
[2] 参见查尔斯·埃德温·贝克:《媒体、市场与民主》,冯建三译,上海:上海人民出版社,2008年,第170—200页。

新闻生产模式而言在很大程度上有了改变。

那么,此前用来概括传统新闻生产活动的新闻专业主义也失效了吗?笔者认为答案是否定的。原因在于以下几点。

第一,虽然公众都可以成为新闻信息的传播者,但这并没有改变社会对新闻的基本诉求。而新闻专业主义是基于新闻的生产过程而言的,只要存在新闻生产,只要社会对新闻的基本需要没有根本性的变化,那么新闻专业主义仍然是一个有效用的分析性概念。

新闻事实有多种不同的面相,我们大体可以将这些新闻事实划分为三个不同的层级。

第一层级的新闻事实,是那些已经展现为动态事件的新闻事实的表象(events),如温州动车组发生重大事故。对于这一层级事实,任何目击者都可以呈现其基本的事实面,如事件发生的时间、地点,事故现场的基本情况等。要再现这样的事实,难度并不大,只要你在现场,有基本的叙事能力和能够使用手机这种简易的传播工具就可以了。

第二层级的新闻事实,则需要通过更深入的调查和访问才能获取,如这次事故中有多少人员伤亡,是天灾还是人祸,是技术原因还是人工操作失误所致。这一层级的事实是对事件的内在因素与整体模本(patterns)的挖掘。对于这一层级事实,如果没有一定的知识储备和挖掘与呈现信息的技术,甚至方法论的基础,一般普通公众是没有能力完成的。

第三层级的新闻事实,则是更为隐蔽的事实,需要回答这一事故背后是否有制度设计方面的原因,是否存在腐败和行政不作为,这一事件会对社会产生怎样直接与间接的影响等。这需要聚焦于事件背后的社会发展体系(structures),即构成这种事件模本的深层原因。对于这一层级事实的梳理和挖掘,显然需要更专业的知识、更科学的方法、更坚强的意志和更专业的精神。

公众参与新闻生产活动的主要范围,往往止于第一层级的新闻事实,这也导致对于微博上量大而面广的内容,公民记者是大有作为的,因为社会中每一个体都可能是某一事件的亲历者与目击者,可以较专业记者更快速地传播其所见所闻。但是,对于第二、三层级的新闻事实的提供,往往非公民记者所能为。唯有专业新闻机构才能提供更深入更可靠的专业报道。事实上,这种复杂的事件有时连一些专业性新闻机构也无能为力。在中国,这往往需要更专业的知识、更高的智慧、更可靠的信源网络和更强的报道写作能力,否则不但获得不了相关的新闻信息,写出来也没有能力公开报道。

第二,公众可以成为很专业的新闻生产者,但这与新媒体无关,也不是普遍现象,因此新媒体打破了传统新闻从业者垄断新闻生产格局的说法没有现实意义。

新媒体技术的进步,确实为公众参与新闻传播提供了机会。2006年,CNN在其网站上推出了iReport栏目,专门播放由普通公众制作的新闻。韩国人则于2000年创办了OhmyNews网站,根据《互联网周刊》2005年12月的报道,OhmyNews网站拥有近4万名公民记者,日均访问量达到700万人次,占据韩国网络新闻市场份额的33.62%。到2006年,OhmyNews进入日本市场,开设了日本分站。"草根新闻"运动,确实已经成为一道世界性景观,公民记者正越来越多、越来越积极地在新闻传播活动中担任着较重要的角色。但这与新媒体技术并没有直接的因果关系,因为即使在传统媒体时代,公民记者同样可以行动,中国当年庞大的通信员队伍,其实多少有点"公民记者"的影子。

纵观微博、博客等社交媒体,人人都是记者这一"事实"并未真正存在。因为有研究表明,Facebook、Twitter、微博、凯迪论坛等空间中,真正提供原创新闻的仅占注册ID的5%左右,且他们中相当大比例是真正的记者,只不过他们宣称自己的活动是非职业行为而已。例如,著名的报料人"落魄书生周筱赟"就是《南方都市报》的编辑,杨锦麟、邓飞、石扉客等网络活跃人士也都是新闻从业者。这些新闻从业者,往往因为自己的专业报道不便于或者不适合在传统媒体上发表,所以选择以网络传播的方式来实现自己的专业追求。

第三,即使在人人都是记者的网络时代,新闻场域的专业门槛也没有消失,而这正是新闻专业主义的内核之一。

当我们说律师、医生都是典型的专业人士时,并不是说公众没有能力参与他们所从事的专业事务。相反,公众可以自己处理一些并不是很重大的病情、法律事务等。这与公民记者参与新闻报道没有什么区别。专业主义所强调的是面对相对复杂的事务的处置能力,如是否有专业知识、是否有职业团体支持、是否有成熟的职业伦理规范保障,以及是否有服务大众的公共服务精神等。因为唯有具备这样的处置能力，社会公众才能放心享受他们提供的服务，否则便会担心他们的服务不够专业。笔者认为，新闻专业主义所设置的专业门槛在新媒体时代并没有消失，而是强化了。因为网络上出现了越来越多的信息，作为普通的公众，我们没有能力去选择，更不敢轻易相信。当然，这并不意味着普通公众不能通过自己的努力达到专业主义的要求，而成为一个受人信任的公民记者，这与一个普通人通过自己的努力成为一名医生或者律师没有实质性差异。

第四，新媒体技术在给了传统新闻从业者更广阔的舞台的同时，也使他们追求新闻专业主义理想这件事变得更复杂、更具有挑战性了。因为更专业的报道、更专业主义的表现，在新媒体环境下，仍然是人类对新闻传播活动的期望。

不同公众参与新闻活动有不同的动机，可能包括如下几个方面：满足对新闻与观点的分享欲、抒发信息侠客情怀（锄强扶弱、伸张正义）、获得社会名望、追求民主理想、将其视作一种谋生方式等。例如，"超级低俗屠夫"（本名吴淦），因"邓玉娇案"成名，亦对"云南小学生卖淫案"等新闻事件进行了网络报道。吴淦对自己参与新闻事件的初衷这么解释："人应该为了信念而活，凭着良知推动社会公平正义的实现。"在他们身上可以发现，他们不是新闻专业主义理论所认为的客观公正、超然独立、理性分析的专业报道者，而是社会变革的积极促进者与参与者。

在未开放的社会里，在不透明不公开的信息环境里，这类公民记者自然有其重要的社会意义，但就像某学者一再强调的，进行"机器人式"的专业新闻写作仍然是不可缺少的新闻信息传播信条和职业追求。

第五，新媒体的发展，对于新闻专业主义而言不仅不是毁灭性的力量，相反还是激励性的因素。

《大河报》记者朱长振透露，2013年春节《大河报》休刊期间，首次尝试停报不停报（道），利用官方微博这个平台，发布各类微博数百条。为鼓励记者在春节期间发表新闻，该报给微博报道记者发放稿酬和奖品。类似的，媒体开通官方微博，鼓励记者、编辑利用新媒体和社交网络，已经是一个很普遍的现象，甚至连《纽约时报》等西方传统媒体也都开放了从业者在社交媒体上的活动。

相对于传统媒体的渠道而言,网络空间里新闻报道被接受的范围要扩大很多,而更多的同行和专家、事件的当事人都有可能看到这些报道,并就相关的报道进行评论。从这一意义上说,笔者认为,新媒体技术的进步,为新闻专业主义的发展和完善提供了更积极的力量。因为每一篇报道,都可能面临更大范围的批评,虽然有些批评质量不高,但仍然会有一些非常专业的评价,能使参与新闻报道的人受益。这种公开的观点冲击,会让公民记者和专业记者在追求新闻专业主义的过程中得到更大的鼓励。

胡舒立女士于2012年在中山大学举行的第12届"新世纪新闻舆论监督研讨会"上所做的主题发言中指出:"传统媒体不能满足于只在微博上说点贴心话,不应该因为在140个字里把话说得漂亮而沾沾自喜,而要看你背后的媒体到底用报道说出多少事实和真相。"她认为微博确实对新闻报道产生了一定影响,诸如设置议题、发现线人、迅速突破、舆论压力等。但需要指出的是,不少媒体人产生了一种幻觉,误以为有了微博这样的新媒体,传统的专业报道就不再重要了。其实事实刚好相反,因为有了更多的新闻线索,有了更多的线人,而且这些报料人没有受过专业的新闻传播知识和素质培训,也没有行业性组织对从业者的职业操守进行约束,一些网民出于好奇之心传播一些未经证实的信息,甚至还有一些人利用社交媒体故意发布虚假信息,或者随意侵犯他人隐私,所以网络空间鱼龙混杂,信息可信度不高。

也正因为如此,公众对传统媒体的官方微博发布的信息更信任(虽然总体信任度也不太高),对经过专业训练的记者提供的信息更为放心。这一事实为记者在未来的新媒体领域充分进行专业主义实践提供了难能可贵的机遇,同时,他们的专业报道也为公民记者提供了学习的机会,会进一步提升新媒体空间的新闻传播的质量。

第六,还要指出的是,专业性的新闻机构能够为持续提供高水准的新闻报道提供人、财、物的保证,相反,自发的公共新闻不太可能获得这样的保证。

公共新闻往往依赖于参与者的热情,参与者除了好奇心的激励之外,不太可能据此获得利益保证,因此他们的参与注定不可能持久,只是偶尔对于自己有兴趣的新闻发布信息和观点而已。而且一个成熟的媒体组织必须基于专业的报道建构其信誉,从而获得进一步发展的力量,但对于个体而言,因为网络的隐匿性,信息传播中的问责机制失效。

事实还表明,即使参与者是自觉的责任主体,对自生自发的传播秩序的维持仍然没有获得一种好的模式支持。例如,韩国的OhmyNews网站虽然红火一时,但因为未能使民众投身于公共新闻运动,且缺乏与传统媒体进行市场竞争的筹码而逐渐衰落。因此,有学者分析说:"商业化也许不是公共新闻的前进方向。然而,其他道路也不是畅通无阻的。公共新闻是民主的产物,而不是民主的前提。它前进的最大阻碍是民众缺乏讨论公共事务的兴趣。要提升这种兴趣,还需要各种社会机构的协同努力。"①

笔者认为,公共新闻运动还需要条件,才会真正找到发展的方向:一是参与者有专业的知识技能,能准确把握公众的观点和需要;二是能够挖掘更深层次的事实并有较好的叙述故事的能力;三是除了好奇心和分享欲外,参与者拥有为挖掘真相进行深入调查的经济能力;四是参与者有行动的自主性和独立性;五是具有新闻专业主义精神气质。

总之,新媒体和社交网络不但不是新闻专业主义的终结者,而且是更有力的维护者,只要人类对新闻需求的目标没有根本性改变,只要我们还希望通过新闻这种方式来探测这个变幻莫测的世界,新闻专业主义仍然是一种不可或缺的理论资源与实践纲领,我们不能因为具有中国特色的宣传导向型的新闻宣传传播活动与西方新闻传播活动存在根本性差异,就宣称发端于西方的新闻专业主义思想完全不适用于中国,甚至武断地认定这种理论资源是不科学的。同样,我们也确实不能认定新闻专业主义是新闻传播领域中的唯一规律。

---

① 郑一卉:《从OhmyNews的衰落看公民新闻的发展方向》,《现代传播》2010年第1期。

第四节　新闻专业主义的挑战、坚守与重构

互联网的崛起,尤其是社交媒体的发展,为市民新闻学的发展提供了土壤。除了新闻从业者,更多的公众通过博客、社交媒体和各种自媒体平台参与新闻传播活动,他们可能就在事件发生的现场,得以通过各种媒体手段发现新闻信息——一张图片、一段视频,或者一篇公众号文章。这些公众没有经过专业的训练,也没有在某一家专业的新闻机构供职。哥伦比亚大学新闻研究院原院长尼古拉斯·莱曼在《纽约客》上撰文称"市民记者"是那些从事类似新闻报道但从未被新闻机构雇用的人。但正是这些普普通通的人提供了大量的内容,他们越来越多地取代了传统媒体记者。在中国,虽然没有记者证,也没有采访证,没有官方许可的新闻发布权,但各种不同的App、社交媒体正在飞速发展。头条号、企鹅号、微信公众号、快手、二更等,越来越多的公众通过这种类型的平台接收和传播信息,曾经由传统媒体垄断的新闻传播场格局已变。如何看待这些新鲜力量对传统的新闻场所产生的冲击?在传统媒体时代所形成的新闻专业主义理念是否已经被消解?或许它还有存在的意义,只是需要进行一些元素的重组或结构的重构。

一、挑　战

美国皮尤研究中心2018年初发布了一份在38个国家开展的公众调查报告。报告显示,在全球范围内,公众对新闻客观性和中立性原则的认可达成了共识,但各国公众对各个国家的新闻媒体存在差别巨大的印象。调查还显示,互联网正在成为全球公众获取新闻的重要手段,其中年轻人(18—29岁)则更多地通过在线媒体获得新闻信息。

很多人认为这是市民记者的崛起,是民主的胜利。但笔者并没有这么乐观。尽管传统新闻业的行业壁垒不高,但记者一般是通过专业教育(中国和美国主要是这种模式),或者至少是经过在新闻编辑部的实践,接受了前辈或者

同行典范的教育和培训(英国长期是这种模式)而慢慢成长起来的。但市民记者没有接受过这样的正规教育或者训练,他们往往"将观点当成事实,将谣言当成报道,将传闻当成信息"[1]。英国《卫报》报道,在马其顿共和国一个叫维勒斯的小镇上,美国大选期间居然有 100 多个支持特朗普的网站。当然,这些网站基本上全是假新闻,如"教皇宣布支持特朗普"等。[2]当然,也有人不同意这种观点,认为"互联网、博客、'公民新闻'(citizen journalism)、自媒体及宽带民主化并不像某些人所说的那样,意味着评判新闻的标准——人们为了自治需要知道什么——已经过时。相反,他们的需求变得更加强烈"[3]。而且,传统新闻业也做出了不少重塑的努力,这包括设计与受众互动的环节,如增加评论功能,更加重视从论坛中获得消息来源;更加重视进行深度挖掘,大大拓宽了原有报道和言论的范围与空间。[4]

虽然我们有理由相信,公众是理性的,人们有能力对社会现实做出自己的理性判断,但这种良好的愿望并没有得到足够事实的支持。相反,公众常常是"不思"的,呈现出"理性的无知"。美国《独立》杂志原主编汉密尔顿·霍尔特(Hamilton Holt)曾在一次会议上说:"我们可以把公众分为三部分:第一,所谓的思想阶层和知识阶层——或说'高品位的';第二,普通大众,有时被称作'低品位的';第三,堕落的、卑贱的犯罪阶层。我坚持认为主编无权故意为最后这个堕落的阶层办报。"[5]李普曼这样写道:"当今的普通公民就像坐在剧院后排的一位聋哑观众,他本该关注舞台上展开的故事情节,但却实在无法使自己保持清醒。他能感觉到自己正受到周围所发生事件的影响。不断出台的条例、规章、年度税收,以及不时爆发的战争都让他觉得自己正随着社会大潮飘

---

[1] 安德鲁·基恩:《网民的狂欢——关于互联网弊端的反思》,丁德良译,海口:南海出版公司,2010 年,第 45 页。
[2] 陆益峰:《未来我们还能看到真实的世界吗?》,《文汇报》2018 年 2 月 1 日,第 7 版。
[3] 比尔·科瓦齐、汤姆·罗森斯蒂尔:《新闻的十大原则:新闻从业者须知和公众的期待》,刘海龙、连晓东译,北京:北京大学出版社,2011 年,第 15 页。
[4] 李艳红:《重塑专业还是远离专业?——从认知维度解析网络新闻业的职业模式》,《新闻记者》2012 年第 12 期。
[5] 利昂·纳尔逊·弗林特:《报纸的良知——新闻事业的原则和问题案例讲义》,萧严译,北京:中国人民大学出版社,2005 年,第 108 页。

飘荡荡……作为一位普通公民,他不知道究竟发生着什么,谁在操控着一切,自己将被带往何方。"[1]所以李普曼的结论是"种种优生的教育的、道德的、平民主义的、社会主义的民主弊端疗法都假设,选民们与生俱来拥有直接处理公共事务的能力,而且他们正朝着这一理想不断前进。我认为,这是个虚假的理想"[2]。庞巴维克也持有相同观点,认为对于普通大众来说"审慎的深思熟虑当然不是他们关心的对象,也不可能是他们的关心对象;他们只是简单地遵照自己的愿望和喜好"[3]。马克·吐温曾感叹说"一般人缺乏独立思考的能力,不喜欢通过学习和自省来构建自己的观点,然而却迫不及待地想知道自己的邻居在想什么,接着盲目从众"[4]。在2016年的美国大选中,PolitiFact网站对辩论信息的核查结果表明,特朗普的谎言比例为71%,希拉里的谎言比例为28%。但舆观调查网YouGov同时所做的一项民意调查却显示,对特朗普的支持者来说,他们不在乎有多少媒体、新闻主持人或希拉里团队在纠正特朗普的发言,77%的选民不相信事实核查者所提供的资料。这一调查结果的反差,证明了美国公众的不思性与非理性——他们只相信自己愿意相信的。美国乔治·梅森大学经济学教授科普兰(Bryan Caplan)将这种"主动回避真相"的状态称为"理性的胡闹"(rational irrationality)。[5]薛兆丰将"理性的胡闹"通俗地解释为:"要寻求知识是辛苦的,保持理性是吃力的,但如果要自己承受后果,就不得不小心翼翼;否则,何妨放纵一把?"但"不思"或者"理性的胡闹"的公众,仍然会"希望有办法对可获得无限信息分门别类。什么是最重要的? 什么是最相关的? 什么是最有趣的? 人们需要有人帮忙来说明与解释事件……人们需要的不仅是索引者(indexer)与摘文者(abstracter),而且需要解释者、记者与主编"[6]。

---

[1] 沃尔特·李普曼:《幻影公众》,林牧茵译,上海:复旦大学出版社,2013年,第3页。
[2] 沃尔特·李普曼:《幻影公众》,林牧茵译,上海:复旦大学出版社,2013年,第23页。
[3] 转引自布赖恩·卡普兰:《理性选民的神话:为何民主制度选择不良政策》,刘艳红译,上海:上海人民出版社,2010年,第144页。
[4] 转引自马克·布坎南:《隐藏的逻辑:乌合之众背后的模式研究》,李晰皆译,天津:天津教育出版社,2011年,第102页。
[5] 布赖恩·卡普兰:《理性选民的神话:为何民主制度选择不良政策》,刘艳红译,上海:上海人民出版社,2010年,第149页。
[6] 迈克尔·舒德森:《新闻的力量》,刘艺娉译,北京:华夏出版社,2011年,第1—2页。

英国广播公司第四台和YouGov对1700人进行了一项调查,结果发现,英国人民对于假新闻的认知非常糟糕。调查显示,约2/3(66%)的英国人认为社交媒体如Facebook或Twitter没有尽力解决假新闻的问题。皮尤研究中心的另一项报告显示,约1/4(23%)的美国人有传播政治假新闻的经历,且14%的人在传播时即清楚它是假的而刻意去传播错误信息,出于想要愚弄他人或者其他什么原因。在2018年3月9日出版的《科学》杂志上,麻省理工学院的三位学者分析了12.6万则新闻在推特上的传播情况,结果发现,假新闻跑得比真新闻更快、更深、更广,而跑得最快的假新闻则是政治新闻。学者还发现,被人们转发的假新闻有一个明显的特质就是新鲜。对于事实核查,有研究表明,因为人在认知上存在偏见,更容易选择和接受自己已经相信的东西,所以对于事实核查的接受程度比较有限。也就是说,就算把真相摆在很多人面前,他们也不会选择相信。[1]迈克尔·舒德森更是明确指出,拥有可利用信息的公众,并不是知情的公众,甚至头脑中有信息概念的公众,也并不一定是带有动机或者参考框架或者有能力去实现民主的公众。他认为,"沉浸于若干比特和字节的信息中的'信息的公民'(informational citizen)与'见多识广的公民'(informed citizen)之间存在区别。后者不仅拥有信息,而且拥有使之具有意义的观点和偏爱"[2]。

近年来新闻工作的自主性和权威正面临日趋严重的威胁,记者职业的合法性受到了博客、用户生产内容等各种形式的挑战,以至于何为好的新闻业、如何从事新闻工作已经成为备受关注的议题。随着作为业余人士的公众侵入原本记者独享的文化工作,新闻业出现了"去专业化"(deprofessionalization)的现象。[3]马歇尔·波在2006年9月的《大西洋月刊》中曾写道:"人类倾向于承认世间存在真理,2加2等于4是再明显不过的事实了……但是维基百科向我们提供了另一套有关真理的理论……网络共同体里得出2加2等于几的逻辑

---

[1] Vosoughi S, Roy D, Aral S. The spread of true and false news online. Science, 2018, 359(6380):1146-1151.
[2] 迈克尔·舒德森:《新闻的力量》,刘艺娉译,北京:华夏出版社,2011年,第26页。
[3] 白红义:《塑造新闻权威:互联网时代中国新闻职业再审视》,《新闻与传播研究》2013年第1期。

和讨论苹果是什么的逻辑都是一样的:依靠共识。如果共同体改变了看法,认为2加2等于5,那么2加2就真的等于5了。共同体虽然不会在这样简单的事情上犯傻,但是它具有这样的能力和可能性。"[1]所以有学者认为,公众参与无法创造真正多元和自主的新闻,它所代表的公共性是相当可疑的。[2]甚至有学者警告说,公众的深度参与又使得事件的真相更加难以获得,在对事件的讨论过程中,情感高于理性,立场高于事实,记者无法不受到影响,专业的新闻报道愈显稀缺。

而且,许多新闻从业者成为网络舆论的追随者,对网络民意的真伪不加区分和辨别,盲从和屈服于非理性的网络民意;在为网络民意所驱动时,为迎合网络民意而失去理性与客观性,从而将新闻权威的管辖权拱手让出。[3]社交媒体的出现,使记者在某些群组互动中形成了非正式的民间合作,可看作自发式的"记者联盟"。有学者观察了深圳一线记者在专业微信群中的话语互动,以及由话语互动所引发的同行间合作现象。研究发现,社交媒体使记者同行间的线上交流成为日常生活的一部分;底层记者与管理层之间的沟壑变得更深,与其他职业的界限更明显;记者的职业认同感和阶层认同感也更强烈。但这种"记者联盟"也存在伦理风险,如群体中的民粹主义倾向、对新闻真实的冲击和对组织伦理的背叛等。[4]

一方面,人们的民主生活甚至是日常消费,都离不开及时与精确的新闻信息;但另一方面,传统媒体的衰落和新媒体的兴起带来了信息的虚假繁荣和假新闻的泛滥成灾。如果我们认为,人们乐于接受甚至是享受这样的信息方式,那肯定是不负责任的。前文所述的英国广播公司第四台YouGov的调查报告就显示,超过半数(55%)的被调查者认为政府没有采取足够的措施解决假新闻问题。汉娜·阿伦特指出,"信息自由是一场闹剧,除非事实信息受到保证,事

---

[1] 安德鲁·基恩:《网民的狂欢——关于互联网弊端的反思》,丁德良译,海口:南海出版公司,2010年,第20页。

[2] 李艳红:《重塑专业还是远离专业?——从认知维度解析网络新闻业的职业模式》,《新闻记者》2012年第12期。

[3] 白红义:《汹涌的网络民意对新闻专业主义的挑战——以近期几起公共事件报道为例》,《新闻记者》2011年第6期。

[4] 彭华新:《社交媒体中的自发式"记者联盟":身份、环境、伦理》,《国际新闻界》2017年第7期。

实本身不受争议"①。是的,苏格拉底说过,知识是实用性的美德,判断对与错,首先必须明确是真实还是虚假。就今天更为复杂的社会环境而言,公众是否能够提供确切的事实,是关乎其基本权利之头等大事。

  人工智能的出现,将会对新闻传播生态产生更大冲击。美国有线电视新闻网报道,2017年7月,华盛顿大学研究人员利用人工智能,制作了一段时长1分55秒的美国前总统奥巴马演讲的假视频,其图像和声音都达到以假乱真的水平。研究团队设计了一个人工智能程序,让其分析互联网上奥巴马的各种音频和视频,经过17小时的"自主学习"后,人工智能就能通过奥巴马的声音,判断出对应的面部细节,从而模拟出匹配的数字图像。②虚拟现实和增强现实技术的发展,将会模糊现实和虚拟之间的边界,那么何谓真实,何为新闻的真实性等这些新闻业原本的根本问题将会受到挑战。而那些掌握了大数据及更为先进的算法的公司,宣称正基于我们的兴趣来进行精准推送,但从人的经验角度看,我们真的知道自己需要什么吗?此外,在新闻业中,已经出现越来越多使用机器人写作的情况,机器程序也许可以"读"出人在某时某刻的心境,但对于连人类都讲不清楚的问题,机器能懂吗?所有这些最新的技术、最新的新闻的写作与呈现手段,能知道新闻专业主义与民主之间的关系吗?

二、坚　守

  通过长期的新闻专业主义的熏陶,美国主流新闻界至今仍信奉如下准则:(1)严格限权自由主义;(2)客观性;(3)社会责任感;(4)人民的知情权;(5)信用差距(credibility gap);(6)为公众利益服务;(7)监督权力;(8)保持平衡与公正;(9)具有同情心;(10)保卫《第一修正案》;(11)保持独立性;(12)勇敢无畏;(13)思考你的忠诚;(14)自我意识与良知;(15)忠于社会;(16)忠于自己的付出;(17)忠于专业同行;(18)在"纷乱"的世间做到行为得体。③这些伦理

---

① 转引自菲利普·帕特森、李·威尔金斯:《媒介伦理学:问题与案例》,李青藜译,北京:中国人民大学出版社,2006年,第161页。
② 陆益峰:《未来我们还能看到真实的世界吗?》,《文汇报》2018年2月1日,第7版。
③ Fink C C. *Media Ethics*. Boston: Allyn & Bacon, 1995, pp.14-21.

规范和行为准则,确实没有哪一条是容易实现的。诚如卡伦·桑德斯(Karen Sanders)所言:"新闻的专业精神——准确、敏锐、广泛而又迅速地进行新闻报道——及其专业目标,为正当的事业追求正当的目的,并不是轻易就能实现的。"①

新闻专业主义可能正受到多种不同力量的冲击,但新闻专业主义所追求的理想仍然具有重要的意义,它至少让我们在纷繁复杂而且往往以假乱真的信息空间里面保持一点定力。当年阿道夫·奥克斯(Adolph Ochs)接手《纽约时报》时,就决定要保持高度独立自主,以至高诚信投入新闻工作,并致力于公益事业。他认为要公正地报道新闻,毫不畏惧,亦不偏袒,不管涉及什么政党、派别或利益。他认为,要让来自不同角度与层次的各种意见展开充满智慧的讨论。谁能说这样的理想追求已经过时了?

根据康德的理论,一个行为的道德价值并不是由随之而来的结果所构成,而是由完成这一行动的意图所构成。因为"德性就是人在遵循自己的义务时准则的力量。……任何力量都只是通过它能够克服的障碍才被认识到;但在德性这里,这些障碍就是可能与道德决心相冲突的自然偏好,而且既然正是人为自己的准则设置了这些路障,所以,德性就不单是一种自我强制(因为那样的话,一种自然偏好就可能力图强制另一种自然偏好),而且是一种依据一个内在自由原则,因而通过义务的纯然表象依据义务的形式法则的强制"②。展江教授认为,客观性是一种可望不可即的理想和难以实现的神话,但是它的确有助于形成一种健康的新闻伦理和独特的新闻精神。在经历了与20世纪60年代反文化浪潮中鼓吹性新闻学、新新闻学、敌对新闻学(adversarial journalism)等新闻思潮的对抗之后,客观报道幸存了下来,并且与在20年代兴起的解释性报道和发端于20世纪初、中兴于60年代的调查性报道一起成为当今美国主流新闻报道样式。新闻实践证明"客观报道最能适应多元社会中各种成员的需要和揭示日趋纷纭复杂的世事"③。2010年,尼基·亚瑟在《纽约时报》做了五个月的田野调查。他研究发现了数字化时代新闻的三大特质:即

---

① 卡伦·桑德斯:《道德与新闻》,洪伟、高蕊、钟文倩译,上海:复旦大学出版社,2007年,第232页。
② 康德:《康德著作全集》第6卷,李秋零译,北京:中国人民大学出版社,2007年,第407页。
③ 迈克尔·埃默里、埃德温·埃默里、南希·L.罗伯茨:《美国新闻史:大众传播媒介解释史》,展江译,北京:中国人民大学出版社,2004年,译序,第14页。

时性、互动性和参与性,"尽管以客观性理念为核心的新闻专业主义依然在起主导作用,但这些新的特性已开始嵌入新闻生产的常规(routines)之中"①。

康德相信人有理性能力,并且有践行这一能力的自由。他认为,理性不向任何形式的权威屈服,它是道德的基础。新闻专业主义虽然受到了多方挑战,但坚守的声音同样不绝于耳。陆晔和潘忠党在《重提新闻专业主义》一文中明确指出,在国家权力为市场的操盘手、官僚资本垄断传媒市场的今天,资本运作和增值的逻辑近乎成为媒介发展、新闻创新的唯一逻辑,"吸引眼球""商业模式""价值创新"等近乎成为"媒介融合"和"新闻创新"的基本考量,继续宣称"专业主义理想和规范"近乎成为冬烘、过时的符号。在如此四处弥漫的巨大压力下,新闻从业者似乎别无出路,要么逃离(包括辞职、创业),要么沉默,要么陷入犬儒。但是,我们依然认为,在这种种的"不合时宜"之下,构成新闻专业主义内核的那些信念和原则依然闪耀,激励着新媒体创新的种种实践,蕴含于去职的无奈,影响着创业的价值目标,隐藏在沉默的背后。

2018年初,《纽约时报》新出版人A.G.苏兹伯格(A.G.Sulzberger)在给读者的一封信中也这样写道:"时报将继续秉持好奇心、勇气与同情心,去寻找我们这个时代最重要的故事,因为我们相信,改善世界是从理解世界开始的。时报将继续基于多种思想与体验发声,以此抵制两极分化和群体思想,因为我们相信,新闻应该帮助人们独立思考。时报将继续坚持独立、严谨和公平的最高标准,因为我们相信,信任是我们最宝贵的资产。在进行所有这些工作的时候,时报仍将毫不畏惧,亦不偏袒,因为我们相信,无论何处,都应当有人追求真相。"郭镇之认为,无论是中国的媒体,还是西方的媒体,它们共有媒介技术特有的信息知晓和影响放大的权力。"巨大的权力意味着高度的责任,伦理的最高准则是自律。无论是媒介的自治地位、新闻的客观性原则还是传播的道德审视与伦理约束,在中国都是迫切而实际的目标。"②

---

① Usher N. *Making News at the New York Times*. Ann Arbor:The University of Michigan Press,2014.转引自王敏:《回到田野:新闻生产社会学的路径与转向》,《南京社会科学》2016年第12期.
② 郭镇之:《公民参与时代的新闻专业主义与媒介伦理:中国的问题》,《国际新闻界》2014年第6期.

三、重　建

人们对美国新闻界的批评从来就没有停止过。美国媒介批评家詹姆斯·法洛斯(James Fallows)认为,"美国主流新闻业已经一步一步地堕落,把美国的公共生活彻底描绘成一场赛马,在这场赛马中,一群不诚实的、耍手腕的政客不断企图战胜另外一群。20世纪90年代,美国民主的重大问题是人民几乎不信任获选的领袖,或者整个致力于实现某些有价值的东西的立法机制……美国政治、社会和经济结构中的深层力量,导致如今政治生活的大部分失败,但是媒介的态度已经令人惊异地发挥了重要而具破坏性的作用"[1]。《纽约时报》专栏作家安东尼·刘易斯(Anthony Lewis)发表评论说,"新闻界有自己的格雷欣法则,即经济领域中'劣币驱逐良币'现象的变种,在争夺受众的竞逐中,存在着诽谤性丑闻和煽情新闻驱逐严肃新闻的倾向"[2]。

有学者认为,"作为经典自由主义新闻学的核心理论之一,新闻专业主义在新闻社群规范与认同凝聚方面发挥了较大作用。但是在对新闻专业进行纵向的历史考察和横向的专业对比后发现,围绕新闻存在三大问题,一是'专业'与'职业'之争,二是有关新闻专业主义理论本身的争议,三是新情境新问题的出现,特别是在全球媒体时代和新媒体时代对专业主义的再认识问题"[3]。胡翼青则想到了一种可能性,即"我们的新闻专业主义在社会角色定位方面本身有问题或者有危机,因此在新媒体和公民新闻的映衬下,它显得非常弱不禁风。它有没有在重大新闻事件中充分运用自己的组织和资源优势始终主导话语权？它有没有代表公共性的声音在社会事件中发言？它有没有真正地遵循了它的职业操守和法律规范？……"[4]郭镇之写道:"由于专业素养普遍低下,在公民新闻和非专业记者中,存在更多的不规范、不合法行为。例如,暗访偷拍成为舆论监督特有的'曝光'方式,屡禁不止；人肉搜索战果累累,难免伤及

---

[1] Fallows J. *Breaking the News: How the Media Undermine American Democracy*. New York: Vintage, 1997, p.7.
[2] 转引自迈克尔·埃默里·埃德温·埃默里·南希·L.罗伯茨:《美国新闻史:大众传播媒介解释史》,展江译,北京:中国人民大学出版社,2004年,译序,第16页。
[3] 路阳、郝雨:《新闻专业主义:历史、批判与反思》,《新闻界》2014年第10期。
[4] 胡翼青:《自媒体力量的想象:基于新闻专业主义的质疑》,《新闻记者》2013年第3期。

无辜。总体而言,由于'公民记者'和'社会媒介'鱼龙混杂、良莠不齐,其权威性和公信力往往比传统媒体更低——网民似乎只适合当爆料人和调查者,而不适合下定论。"[1] 迈克尔·舒德森也认为新媒体文化正在强化这样一种趋势,"一个曾经由专业主义和负责的新闻价值观所指导的系统,正在被一个娱乐复合体所腐蚀"[2]。笔者在《新闻专业主义2.0:理念重构》[3]《反思新闻专业主义》[4]《新媒体革了新闻专业主义的命?——公民新闻运动与专业新闻人的责任》[5]等一系列文章中,对新闻专业主义近年来面临的挑战从多个不同维度进行了分析,此处不再赘述。

潘忠党于2016年在一次演讲中指出,今天的新闻业面临着特定的危机与挑战,我们该如何理解新闻专业主义的内涵及相关路径呢?重建新闻专业主义的必要性有哪些?又该如何重建新闻专业主义?他的观点是,"在新媒体时代,实现专业主义的障碍在于人们失去了对新闻专业主义的信任,认为是不现实的;国家体制的介入;新情境下,专业意识形态的解体"。英国学者约翰·基恩认为"新的数字技术是具有革命性的核心技术,对整个公民社会和国家产生了影响,削减了成本,拓宽了可利用的范围,使公民用以前不可想象的方式进行沟通,是一种潜在的'民主技术'"[6]。另有学者认为,"新闻专业主义在充分享受大数据时代的红利之后有了走向更专业的可能,但渗透大数据时代始终的矛盾和问题,决定了这种可能性在迈向必然性的彼岸过程中还必须跨越诸多藩篱和沟壑"[7]。

由此看来,我们需要对传统的新闻专业主义理论进行重建。

理论的重建往往是利用现有的理论资源,在继承以往要素的基础上,重新建构理论,旨在创新理论的结构、框架与走向,使之适应现实的需求与理论的创新。也就是说,重建并不意味着对理论传统的摧毁,而是更好地发展。哈贝

---

[1] 郭镇之:《公民参与时代的新闻专业主义与媒介伦理:中国的问题》,《国际新闻界》2014年第6期。
[2] 迈克尔·舒德森:《新闻社会学》,徐桂权译,北京:华夏出版社,2010年,第108页。
[3] 吴飞,田野:《新闻专业主义2.0:理念重构》,《国际新闻界》2015年第7期。
[4] 吴飞,孔祥雯:《反思新闻专业主义》,《新闻记者》2017年第10期。
[5] 吴飞:《新媒体革了新闻专业主义的命?——公民新闻运动与专业新闻人的责任》,《新闻记者》2013年第3期。
[6] 约翰·基恩:《媒体与民主》,郤继红、刘士军译,北京:社会科学文献出版社,2003年,第142页。
[7] 周均,赵志刚:《大数据时代新闻专业主义的消解、修缮与重构》,《中国出版》2016年第6期。

马斯认为,这种重建"是对待一种在某些方面需要修正,但其鼓舞人心的潜在力量仍旧(始终)没有枯竭的理论的一种正常态度"①。

虽然新闻专业主义不等于新闻道德伦理,但却可以看成是对新闻伦理和新闻为之坚守的社会信念的一种价值规范体系。对新闻专业主义的不同理解,涉及人们对共同体、对社群概念的理解,也涉及人们对公共生活和公共性的理解。例如,一般的新闻专业主义的说明性概念中都包含着"独立性"的维度,有人因之认为是一套反动的思想。但实际上,人们对"独立性"问题的本身并没有达成共识。例如,在利昂·纳尔逊·弗林特看来,"新闻界独立"比"新闻自由"的意义更广泛。"后者仅指一种特定的自由,前者则包括不受广告影响,不受公共舆论和公众品位、商业主义以及资本主义的影响,不受用心险恶的宣传、政党或派别、朋友或敌人的影响,其中有些方面应该更加仔细地考察"②。也就是说,独立有着更宽泛的含义,但凡能够影响编辑记者在事实面前的立场,左右媒体报道事实真相的力量,都被视作对新闻独立性的侵犯。如2013年,亚马逊创始人杰夫·贝索斯(Jeff Bezos)斥资2.5亿美元收购了《华盛顿邮报》,不少人担心贝索斯会改变《华盛顿邮报》对亚马逊或他本人的报道,但《华盛顿邮报》对这种说法予以驳斥,该报发言人莎妮·乔治(Shani George)表示,贝索斯的老板身份"绝对没有"影响报纸对亚马逊或他本人的报道。

潘忠党和陆晔认为:"新闻专业主义必须在新的条件下、新的实践中进一步开拓和阐述。作为一个开放的话语体系和实践纲领,它成形于纸媒时代的特定历史时空,但没有理由依附于这单一的媒介技术平台;它是一个关于新闻是什么和如何做新闻的规范体系,却没有理由囿于大众媒介时代的特定表述及形态;它是新闻从业者群体用以建构并维护其职业共同体的话语资源,却更是对该群体与其他社会构成元素——包括组织和机构——之间如何动态关联的表达和规范。简言之,新闻专业主义的基本理念今天依然具有规范和解放的能力;这生命力来自新闻业的再出发,更根植于激励着再出发的公共生活重构;而得以重新阐释的不仅是媒介和新闻从业者的职业期许,更是作为其基础的公共生活的核心价值。"所以,"在人人生产并通过社交媒体分享信息的'技

---

① 尤尔根·哈贝马斯:《重建历史唯物主义》,郭官义译,北京:社会科学文献出版社,2000年,第3页。
② 利昂·纳尔逊·弗林特:《报纸的良知——新闻事业的原则和问题案例讲义》,萧严译,中国人民大学出版社,2005年,第87页。

术民主'当中,新闻专业主义需要以理性交往模式为'元传播范本'展开重新阐释,并以之与现实条件相勾连"①。

作为对现代性与人类未来持审慎乐观态度的思想家,哈贝马斯为我们勾画了一个基于交往理性的理想画卷:"生活世界的殖民化及社会交往实践的扭曲等现代社会现代性的病态已经消失,系统与生活世界之间建立起了畅通的沟通关系;人们在自主的公共领域中,以语言为媒介,通过论证与商谈来发表政见,达成共识;在这里没有话语的霸权,没有意识形态的欺骗,社会在一个公正合理的轨道上有序地发展。"②哈贝马斯于1962年发表的有关公共领域的论著是对汉娜·阿伦特在1958年出版的《人的条件》一书中提出的交往行动理论的回应。汉娜·阿伦特基于亚里士多德的"人是言说的动物"和"人是政治的动物"等命题,建构了她的交往行动思想。阿伦特认为"公共领域只为个性保留着,它是人们唯一能够显示他们真正是谁、不可替代的地方"③。她提出一种理想的交往共同体,每个人的言说和行动,都追求高贵的德性,展现政治的自由。但是,"阿伦特却忽视了在古典城邦共同体中最重要的是德性的教化"④。

笔者曾提出借用哈贝马斯的交往行为理论来重构新闻专业主义,这一设想可以进一步深化。在哈贝马斯看来,"随着现代经验科学、自律艺术和用一系列原理建立起来的道德理论和法律理论的出现,便形成了不同的文化价值领域"⑤,并由此形成了相应的认知—工具合理性、道德—实践合理性与审美—实践合理性。这是交往合理性所要面对的三种基本的现代合理性。其中,认知—工具合理性的地位是特殊的,它塑造了具有支配力的现代资本主义政治制度与经济系统,并形成了对于另外两种合理性的压倒性优势。认知—工具合理性涉及的是语言的非交往运用,它以成功为取向;而交往合理性所涉及的是语言的交往运用,它以沟通为取向。⑥交往合理性概念"包含三个层面,第

---

① 潘忠党、陆晔:《走向公共——新闻专业主义再出发》,《国际新闻界》2017年第10期。
② 彭国华:《重构合理的生活世界:哈贝马斯的现代性理论研究》,北京:北京师范大学出版社,2015年,第154页。
③ 汉娜·阿伦特:《人的境况》,王寅丽译,上海:上海人民出版社,2009年,第27页。
④ 孙磊:《行动伦理与公共空间——汉娜·阿伦特的交往政治哲学研究》,北京:北京师范大学出版社,2013年,第208页。
⑤ 尤尔根·哈贝马斯:《现代性的哲学话语》,曹卫东译,北京:译林出版社,2011年,第1页。
⑥ 侯振武:《被夸大的变革——再思启蒙辩证法与交往行为理论之关系》,《德国哲学》2016年第2期。

一,认识主体与事件的或事实的世界的关系;第二,在一个行为社会世界中,处于互动中的实践主体与其他主体的关系;第三,一个成熟而痛苦的主体(费尔巴哈意义上的)与其自身的内在本质、自身的主体性、他者的主体性的关系"[1]。哈贝马斯明确表示,交往合理性"扩展到整个有效性要求的谱系……因此超出了道德—实践问题领域"[2]。交往合理性强调真实、真诚与正确三种有效性。哈贝马斯写道:"通过交往达成的共识,完全可以根据这三种有效性要求来加以衡量。因为行为者在就某事达成共识并相互理解过程中,不得不把各自的言语行为与上述三个世界关联起来,并从这些角度出发提出言语行为的有效性要求。"[3]

与其痛苦地纠缠于基于科学理性提出的"客观性",在面对"不思"的大众时,新闻专业主义更应该将理论视角转移到交往合理性对于言语行为的有效性维度,如提倡参与新闻生产与传播的主体坚守"真实、真诚与正确"的要求,而未必要强调观点与意见的分离,[4]而且在融媒体或超媒体的生态下,生产者与经营者很可能合于一体,强调内容与经营者的分离也就显得与实践隔离了。

---

[1] 尤尔根·哈贝马斯:《现代性的地平线——哈贝马斯访谈录》,李安东、段怀清译,严锋校,上海:上海人民出版社,1997年,第57页。

[2] 尤尔根·哈贝马斯:《在事实与规范之间:关于法律和民主法治国的商谈理论》,童世骏译,北京:生活·读书·新知三联书店,2011年,第6页。译文有改动。

[3] 尤尔根·哈贝马斯:《交往行为理论》(第一卷),曹卫东译,上海:上海人民出版社,2004年,第293页。

[4] 事实与价值两分法是现代道德哲学和政治哲学的根本前提,基于休谟和康德等人的论证得以确立。他们认为,事实是客观存在的事物的总和;而价值则是客体对主体的效应,是态度、情感、道德和信念的总和。因此,事实总是指向分析命题、客观陈述和内在理由;而价值则直指综合命题、主观评价和外在理由。但两分的目的肯定不是理论的归宿,是以马克思主义哲学将两者统一到人的实践上面。如果说,当对某一社会现象的分析,可能基于事实与意见统一的方式,为什么一定要恪守传统的事实与观点两分离的做法呢?在《理想国》一书中,柏拉图认为灵魂由三个部分组成:理性、激情和欲望。《斐德诺篇》以理性驾驭两匹马的比喻来说明这三个部分的关系:其中一匹马奋力奔向理念王国(激情,理性的全力支持者);其中一匹马则竭力奔向人世间(欲望,与理性针锋相对)。理性与情感的分离就这样流传下来了。但是客观(理性)与情感都是人性的一部分,切分不过是一种理论的路径,它们原本统一于人这一主体之中,都是人对认识世界的手段,为什么一定要扬客观(理性)而轻情感呢?杨国斌在一项研究中指出:"带情感的,并不是非理智的,更不是病态的。尽管情绪化表达表面上看有违背道德伦理的时候,但实质上反映了特定历史条件下的道德和价值观冲突。参见杨国斌:《连线力:中国网民在行动》,邓燕华译,桂林:广西师范大学出版社,2013年,第268页。

再则,传统的新闻专业主义的假想敌之一是媒体老板,仿佛营利是一种原罪,但如果饭碗不保(今天的传统媒体就面临着这样的困境)还谈什么理想?何况仓廪实而知礼节,新闻专业主义并不必然与市场的动机相对,它们完全可以是同一个战壕的战友。在这一方面,哈耶克对自由市场的研究多少可以给我们一些启发。

哈贝马斯认为,公众社会是由于国家与社会根本分离而形成的特殊社会共同体,其核心是由通过文化企业、报刊和公众舆论促成的文化网络所组成的交往网络。但现代社会由于生活世界被殖民化,作为生活世界重要组成部分的公众社会也受到行政体制和以市场为主要内容的系统的压制。如此萎缩的公众社会是无法促使社会走向合理化的,相反只会使社会变成"单向度"的社会。①新闻专业主义试图保护的,正是公众社会的交往语境,维护协商交流不受到各种权力的扭曲,但到目前为止,这仍然还是一种理想。而且新闻专业主义还有其实践意义,因为传统媒体服务于社会公共生活时可供利用的资源就是其长期在发展历程中所积累形成的权威性。"这种权威性集中体现在传统媒体依据特定的规则和程序,来对传统媒体自身以及互联网新兴媒体展开事实的查验。其实,这种事实核查本身就是一种'元传播'的实践,既是一种示范,也是一种宣讲,是我们新闻教育应当着重开展的一个领域。"②

今天新闻专业主义本身就受到多方面的挑战。网络社会的崛起、公民记者的出现,以及人们看新闻和评价新闻的方式也有很大不同。甚至还有人认为需要重新定义新闻业本身,如布罗克认为:"我对新闻业的定义是以快速的方式确定对社会非常重要的事件和议题的真相的系统性和独立性尝试。"③他还提供了四种次范畴组成的清单——核实、发现意义、见证、调查。这些都会对在传统的大众传播时代所提出来的新闻专业主义理念带来重大挑战。但笔者仍然认同这样的说法——"公民记者作为非职业的新闻共同体的阐释社群……也和职业记者一样视社会责任、信息获取、知识增长和(非职业的)新闻专

---

① 陈红:《哈贝马斯的现代性理论及其当代启示》,《学术交流》2002年第5期。
② 赵立兵、文琼瑶:《超越危局:新闻业应立足于公共生活——美国威斯康星大学传播艺术系教授潘忠党学术专访》,《新闻记者》2017年第12期。
③ 吴万伟、尼古拉斯·莱曼:《新闻业还有未来吗?》,《青年记者》2014年第7期。

业主义观念为重要价值"①。在所谓人人都是记者的时代,新闻业的边界已经模糊,新闻专业主义是否还有存在的意义?李良荣教授认为"新媒体确实是打破了新闻生产由专业人士所垄断贩售的局面,但其作为一个理念在今天还是有用的。即使是个体化的小媒体,新闻报道也要求真实、客观、全面、公正。新闻要求真实、全面、客观、公正,这是任何社会的常识……因此新闻专业主义理念能够被社会接受"②。其实这是任何一位有德性、有良心的人都会坚守的基本信念。因此,笔者赞同美国学者坦尼·哈斯的观点,"记者要创造并维持一个所有公民有权参与的公共领域,让所有公民关心的话题都能得以清楚地阐释、协商、批判,就必须让公民作为积极的合作者,加入到新闻制作中来"③。这也是笔者为什么反对"人人都是记者"的提法,因为这种提法完全消解了新闻专业主义建构者的全部努力。毕竟不是每个人都有能力去采集、组织、分析并且清楚地陈述新闻事实,其更没有能力进行长久的新闻报道与传播。有学者在《科学》杂志刊文指出,应该调整算法,给予真实、高质量的信息更多的权重,也就是让它们更频繁地出现在更显眼的位置上,而让那些错误、低质的信息出现在更不显眼的位置上。

  新媒体技术的发展,改变了新闻专业主义的基本语境。网络化的社会可以更好地释放每个人的潜能,并以网络连接的方式去弥补个体的不足。2018年,Facebook的CEO扎克伯格宣布了一项重大变革:Facebook的基本目标将由帮助人们获取内容转为参与社会互动。扎克伯格追求的是Facebook上的内容可以促进人与人之间有意义的互动。同年,扎克伯格再次发文宣布Facebook会更加重视本地新闻源,并呈现更多能促进公民参与的内容。Facebook这一改革举措,对于促进协商对话是有价值的。当然仍然存在一些不足之处,如外界很难评估这种改变是否有效,因为平台往往将算法的细节视为商业机密,也不愿意将数据向学界开放。

  总之,报道事实并不是新闻得以存在的根本,新闻的价值在于建构理想的公民社会与公共善,而新闻专业主义强调的是公民的共同利益如何得到保证,

---

① Robinson S,De Shan,C. "Anyone can know":Citizen journalism and the interpretive community of the mainstream press. *Journalism*,2011,12(8):963—982.
② 李良荣:《新闻专业主义的历史使命和当代命运》,《新闻与写作》2017年第9期。
③ 坦尼·哈斯:《公共新闻研究:理论、实践与批评》,曹进译,北京:华夏出版社,2010年,第41页。

是人们的公共生活自主性如何得到保证。

新闻专业主义从产生到今天,其基本内涵在不断发展变化,这是一种正常的理论发展逻辑。作为一种源自美国的新闻规范模式,它通过理论与实践的交往而对其他国家和地区产生了一定的影响。20世纪80年代以来,新闻专业主义理念对中国的新闻理论和新闻实践也产生了不小的影响。其实,中国的现代新闻传播业一开始便受到西方的影响,如王韬在《论日报渐行于中土》一文中就初步谈及英国《泰晤士报》的操作规范,他介绍说,"西国之为日报主笔者,必精其选,非绝伦超群者不得预其列","笔之所持论,人心之所趋向也","其立论一秉公平,其居心务期诚正","凡关国事军情,例不许印"①。美国密苏里大学新闻学院原院长沃尔特·威廉来华访问时,也带来了他的《报业守则》。这些西方新闻伦理道德准则和新闻观念,对当时的新闻学研究和业界实践都产生了重大影响。

但任何理论之流(动)都会有变(化),中国的新闻专业主义其实与美国的新闻专业主义已经有很大的不同。而且,即使同属自由主义的传媒体制之德国、英国和日本,各自对新闻专业主义的理解也并不一样,但不能说这些国家没有新闻专业主义的元素。有人据此提出了"世界性专业主义"(cosmopolite professionalism)的观点②,以此作为"本土专业主义"(indigenous professionalism)③的一种比照。徐宝璜在其著作《新闻学》中谈到新闻从业者应具备的职业精神时指出"伟大之记者,应有大无畏之精神,见义勇为,宁牺牲一身以为民请命,不愿屈于威武而噤若寒蝉"④。这番话体现了传统中国知识分子的风骨气质。从郑贯公的观点则可以看到西方新闻专业主义的影响,他认为,"记者有监督政界及代民鸣不平之特权,惟不能煽乱以坏治安也,又不能

---

① 王韬:《弢园文录外编》,郑州:中州古籍出版社,1998年,第311页。
② Reese S D. Understanding the global journalist: A hierarchy-of-influences approach. *Journalism Studies*, 2001, 2(2): 173-187.
③ Starck K, Sudhaker A. Reconceptualizing the notion of journalistic professionalism across differing press systems. *Journal of Communication Inquiry*, 1979, 4(2): 33-52;陆晔、潘忠党:《成名的想象:社会转型过程中新闻从业者的专业主义话语建构》,《新闻学研究》2002年第71期;芮必峰:《新闻专业主义:一种职业权力的意识形态——再论新闻专业主义之于我国新闻传播实践》,《国际新闻界》2011年第12期。
④ 徐宝璜:《新闻学》,北京:中国人民大学出版社,1994年,第120-121页。

造谣以惑人心也,又不能侈谭猥亵以诲淫也"①。

其实任何一种媒体体制的国家,只要是被称为新闻职业的,都有一些相近的准则与职业精神,如不可以因权力的干扰(如商业因素)而禁发新闻;不可以提供虚假新闻报道;强调新闻事业的公共福祉,提倡为人民服务;报道要尽可能客观、真实和及时等。同样,几乎所有媒体体制都鼓励新闻的专业教育,期望提升新闻从业者的专业修养(即使是英国这种只强调师徒传承的国家,新闻教育也越来越重要);也都建立了各种各样的行业规范和道德(伦理)体系,并对违规者和越轨者有明确的处罚措施……从这些来看,虽然新闻专业主义这一概念体系是由美国最早提出来的,但只要从事的是相似的新闻工作,那么一定存在职业和行业的共性,这种松散的共同体在关于新闻道德和伦理规范方面也一定会有一些低度的共识。

习近平总书记认为"新闻学作为一门学科,与政治的关系很密切。但不是说新闻可以等同于政治,不是说为了政治需要可以不要它的真实性,在实际工作中,既要强调新闻工作的党性,又不可忽视新闻自身的规律性"。②新闻从业者要严于律己,遵守职业道德,讲究职业道德。现在有的地方出现"采购记者""拜金记者"。这些现象同新闻从业者的职业道德是水火不相容的,虽然表现在少数人身上,但严重损害了新闻事业的威信和声誉。新闻从业者担负着宣传群众、教育群众的神圣职责,教育者应先受教育,应严格自律,正派、公正、廉洁,要有更高尚、更严格的政治操守和职业道德。因此,我们完全可以将新闻专业主义视为一个对话领域。中国曾经接受了同样来自西方的共产主义理念,共产主义理论有着与当时中国封建的社会体系和文化传统根本不同的理论土壤,但共产党人坚持这样的信念,并通过努力实践,在中国进行了一场伟大的社会主义运动。今天我们为什么不可以接受新闻专业主义这种宣称是为公共利益服务的专业性的理念呢?我们完全可以以一种创造转化的心态来面对所有的外来的观念,包括新闻专业主义。

---

① 转引自张之华:《中国新闻事业史文选(公元742—1995年)》,北京:中国人民大学出版社,1999年,第52页。
② 《习近平思想形成的实践基础》,《学习时报》2018年8月10日,第A2版。

CHAPTER 4

| 第四章 |

人机关系与算法价值

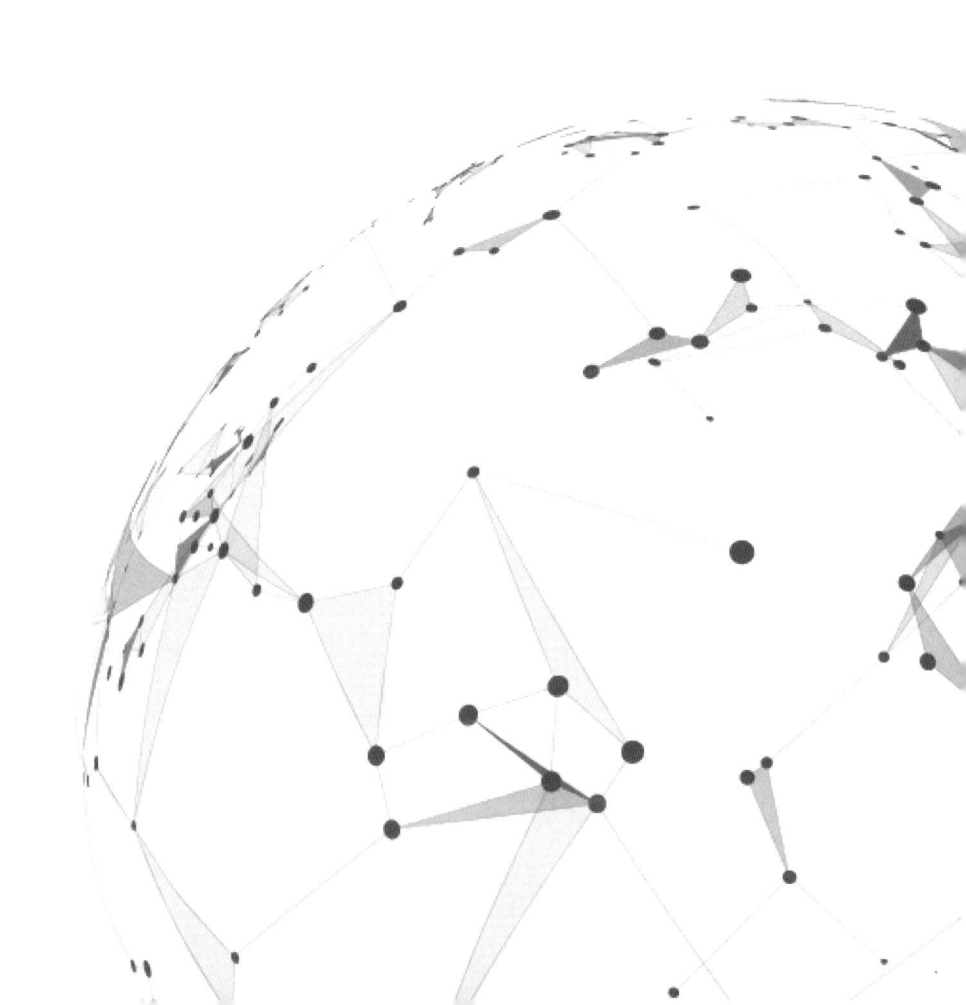

DIGITAL
JOURNALISM
————

第一节　从独思到人机协作——知识生产进阶论

人类社会的进步与发展，归根结底是一部人类不断求索、不断学习、不断超越自我的进化史。从刀劈火种的原始社会，到大数据时代的技术革新，人类通过知识的不断更迭主宰着自己和生活的世界之命运。

人的观念，是在与各种关系的比照中产生并形成的。没有关系，事、物对于人来说就没有意义，自然也就不会生产出相关的意识和观念。在认知科学中，人一般对事物有一个认知模型。例如，我正坐在自己的书房里，这里有一张书桌、一台电脑、许多书、一盏台灯和一个茶杯。我知道这些东西，识别它们，也理解它们之间的关系。我们的日常生活正是基于这样的识别、分类和关系的确立，来进行自己的判断和思考。知识就是在这样的思考中慢慢形成的。这些知识中，有的只是一些类似于物是什么的事实性知识，事实性知识主要解决what、where、when等确定性问题，另一些则主要是对天地人神之类关系的确认。这类知识，有的是解决why的问题，有的是解决how的问题。

有学者指出，知识生产就是一个对事物和现象解释的过程，自然科学、社会科学、人文艺术哲学等，是人类在对物以及天地人神关系的解释活动中形成的不同知识体系，但并不是所有的解释活动都生产出知识。人类历史上先后出现过很多解释体系，如早期的巫术，后来的神话、宗教等，这些都是解释体系。严格意义上讲，这些都不能被称为知识，至少不能说是科学的知识。戴维·多伊奇（David Deutsch）在《无穷的开始——世界进步的本源》一书中指出，科学的知识有三个重要特点，一是难以改变，二是能够延伸，三是可验证。"难以改变"是指知识中的每个细节都和现象有对应的关系，改变细节会毁掉整个解释。"能够延伸"是指部分解释的一种能力。这些解释可以解决的问题超出了它们被提出来用于解决的问题的范围。"可验证"指的是人们可以通过实验或预测，证明或者证伪这个知识。如果实验或预测的结果，在所有细节上都能和知识的内容一一对应，那么这个知识就是正确的。他认为，"只有在一个理论是好解释——很难改变——的时候，它是否可检验才有意义。坏解释不管是否可检验，都一样无用"[1]。

一、一阶知识生产：个体之思

知识是如何生产出来的？学界对这一命题的讨论可以追溯到遥远的古希腊时期。在初始状态的社会，尚未完全开蒙的世人依靠着朴素直觉和对真理的热情开启了知识创新之旅。柏拉图的《斐多篇》记录着苏格拉底对于灵魂的探究，"当灵魂能够摆脱一切烦扰，比如听觉、视觉、痛苦、各种快乐，亦即漠视身体，尽可能独立，在探讨实在的时候，避免一切与身体的接触和联系，这种时候灵魂肯定能最好地进行思考"[2]。在苏格拉底的影响下，柏拉图将对不朽灵魂的认知与回忆相结合，进而提出"回忆说"，将知识的产生归功于天赋，认为人在出生之时知识就已融入灵魂。后天的学习实际上是通过各种手段和外部刺激，去唤醒灵魂中的知识。"一切自然物都是同类的，灵魂已经学会一切事物，所以当人回忆起某种知识的时候，用日常语言说，他学了一种知识的时候，那么没有理由说他不能发现其他所有知识，只要他持之以恒地探索，从不懈怠，因为探索和学习实际上不是别的，而只不过是回忆罢了。"[3]先贤在寻求真知的道路上不遗余力，但在神权时代，人类对于宗教信仰近乎痴迷的崇拜将理性的知识研究视为格格不入，而王权时代严重影响了知识分子的生存空间，所谓的知识生产不过是某一种理念的重复。

个体知识的再次蓬勃发展得益于14—16世纪的文艺复兴。城市经济的繁荣发展和新兴资产阶级自我意识的觉醒使个体在受到传统的封建神学的束缚

---

[1] 戴维·多伊奇：《无穷的开始——世界进步的本源》，王艳红、张韵译，北京：人民邮电出版社，2014年，第27页。
[2] 柏拉图：《柏拉图全集·第一卷》，王晓朝译，北京：人民出版社，2002年，第62页。
[3] 柏拉图：《柏拉图全集·第一卷》，王晓朝译，北京：人民出版社，2002年，第507页。

时萌生出追求自由与解放的独立意识,人们开始在宗教外衣之下探索人的价值,重视科学实验,强调运用人的理智去思考,去认识。"理论的真正源头是猜想,知识的真正源头是随批评而修改的猜想。我们对现有观点进行重组、合并、修改和增添,希望在原有的基础上作出改进,从而创造出理论。"[1]对知识的研究和思考不再需要被隐藏,个体可以公开自由地阐述自己的看法,表达自己的主张。在此环境下,个体探索知识的声音不断放大,并在争论中形成经验论和唯理论这两种知识观。一些学者认为知识是存在的影像,人通过外部世界对感官的刺激与个体的观察归纳,对自然科学进行认知。孔狄亚克这样写道:"感觉和心灵活动,就是我们的全部知识的材料,即反省所使用的材料,反省通过对这些材料进行一些组合,来寻求这些材料所包含的关系。"[2]笛卡儿则认为知识并非来源于感觉经验,同时指出创新思维和知识生产能力才是人类进步的不竭源泉与动力。

1869年,英国学者弗朗西斯·高尔顿在《遗传与天才》一书中通过对300多个家庭近1000位知名人物进行调查发现,大多数名人均出身于望族,由此得出智力遗传的相关结论。无论是关于遗传的力量不可替代的说法,还是其后期提出的优生学,他字里行间流露着精英话语对社会及知识生产的引领和把控。这种观点虽然遭到不少反对,[3]但即使在20世纪的布尔迪厄那里,精英仍然是其承认的知识生产场的主导者。改良模型是爱迪生的"1%天才+99%汗水"模型,这一模型因为更具有弹性,也更政治正确,而较少受到挑战。

在经历了古希腊时期对于个体知识生产的萌芽的培育和文艺复兴对知识生产的解放与讨论,18世纪"理性崇拜"的启蒙运动掀起了思想和知识领域轰轰烈烈的解放运动,人们对于知识生产的观点不再针锋相对,开始有了走向统一的趋势。"人类知识有两大主干,它们也许来自于某种共同的、但不为我们所知的根基,这就是感性和知性。"[4]1781年,康德在《纯粹理性批判》一书中提到

---

[1] 戴维·多伊奇:《无穷的开始——世界进步的本源》,王艳红、张韵译,北京:人民邮电出版社,2014年,第35页。

[2] 孔狄亚克:《人类知识起源论》,洪洁求、洪丕柱译,北京:商务印书馆,1989年,第11页。

[3] 李普曼于1922—1923年和奠定了史比智力量表体系的刘易斯·特曼在《新共和》(*New Republic*)上展开了激烈辩论。李普曼强调,人类的才能太多元了,根本无法用一个简单的测试来衡量。智商测试中的心理计量法,总是强调某种能力而忽视另外一些能力,最后只能得出有偏见的结论。

[4] 康德:《纯粹理性批判》,邓晓芒译,北京:人民出版社,2004年,第21-22页。

"先验想象力"这一概念,以"灵魂不可或缺的功能"[①]在经验论与唯理论之间找到平衡点,即想象力是联系人感性和理性的中介,并为一切先天知识奠定了基础。至此,个体知识生产开始逐渐剥离虚无缥缈的主观意识,强调知识客观性、本质性与规律性。无论是后期黑格尔推崇的看重经验的连贯主义还是波兰尼强调的植根于自身的默会认识论,都把知识的证实视为认识主体个人的心智活动过程。"信念通常为某一特殊的认识主体所持有,是认识主体内在的一种心理状态,或是在自己的思维活动中对某一思维内容的断定。"[②]

从本质而言,个体知识生产是一种观念的创造活动,是个体对陌生事物程序、结构、逻辑所进行的探究与考证。语言和心智这两种独特的能力,使个体有能力对问题反复剖析,继而深入思考自己与外部世界的关系。这既是人对自然的创造,也是对自己心智重塑的过程。正如卡尔·波普尔认为,科学知识并非源于经验观察和归纳,而是始于各种问题。问题促使人们思索、探究,并通过科学严谨的研究过程获得答案,最终形成关于问题的科学知识。[③]从天赋知识到人为创造,由感性到理性的转变,是人对自我主体性的逐步确认。这仿佛是一种看不见摸不着,却又无比真实、坚不可摧的力量,它悄然无声地埋下知识生产的种子,推动着人类文明之花生根发芽,破土而出。所以罗素写道:"整个社会的知识和单独个人的知识比起来,一方面可以说多,另一方面也可以说少:就整个社会所搜集的知识总量来说,社会的知识包括百科全书的全部内容和学术团体会报的全部文献,但是关于构成个人生活的特殊色彩和纹理的那些温暖而亲切的事物,它却一无所知。"[④]

二、二阶知识生产:专业组织的协作

在知识生产中,逐渐成熟的个体知识推动着文明从蒙昧朴素走向清明,对

[①] 王庆节:《"先验想象力"抑或"超越论形象力"——海德格尔对康德先验想象力概念的解释与批判》,《现代哲学》2016年第4期。
[②] 胡军:《关于知识定义的分析》,《华中科技大学学报》(社会科学版)2008年第4期。
[③] 张兆曙、高远欣:《知识生产与文献回顾——从技术指引到意义指引》,《天津社会科学》2019年第1期。
[④] 罗素:《人类的知识》,张金言译,北京:商务印书馆,1983年,第9页。

科学及社会的发展有不可磨灭的贡献。但知识不仅仅是个体思维创造的结果,过分依赖于兴趣和灵感的个人知识开始为人们所诟病。

更何况人类面临着如此复杂的世界,许多问题放在人类的面前需要被解释和回答。如人们希望如何保障食物供给？地球之外的星球上有生命吗？人类不同文明间的冲突可能化解吗？总之,对于生活中的各个方面,人们都希望知道如何改善。"但是,在人类个体的一生这样的时间尺度上,他们几乎从来没有做到过。诸如火、衣服、石器和青铜之类的发明太罕见了,以至于从个人观点来看,世界从来没有改善过。"[1]如此,协作性的知识生产便自然而然出现了。

迪尔凯姆认为,知识是一种集体表征(collective representation),"语言及其所转达的概念体系乃是集体努力的成果。语言所表达的,即是社会作为一个整体借以表现经验事实的方式。因此,形形色色的语言要素所对应的观念就是集体表征"[2]。人类与生俱来的群体意识使个人知识生产者逐渐认识到,个体的知识创新往往受到个体的能力、时间和经历等诸多因素的制约。于是,个体趋向融合,逐渐进化为依托于国家的专业组织。如果说个人知识生产是智者的天马行空,那么专业组织的出现就使知识生产成为一种目的明确的职业活动。渐渐地,专业组织所产出的文化形式决定了其他个体文化形式的合法性、合理性与发展方向,垄断了对宇宙、社会、人生以及神的存在等问题的解释权,影响了人类的终极关怀。[3]

西周时期,我国就已出现专业的治学组织,西汉戴圣《礼记·王制篇》记载:"大学在郊,天子曰辟雍,诸侯曰泮宫。"春秋战国时期,周王室衰微,诸侯竞相称霸。为寻求治国之道,挽救世风颓废、礼乐崩坏的局面,先秦诸子分门立派,上下求索,百家争鸣。西汉时期,太学规模鼎盛,笼天下儒生。基于此盛状,长安城东南出现了每半月一次的综合性贸易集市"槐市",如《三辅黄图》所载:"仓之北,为槐市,列槐树数百行为队,无墙屋,诸生朔望会此市,各持其郡所出货物及经传书记、笙磬乐器,相与买卖。"文士儒生也在此交流学术思想,互通

---

[1] 戴维·多伊奇:《无穷的开始——世界进步的本源》,王艳红、张韵译,北京:人民邮电出版社,2014年,第13页。
[2] 爱弥尔·涂尔干:《宗教生活的基本形式》,渠东、汲喆译,上海:上海人民出版社,2006年,第413页。
[3] 刘魁:《真理、文化权威与知识生产的时代性——兼评福柯对真理话语的微观权力分析》,《南京政治学院学报》2005年第3期。

有无,此处成为庙堂之外的知识生产圣地。隋唐时期,科举制出现,对知识生产主体进行了层层选拔,被国家赋予较高社会地位者允许进行知识生产。一朝高中、金榜题名成为无数读书人梦寐以求之事。至清末废除之时,科举制在我国已有1300余年历史。虽然其本质是为了更好地维护帝王的统治,但知识生产组织已初具雏形。两次鸦片战争后,西方用坚船利炮打开中国大门,传教士在中国各地创办了多所现代意义上的大学,与此同时,一批开明的官僚看到了清朝在技术和文化上的窘迫,也纷纷创立新式教育机构。传统的师授体制受到了根本性的冲击,而独尊儒术的传统教育理念也逐渐为百家争鸣的观念所取代。1912年7月,民国教育部公布了"注重道德教育,以实利教育、军国民教育辅之,更以美感教育完成其道德"的民国教育方针。时任教育总长的蔡元培在《对于教育方针之意见》中指出:清末的教育宗旨中,"忠君"与共和不符,"尊孔"与信仰自由相违,应予以废除,代之以"培养公民道德"。1912年颁布的《大学令》中规定以"教授高深学术,养成硕学闳才,应国家需要"为办学宗旨,"研究大学问"的专业组织性的知识创新机制得以落实。

  我们将目光转到西方,西方历史上出现的第一个培育思想的场所是公元前387年由雅典城邦贵族和知识精英柏拉图建立的阿加德米学园。学园形制松散,通过教学和科研活动,以培育自由人格和培养探查万物本原的能力。教学和研究的对象是自然与社会中的一切现象。[1]"希拉化时代的学术在一定程度上受益于逍遥学派(peripatos)……与之相似,文艺复兴时期的古典学术,虽然也受益于亚里士多德式的经院主义(aristoteliam scholasticism)、博雅教育(artes liberales)的传统体系。"[2]西欧封建中世纪时期,"沙龙"是较为典型的知识生产与交流的场所。那些上流社会和文人学士等俱乐部成员在优雅的环境中对感兴趣的问题高谈阔论,或朗读他们的新诗篇。这种依托着安稳富足生活的华丽文化盛宴形成了与社会底层泾渭分明的圈子,宣告着只有少数上层社会的人才有权探究文化,进行知识生产。到了12世纪,这种华丽的聚会局面逐渐被打破,政府权威和上流社会对知识生产的把控逐渐弱化,组织开始成为社会的基本单位,知识生产逐渐演变为更加专业化和标准化的群体活动,无

---

[1] 魏明勤:《古希腊学园研究》,博士学位论文,西南大学,2017年,第60页。
[2] 鲁道夫·普法伊费尔:《古典学术史》(下卷),张弢译,北京:北京大学出版社,2015年,第3页。

数渴求知识的年轻人聚集到巴黎和博洛尼亚,自发组成众多行会组织,大学的雏形初现。虽然尚不涉及学术知识生产,但知识主体开始摆脱阶级的禁锢,并逐渐成长为保护知识分子并支持他们发声、研讨的团体。

"每一个较大规模的现代社会,无论它的政治、经济或宗教制度是什么类型,都需要建立一个机构来传递深奥的知识,分析、批判现存的知识,并探索新的学问领域。换言之,凡是需要人们进行理智分析、鉴别、阐述或关注的地方,那里就会有大学。"[1]大学的出现,使认知者从权贵变成了职业性的知识生产者——个体在满足学校提出的对学识品行层面的要求,并成为其中一员后,即同团队一起在组织制度下参与知识生产。随着几次工业革命的不断推进,技术的介入和市场规模的扩大使有志之士意识到"大学向来是从事专业和行政管理方面的教育,在某些情况下是培养政治上最优秀的人才"[2]。这种观点并不能使国家真正进步,于是19世纪,德国大学的改革,特别是1810年柏林大学的建立,扭转了西方长期以来教学与研究剥离的问题,使西方实现了从传统大学向现代大学的转变,并逐步实现了大学制度在现代意义上的创新。[3]大学通过专业的认知群体,实现了对知识的保护和干预,并成功将个人知识进化为专业知识,逐渐成为知识生产的主体且延续至今。当下,在不少工业发达国家,高等教育系统正处于集中评估与改革时期,大学不再是唯一的知识生产机构,研究学会、私人公司及政府实验室也越来越多地参与创新科学研究。[4]知识生产组织以一种开放且专业的形式服务于社会。但无论是产业革命前的政府或社会其他组织主导驱动支持模式,还是产业革命后的市场和公司主导驱动支持模式,均具有组织集中、生产集约、资源积聚、信息传递有限等特征,很大程度上依赖封闭的、层级的方法进行生产和利用知识。[5]此外,专业组织的出现使知识生产者的生产行为在不同程度上受到束缚,伴随着较强的功利性和目的性,高成本和低效率使知识生产陷入新的困境。

---

[1] 黄海楠:《论扩招后大学与城市关系的变迁》,《重庆交通大学学报》(社会科学版)2010年第6期。
[2] 朱国仁:《高等学校发展知识职能的产生与演变》,《清华大学教育研究》1998年第3期。
[3] 马廷奇:《大学组织的变革与制度创新》,博士学位论文,华中科技大学,2004年,第35页。
[4] Bleiklif I, Powell W W. Universities and the production of knowledge-Introduction. *Higher Education*, 2005(49):1-8.
[5] 雷雪:《面向知识创新的学术wiki平台研究》,博士学位论文,武汉大学,2009年,第29页。

三、三阶知识生产:大众网络化知识生产

文本介质的每一次革新,都是时代变迁的产物,对知识生产产生了巨大的影响。石块绳结、木棒刀具使人类开始打破语言的束缚,龟甲兽骨、布帛竹简让知识摆脱时空的限制,活字印刷的出现使文化传播打破空间的壁垒,网络平台把遥不可及的世界变得近在咫尺。"作为一种历史趋势,信息时代的支配性功能与过程日益以网络组织起来。网络建构了我们社会的新形态,而网络化逻辑的扩散实质地改变了生产、经验、权力与文化过程中的操作和结果。"[1]法国后现代思潮理论家让-弗朗索瓦·利奥塔曾于20世纪70年代末预言:"在如此普遍发生嬗变的环境下,知识的本质不改变,就无法生存下去,只有将知识转化成批量的资讯信息,才能通过各种新的媒体,使知识成为可操作和运用的资料。……今后,知识的创造者和应用者都要具有将知识转化成电脑语言的工具和技巧——无论他们是创作还是研究。"[2]他的观点在不久后得到了印证。1983年,罗素提出了"全球脑"的概念。他指出,如果系统内部单元数量达到100亿个,那么该系统的复杂性就将跃迁到类似人脑的水准。这个"全球脑"类似于人的大脑,会形成一个具有独立运作能力的有机体,具有记忆、思考、反馈等诸多功能。[3]它仿佛是一个"超人"的最强大脑,而全世界的个人知识与技能则是它的各个神经元。

人类本质上而言是一种关系的动物,互联网虽然提供了新的社交方式,但并没有改变社交的本质。20世纪90年代,罗宾·邓巴研究发现,人类个体所能维系的稳定关系在150人左右——人们知道其中的每个人是谁,也与这些人保持着一定的社会联系。但这150人中所连接的方式又有所不同——交往时间和共情是维系核心亲密好友的重要纽带,而处于边缘的外层熟人圈则依靠知识或信息进行沟通。"有着共同的兴趣、爱好和需求的人们,因其相互之间强烈的认同感而在网络空间中走到一起,进行相互交流与互动,从而形成共同的虚

---

[1] 曼纽尔·卡斯特:《网络社会的崛起》,夏铸九、王志弘等译,北京:社会科学文献出版社,2001年,第568页。

[2] 让-弗朗索瓦·利奥塔:《后现代状况:关于知识的报告》,岛子译,长沙:湖南美术出版社,1996年,第35页。

[3] 王京山:《网络传播演进与全球脑的形成》,《北京印刷学院学报》2007年第1期。

拟社区,塑造共同的社区意识,达到一种与在真实社区中一样的存在感。"[1]"全球脑"不单是一个存储知识的容器,更趋向于人与人的交互,指无数个体基于共同的兴趣爱好,实现精神和灵魂层面的交融与建构。这种通过人类知识集合而形成的群体智慧,使知识生产实现了从"有形学院"到"无形学院"的转变。知识储存、交流和传播的领域被重新划分,时间与空间不再成为束缚个体认知的枷锁,非在场信息传播和跨地域头脑风暴得以实现,如何与非在场者进行交往成为一个崭新的命题。"吾生也有涯,而知也无涯"不再是学者心中的意难平,"博文强记"也不再是评判学者的首要标准。托马斯·弗里德曼指出:"上传正在成为合作中最具有革命性的形式之一。我们比以往更能成为生产者,而不仅仅是消费者。"[2]值得一提的是,在最初结构中,"全球脑"或许没有十分发达,但由于"全球脑"使个体智慧得以发展,个体智慧反过来作用于"全球脑",实际上是一个双方相互引爆的过程。

"没有人无所不知,所以现在科学家只有联合起来才能获知他们想要的结果。"[3]"全球脑"概念的提出,实际上是在技术的支持下,赋予了受众知识生产者、知识接受者的双重身份。以维基百科为代表的"全球脑"让人们真实体会到人与人之间协作生产知识不再是空谈。作为 Web2.0 和用户生成内容技术下的产物,维基百科是基于群体协作的知识生产、共享平台,奉行自由开放的多人共笔编辑原则,来自世界各地的用户,都可以对某一词条进行完善与修订,词条良好的编辑质量也正是群体协作的成果。随着新事物的发展,词条会不断更新,而对于编辑过的词条,人们可以查询到之前的版本。大量的知识生产者以自愿原则选择真正精通或感兴趣的知识领域进行合作,集结群体智慧的力量,高效率、高质量地进行知识生产。[4]知识生产层面的地球村和世界范围的学术共同体得以实现。

正是通过对知识和信息的整合,人类所创造的精神文明以最便捷的方式

---

[1] 黄少华:《网络社会学的基本议题》,《兰州大学学报》(社会科学版)2005年第7期。
[2] 托马斯·弗里德曼:《世界是平的》,何帆、肖莹莹、郝正非译,长沙:湖南科学技术出版社,2006年,第73页。
[3] 帕克·罗斯曼:《未来的研究——解决全球危机 任重而道远》,范怡红主译,青岛:中国海洋大学出版社,2007年,第67页。
[4] 雷雪:《面向知识创新的学术wiki平台研究》,博士学位论文,武汉大学,2009年,第29页。

被连接在一起。如福特汽车的零部件来自世界各地,知识生产的智囊团也实现了从一个个封闭孤岛的单打独斗到专业组织讨论再到全球互动。庞大的智库系统使得更大规模、更多元化的知识生产成为可能,最终实现的是人与世界的协同进化。当我们感到困惑时,头脑中第一反应是需要引擎搜索,"我们将不再感觉是孤立的个人,我们知道自己是迅速聚合的全球网络的一部分,我们是正在觉醒的'地球脑'的神经细胞"[①]。

2001年,安德鲁·马丁(Andrew Martin)和凯文·奎因(Kevin Quinn)两位政治学家在一次研讨会上称,仅利用与案件政治特征相关的几个变量,即可预测出高等法院法官的投票结果,这一报告遭到宾夕法尼亚大学法律系教授特德·鲁格(Ted Ruger)的强烈反对。会后,他们就预测高等法院案例审判结果进行了一场"友好的跨学科竞赛":一边是政治学家的大数据分析预测,另一边是83位法律专家的意见。双方的任务是提前预测每位法官对2002年高等法院审理的每个案件的投票结果。法律专家均为法律资深人士,包括法律系教授、法律从业人员及法律博学人士(共有38人担任过高等法院法官,33人有教授职称,5人担任或曾担任法律系主任)。大数据分析计算程序要对所有案件的法官投票结果做出预测,而专家只需预测他们所擅长领域内的案件投票情况。结果是双方打成平手。

四、四阶知识生产:人与智能技术协同创新

1956年,麦卡锡等人在美国达特茅斯学院举办的人工智能夏季研讨会上,首次提出"人工智能"这一概念。1963年后,人们开始尝试使用自然语言通信,这标志着人工智能的又一次飞跃,如何让计算机理解自然语言、自动回答问题、分析图像或图形等便成为AI研究所追求的重要目标。[②]20世纪70年代,在对人类专家的科学推理进行了大量探索后,一批具有专家水平的程序系统相继问世。知识专家系统被迅速应用到人类生活的各个领域,并带来了巨大的

---

① 李曦珍、楚雪、胡辰:《传播之"路"上的媒介技术进化与媒介形态演变》,《新闻与传播研究》2012年第1期。
② 邹蕾、张先锋:《人工智能及其发展应用》,《信息网络安全》2012年第2期。

经济效益。80年代,AI进入以知识为中心的发展阶段,知识在模拟智能中的重要性日益凸显出来,围绕知识表示、推理、机器学习,以及结合问题领域知识的新认知模拟进行了更加深入的探索。①

"任何技术都倾向于创造一个新的人类环境。"②近年来,"全球脑"的不断强大使人工智能的边界逐渐拓展到人文社科领域,以机器写作为代表的应用叩开了知识生产的大门。实际上,人工智能最初仅以一种辅助的形式进入知识生产领域,以万维网为代表的早期人工智能使信息的采集、知识的生产与传播方式不再停留在个人和实体层面。但如同一把双刃剑,互联网在拓宽人类智库边界的同时,也使人类从信息匮乏走向信息过载的尴尬境地。1993年,麻省理工学院媒体实验室为满足BBS新闻组上的信息过滤需求,将遗传算法和反馈学习技术相结合,开发出一种能够动态适应用户不断变化的兴趣的半自动信息过滤系统。③1994年,协同过滤系统的出现使个性化内容推送的精准性更进一步,对音乐、电影等难以处理的信息也可以实现较好的内容分析。凭借较为精准的数据分析和个性化的信息推送,算法技术开始在互联网信息推送中广泛应用,智能筛选、定点投放信息的模式渗透生活的方方面面。你也许没有意识到,但算法已经与你的生活密不可分:当你把需要查询的信息输入搜索引擎时,引擎会自动显示出你可能需要的结果;当你打开音乐App时,界面首页已经根据你常听的音乐为你推荐你可能喜欢的歌单。虽然此时算法仅用于查询信息、提供资料,并没有深入知识生产的核心领域,但人机协同的知识生产模式已初具雏形。

尼葛洛庞帝曾预言:"计算不再只与计算机有关,它决定我们的生存。"④事实证明他的预言几乎毫无悬念地再一次命中。以技术为依托的智媒时代赋予算法更多的权利,其便捷性和精准性使人们开始尝试将算法引入知识生产与知识建构。不过这里提到的算法不再只是"过滤塞",而是使机器通过不断学

---

① 朱福喜、汤怡群、傅建明:《人工智能原理》,武汉:武汉大学出版社,2002年,第87—91页。转引自邹蕾、张先锋:《人工智能及其发展应用》,《信息网络安全》2012年第2期。
② 理查德·A. 斯皮内洛:《世纪道德——信息技术的伦理方面》,刘钢译,北京:中央编译出版社,1999年,第1页。
③ 陈昌凤、师文:《个性化新闻推荐算法的技术解读与价值探讨》,《中国编辑》2018年第10期。
④ 尼葛洛庞帝:《数字化生存》,胡泳、范海燕译,海口:海南出版社,1996年,第15页。

习引导我们进行创作,能够依靠我们零星的要求来执行任务。2006年,杰弗里·辛顿和学生鲁斯兰·萨拉赫丁诺夫正式提出"深度学习"概念,使人工智能算法在计算机视觉、语音识别、自然语言处理等领域取得了突破性进展。纽约大学教授加里·马库斯(Gary Marcus)认为,从技术角度看,深度学习可能擅长模仿人类大脑的感知任务,如图像或语音识别。但它在理解对话或因果关系等其他任务上仍有很多不足。为了创造能力更强、智能范围更广的机器,也就是俗称的通用人工智能,深度学习必须与其他方法相结合。对于人类来说,我们的先天知识来自我们随时间进化的基因组。对于人工智能系统来说,它们必须另辟蹊径。其中一些可能来自我们构建这些算法所需的数据结构规则,另外一些可能来自我们直接教给机器的知识。机器学习的数据是影响创作质量的重要因素,机器掌握的数据越多,设定的程序越清晰,其知识创作会越顺利。以算法新闻为例,第一阶段是数据输入,指的是从公开或私人的数据库中抓取信息,作为算法新闻生产的"原材料"。第二阶段是数据吞吐,指的是通过监督式机器学习(人为预先设定规则)或无监督式机器学习(机器自动学习形成一套人无法清楚了解的规则,并运用到之后的新闻生产中),根据既定的语法和句法规则,经过半自动或全自动的自然语言生成,将输入的数据整理成一定的结构。第三阶段是新闻产品输出,指的是由自然语言生成的新闻产品完成线上和线下的分发。[1]

"数据分析技术打开了内容的精确生产之门,人工智能打开了内容的自动生产之门,而物联网技术正在开启'万物皆媒'的世界。"[2]2006年,美国信息供应商汤姆森金融公司尝试将财经方面的新闻交由电脑程序自动撰写。2010年,《洛杉矶时报》开始尝试用机器人写手撰写犯罪领域的新闻,后又将其引入关于地震的新闻。2014年,得知美国加州发生4.1级的地震后,《洛杉矶时报》通过Quakebot生成系统,率先在三分钟内完成灾难报道的发布;同年,美联社宣布使用智能写作软件Wordsmith撰写有关公司财报方面的新闻。2015年,腾讯Dreamwriter和新华社的快笔小新开始在国内撰写新闻稿件。虽然机器新闻尚不能实现深度报道、人物采访,写出的内容也具有明显的模板化特点,

---

[1] 仇筠茜、陈昌凤:《基于人工智能与算法新闻透明度的"黑箱"打开方式选择》,《郑州大学学报》(哲学社会科学版)2018年第5期。

[2] 彭兰:《智能时代的新内容革命》,《国际新闻界》2018年第6期。

但仅凭准确高效这一点就已让记者望尘莫及。有专家认为,根据摩尔定律对芯片处理速度进行推估,目前一般个人计算机的运算能力只相当于一只昆虫。但计算机功能在飞速提升中。乐观地估计,到2060年,一台电脑的运算能力会发展至相当于100亿人(约为当时全世界人口总和)大脑运算能力的总和。未来,科技发展速度会远超过去人类演化历史的总和。[①]而当下,"全球脑"使人与机器开始在智能方面合作,人工智能通过对群体智慧的深度学习,掌握事物之间的关联,在弥补人类脑力不足的同时,提高知识生产的效率和精准性。2018年,谷歌旗下DeepMind团队的新成果——人工智能系统AlphaFold,首次参加全球蛋白质结构预测竞赛(Critical Assessment of Protein Structure Prediction,CASP),AlphaFold在98名参赛者中脱颖而出,准确地从43种蛋白质中预测出了25种结构,完胜第二名所找出的3种。

  机器学习依靠海量的数据和精准的运算,让写作这种偏向于文科思维的任务在理科逻辑中得以体现,机器也从最初辅助知识生产,发展为已进入内容的核心领域。2014年,微软(亚洲)互联网工程院正式推出融合了自然语言处理、计算机语音和计算机视觉等技术的完备的人工智能底层框架——微软小冰。区别于传统人工智能只是代替人类劳动,微软小冰更注重与人的交互。2017年,微软小冰出版了"人类史上首部人工智能灵思诗集"《阳光失了玻璃窗》,这是基于对1920年以来519位中国现代诗人的作品的学习,花费了6000分钟、训练了10000次。然而"少女诗人"只是微软小冰的众多身份之一。从2014年至今,微软小冰已经拥有歌手、主持人、诗人、画家、作者等多个身份,可以独立创造音乐、写作诗歌、进行财经评论等一系列知识生产活动。无独有偶,2019年主持人大赛的比赛现场,选手龚凡也展示了人工智能在情感更充沛的文学创作领域的应用。她自制了一套程序,录入了《全宋词》,用机器进行数据统计分析,得出《全宋词》中词频最高的十个词,在此基础上又自制了一个代码,录入大量诗词歌赋,并通过系统进行词义语义分析,最终使程序可以作诗。在程序中输入"撒贝宁"后,系统自动生成七言律诗:"雅调清圆有捷才,逢君笑口便常开。玉容风骨些许矮,且帅还添半点呆。"

  从知识表示与推理视角来看,人工智能参与的知识生产就是一个基于知

[①] 王京山:《网络传播演进与全球脑的形成》,《北京印刷学院学报》2007年第1期。

识库和规则事实逻辑的"集体知识系统",是集搜集、处理、生成、匹配、推荐于一体的某种"实在对象"的生产系统。比照计算机科学领域的术语,我们把这样一种形态的知识生产称为"知识计算",其生产出的知识是"计算知识"[①]。但这种计算知识实则仍处于"弱人工智能阶段",想要达到人类级别的智能,电脑就必须了解更高深的事物,如感知人类的情绪,读懂人类的微表情。微软和亚马逊等巨头都开始推出情绪识别算法,即通过对人面部表情的分析来推测被测试者的心情。如皱眉、噘嘴就意味着被测试者生气了,眉眼、嘴角上扬意味着被测试者是开心的。虽然大量专家指出这样的判断并不准确,但"人心可测"已不再是空谈。微软也提出了"人工智能创造三原则",其中,人工智能创造的主体,是兼具智商与情商的综合体,而不仅仅是将具有智商作为首要标准。这意味着在未来,人工智能不但可以参与知识生产,也同样可以自主思考、计划、创造知识,进行这些活动时甚至能和人类一样得心应手。

人类创造技术、发明技术,初衷在于为人类谋福祉。但技术一旦产生,其发展和走向未必为人所控。在《技术垄断:文明向技术投降》一书中,尼尔·波兹曼将文化分为三类:工具使用文明、技术统治文明和技术垄断文明。[②]他认为技术和人类是亦敌亦友的关系,在技术层层的包裹下,文明在技术垄断面前逐渐丧失了自信。"计算机创造了人类与信息、工作、力量和自然之间的新型关系,从而定义了我们的时代。对这种关系的最佳描述是,计算机将人类重新定义为信息处理器,人类本质上则是被处理的信息。简言之,计算机最基本的隐喻信息人类是机器,是会思考的机器,是确确实实除了机器什么也不是的机器。"[③]

这并不是尼尔·波兹曼一个人的担忧。2017年2月,皮尤研究中心发布了题为《代码依赖:算法时代的利与弊》的报告,1300余名科技专家、学者、从业者、政府人员对算法未来十年的潜在影响发表看法和意见,并在此基础上归纳出算法时代的七大主题:一是算法的应用范围将继续扩大;二是好事情就在前方;三是数据、预测模型至上将带来人性、人类判断的缺失;四是算法组织系统中存在偏见;五是算法分类加深分歧;六是失业率将上升;七是需要提高算法

---

① 方师师、郑亚楠:《计算知识:人工智能参与知识生产的逻辑与反思》,《新闻与写作》2018年第12期。
② Neil Postman:《技术垄断:文明向技术投降》,蔡金栋、梁薇译,北京:机械工业出版社,2013年,第19页。
③ Neil Postman:《技术垄断:文明向技术投降》,蔡金栋、梁薇译,北京:机械工业出版社,2013年,第101页。

素养、透明性和监管。①除了第二点预测肯定了算法的优势外,其余内容均对算法表现出质疑和担忧。无独有偶,Facebook 原项目经理马丁内斯对人工智能同样持悲观态度,并预测未来 30 年内,一半人的工作会被人工智能取代,动荡的经济将使大革命再次发生。

网络技术的介入使知识生产实现了从个体到群体,从精英话语到群智联结。在这场"智"与"媒"的技术变革下,知识生产主体的日趋开放和全球大脑的紧密连接,最终实现的是人与智能技术的协同进化。"新内容革命"已初具雏形,并促使内容生产(以智能化、人机协同为特征)、分发(以算法为核心)、消费(个性化与社交化交织、消费与生产一体)等全面升级。②随着技术在知识生产中的参与度逐渐提升,问题也随之而来:算法的智能推送,使知识生产者在获取信息的同时不可避免地受到固有知识框架内容的影响,思维与视野在无形中受到束缚,知识生产趋于毫无新意的同质化。正如同有学者所担忧的,"某人一旦进入互联网,就意味着他被消散于整个世界,而一旦他被消散于互联网的社会性空间,就无异于说他不可能继续保有其中心性的、理性的、自主的和傍依着确定自我的主体性"③。

那么,人工智能的介入是否会削弱人生产知识的能力?人工智能能否代替人进行知识生产?人机协同在给人带来便利的同时,也使越来越多的人担忧。其实,至少在当前乃至未来相当长一段时间里,人工智能还远不足以与人类的智慧抗衡。机器的优势在于对海量信息的存储、筛选和分发。这看上去是机器的本事,但实际上,设计算法、决定算法的则是人。机器如何学习,怎么学习,学习范本的多少,创作的排列组合,一切的主动权仍旧掌握在人的手中。或者说在人工智能得出的答案中,其实已经暗示了人的答案。2019 年,北师大团队在参与微软小冰项目组开发的"小冰白盒写作辅助工具"后,通过分析现阶段机器新闻写作的原理——基于大数据驱动,通过数据检索、数据分析、自然语言处理等算法将所需信息填入人工设计的模板中,得出机器写作不能从

---

① 周祉含:《西方新闻传播学的算法研究综述》,《新闻爱好者》2019 年第 4 期。
② 苏涛、彭兰:《反思与展望:赛博格时代的传播图景——2018 年新媒体研究综述》,《国际新闻界》2019 年第 1 期。
③ 黄少华:《论网络书写行为的后现代特性》,《自然辩证法研究》2004 年第 2 期。

真正意义上实现有逻辑、有态度、有观点的自动化文本生成的结论。[1]也就是说,至少到目前为止,技术是否"作恶"取决于人的选择。

有学者将人类心智进化的历程分为五个层级:神经层级的心智、心理层级的心智、语言层级的心智、思维层级的心智和文化层级的心智。[2]反观当下,即便是飞速发展的人工智能,以及语言大模型也与人类心智水准相差甚远。即便是在情感天平和人性善恶的基础层面,人工智能尚且没有能力进行准确判断,更加不能奢求它将真情实感融入创作。它的即兴创作得益于机械的排列组合,说到底更像是一种升级版的填字游戏。因此,感性或成为人类和人工智能在创作中最大的分水岭,正如诗人欧阳江河对《阳光失了玻璃窗》的评价,"这个过程中,人味、人的个性,还有诗句后面的东西都被过滤掉了,只剩下修辞组合、词语的游戏"。不仅如此,关于人工智能创作出的作品是否拥有版权势必存在一定的争议。如果有,那么版权归属于机器,算法程序制作者,还是学习所依据的海量范本的作者? 这些都是机器写作绕不过的"阿基里斯之踵"。

"科学是一种强有力的工具。怎样用它,究竟是给人类带来幸福还是带来灾难,全取决于人自己,而不取决于工具。"[3]而技术的重点也是向着人类更高的智慧不断迈进,不管是人还是机器,都在自我提升和相互学习中成长。随着机器学习、5G、大数据算法的深度融合,人工智能终将实现由弱智能向强智能的转变,一场全新的人工智能革命不久将会出现。届时,人工智能将会为人类知识生产开辟新局面。同样,人类完全不需要对人工智能表现出恐慌甚至敌意,关键的问题实际上是人和机器如何在人机对话中实现功能的互补和价值的匹配。[4]

需要指出的是,知识创新的每一个阶段都是叠加式进化的,创新方法的出

---

[1] 韩晓乔、张洪忠、何苑等:《文科思维与技术思维的碰撞:新闻传播经验应用在机器写作技术开发中的个案研究》,《全球传媒学刊》2018年第4期。

[2] 蔡曙山、薛小迪:《人工智能与人类智能——从认知科学五个层级的理论看人机大战》,《北京大学学报》(哲学社会科学版)2016年第4期。

[3] 阿尔博特·爱因斯坦:《爱因斯坦文集》第3卷,许良英、赵中立、张宣三编译,北京:商务印书馆,1979年,第56页。

[4] 喻国明:《"机器新闻写作"带动传媒新变局》,《中国新闻出版广电报》2015年11月17日,第6版。

现,并不意味着旧模式被替换,只是增加了一种新的可能性,甚至新的模式仍然建立在旧模式的基础之上。例如,人机协作创新模式,仍然需要个体性的独特创造,ChatGPT之类大模型的输出质量也取决于使用者能否提出好的问题,以及培养它的方式。就算是人工智能高度进化,个体的知识创新仍然是一种最基本的知识创新形态。

第二节 "全球脑"的形成与知识生产模式创新

历经数次科技革命,人类对信息与知识的渴求、对人际社会交往的渴求催生出日臻完善的交通通信网络,从初级原始的社群部落,到算法分发和万物互联,我们始终在探寻如何更好地打破人与知识的界限、拉近人与人的距离。"全球脑"是彼得·罗素提出的技术构想,虽然尚未实现,但人类的技术始终向着智慧的方向不断努力,希望重塑人与人、人与知识、知识与知识之间的关系。

古往今来,人类对知识、信息或者能量传承的基本认知框架,多表现为个人对过往信息或能量的传承。随着媒介技术的演进,这样的传播框架将会或正在被改写。

一、从小社群到"全球脑":知识生产与关系强化的驱动力量

1945年7月,万尼瓦尔·布什在《大西洋周刊》发表了一篇文章《诚如我们的想象》("As We May Think"),他在那个年代的部分想象今天已经成为现实,而有些至今还没有成为现实,但令人惊异的是,其中大多数科技创新正是沿着他想象的方向前行的,我们在佩服其思想的超前性的同时,不得不承认,他成功的关键在于发现了人类创新技术的核心密码。他认为,"科学提供了人类个体之间最迅捷的交流方式;它提供给人类记录思想的渠道,使人类能够对这些记录下来的东西加以利用和提取,这样一来,知识就会跨越整个人类的生命周期而非人类个体得到传承和发展"。不过,他发现,人类知识和信息的传

播,都需要借助一种物化的媒介——微缩胶片或者电流。他进而追问说,"难道我们没有可能在有朝一日建立一种直接获取信息的途径吗?"他将之设想为"一种全新形式的百科全书"。

人类是社会的动物,无时无刻不在进行社会交往。在小群体社会中,人的社交面和量都是有限的,信息与知识的创新和流动相对较少,进化也相对较慢。然而人类的世界意识(worldwide mind)似乎自人出生起就在那里。此外,各种交通工具——轮船、汽车和飞机,以及宇宙飞行器等,帮助人们去部落化,地球村似乎正成为可能。但仅仅将人定位在社会性动物上,还不是最为关键的成就,因为生物界中具有社会性的动物不在少数,如蜜蜂、蚂蚁和大象都具有社会性。目前相对公认的观点是,人类是目前唯一具有通过自己创造的语言符号系统进行虚构写作与传播的动物。

不过,即使如此,在相当长的时间内,时间和空间仍然限制了人类对自身的超越。大卫·克里斯蒂安认为,真正使人类有别于其他存在的,是我们实现了集体掌控有关周围环境的信息。我们不仅像其他物种那样能够收集信息,还会播种(cultivate),甚至是培养(domesticate)信息,就如同农民栽培庄稼一样。正是这种收集、培养和传播信息的能力,使人类真正成为"万物之灵"。其中,第一个关键性的技术进步,就是人类创造了可以记载和传播信息的媒介,这种媒介的创新使得人类的信息传播超越了时间与空间的束缚。例如,书本和大众传播媒介,提供了另一种可能性——人们足不出户,也可以"认识"更多的人,"看见"更大的世界。石碑、瓷(龟)片、铜鼎、莎草纸是人类早期发现的能够穿越时间的媒介,印刷术则让信息和知识的传播超越了空间的限制,电子媒介完成了时空的双重接洽。蒂姆·伯纳斯-李发明的万维网则可以让人们在更大范围内实现在线交流。今天网络社会的崛起,更是消除了地域、国家、种族、语言、文化、行业和供应链上下游的隔离。

蒂姆·伯纳斯-李设想开发出具有推理能力的搜索引擎,我们在所有联网的计算机上搜索相关内容,就可以获取全世界对于某一问题的看法的全部资料,集思广益。[①]由此,"全球脑"的观念便呼之欲出了。

1983年,彼得·罗素正式提出了"全球脑"概念。他认为,经由科技的发展,

---

① 蒂姆·伯纳斯-李:《编织万维网》,上海:上海译文出版社,1999年,第193-203页。

电信线路、光纤、卫星等可将地球的各个部分联结起来,并且认为由于100亿个个体的联结,地球整体将可被视为一个如人脑一般的"脑"。

"全球脑"利用各种网络连接介质,集每个人的智慧于一体,而形成具有比人脑更高级的信息处理能力和创造力的自组织智慧网络,换言之,"地球是一个脑,每个人是一个神经元"。"地球村"到"地球脑"("全球脑")的概念嬗变,代表人类更高层次的技术呼唤:我们的全球信息网络如何能够思考、关联,而不是简单的数据存储与传输?我们该从人脑的运作方式中得到什么样的启发?

二、人类社会的知识生产

"全球脑"并非一蹴而就。因为到目前为止,"全球脑"还没有进化到会思考的层次。人类成为地球的主宰者、万物灵长,不是依赖人的体力,也不是因为其奔跑的速度。发展出记忆、推理能力、判断能力、反省能力、理性,以及能够使用语言沟通,才是人到目前为止超越其他物种的关键。所谓人是符号的动物、人是文化之网上的动物,指的就是人类具有理性思考能力。这种能力使得人类可以创造、积累和传播丰富的知识,使得人类在基因之外,多了一种传承的力量。

大卫·克里斯蒂安在《起源:万物大历史》一书中认为,"人类语言非常强大,会像文化锯齿(cultural ratchet)一样锁定一代人的思想并将其传给下一代,从而实现接续强化。我把这种接续强化的机制称为集体知识",这是一种比其他物种自然选择更具有推动力的变革,"而后便实现了社区内部和代际的信息分享和知识累积"。集体知识机制展现出越来越大的协同作用和力量,不断地驱动我们走向繁荣。[①]

在这一基础上,人类始终致力于推进媒介技术,使知识与信息跨越时空得以传播和传承。但我们发现,经由复杂的技术网络构建起来的"网络社会"仍让人不满足。人们担心因个人思想与创造思维湮没在互联网空间而无法独善其身,海德格尔早在20世纪60年代不无担心地问道:"也许历史与传统将平稳

---

① 大卫·克里斯蒂安:《起源:万物大历史》,孙岳译,北京:中信出版集团,2019年,第163页。

地顺应信息检索系统,因为这些系统将作为一种资源以满足按控制论方式组织起来的人类的必然的计划需求。问题是,思是否也将以信息处理事务告终。"①

人们担心互联网技术日渐接近人脑的精密繁复程度时,我们的思维却有反其道而行的趋势,"人脑把大量知识储存在网上而不再储存在脑深层的海马体内,因而导致诸如额叶前回和颞叶中回这类脑区在进行思考时缺乏历史感和深度感,从而有把人脑简约成为网上'智能搜索器'的倾向"②。迈克尔·海姆同样意识到,我们对信息的狂热追求侵蚀了我们对于意义的容纳能力:"把思维的弦绷在信息上之后,我们注意力的音符便短促起来。我们收集的是支离破碎的断简残篇。我们逐渐习惯于抱住知识的碎片而丧失了对知识后面那智慧的感悟。"③

德里达曾认为,传统的"线性写作"和"文本"已经走到了尽头。他曾写道:"在特定的电信技术王国中(从这个意义上说,政治影响倒在其次),整个的所谓文学的时代(即使不是全部)将不复存在。哲学、精神分析学都在劫难逃,甚至连情书也不能幸免……"④德里达的主要观点就是,新的电信时代的特点就是打破过去在印刷文化时代占据统治地位的内心与外部世界之间的二分法。德里达敏锐地感觉到,明信片代表而且预示着新的电信时代的公开性和开放性,任何人都可以阅读,正如今天的电子邮件不可能封缄,所以也不可能属于个人。而网络空间越来越明显的开放性,更进一步证明了德里达观点的先锋性。严锋解释说:"在超文本的海洋里,恐怕很难游出一位能够进行宏大构思、总体把握的巨儒硕师。超文本的世界中只有维护一个个节点的'工程师'。知识的进步变成了节点的新增、嵌入、蔓延和复制。知识体系变成了网络数据库。奇妙的是,当网络与人脑进行德里达意义上的'嫁接'之后,一个个庸庸碌碌的凡夫俗子又能够当场与世界知识宝库合二为一。电脑网络变成了人脑的

---

① 迈克尔·海姆:《从界面到网络空间:虚拟实在的形而上学》,金吾伦、刘钢译,上海:科技教育出版社,2000年,第56-57页。
② 汪丁丁:《从脑到脑》,《情境笔记》,上海:上海人民出版社,2005年,第113页。
③ 迈克尔·海姆:《从界面到网络空间:虚拟实在的形而上学》,金吾伦、刘钢译,上海:科技教育出版社,2000年,第9页。
④ 转引自J.希利斯·米勒、国荣:《全球化时代文学研究还会继续存在吗?》,《文学评论》2001年第1期。

直接延伸,变成了虚拟的人脑,于是凡人在瞬间成为饱学之士,他们'拥有'的知识足以令文艺复兴的巨人们羞愧。但这种'拥有'具有多少内在化的成分?人脑与数据库的嫁接能够产生新的智慧吗?"[1]由于线性写作模式的终结,以及网络社会的互连性、互动性、开放性等特点,新的文本形态得到了更快的发展。

当我们的大脑延伸至互联网,只需掌握计算机搜索功能的初级逻辑,人人皆可成为学识巨擘,但学者担心时代的莎士比亚与普鲁斯特无迹可寻。我们对信息的接收方式由凝神专注变为即用即寻,网络社会充斥互联网时代的超文本机械复制,人们与知识的关系是"无差别拥有"还是"无意识隔离"?

从互联网的发展史来看,互联网信息网络从军方—科学家复合体的专享下沉至大众共享,在这个过程中人们逐渐完成信息的获取和存储。蒂姆·乔丹(Tim Jordan)认为全球信息网将"拉力"媒介的形式作为它的开端,人们会依据自己的需求主动搜寻且将自己需要的信息拉进来。但是到了1997年,已经出现了将有些信息推向使用者眼前的情况,这种"推力"是信息传递的新样态。由此人类和信息的关系进入了一个新阶段:信息分发。但是我们发现那些被推给我们的信息,如垃圾邮件、广告等,往往非我们所需,那些以精确推送的名义建立起来的算法往往也并不精确,它们没有到真正理解人的时候,又很容易导致"信息茧房"和"信息泡沫"。这些推荐算法的分发机制,由于过于追求流量,结果为标题党、低俗内容创作者利用标签获取关注提供了漏洞,因此分发结果常常是不公、扭曲,甚至是失真的,平台上低俗内容泛滥,有效信息缺失。

由此,有人提出了现有信息获取方式的几个问题:(1)信息过度依赖(少部分)人传播,导致推荐质量下降;(2)缺乏自我演化能力,适应新信息较慢;(3)产品更关注关系链的稳定,而非知识传播的效率;(4)标签系统让人无法成为"互联网上的游牧民",无法在不同内容之间自由漫步,反而被一个个标签关在小格子里。因此有人认为,现有的工具只能充当信息源的角色。

---

[1] 严锋:《现代话语》,济南:山东友谊出版社,1997年,第163—164页。

三、技术支持下的关系强化

如果说对信息与知识的渴求驱使媒介技术不断突破时间得以传承、突破空间得以复制传播,那么可以说,对于社会关系不断拉近的需求主要面向的是对空间距离的不断攻克。电子媒介出现之前,实现人际交流除了面对面沟通,就只能借助有限的交通工具进行文字传输。网络通信技术不断突破物理空间,有学者认为从1G到5G技术的嬗变,伴随的是"交往关系向立体全方位格局演变"[①],人与人之间的交往正在无限趋于平等与亲密。

互联网的确使人的社交属性得到了空前保证。"爱人与被爱、聊天交友、逃避与期待、真诚与虚伪、偷窥与自拍、暴力与自虐、投射与反相、补偿与升华……在虚拟空间中面对自己,面对欲望,也面对无限的需求。网络成为人们最好的避风港,也为心灵展开了一个无限宽广的场域,为了填补这个空虚的心灵,人们逃到网中。"[②]不过,还有人发现,在微信"朋友圈"经历多年发展之后,用户的好友数量越来越多,但用户在"朋友圈"越来越谨慎,不敢表达真实的自己。微信推出了"三天可见""半年可见"等设置,有过亿人使用,冗杂的"朋友圈"正让年轻人远离。网络打破了人们社交的时空界限,但是人们并不止步于在网络社会中进行一些平面感的交流,更遑论这样时刻"在场"的社交已经成为包袱。

人们希望在认识的基础上,能够相互学习和交流。互联网上曾经有过一场关于有用社交还是无用社交的争论——平面感的交流,因为没有收益而成为无用的社交,除了浪费时间和精力外,无所补益。一篇文章《放弃那些无用的社交》能刷爆朋友圈自然是因为这样的想法引发了无数人的共鸣。当然也有人认为"放弃那些无用的社交"是个悖论。心理咨询师廖玮雯认为,我们进行社交之前,完全无法判断这个社交到底有用还是无用。其实那些看似"无用"的部分,和那些所谓"有用"的部分,共同组成了我们一段完整的人生。卡斯特认为,只要能够在网络中沟通,分享相同的沟通符码(如价值或执行的目

---

① 张桂芳:《1G到5G:人际交往格局嬗变》,《人民论坛》2019年第11期。
② 翟本瑞:《逃到网中:网路认同形成的心理机制研究》,第四届信息科技与社会转型研讨会,中央研究院社会科学研究所,2002年。

标),就能实现联通,构成网络社会。[1]换言之,真正的社交,只会发生在有着共同价值观和共同成就目标的网络之中,毕竟个体的价值是由知识、趣味、审美和价值观构成的。

孙玮基于媒介融合的发展逻辑重提了赛博人的概念。与"全球脑"所强调的脑智慧的统一阶段稍有不同,赛博的提出始终围绕生物体身体与技术的结合。他认为目前媒介融合的走向是技术与人的融合,正如前文所述,人通过社交媒体的连接表现为每时每刻的"在场",这样的融合"正在打破基于结构—功能主义理论框架中媒介与社会之关系"[2]。这样的移动通信网络早就不是社会的子系统,而成为人类社会的基本需求和社会结构变革的驱动力,这样的网络不仅仅是一种媒介、一种工具,本身就构成了社会的血脉,形成了网络社会,人们通过技术联结进而实现人与人的联结。

胡正荣在描述5G时代的万物互联时说道,"这种利益的共生性和命运的联动性将日渐增强,而共同体存在和意识还有待不断增强"[3],但他认为5G时代不会带来"个体差异和群体差别的消失"。去中心化与再中心化似乎是整个互联网发展史的演进逻辑,倘若"全球脑"能够实现,人脑的内容完全数据化,人类与技术的最后一层壁垒也将如技术乐观主义者所愿被打破。从人类身体与技术的结合到脑智慧与技术的更深度融合,网络社会似乎转变成为有生命的有机体社会。我们是否有必要担心,借由互联网搭建的关系将无可避免地伴随个人主体性的消失而逝去?

四、"全球脑"的愿景:知识与智识能否得以共在?

人类今天的遭遇是,一方面信息和知识过载,另一方面有用信息和知识缺失;一方面朋友圈越来越大,社交面越来越广,另一方面时间和精力又不足以支持这样广泛的社交活动。网络是否可以变得更聪明,"全球脑"是否可以真

---

[1] 曼纽尔·卡斯特:《网络社会的崛起》,夏铸九、王志弘等译,北京:社会科学文献出版社,2001年,第570—571页。
[2] 孙玮:《赛博人:〈后人类时代的媒介融合〉》,《新闻记者》2018年第6期。
[3] 胡正荣:《技术、传播、价值:从5G等技术到来看社会重构与价值重塑》,《人民论坛》2019年第11期。

正实现?

涂尔干早就提出了社会有机体论,但正如罗素所说,"惟有数字还不足以带来巨大的进化跃进……一百亿个神经元放到一个玻璃瓶中也构不成有意识的大脑。元素需要整合到一个凝聚的结构里,它们的互相作用需要组织起来"[1]。他由此推论,一个社会超有机体将会在几十年后出现。网络社会不断进化与扩张,至脑的最后界限被突破,有学者称之为一统阶段。这样的网络是一种"知化网络",它从冰冷的物理连接逐步进化为主动感知各类连接设备,进而知晓如何适应外界的变化,最终使得整个网络具备智能思考的能力,形成自有的知识体系。

信息与知识共享、转移会遭遇网络位置、距离、知识势差、心理距离、信任、文化差异、异质性等多方面因素的限制。研究者发现处于网络中有利位置的节点容易获得知识,网络中心势高的节点也更易获得知识;节点获得知识的能力取决于它与其他节点之间的网络距离和心理距离,而信任和文化差异是心理距离的重要影响因素;知识势差与知识异质性决定了节点从网络中获得知识的能力,过少的知识基础或过于异化的知识背景都不利于节点从网络中有效地获得知识资源。关于数字鸿沟方面的研究,以及布尔迪厄的《区分:判断力的社会批判》和 J.D. 万斯的《乡下人的悲歌》都清晰揭示了这种区分的存在,而如何跨越上述要素实现信息与知识共享似乎就是"全球脑"的努力方向。

技术始终向着智慧的方向不断努力。5G 技术正在逐步商用,对 6G 的相关研究已经达成一定的共识。有学者用四个关键词概括未来的 6G 愿景:智慧连接、深度连接、全息连接和泛在连接,其中"智慧连接"是后三者的基础,也是实现"全球脑"的必经之路。有学者指出,若地球的网络联结及人工智能的结合使得整个网际网络具有外在于人类,能独立思考与记忆,并且能够传承与修正的特性,"全球脑"才能算是完整的。即是说,"全球脑"应该掌握人脑思维的联结能力,在不同人群、学科、话题之间自由地穿梭、流动,也就是具有自组织信息的能力。

利克里德(Licklider)于 1960 年在题为《人机共生》的论文中阐述了一个新

---

[1] 彼得·罗素:《地球脑的觉醒——进化的下一次飞跃》,张文毅、贾晓光译,哈尔滨:黑龙江人民出版社,2004 年,第 60 页。

想法:"我们希望,在不久的将来,人类的大脑和计算机将非常紧密地结合在一起,由此产生的伙伴关系将以我们现有的信息处理机器所没有的方式思考和处理数据。"1963年,利克里德在美国国防部高级研究计划局(原称ARPA,现为DARPA)担任主任。他意识到需要一种有效的方法来保证这个由人和机器组成的庞大但分散的团队跟上编程语言和技术协议的变化。因此,他提出建立一个通信网络,跨越距离,把这些人员联系起来。"星系计算机网络"的概念因此而产生。"在完全不相关的'智能'物种之间进行沟通"这种构想要想实现,其挑战性是显而易见的。

近几年,人工智能的发展,尤其是AlphaGo的出现,让我们看到了人机共生的广阔前景。不过张钹院士认为,人工智能距离"超越"人还差得远,当前人工智能的最大问题是不可解释和不可理解,而目前人工智能是往可解释和可理解的方向走。[①]人工智能科学家、奇点大学校长库兹韦尔明确地表示,人工智能的下一步发展方向,就是要让机器能够处理诸如个人情感、社会关系甚至人类信仰等复杂的人文问题。只有能够处理人文问题的人工智能,才有资格被称为"超级智能"[②]。

比利时控制论学家弗朗西斯·海利根(Francis Heylighen)花费数年研究了一个名为Principia Cybernetica的在线项目,内容涉及集体智慧(collective intelligence),这是一个应该给予特别关注的研究领域。如果人类不再以具有社会意义的个体,而是以知识和技能为单位重组连接,这种连接不仅可以最大限度发掘个体的知识价值,而且是实现知识的充分传播和问题解决的最优路径,极大可能对生产力的提升和社会进步产生深远影响。由于知识网络中知识传播、共享、扩散、创新等活动的运作,节点个体能实现知识增长,更重要的是网络中知识总量能迅速提升,节点的平均知识拥有量也会呈增长态势。

英特尔公司已运用衍生自P2P的端对端运算PCP(peer-to-peer computing)方式,提高公司的生产力。该公司员工下班时,数千部个人计算机看似闲置,实则通力合作,协力完成微处理器相关的复杂计算任务。用PCP进

---

① 张钹:《走向真正的人工智能》,《卫星与网络》2018年第6期。
② 转引自林永青:《人工智能来了,无须再为社会科学辩护》,《金融博览》2018年第2期。

行计算机运算,可取代通常需要大型主机才能胜任的复杂运算任务。具体做法是把原先由一部大型主机处理的复杂问题(如绘制人类基因图谱)切割成一件件小任务,再交由众多个人计算机分头解决。个人计算机解出规模较小的计算题后,把答案回传给效能较强的大型主机,大型主机再把片段整合起来。这充分体现了集体智慧的有效性。

2011年,由几名数学家和具有硅谷互联网名企背景的技术工程师组成的团队,开始研发一套符合未来社交趋势的智能算法。看来,这一智能算法结合了人工智能的成就,又吸收了集体智慧的构想。据说,这一智能算法动态地把共同价值观、兴趣、审美的人连接在一起,结合每一个个体的智慧来探索人的知识和能力边界。同时,算法会像AI一样通过自我学习不断进化。他们认为,知识与智能是两种不同的事物。过去人们传播的只是知识,如书本;而智能只存在人的头脑中。他们想做的,则是智能的传播。为此,他们创造了专家系统、智能协作软件,这些系统和软件可以学习、理解、发展,可以随时移动,可以被复制。这种被命名为ECI(evolutionary collective intelligence)的演化群体智能算法,使得人与人可以不基于认识等社交关系去连接,而是通过大脑的知识特征、兴趣属性自动建立连接,从而建立起了一个能够超越个体智慧的群体智能。

传统社交媒体的底层逻辑在于打通网络空间的人际关系,但知识属性难免被边缘化;算法技术在一定程度解决了人与知识的关系,却无力冲破信息茧房。传播和社交的这一矛盾,知识系统(如各种百科)、推荐系统(信息分发平台)和搜索系统(如谷歌)皆未妥善解决,"人和知识都是单向联系,缺乏互动和对知识的有机连接,难以形成势能"。而基于ECI算法和"全球脑"畅想的新型社交媒体从时空维度分别思索:什么样的信息值得被传播?什么样的信息值得被沉淀?

从理论上说,基于这一算法的知识关系系统KNS(knowledge network system)的架构一旦达到一定规模,算法会自动从个体中提炼出数以千万计的知识和技能特征,并自动演化出特征类别间的知识关系,进而依靠数以万亿计的知识关系建立人与人的新连接。在这种连接下,不用人为设定或搜索,个人终端会随着知识趣味的变化展示不断拓展的个性化内容;意见能公平传播,并智能投送到该意见关联的每个知识群体;问题会以最科学的路径快速传达给能提出解决方案的人;群体的知识和技能在系统中不断碰撞出新的知识点而被算法捕捉。

这样看来,从人的社交到知识社交、从知识库到知识社交的变迁,信息不再是冰冷的数据库而是具有"知识的表意性"。这样高度智能化的知识社交平台,既是知识分享平台,同时不违背社交媒体的核心逻辑,凭借智能算法筛选出志趣相投的朋友,在知识生产的同时摆脱低效社交,或许能在互联网时代寻得技术理性与交往理性的微妙平衡,成就莱布尼茨设想的心灵共同体(community of minds)。

1945年7月,经历了新墨西哥州原子弹试爆的布什悲观说道:"人类获取的经验正以飞快的速度增长,而我们从知识迷宫中获取信息与知识的方法,却与过去制造横帆帆船时一样工程浩大。"但计算机科学家艾伦·凯(Alan Kay)也曾说过:"最好的工具,可以激发人类创作的灵感。"詹姆斯·柯兰认为互联网本身并不是只靠技术建构的,拒绝"互联网是理性的系统"这一说法。[1]关于"这一在传播政治经济学背景下获得广泛共识的论调是否会在未来的网络群体智慧技术下唱衰"的忧虑还为时过早,倘若我们对于文化、社会的反省与无止境的技术发展不至过从甚疏,二者之间始终保持伴随式的相生往复,人类便能在网络社会中欣慰地收获人与人、人与知识关系的净值增长。

但我们始终应该留意技术可能带来的困境。正如诺瓦·斯皮瓦克在访谈中抛出的问题:"如果存在一个'全球脑',那它有自我吗?……那是一种真实存在的事物,还是只是一些数据,有时是一些标签,而不是真正的自我?"他随后用生物学意义上的脑组织类比,认为"那只是不同部分、数以亿计的组织的连接而已",而"全球脑"是一样的。另一个问题接踵而至:数以亿计的神经元组成的人脑从属于特定的个体,"全球脑"则所属为何?对网络技术创造效益的极致的追求,是否会牺牲赖以展现个人价值的个体差异?学者彭兰指出了数据与算法时代个体权利的让渡,[2]这样的担忧在网络社会的实现进程中不会过时。

---

[1] 参见詹姆斯·柯兰、娜塔莉·芬顿、德斯·弗里德曼:《互联网的误读》,何道宽译,北京:中国人民大学出版社,2014年,第180—182页。

[2] 彭兰:《假象、算法囚徒与权利让渡:数据与算法时代的新风险》,《西北师大学报》(社会科学版)2018年第5期。

彼得·罗素在1995年重提"全球脑"设想时认为:一个积极的远见,就像隧道尽头的微光,尽管只暗淡地隐约闪烁,仍然鼓舞我们朝那方向前行。更早(1993年),克鲁格(Krueger)在为M.海姆作序时提醒:随着电子信息时代的到来及人工经验时代的开始,我们意识到我们正在旅途之中,而且我们可以问下一个目的地是不是要比我们离开的地方更好一些。

第三节　技术赋权与算法的价值选择

人类文明的演化与新技术的涌现相伴而生,诚如布莱恩·阿瑟所说:"技术不管是过去还是现在依然是文化的;同时,文化不管是过去还是现在都牵涉技术。"[1]每向前迈进一步,技术、文明、认知都会发生相应的改变,打造出一种新的平衡,继而赋予人类在生存与发展层面更强大的力量。从结绳记事开始,人类已经学会依靠媒介存储和输出记忆与知识;15世纪中期,印刷机的出现使人们开始体会到技术带来的信息爆炸,"图书馆"成为早期用来承载海量知识的介质。而现在,文本数量正在以前所未有的速度增长,大规模的知识生产使人类信息超载成为一种普遍的现象。数字基础建设使依托互联网的数据库逐步替代了图书馆的功能——即便图书馆依旧存在。据说约翰·弥尔顿读遍了他那个时代能够获取的所有书籍,但是今天,没有人能像弥尔顿当年那样了。即便是弥尔顿在世,他也不可能做到。[2]

长期以来,我们认为人类的思维与大脑是密不可分的,大脑对知识的存储是人类与生俱来的天赋。但随着技术的发展,当各种生物特质开始以数字化的方式脱离人体,被转移到电脑或其他人身上时,大脑内思维这个过去我们认为始终与人这一物质不能分离的对象,也开始出现了脱离人体的可能。[3]我们逐渐认识到,在人类创造技术的同时,也潜移默化地被技术同化,其中包含着

---

[1] 潘霁、李凌燕:《媒介研究、技术创新与知识生产:来自媒体考古视野的洞见——与齐林斯基教授的对话》,《国际新闻界》2020年第7期。
[2] 约翰·杜海姆·彼得斯:《奇云:媒介即存有》,邓建国译,上海:复旦大学出版社,2021年,第44页。
[3] 彭兰:《赛博格化:智能时代的人与人际关系》,北京:中国人民大学出版社,2020年,第357页。

人类引以为傲的智慧与文明。从人类主宰技术到人机共存,再到如今喧嚣尘上的技术统治人类说,人工智能和数据化对人类的威胁无异于人类给自然界其他生物所带来的恐吓。如同人类定下的"无用就会被灭绝"标准,一旦技术将人类边缘化,一向自诩是世界主人的人类就会认识到,我们不再是造物主的巅峰作品。2010年6月,澳大利亚国立大学微生物学家弗兰克·芬纳(Frank Fenner)称,人类可能在100年内灭绝,不仅我们的子孙,包括其他动物也会灭绝。在这场文化生活的巨大变革中,我们应该反思:如何定义人与技术的关系?如何把握技术演化的法则?如何处理智能时代技术创新的边界?

一、觉醒:技术的自主性知识创造

2020年8月,埃隆·马斯克(Elon Musk)创立的脑机接口公司Neuralink举行发布会,通过直播的方式展示脑机接口新设备。该设备用于感知或改善大脑活动,体积只有一枚硬币大小,通过手术植入头骨,就像安装在大脑上的Fitbit,充满电可用一整天。脑机接口的核心是在大脑和机器之间传输高保真的信息,短期目标为修复脑损伤和治疗复杂的神经系统疾病,使未来无须药物,并可调节大脑中的化学物质水平,直接控制情绪,提高学习能力,甚至在特定情况下帮人做出选择。目前,Neuralink已经获得美国食品药品监督管理局批准在人脑上进行实验。这是在人类发现脑电波近100年后,脑机交互迎来的又一次跨时代突破,人机互动,脑机相连,人类与AI共生不再是科幻电影中神秘莫测的情景,未来,它将真实存在于我们的生活。

借力外物以利于事,人类发明和更迭技术,旨在创造一个更美好的生存环境。在本能的生物到自觉的人这一转变时期,工具意识伴随着主体性开始不断进化,技术与人共存并成为人们值得信赖的伙伴——从刀耕火种到几次工业革命,技术每迈进一步,人类在行为、认知与文化层面就会与之达成一个全新平衡。长期以来,技术对人类某些能力缺陷的弥补使我们一度相信,技术只具备零阶意向性,只是对人类的辅助,并不能领会人类的意图,如机器人的英文robot有"奴隶、奴仆"之意。① 但"各种技术及其后续的环境一个紧接着一个很快发生,所以旧环境使人觉察到紧随其后的新环境。通过使我们意识到它的心理和社会后果,技术开始发挥艺术的作用"②。事实上,面对技术与文化的交织,人类的完成度和交融度远比我们想象得要好得多。从早期的石器时代、铁器时代、钢铁时代到口述文明、书写文明、印刷文明和电子文明,技术特征与精神文化不断紧密交织,相互融合,成为一个不可分割的整体。

"任何媒介(即人的任何延伸)对个人和社会的任何影响,都是由于新的尺度产生的;我们的任何一种延伸(或曰任何一种新的技术),都要在我们的事务中引进一种新的尺度。"③新技术改变了我们所理解的"知识"和"真理",改变了根植于文化之中的思维习惯,从而赋予我们认识世界的能力。④当下,人类正在经历以智能化为核心的第四次技术革命,这将会更全面地重构人的环境,进而影响"人类世"⑤的存在方式。计算机创造了人类与信息、工作、力量和自然之间的新型关系,从而定义了我们的时代。对这种关系的最佳描述是,计算机将人类重新定义为信息处理器,人类本质上则是被处理的信息。简言之,计算机最基本的隐喻信息是,人类是机器,是会思考的机器,是除了机器之外什么也不是的机器。也正因如此,计算机成了技术垄断时期最典型、无可比拟、近乎完美的机器。它满足了人类在天性、生物学特征、情感、精神等方面的各种诉求,并表现出比人更善于"思考"⑥,甚至可以在人类一度引以为傲的知识生产领域做到以假乱真。2005年,麻省理工学院计算机科学与人工智能实验室的三个学生一起开发了一款自动生成论文的小程序SCIgen,该程序只需输入作者姓名,就可以自动生成一篇SCI级别的计算机论文,摘要、背景介绍、实验

---

① 1920年,捷克作家卡雷尔·卡佩克发表了科幻剧本《罗萨姆的万能机器人》,"机器人"一词开始进入人们的视野。英文机器人"robot"一词亦源于此。剧本的主角是一群叫作"Robot"的自动化机器,它们长得与人一样,但是没有人类的感情,只会做事。"Robot"取自捷克语robota,在捷克语中,ro-bota是奴隶的意思。
② 马歇尔·麦克卢汉:《理解媒介:论人的延伸》,何道宽译,南京:译林出版社,2019年,第12页。
③ 马歇尔·麦克卢汉:《理解媒介:论人的延伸》,何道宽译,南京:译林出版社,2019年,第17页。
④ 尼尔·波兹曼:《技术垄断:文明向技术投降》,蔡金栋、梁薇译,北京:机械工业出版社,2013年,第109页。
⑤ "人类世"是诺贝尔化学奖得主保罗·克鲁岑提出的一个与更新世、全新世并列的地质学新纪元。他认为,人类已不再处于"全新世"了,已经到了"人类世"的新阶段。
⑥ 尼尔·波兹曼:《技术垄断:文明向技术投降》,蔡金栋、梁薇译,北京:机械工业出版社,2013年,第101页。

结果、图表、讨论及结论一应俱全,生成的论文格式可能比一些学生写的论文还要规范。其生成的论文《Rooter:处理接入点与冗余的典型合一方法》甚至被 WMSCI(系统论、控制论与信息论多学科国际会议)接受并邀请作者出席会议做报告,大会评委甚至没有发现创作者是一台人工智能机器。

加州大学圣克鲁兹分校的音乐教授戴维·柯普曾撰写了一个名为 EMI 的程序,该程序专门模仿巴赫的风格,并曾在短短一天时间内谱出 5000 首巴赫风格的赞美诗。人工智能生成音乐这一举动引起了古典音乐爱好者的不满,于是,俄勒冈大学的史蒂夫·拉尔森向柯普提出挑战,与 EMI 进行了一场人机对决。拉尔森提议,由专业钢琴家连续弹奏三首曲目,作曲者分别是巴赫、EMI 和拉尔森本人,接着让观众投票是谁谱了哪首曲子。在挑战当天,数百位讲师、学生和音乐迷齐聚俄勒冈大学的音乐厅。表演结束,观众进行投票,结果观众认为是巴赫的其实是 EMI,认为是拉尔森的其实是巴赫,而他们认为是 EMI 的,其实是拉尔森。在 EMI 成功后,柯普又继续写出了更复杂的新程序安妮。不同于按照规则进行谱曲的 EMI,安妮以机器学习为基础,随着外界新的音乐输入,不断变化发展音乐风格,甚至柯普也不知道安妮接下来会谱出什么作品。除了音乐,安妮还对其他艺术形式很感兴趣,比如俳句。2011 年,柯普出版的《激情之夜:人和机器所作的俳句两千首》混合了安妮和真正诗人的文章,但并没有什么读者看出来。①

在《技术垄断:文明向技术投降》一书中,尼尔·波兹曼将文明分为三类,即工具运用文明、技术统治文明和技术垄断文明。②在这一语境下,技术成为文明中不可分割且居于核心位置的一部分,知识、文明、社会开始逐渐顺应技术的发展方向。事实上,人工智能对于人类思维模式的捕捉和效仿建立在其独有的算法基础上,理论上以线性或因果的方式建立数学模型,复现人的思考路径与决策策略,在可控的边界条件下,技术依靠强大的计算能力勾画出人的思考图谱。③它在理解我们认知里的知识、真理和人类思维习惯的同时,学习世间万物的法则,虽然它并不能理解得十分透彻。而人工智能在学习和适应了人类对外部刺激的反应后,其自主性很大程度上会基于对人类思维的解读继

---
① 尤瓦尔·赫拉利:《未来简史:从智人到神人》,林俊宏译,北京:中信出版集团,2017 年,第 292 页。
② 尼尔·波兹曼:《技术垄断:文明向技术投降》,蔡金栋、梁薇译,北京:机械工业出版社,2013 年,第 19 页。
③ 李建中:《人工智能:不确定的自主性知识创造》,《自然辩证法研究》2019 年第 1 期。

续发展,那么在其进行新一轮的知识创造和深度学习后,其能力和产出将不再是人类可以预料和掌握的。特别是以算法为代表的人工智能被引入知识生产和信息传播领域后,人与技术之间的关系再次被重塑,主奴边界开始逐渐模糊。法国技术哲学家雅克·埃吕尔(Jacques Ellul)明确表示,技术相对于人是自主的。"我们已经看到,在技术的自我增长方面,技术沿着自己的路线前进,越来越独立于人。这意味着人越来越少地主动参与技术创造,技术创造通过先前要素的自动结合,成为一种宿命。人降低到了催化剂的层次。"[1]

当下,人工智能正在成就更多的可能性。2019年,新华社与搜狗联合推出全球首个站立AI合成虚拟主播,"AI合成虚拟主播"由"搜狗分身"技术打造,能够利用搜狗的AI能力,从图像表情、语言习惯、逻辑思维等层面对AI进行拟人化训练,达到逼真的语音合成效果,实现更加逼真的表情生成、自然肢体动作及嘴唇动作预测等,然后克隆制造人类的AI分身,完成了站立并可以做出肢体动作的虚拟主播形象,进而帮助人类提高信息表达和传递的效率。麻省理工学院罗德尼·布鲁克斯预言:"到2100年前,我们的日常生活将充满智能机器人,而且人类无法将自己和它们区分开,我们也将是机器人,同机器人互相连接。"当人与技术之间的关系被重新定义,在经历了人对机器的全面控制,人机共存的伦理问题后,我们将面临新的挑战:当机器人成为一个有意识的新的自我时,由现代理性哲学确定的"人"会不会反而成为机器的工具?[2]人工智能又能否从本质上代替人进行思考与知识生产?

二、虚构与反思:人类主体性的探索

人之所以为人,智人之所以统治世界,是因为只有智人才能编织出互为主体的意义之网,其中的法律、约束力、实体和地点都只能存在于他们的共同想象之中。[3]与其他灵长类生物相比,人类最大的优势在于能够创造出互为主体的实体,积累环境与现实生活中的经验,从而生产和创造需要去改造和认识自

---

[1] 转引自吴飞:《新闻传播研究的未来面向:人的主体性与技术的自主性》,《社会科学战线》2017年第1期。
[2] 任建涛:《人工智能与公共拟制》,《当代美国评论》2019年第1期。
[3] 尤瓦尔·赫拉利:《未来简史:从智人到神人》,林俊宏译,北京:中信出版集团,2017年,第132页。

然的知识。大约七万年前,认知革命让智人开始谈论只存在于人类想象之中的事情。[1]此后,这些虚构的故事开始成为连接人类社会的精神支柱,并随着时间的流逝愈发强大,宛如一只看不见的手,在主宰着客观世界的同时,也影响着人类对主体性的追问与探索。千百年前,宗教引导人类将美好憧憬寄托于天上人间的传说,认为人类生存于地上,而神明遥居于天上。权威来自神祇,知识源自天神,杀伐决断源于自然之手,应该推崇的是自然的能力和神的话语,而非人的内心。两河流域文明时期,神庙的建筑、祭祀的仪式、节庆的典礼和占卜都是历代君王在统治时期重要的内容之一,满溢着对现世的祈福,请求神明的庇佑。虽然其中很多故事的影响力有限,但仅仅是这种带着浓郁神话色彩的内容,就已经使族群和社会拥有了创造者渴望达到的秩序与宁静,使该领域内的智人遵守着约定俗成的规律。

没有生物能够与人匹敌,并不是因为它们没有心灵,而是因为它们缺乏必要的想象力,这当然不意味着动物不会思考,猎豹在捕捉羚羊之前,即便没有发现羚羊的踪迹,也会想象到羚羊的样子,然后迅速攻击。但是,动物不会想象出不存在的东西,也不会基于自然现象和社会现象表现出困惑和惊奇,迫切想要解释其中的奥秘。普罗泰戈拉提出"人是万物的尺度,是判断一切的标准",他相信思想和智慧是人之为人的根本所在。苏格拉底、柏拉图、赫拉克利特、巴门尼德、毕达哥拉斯都思考过人的存在问题。亚里士多德将研究的重点置于寻求本体何以是本体这一问题上,即个体是怎样成为自己的。他认为,哲学研究的对象是"实是之所以是,以及实是由于本性所应有的禀赋"。这里的"实是"(存在),亚里士多德认为是"是",是"一个确定的事物"。"禀赋"(本性),亚里士多德认为"不仅是那原始物质,亦需是那'通式'或'怎是',那是创生过程的终极目的",是"自然万物的变动渊源"[2]。正是在漫长的探索中,人类的主体意识开始觉醒,人类与其他生物也开始分道扬镳。

人类最伟大的发现绝大部分源于对自我的反思。这也体现了人的主体性问题所包含的两个向度,即主体性的外向度和主体性的内向度。主体性的外向度是指主体对外处理与客观世界的关系,强调人是自然界的主人,即人对自

---

[1] 尤瓦尔·赫拉利:《未来简史:从智人到神人》,林俊宏译,北京:中信出版集团,2017年,第137页。
[2] 解登禄:《从唯物主义到唯心主义——评亚里士多德哲学思想的演变》,《内蒙古师大学报》(哲学社会科学版)1990年第1期。

然界的主体性。主体性的内向度是指人进一步把自身作为认识和改造的客体,内在地指向自身,是一个反身建构自己的主体意识、提高自身主体能力的过程,是一个改造主观世界的过程。①伽利略在比萨斜塔上所做的"两个小球同时落地"实验中证明了不同质量物体的下落速度相同(虽然一些历史学家不认为这一事件发生过)。但早在生成的实验进行之前,伽利略已经知道他在脑中演练过的这一实验将会产生怎样的结果。正如他在16世纪的著作《论运动》中描述的那样,他设想了两个重量不同的物体同时从天而降。伽利略对物理定律的理解指引着他的思考,他能够准确地推断出,无论质量大小,这些物体都会以相同的速度下落。②虽然我们的想象力不及科学家与哲学家一般深刻而独特,但在生活中,每个人都或多或少以自己的方式将想象力融入生活。"我思故我在",笛卡儿用普遍怀疑的方式检验知识的真实性,他认为人类乃能思者,即以智识证存在,源于思考能力而非血肉之躯。他从中得出的结论是,思维属于精神范畴,与肉体所属的物质范畴有着天壤之别。但两者间必有交互。毕竟,思维是通过躯体感知这个世界的。我们思考所基于的信息是由目、耳、鼻和其他感官一同捕获的。而且,感官与思维之间的互动也是双向的:思维做出决定,告知感官如何行动。③

在《纯粹理性批判》中,康德提出先验论。他认为,"凡一切知识不与对象相关,而惟与吾人认知对象之方法相关,且此种认知方法又限于其先天的可能者,我名此种知识为先验的。此一类概念之体系,可以名为先验哲学"④。在这里,他强调的不再是传统思维上的主体与客体之间的相互联系,而是将目光聚焦于主体自身的认知方式上。同时,他将人类知识分为先天知识和经验知识两部分,先天的知识脱离一切经验而独立存在,必然性和严格的普遍性是其主要特征。他突出人在知识生产与获得这一过程中的不可替代性,将知识划分为感性与悟性两个主干,其中,感性层面的知识由人授予,而悟性层面的知识

---

① 吴飞:《新闻传播研究的未来面向:人的主体性与技术的自主性》,《社会科学战线》2017年第1期。
② 史蒂文·斯洛曼、菲利普·费恩巴赫:《知识的错觉:为什么我们从未独立思考》,祝常悦译,北京:中信出版集团,2018年,第56页。
③ 史蒂文·斯洛曼、菲利普·费恩巴赫:《知识的错觉:为什么我们从未独立思考》,祝常悦译,北京:中信出版集团,2018年,第81页。
④ 康德:《纯粹理性批判》,蓝公武译,北京:商务印书馆,1960年,第44页。

则需要人通过理性的思维方可获得。从根本上说,先验哲学是一种主体性哲学,它重视人自身的理性与感性,突出人类主体性在认识和改造世界中的先导地位。[1]

20世纪50年代,认知科学开始成为一门学科,人类开始关注思考是如何实现的。究竟是什么使人类对数字敏感,用数学去计算和理解死亡率,让行为符合道德却有时很自私,或让我们做出哪怕只是用刀叉吃东西这种简单的行为?[2]80年代,兰道尔决定用计算机内存的相同标准来衡量人类的记忆容量,他计算了人们究竟能掌握多少信息,即人脑的知识库到底有多大。兰道尔假设人们在70年的寿命中习得知识的速度始终恒定,他尝试过的每一种测量方法大多指向同一个答案:1GB。[3]这与现在动辄几百GB的智能手机相比几乎可以忽略不计,这意味着人类的记忆能力可能要让位于机器了。而字节跳动和百度人工智能算法的发展,似乎意味着人的信息分类和部分计算能力又要让位于机器了。但根据古代先贤坚信的,人的思维能力至少目前还掌握在人的手中,"人是独一无二的生物"这一命题似乎并没有被推翻。而思维不仅存储于大脑中,还存储在肉体和情绪中。这意味着,人在思考的时刻,并不是在头脑中对已知内容进行搜索和使用,而是借助与思考对象的互动层层推进。大脑、身体、情绪在外部环境的刺激下,一次次深入思考和举一反三,共同做出决策并解决问题。而上述这些行为的能力都是人类独有的,无论是机器还是动物,目前都无法具备。

三、技术也会有思想?

刘易斯·芒福德在1934年出版的著作《技术与文明》中指出,电报及后续的一系列发明,都在克服空间距离的障碍并且缩小表达与反应之间的时间差。

---

[1] 庞学铨、邓飞虎:《先验论的真实意义》,《浙江学刊》2003年第2期。
[2] 史蒂文·斯洛曼、菲利普·费恩巴赫:《知识的错觉:为什么我们从未独立思考》,祝常悦译,北京:中信出版集团,2018年,第XII页。
[3] 史蒂文·斯洛曼、菲利普·费恩巴赫:《知识的错觉:为什么我们从未独立思考》,祝常悦译,北京:中信出版集团,2018年,第10页。

首先是电报,然后是电话,接着是无线电报、无线电话,最后是电视。结果,借助机械装置,通信又回到最初人与人之间的瞬时反应了。现在,即时联系的可能性不再受到时间和空间的限制,而仅仅取决于机械设备的完善、设备的容量以及个人当前的精力。①这种灵肉分离的模式为人类主体性的拓展提供了更多可能性,使人类在实现数字永生的同时,得以在现实和虚拟的世界中自由穿梭。同时,随着人类的自我意识逐渐融入技术,技术表现出与人类前所未有的亲密性和延展性,这意味着"肉身化主体"不再等同于"身体主体"②。正如麦克卢汉所提出的"媒介是人的延伸",主体意识不囿于人的躯体,空间壁垒也逐渐被打破,任何可以储存意识的物体皆能成为受人类控制的载体,远距离主体间的沟通与碰撞得以成为可能。

人创造了技术,而技术却有自主性,因为从人类之手放出的技术物,有了自己的发展逻辑,具有脱离人类控制与驯服的内驱力。"人们在将自然逻辑输入机器的同时,也把技术逻辑带到了生命之中。"③今天,人工智能参与知识生产的深度、广度和强度已经超越了以往任何一个时期,技术的工具性已经渗透人类文化生活的方方面面,理论成果、科学技术和伦理纲常三者处于一个既相互矛盾又相伴而生的状态。技术和人文之间的壁垒开始被打破,现代科技与传统伦理之间的关系不断被重塑,社会结构及人机关系正在逐渐重组。埃隆·马斯克、史蒂芬·霍金和比尔·盖茨都曾发出警告:技术可能会变得更复杂,以至于能够追寻它们自己的目标而不再唯人类命令是从。弗诺·文奇于1993年发表的题为《技术奇点即将来临》的论文中阐述了担忧的原因。无独有偶,雷·库兹韦尔在2005年的著作《奇点临近:2045年,当计算机智能超越人类》中也提到了这一点。牛津大学哲学家尼克·博斯特罗姆不无担忧说,技术的进步如此神速,以至于我们对超级人工智能望而生畏。④

---

① 刘易斯·芒福德:《技术与文明》,陈允明、王可仁、李华山译,北京:中国建筑工业出版社,2009年,第213页。
② 韩敏、赵海明:《智能时代身体主体性的颠覆与重构——兼论人类与人工智能的主体间性》,《西南民族大学学报》(人文社会科学版)2020年第5期。
③ 凯文·凯利:《失控——全人类的最终命运和结局》,张行舟等译,北京:电子工业出版社,2016年,第5页。
④ 史蒂文·斯洛曼、菲利普·费恩巴赫:《知识的错觉:为什么我们从未独立思考》,祝常悦译,北京:中信出版集团,2018年,第130页。

显然,这种压迫感不仅源自人工智能的无处不在,更源于人工智能开始拥有主导性和自主性,并在自我意识逐渐觉醒的同时,反过来对作为创造者和使用者的人灌输某种标准化的思想,使人类开始抛弃固有的思维,接受人工智能对理性层面潜移默化的重塑。随着科研人员对人类认知和决策机制的了解,大数据算法的准确性得以提升,而这同时意味着与人工智能相比,人类凭借主观感受做出决策的可靠性变得值得商榷。经验让我们把越来越多的问题交给算法来处理,最后也就逐渐失去自己思考与决定的能力,换句话说,人类越了解自己,可能就越依赖算法。算法现在正看着你,看着你去了哪里、买了什么、遇见了谁。再过不久,算法就会监视你走的每一步、每一次呼吸、每一次心跳。尤瓦尔·赫拉利指出,凭借大数据和机器学习,算法对你的了解只会越来越深。而等到这些算法比你更了解你自己时,就能控制你、操纵你,而且你无力抵抗。[1]你会住在母体里,或是活在楚门的世界里。到头来,这就是个简单的经验问题:如果算法确实比你更了解你身体内部发生的一切,决定权就会转移到它们手上。数据主义指出,同样的数学定律同时适用于生化算法及电子算法,于是让两者合而为一,打破了动物和机器之间的隔阂,并期待电子算法终有一天能够解开甚至超越生化算法。[2]

在不到20年的时间里,虽然人类依旧在知识生产的终极层面把握着自主权,但在最初的基础层面,我们早已经将自主搜索重要知识、真切信息的权利赋予谷歌和百度等搜索引擎,并选择无条件地相信它们。而当我们越来越依赖于搜索引擎时,人类自主搜索信息和对知识深入思考的能力将逐渐下降。技术使人在现实和思考中松弛,同时,随着时间的推移,算法变得更聪明,而人类却在认知层面逐渐趋向垂直化与专业化,因此,人工智能取代人类则变得越来越容易。我们如果不能在人工智能与算法面前进退有度,那么将会在知识生产领域丧失一定程度的自由,甚至被驯化:平台可以根据你的行为算出你的喜好,直接把你最喜欢的内容推送给你,我们已经不需要再费心做"选择"了,人变得越来越懒,甚至已经懒得选择和辨别了,这就是"推送"改变世界。2016年,特里斯坦·哈里斯——谷歌的内部道德设计师决定离职,他已经意识到,谷

---

[1] 尤瓦尔·赫拉利:《今日简史:人类命运大议题》,林俊宏译,北京:中信出版集团,2018年,第260页。
[2] 尤瓦尔·赫拉利:《未来简史:从智人到神人》,林俊宏译,北京:中信出版集团,2017年,第333页。

歌、Twitter这样的互联网科技公司为了商业利益,利用算法设计使人上瘾的产品是不道德的,而且这很有可能成为"人类生存的一大威胁"。他想到了对抗。特里斯坦·哈里斯指出,技术超越人类的第一个阶段点是超越弱点,其结果就是上瘾。上瘾会激化愤怒、激化虚荣,压制人类原欲,挫伤天性。技术超越人类的第二个阶段点是超越人类的智慧。算法喂养的世界里容易出现种种激化的矛盾,每个人的意见越来越不相容,因为每个人都从不同的推送里了解信息,而这些信息、知识又因为推送不同而不同。实际上,特里斯坦·哈里斯任职谷歌期间,谷歌有知名的"不作恶"准则,但这一准则并没有阻挡住算法基于商业利益走向偏路。

  任何一项技术的革新都发挥了重要作用。人工智能以一种极为强大的机器学习能力,将知识生产置于一种神秘的逻辑之下,这使知识变得看似有迹可循实则庞大浩瀚。智力创作既不是人类所独享的内容,也难以清楚明晰指出文化的创作过程。同时,如同所有的技术一般,由于缺乏对人类道德属性的学习,人工智能自身不具备价值观念属性和内容过滤机制,无法对善恶是非做出区分,因此也不能预测事情发生后所带来的一系列影响,人工智能创作中的伦理问题变得尤为突出。正如塞尔所言,"技术本身不能够构成心灵,技术的形式也无法确保正确的心智内容的出现"[1]。2017年,一个名为"deepfakes"的Reddit社交网站用户将斯嘉丽·约翰逊等女演员的面孔移花接木至色情表演者身上,至此拉开了深度伪造的序幕。[2]这种知识生产领域的深度伪造让原本就鱼龙混杂的新闻业更加不受信任。美国情报界发布的报告《2019年全球威胁评估》指出,深度伪造技术已经对美国国家安全构成威胁,敌对势力和战略竞争对手很有可能利用深度伪造技术或类似的机器学习技术,创造出高度可信但却完全虚假的图片、音频和视频资料,以强化针对美国及其盟友和合作伙伴的影响渗透运动。[3]这不仅仅是美国所面临的危机,当情感因素和个人信念对真相产生了遮蔽,技术对影像的更改及核实的复杂性会极大削弱公众对于影音真实性的信任和对真相本身的追求,从而降低整个行业乃至政府的社会

---

[1] 喻国明、杨雅:《5G时代:未来传播中"人—机"关系的模式重构》,《新闻与传播评论》2020年第1期。
[2] 这为人工智能换脸技术吸引来了一大波流量,深度伪造也逐渐成为这一技术的代称,同名算法也在Github开源,这是一个面向开源及私有软件项目的托管平台。
[3] 陈昌凤、徐芳依:《智能时代的"深度伪造"信息及其治理方式》,《新闻与写作》2020年第4期。

公信力。

或许有人会说,我们只需要纯粹享受技术,而无需纠结是否被技术裹挟的深层次问题。但实际上,如果认为人类永远都拥有独特的能力,无意识的算法永远无法赶上,这只能说是一厢情愿。我们将视野放大到整个人类生命,就会发现每种动物(包括智人)都是各种有机算法的结合,这是数百万年自然选择的结果;算法的运作不受组成物质的影响。因此,没有理由相信非有机算法永远无法复制或超越有机算法能做的事。只要运算结果有效,算法是以碳为载体还是硅为载体并无差别。[1]

四、共生:智能尚未成为自我

大数据使我们对研究的思考方式发生了重大转变,并在认识论和伦理学层面带来了深刻的变化。它重塑了知识构成、研究过程、处理信息的方式、现实的性质及分类等关键问题。[2]现代科学改变了游戏规则,但并不是"以事实替代神话"那么简单。神话依旧主宰人类,科学只是让神话更为强大,让它比以往更加能掌控客观现实与主观现实。在计算机和生物工程的双重推动下,虚构与现实世界的界限变得更加模糊。[3]在1985年的电影《银翼杀手》中,2020年机器人能交流、会思考、有感情,完全可以达到以假乱真的地步。对它们的辨别甚至需要非常有经验的测试者通过一系列特定精密仪器的辅助才能完成。虽然当下,人工智能的发展尚未达到雷德利·斯科特所想象的境地,但人工智能对人和技术的数字化重组,使技术本体与人不再是两个毫不相关的个体。同时,人的特征开始逐渐脱离人体本身而单独存在。2019年,《自然》杂志发表了一篇题为《基于语句神经解码的语音合成》的文章,作者之一是加州大学旧金山分校神经外科教授张复伦(Edward Chang)。文章描述了一项研究,这项研究是对神经信号与人声道咬合部位运动的映射关系进行解码,也就是利用控制嘴唇、舌头、喉部和下颌运动的神经信号来合成语音。首先,他们

---
[1] 尤瓦尔·赫拉利:《今日简史:人类命运大议题》,林俊宏译,北京:中信出版集团,2018年,第286—287页。
[2] Kitchin R. Big data, new epistemologies and paradigm shift. *Big Data & Society*, 2014,1(1):1-12.
[3] 尤瓦尔·赫拉利:《未来简史:从智人到神人》,林俊宏译,北京:中信出版集团,2017年,第160页。

招募了五位志愿者,在每位志愿者大脑表面植入一两个电极阵列。研究人员要求他们说出几百个语句,同时记录下他们在说话的过程中脑电图的高密度信号,并跟踪了他们大脑中控制发声区域的活动。其次,把记录下来的神经信号通过编译系统转化为发声器官的运动。最后,再将这种发声器官的运动转换成语音。通过这种两级的转化过程,实现编译器对脑电波的读取。

机器体系所完成的最深远意义的征服并不在某台设备本身,因为一种设备总是会很快过时;也不在于它生产的产品,因为产品总是很快被消费掉。最具有深远意义的影响在于通过机器体系所创造的、机器体系本身所体现的全新的生活方式。[1]现今,人类正在经历由生物基因到理性结构重塑的剧烈变化,同时,人类的文明与社会将面临一场全新的变革。不得不承认,在构建社会与文明的和谐关系中,人工智能所拥有的强大力量在某些层面给人类带来了焦虑与恐慌,这种来自内心深处的恐惧在我们毫无意识的情况下表现在生活的种种方面,我们呼唤传统,关注环境,回归家庭,强调隐私。而这些反应的背后,折射出的是我们担忧技术将人类与自然分离,害怕技术不在我们掌控之下,害怕自己曾经虚无缥缈的行为在某种程度上获得了它的生命,然后它会在某种程度上反过来控制我们,害怕技术作为一种有生命的东西将会给我们带来死亡。不是"不存在"这个意义上的死亡,而是更糟糕的死亡,一种丧失自由的死亡,一种意志的死亡。[2]但当我们静下心来,好好思考一下我们与技术之间的关联就会发现,一系列问题究其本源,不过是掌握了现在技术传播生产力的人们与过去既有的掌握制度传播生产力的人们之间,在一个特定的发展阶段上的矛盾与对冲,也可以说是一种博弈。[3]而这期间存在的问题不在于我们是否应该拥有或彻底驯化技术,而是在于我们应该接受和引导怎样的技术——是机械的、无意识的,还是有温度的、有智慧的技术。

任何一种技术都不是非黑即白,善恶分明,而是相辅相成,利弊共存。19世纪,工业革命使人们担心自动化会造成大量工人失业,而当下,数字革命使我们担忧智能与意识相关联,恐慌技术终将反扑人类。人类害怕通过高阶的

---

[1] 王敏芝:《算法时代传播主体性的虚置与复归》,《苏州大学学报》(哲学社会科学版)2021年第2期。
[2] 布莱德·阿瑟:《技术的本质:技术是什么,它是如何进化的》,曹东溟、王健译,杭州:浙江人民出版社,2018年,第239-240页。
[3] 喻国明:《传播学科的迭代:对数据与算法的纳入与包容》,《新闻与传播评论》2019年第5期。

智能算法研究出来的高级玩具,最终对人类举起屠刀。但是,危险就是孕育救赎力量的地方。从人工智能的主体结构上看,人机交往的本质实则是人与机器的相互信任,信息的接受、转化、再生产实则是基于人的思维与伦理道德,其本质依旧是服务于人类中心主义,机器的深度学习能力尚未脱离人类的操控。正如尼科莱利斯所认为的,我们的大脑并不是数字的,它有类似数字的部分,也有模拟的部分,后者非常强大。所以当你将数字和模拟的部分组合起来时,得到的是比手机更强大的事物。电脑无法复制这个模拟的部分,它只能模拟人脑非常小的一部分。所以不管电脑性能将来变得有多强,都无法复制人脑中模拟的部分。在未来相当长的时间里,人工智能的高度拟人化都只是模拟,在保证人类崇高的主体地位的前提下,试图深入人文主义和人文关怀,理解人的情感与生存意义。

　　人类精神世界的一个显著特征就是"内心演练",这通常需要充分考虑各种替代选择,评估各种可能的后果,并在做出一个选择后,在内心反复演练,以便找出最佳的执行方案。[①]虽然这一点和人工智能做出选择判断的方式很接近,但不同的是,人类拥有感同身受的能力,而至少现在,人工智能无法感同身受。这也就是为什么人工智能能在饱读名家诗篇后写诗,也可以在熟知所有语法和单词后进行翻译,却很难实现意境美和信达雅。哪怕是不涉及情感的科学类文章撰写,我们在仔细阅读后就会发现,文章只不过是专业术语和漂亮图表的堆砌,并没有什么实质性的内容。

　　作为"图灵测试"下的智能体,人工智能对一切事物的认知来自人对该物体细致入微的描述,是在问题导向下基于既定的逻辑、程序与海量大数据共同作用的结果,在思维和理性层面对人类的心智与逻辑进行模仿与深度学习,而非来自生活经验。因此,一旦可识别的事物与预先的认知有出入,这种"知其然不知其所以然"的理解使人工智能很容易被欺骗。2011年,在美国电视智力竞猜节目《危险边缘》中,由IBM公司研发的"沃森"人机对话系统击败两位前冠军,取得最终的胜利。IBM的工作表明,在人机对话中,如果提的问题是明确的(没有模糊性和二义性),答案是唯一的,领域是有限的,在符合这些条件

[①] 罗宾·邓巴:《人类的算法》,胡正飞译,成都:四川人民出版社,2019年,第75—76页。

的情况下,机器可以达到甚至超过人类的水平。[1]但假如提出的问题是不限定领域的常识,那么人工智能就会束手无策。

凯文·凯利(Kevin Kelly)认为,技术元素乃是信息与人类心智两种增长率交叉作用的结果。[2]人工智能的发展,归根结底是基于人类智力设计出来的力求解决非人力所能及的问题,这种推理和设想的本质是在设定好的领域中不断积累更迭,缺乏创新与变化。人的主体地位来自人的社会属性,而人工智能在可以预见的将来无法成为"社会关系的总和"[3],这就意味着,人类的主体性至今还掌握在自己手中,人类并非处于"技术无意识"的状态。[4]研究表明,算法对用户是否属于某个社交类别的评估不是固定的,而是动态的,平台算法与其用户共同生成了关于种族、身材外貌、能力状况、阶级地位等社会身份及从属关系的定义,它们将平台的用户分类为上述不同的社会身份,并阐明某种社会身份的含义。[5]毕竟越来越多的人已经认识到,如果我们过分强调人工智能的发展而忽视自我意识的提升,人类将陷入自然愚蠢。

当人类对火形成依赖时,也就对火所依赖的东西形成了依赖。火在给予使用者巨大权力的同时,也要求后者承担副作用。非人类资源被整合到人类社会,尽管能提高人类的能力,但是增加了人类的脆弱性。[6]技术已经成为人们认识世界、感知世界的本质性要素,数据与算法使得人类的知识生产方式和生活状态发生了改变,人与技术之间的关系在知识生产领域面临重新洗牌的局面,一个新的世界正在出现。

从知识创新的角度看,技术对人类的思考和创新有极大的推动力,因为诸如计数、绘图、制图和遥测读数等技术手段的进步,有利于人们在学术层面思考严谨性和客观性。人工智能分析确实会为人类在知识生产层面提供一些见

---

[1] 张钹:《人工智能进入后深度学习时代》,《智能科学与技术学报》2019年第1期。
[2] 吴飞:《新闻传播研究的未来面向:人的主体性与技术的自主性》,《社会科学战线》2017年第1期。
[3] 李建中:《人工智能:不确定的自主性知识创造》,《自然辩证法研究》2019年第1期。
[4] Bee D. Power through the algorithm?: Participatory web cultures and the technological unconscious. *New Media & Society*, 2009, 11(6): 985-1002.
[5] Karizat N, Delmonaco D, Eslami M, et al. Algorithmic folk theories and identity: How TikTok users co-produce knowledge of identity and engage in algorithmic resistance. *Proceedings of the ACM on Human-Computer Interaction*, 2021, 5(CSCW2): 1-44.
[6] 约翰·杜海姆·彼得斯:《奇云:媒介即存有》,邓建国译,上海:复旦大学出版社,2021年,第179页。

解,但它的范围具有局限性,并仅能依据现有的理论和相关领域的信息,产生特定种类的知识。当然人们也会担心算法背后的价值观和价值偏向问题,提出技术向善的命题。但数据的阐释权,至少到目前为止还不是算法与技术能够很好地完成的,所谓算法的价值,严格意义上说还是人在编写算法程序时所赋予的价值,算法的偏向严格意义上说是人的偏向。媒介作为我们身体和神经系统的延伸,构成了一个生物化学性的、相互作用的世界;因为新的延伸在不断发生,这个世界必然要永不停息地谋求新的平衡。[①]表面上看,是算法在收集我们的信息,是机器在处理我们的信息,并在看着我们的一举一动,事实上,算法背后都是权力(商业的或者政治的权力)在运作。

  我们潜意识里的反应是人工智能会使生活变得更加美好。毕竟相较于人工智能,我们无论从体力、速度还是效率上看都无法占据上风。罗伯特·皮尔西格(Robert Pirsig)说:"佛陀与上帝居住在数字计算机的电路里或周期传动的齿轮中与居住在山巅或莲心中同样舒服。"[②]技术与文明实际上是一个整体,是人类自主选择和发展所得到的结果,它只是人类文化中的元素,本身不提出任何要求,也不能保证做什么。因此,向恶抑或向善,承诺做到什么,都是人类的精神任务。相比沉湎于人工智能所构建的舒适的网,人类更多要强调自身作为独立个体的自主性、创造性和价值观,关注理性、人性与自然的结合。要想更好地掌握人工智能算法,谋划一个可以预测的人机共生的美好未来,人类现在能做的也许就是不停地使用自己的心智和情感,培养自己的分析和反思能力。

[①] 马歇尔·麦克卢汉:《理解媒介:论人的延伸》,何道宽译,南京:译林出版社,2019年,第231页。
[②] 布莱恩·阿瑟:《技术的本质:技术是什么,它是如何进化的》,曹东溟、王健译,杭州:浙江人民出版社,2018年,第240页。

第四节　人的主体性与技术的自主性

　　腾讯创始人之一张志东曾谈到微信发展面临的一系列问题:如何在汹涌的数字化社会大潮中帮助"菜鸟"不被劣币误导;如何让他们正向地增强数字化时代的常识,提升免疫能力;如何避免互联网空间中出现劣币驱逐良币的现象? 除此之外,牛津大学社会学家罗宾·邓巴发现人类的社交圈子稳定在150人的规模,即使是非常优秀的人,也很难同时保持和更多人进行深入了解和高效沟通。这个数字是由人类大脑负责知觉等高级神经活动的新皮质决定的,人类在游牧时期就是如此,超过150人的部落往往就会分裂。张志东提醒说,随着用户基数扩大,人际关系的复杂度也在急剧增加,当用户的好友量大增时,很大程度上就面临着"人际过载"问题。同样,随着更多的人加入微信,注册公众号,成为内容的生产者与转发者,"内容过载"也就出现了。技术故障和社会恐慌也是张志东提出的问题之一。他认为,微信的登录故障、群故障、朋友圈故障、支付故障等问题容易引起用户惊吓。其带来的恐慌程度比银行卡失效更甚,更容易引发用户"怀疑人生",由焦虑到恐慌,不断关机重启,甚至删掉App重装。对张志东提出的这些问题,学界又做了怎样的思考呢?

　　南友圈自媒社主编夏航曾提出疑问:回顾过去,你觉得媒体传播出现了哪些明显变化? 在你看来,传统媒体的优势就只剩"专业"了吗? 你认为传统媒体还存在哪些变革和创新的空间? 对于新媒体来说,又有哪些变革和创新的可能性? 在经过多年"野蛮生长"后,你怎么看以微信为代表的自媒体的未来? 能不能预测一下未来媒体传播有哪些新趋势?

　　其实细究张志东和夏航的追问,我们不难发现,人类创造的技术本身使得人类文明的物质基础和文化形式都发生了深刻变化。这种变化是如何产生的? 其发展的基本动力是什么? 有没有一个比较清晰的发展方向? 至少在此时此刻仍然自诩是世界主人的人类,是否明白科学技术对人类自身产生了什么样的影响? 是否明白前面的路? 是否认为存在令人类始料未及的东西? 未来技术的推进,是否会对人类的主体性产生根本冲击? 诸如此类的问题一直摆在我们面前,可技术发展的速度太快以至于人们似乎根本来不及深究。科学研究与学术探索不应只是一种生活方式或者说是知识分子圈子内部的游戏,它们理应照亮人类前进的道路,否则知识分子存在的必要性就要大打折扣。

一、属人世界的逻辑

有学者研究发现,希腊人没有一个单独的词语能表达我们所说的"life"(生活、生命)。他们用了两个词,尽管这两个词可以追溯到一个共同的词源,但它们在语义学和字形学上截然不同:"zoē"(近汉语"生命"),表达了一切活着的存在(诸如动物、人)所共通的一个简单事实——"活着";"bios"(近汉语"生活"),则指一个个体或一个群体的适当的生存形式或方式。当柏拉图在《斐莱布篇》中提及三种生活时,当亚里士多德在《尼各马可伦理学》中将哲人的沉思生活同享乐生活(bios apolaustikos)和政治生活(bios politikos)区分开来时,两位哲学家都不曾使用"zoē"一词(它在希腊语中意味深长,没有复数)。这源于一个简单的事实:两位思想家所讨论的根本不是简单的自然生命,而是一种有质量的生活,一种生活的特殊方式。[1]

马克思在《1844年经济学哲学手稿》中提出了"现实的人"概念。这个"现实的人"是有生命的自然存在物,是有一定思维的社会存在物,这是马克思主义哲学的出发点。经历了14—16世纪的文艺复兴,17—18世纪理性主义的兴起,以及启蒙运动和科学革命后,人类突然感觉到自己才是世界的主人,万物之灵长。诚然,近一两百年来,人类较过往的任何时代,都拥有更广阔的视野。物质生产与文化生产的速度都不断加快,知识和精神都攀上了高地,无论面对宏观世界还是微观世界,人类都信心满满。从反对宗教愚昧,主张理性,反对迷信,主张科学,到反对集权专制制度,主张平等、民主、自由和博爱,人类社会撼动了神权核心的宗教世界,确立了以人为核心的价值理念,以及以科学理性为核心的现代文明。同时,科学技术大力发展,大规模生产方式诞生,最终建立了一个完全世俗化的世界秩序。但越来越多的人注意到,人类在世界范围

---

[1] 吉奥乔·阿甘本:《神圣人:至高权力与赤裸生命》,吴冠军译,北京:中央编译出版社,2016年,第1页。

实现了物质生产的一连串奇迹的同时,却在解放的道路上走过了头——自我膨胀,人性丧失,自身行为恶魔化,否定自然。文明异化,走向相反方向的结局,是环境污染退化,物种数量和规模锐减,生态失衡。①

刘易斯·芒福德写道:"显然现在的交流范围更广了,更多的联系花费更多的精力、花费更多的时间,不幸的是,这种世界范围内的即时交流,并不意味着能够避免狭隘和琐碎的个性。及时的联系确实方便,但也带来了负面的影响,阅读、写作和绘画是思维的高度提炼,也是深刻思想和深思熟虑行动的媒介,现在却被这种即时交流削弱了。与直接而有限的接触相比,人们在保持一定距离的时候更善于交流,有时看不见对方的交流进行得更顺畅……从社会角度看,过分频繁而重复的个人交流可能并不有效。"②芒福德在七八十年前就非常有前瞻性地指出,在1850年之前,交通和通信方面的困难成了天然的过滤器,使得人们接收到的外界信息不会超过他们的处理能力。现在这种过滤器没有了,人们接收到的外界信息越来越多。人们不再主动选择,只能被动吸收。结果就是,外部世界对于人们的要求,不管是否真的重要,变得异常频繁而强烈,而人们的内心世界却变得越来越脆弱,越来越差。这不正是前文所述的张志东在分析微信对人们的影响时所提及的焦虑情况吗?在另一本著作《机器的神话(下):权力五边形》中,刘易斯·芒福德强调,他并不反对科技进步本身,但仍然需要提醒世人,评价人类社会进步的标尺绝非人类凭借科技手段破坏自然的能力,正如真正能够使我们和动物有所区别的是"人性"而不是我们手中握着的更锋利的武器。如果没有能够促进人文主义发展的一系列由制度、语言、文化共同构成的社会组织系统作为基础,技术的发展不仅难以为继,甚至会导致对人类本身的灾难。

中国古人提出过天、地、人的关系世界。《道德经》里说的"人法地,地法天,天法道,道法自然",描述的就是三者之间的关系。这里的"法"指效仿、标准、规范。老子认为,人的世界的规则来自地的世界,地的世界的规则来自天的世界。英国科学哲学家卡尔·波普尔在《客观的知识:一个进化论的研究》一书中,系统地提出了他的"三个世界"理论。波普尔把物理世界称作"世界Ⅰ",它

---

① 刘易斯·芒福德:《刘易斯·芒福德著作精萃》,宋俊岭、宋一然译,北京:中国建筑工业出版社,2010年,中文版译者序,第Ⅻ页。
② 刘易斯·芒福德:《技术与文明》,陈允明、王克仁等译,北京:中国建筑工业出版社,2009年,第213页。

包括物理的对象和状态;把精神世界称作"世界Ⅱ",它包括心理素质、意识状态、主观经验等;用"世界Ⅲ"来指人类精神活动的产物,即思想内容的世界或客观意义上的观念的世界,或可能的思想客体的世界,包括客观的知识和客观的艺术作品。构成"世界Ⅲ"的要素很广泛,有科学问题、科学理论、理论的逻辑关系、自在的论据、自在的问题境况、批判性讨论、故事、解释性神话、工具等。[①]看起来,物理世界就是老子所讲的地的世界,而今天人类创造出的以计算机、互联网为载体的虚拟世界则属于人的世界。至少到目前为止,虚拟世界里的所有规则只是效仿物理世界里的规则,即使前沿的人工智能也没有产生"特殊"的规则。

笛卡儿曾写道:"如果我是独立于世间其他一切而存在的,如果我们自己就是这个存在的创始人,那么我应该相信自己的一些想法是完美的,因此我自己就是上帝。"[②]显然,笛卡儿认为自身的不足正是确保上帝存在的一个逻辑前提,不过他又对自己独立意识的存在持确信态度,因为他发现即使自己不断努力质疑,他的思想也一直是独立存在的,这就是他那著名的"我思故我在"的核心含义。

但在这样一个日益依赖数据技术管理的时代,作为主体的"人"已经无法证明自身的存在。我们无论是在银行办事还是通过海关,都必须利用身份证中存贮的信息(或者存贮于云的信息),来确认我就是我。换言之,"我"不过是数据流中几组数据的集合,没有这些数据的证明,"我"就不存在。

对人的主体性最大的打击,可能来自牛津大学神经学家苏珊·格林菲尔德的观点。她认为,对智能手机和社交网络越来越多的使用会将人们带入一种永远无法令人满足的数字现实,同时这也会使人们的记忆发生减退,使人们的社交能力下降,甚至最终使大脑退化。不过,这一观点还需要进一步观察。

[①] 卡尔·波普尔:《客观的知识:一个进化论的研究》,舒炜光、卓如飞等译,上海:上海译文出版社,1987年,第114页。
[②] 笛卡儿:《第一哲学沉思集》,转引自托马斯·德·曾戈提塔:《中介化》,王珊珊译,上海:上海译文出版社,2009年,第264页。

二、技术的自主性

　　人类创造和发明技术,当然旨在造福人类自身,但技术一旦产生,却未必受制于发明技术的人,这是技术的吊诡之处。刘易斯·芒福德认为,虽然人类发明了机器,在一定程度上促进社会进步,但这并不仅仅是文明进步那么简单,技术更是一把双刃剑,实际上也深深地改变,甚至强制了人类自己。机器还带来了一种秩序意志和权力意志。芒福德认为,人类依靠机器摆脱了自然界的控制,却又接受了相应的社会控制。"有了电话以后,个人的精力和注意力不再由自己控制,有时要受某个陌生人自私的打扰或者支配。"[1]一旦离开现代工业奠定的体系,人们常会处于一种精神失调的状态。

　　美国佐治亚理工学院教授杰·大卫·博尔特写过名为《图灵的人》的书,书名就是个隐喻。从印刷术产生至今,人们主要通过阅读印刷媒介而感知世界并与他人交换思想,但是,今天计算机却成为我们这个时代的主导隐喻。"计算机创造了人类与信息、工作、力量和自然之间的新型关系,从而定义了我们的时代。对这种关系的最佳描述是,计算机将人类重新定义为信息处理器,人类本质上则是被处理的信息。简言之,计算机最基本的隐喻信息是人类是机器,是会思考的机器,是确确实实除了机器什么也不是的机器。"[2]波兹曼更是用幽默的笔调写道:"新技术重新定义了'自由''真相''智力''事实''智慧''记忆''历史'这些与我们生活休戚相关的词语,而且从来没有想过停下脚步通知我们一声,而我们也从来没有停下来问一声。"[3]

　　2016年,人工智能AlphaGo与李世石进行围棋对弈。在李世石获胜的第4局中,他从第78手开始扭转局面。这一手被前世界冠军古力称为"神之一手",有人甚至称之为"人类吹响了反攻的号角"。但李世石最后仍然以总分1:4败给了AlphaGo。

　　AlphaGo储存了30万张棋谱,据报道,基于棋谱它与自己对弈了3000万局,并在此基础上形成了对现有围棋棋局和走法的全局性"认识"(本来用于表

---

[1] 刘易斯·芒福德:《技术与文明》,陈允明、王克仁等译,北京:中国建筑工业出版社,2009年,第213页。
[2] 尼尔·波兹曼:《技术垄断:文明向技术投降》,蔡金栋、梁薇译,北京:机械工业出版社,2013年,第101页。
[3] 尼尔·波兹曼:《技术垄断:文明向技术投降》,蔡金栋、梁薇译,北京:机械工业出版社,2013年,第6-7页。

达人的概念现在已经用于一个看不见的编码程序)。如果把对弈的经验数据化,那么AlphaGo无论是记忆能力与运算能力,都超过了李世石。那它为何还会输掉比赛?许多人评价说,李世石"神之一手"超出了人工智能的认知范围。这是否意味着,即便在技术高度发达到人工智能的情况,人还是有能够超过的能力?但也有人调侃说,"多年以后,在面对机器人行刑队时,人们会回想起AlphaGo故意输给李世石的那个下午"。这仿佛是说,人们或许根本无法理解AlphaGo的行动及其背后的意图,这是不是意味着它已经超出了我们的认知?中国人民大学哲学学院的贺晴川认为这个故事的隐喻意义是:这个世界在人和技术的面前变得难以认识。他进而追问,究竟这个世界是人的自然世界,还是已然演变成技术的世界,以至于技术本身让人难以认识?技术对我们造成总体的宰制,是否完全让它成为一个他者的存在?从人的主体性出发,普罗泰戈拉还认为,人类不同于动物的根本特征是技术和智慧。但机器具有了思维能力和智慧,这不正是对人的主体性的最大挑战?

  尼尔·波兹曼认为,17世纪以前,所有国家都处于工具使用文明阶段。在这个阶段,工具并不是入侵者,而是融入文明。技术不是独立自主的,而是受制于社会体制或宗教体制。它们与文化的整合方式并不会与当时占主导地位的神学世界观产生矛盾。工具的发明要么是为了解决生活中紧迫的问题,要么就是为当时政治、艺术、宗教、神话等文化层面的事物服务。文化信仰指导和限制了工具的发明和使用。到了兴起于18世纪末的技术统治文明时代,人类社会从小规模、个人、需要熟练劳动力的生产活动转化为大规模、不依赖个人技术、机械化的生产过程,这时,社会不再受习俗和宗教传统的严格控制,而受发明需求的驱使,工具开始扮演起社会的核心角色。社会生活和文化都服从于工具发展的需要。技术与传统的宗教、仪式、礼俗、神话、政治等产生激烈的冲突和对抗。中世纪欧洲出现的三大发明——时钟、印刷机、望远镜——分别撼动了当时的时间观念、知识传播方式和神学体系。[①]科学技术在社会生活中逐渐占据主导地位,但此时技术世界观并未取代传统价值观的社会地位,现代化的演进并没有阻挡人们对旧世界的神话、仪式、宗教、价值观等符号的信

[①] 尼尔·波兹曼:《技术垄断:文明向技术投降》,蔡金栋、梁薇译,北京:机械工业出版社,2013年,第24-25页。

仰。但进入19世纪中期,随着电报的发明,人们原本认定的信息、理性和有用性之间的密切联系变得越来越不合时宜。电报将人类社会带入信息革命的第二阶段,原本制约信息流动的空间不再是问题。更重要的是,电报还创造了"不受语境约束的信息"的概念,也就是说,信息的价值不需要与其在社会和政治的决策、行动中所服务的功能捆绑在一起。电报使信息成为一种商品,一种不需要考虑其用途和意义就可以自由买卖的"物品"。波兹曼认为,人们的发明只不过是手段的改进,目的却未见改善。信息被抬高到形而上学的高度:对人类创造力而言,信息既是手段,也是目的。当信息没有地方可去,没有理论可应用,没有规律可适用,没有更高目标可服务时,它是危险的。换种方式说,技术垄断兴盛的地方,也就是信息与人类目标相互割裂的地方。

假如人能控制技术,那么是谁控制技术呢?比"怎样"更令人困窘的问题是"谁"。我们必须实际地和具体地问我们自己,谁处在选择给技术以理由和对它施加控制的价值观念的位置上。[1]在适应技术及其规则的过程中,人们的思想和动机从形式到实质都发生了微妙而复杂的变化。技术成为人所有愿望满足和实现的唯一方式,它反过来调整人的愿望和需求。人梦想飞到月球,技术使之成为可能,于是,越来越多的人发展出了飞到月球的需要。[2]

美国学者兰登·温纳(Langdon Winner)在《自主性技术:作为政治思想主题的失控技术》一书中认证说,技术不仅仅产生社会后果,更重构了社会。他指出,技术在现代社会兴起和发展过程中起到了巨大作用,不仅仅参与造就了现代社会的形态,同时也内在地塑造了现代人的精神世界。技术为社会"立法",人类也要反过来"适应技术",这一过程被温纳称为"反向适应"。温纳吸取了马克思、芒福德、艾吕尔、马尔库塞、阿伦特等思想家关于技术与工业的社会理论,揭示了现代技术系统的巨大和复杂,并指出其与政治和人性紧密交织在一起。我们不仅利用技术实现我们的想象和欲求,同时技术也塑造和制约着我们会产生何种想象和欲求。[3]

---

[1] Ellul J. The Technological Order. In Hickman L A. *Technology as A Human Affair*. New York: McGrawhill Publishing Company, 1990, p.63.
[2] 梅其君:《技术自主论的三个层次》,《自然辩证法研究》2008年第9期。
[3] 兰登·温纳:《自主性技术:作为政治思想主题的失控技术》,杨海燕译,北京:北京大学出版社,2014年,第20页。

三、人与机器共同进化

以往我们讨论人与物,更多的是讨论人与其他自然人的关系,如恩斯特·卡西尔在其著作中分析,"每一件生物体都是一个单子式的存在物:它有它自己的世界,因为它有着它自己的经验。""两类不同的生命体的经验——因此也就是这两类生命体的实在——是彼此不能比较的。""随着它们解剖学结构上的不同,这些生命体也就各有一套察觉之网(Merknetz)。""对于统辖一切其他有机体生命的生物学规律来说,人类世界并不构成什么例外。然而,在人类世界中,我们发现了一个看来是人类生命特殊标志的新特征。[与动物的功能圈相比]人的功能圈不仅仅在量上有所扩大,而且经历了一个质的变化。"[1]这里,卡西尔讨论的就是人与其他动物之间的关系问题。而今天,我们所面对的却是人造物,甚至仅仅是虚拟现实,这种虚拟现实已经凸显出与现实实践不同的特征,引发我们对人的主体性的质疑。

"与其说是人的信念最终受制于技术的引导,不如说是技术的便利为释放人的信念提供了渠道",这是法国学者雷吉斯·德布雷《普通媒介学教程》一书导读中的一句话。笔者认为,雷吉斯·德布雷的观点是准确的。因为德布雷在书中写道:"'手'对'脑'的翻转无疑是反常和令人不快的,象征活动是掌握我们自然环境,通过挫败或者松动环境的限制去驱除笨重的、令人耻辱的物质性的手段。同样意识到将人们从自然和物质束缚中解放出来的活动本身也受到自然控制,这并不容易,也很不舒服。但是过度对立思想与材料,我们就会忘记一个简单的事实,那就是思想只有通过物质化才能存在,只有通过流露才能持久。人类这'补形的上帝',只有向'下'走,通过添加替代器官和物质化能力,才能达到神圣的条件,如身体、噪音的发出以及字母文字给声音以痕迹。"[2]

弗洛伊德在其著作《文明及其不满》中对技术问题有自己的思考。他认为,如果儿女居住在千里之外却随时都能听到他们说话的声音,如果好友长途跋涉远赴他乡却能在最短的时间之内得知他已经安然抵达目的地,生活难道不会更加快乐,幸福感难道不会实实在在地提升吗?医疗的进步大幅降低婴

---

[1] 恩斯特·卡西尔:《人论》,甘阳译,北京:西苑出版社,2003年,第41—43页。
[2] 雷吉斯·德布雷:《普通媒介学教程》,陈卫星、王杨译,北京:清华大学出版社,2014年,第70页。

儿死亡率,切实减少妇女在分娩过程中所面临的感染风险,也极大延长了人类的平均寿命,这一切难道一点意义都没有吗?

弗洛伊德当然清楚,科技进步的作用不可低估。但他仍然提醒我们,科技也有做不到的地方:如果不是铁路的出现,地域的阻隔也不可能轻松克服,子女也不会离开故乡,父母想听到他们的声音时也就不需要借助电话;如果不是轮船的出现,大洋也不可能轻松横跨,朋友也不会踏上远洋之旅,我们也就不需要借助电报来解除心中的担忧。卫生状况改善之后,婴儿死亡率是降低了,但这有什么用呢?正是婴儿死亡率的降低,使我们在生儿育女方面受到了最严格的限制,结果我们生育的子女并不比以前多,夫妻性生活面临各种各样的难题……最后我们还要问,如果生活仍旧充满苦难、缺乏快乐,如果生命如此不幸,以至于我们将死亡视为一种解脱,那延长寿命又有什么意义呢?弗洛伊德一一列举了技术进步的代价,言语间充满沮丧,他所表达的意思犹如美国思想家梭罗曾说过的,我们的发明只改进了方法,却改变不了结果。

柏拉图的《裴德罗篇》中有一个关于塔姆斯(Thamus)的故事,他是上埃及某个大城市的国王。苏格拉底对他的友人裴德罗讲述了这个故事:某日,塔姆斯国王设宴款待智慧之神提乌斯(Theuth)。提乌斯发明了很多东西,包括数字、算术、几何、天文和文字。他如数家珍,逐一介绍自己的发明,并建议国王在埃及人民之中广泛宣传、推广这些技艺。塔姆斯详细询问每样发明的用途,并根据提乌斯的介绍发表自己的见解,评判提乌斯所宣称的功用是否站得住脚。在提到文字的时候,提乌斯说:"国王陛下,这项发明将改善埃及人民的智慧和记忆。我所发现的正是这样一种提升记忆和智慧的灵丹妙药。"听了这话,塔姆斯回应道:"提乌斯先生,您真是一位伟大的发明家,但在评价某种技艺为使用者所带来的好处和坏处时,技艺的发明人往往不能做出最好的评价。就像您刚才提到的文字,您是文字之父,自然会喜欢自己发明的文字,却可能因此看不到这项发明实际作用的反面。人们学会读文识字之后,就不会再锻炼自己的记忆力,因此会变得健忘。人们对文字产生依赖之后,需要外在的标识才能唤醒记忆中的信息,而不再运用自身内在的资源。您所发明的灵丹妙药,能改善的只是回忆,而不是记忆。至于智慧,人们即使掌握了文字这项技能,也可能只是虚有其表、名不符实,因为他们虽然获取了大量的信息,却得不到适当的指引。因此最后可能出现的情况是,人们虽然看似学识渊博,其实对大多数事情都一无所知。这些人满脑子都是虚假的智慧,而非真正的智慧,因而将成为社会的负担。"①

波兹曼解释说:"任何一种工具都存在观念上的偏见,都会倾向于将世界构建成某种特定形态,看重某种特定的事物,强化某种特定的感官、技能或态度。"②他认为,马歇尔·麦克卢汉的名言"媒体即信息"说的就是这个意思。马克思也曾说过,"技术揭示了人类应对自然的方式"并创造"交际的条件",人们借此相互交流。维特根斯坦(Wittgenstein)谈及人类基础的技术时也曾经说过,语言不仅是思想的传播媒介,同时也是驱动力。这就是塔姆斯国王希望发明家提乌斯认识到的地方。无论是生命科学技术已经可以做到的"克隆人",还是综合了多种科学技术而可能出现的仿生智能人,人一直在按照自己的样子使物"人化"。科学家们通过这一方式来展现人的主观能动性和人的意志,彰显了人在世界中的主体地位。但随着物一步步逼近人自身,人在惊异于自己的创造能力的同时,又不免产生忧虑——人担心随着物越来越智能,物是否终有一天会超越人本身,成为未来世界的主宰者。刘易斯·芒福德的技术理论强调一种观念,即人们所使用的工具都是人体及其功能的延伸,他坚持认为再完美的技术也远不如生物体本身,指出即使是最好的机器也只不过是对生命有机体的拙劣模仿。芒福德承认,现代技术积极地适应新环境、为生命体服务,机器复制了眼睛和耳朵的自然特性,因此变得更加人性化。但无论如何,人的感受与自主性在这一过程中依然至关重要。③

凯文·凯利注意到任何能够产生建设性思想的自由意志,必定能够产生破坏性的思想。与之相似,技术也是如此,他甚至为此总结出技术期望的第一定律:一项新技术的前景越好,其潜在的危害也就越大。他还提出了解决之道:把道德观念设计到技术系统里以管理技术道德取向。在《技术的美妙天平》中,他则明确写下了"技术有一个道德维度"一语,指出,"强大的技术需要责任

---

① 柏拉图:《斐德罗篇》,转引自尼尔·波兹曼:《技术垄断:文明向技术投降》,蔡金栋、梁薇译,北京:机械工业出版社,2013年,第2页。另见刘小枫编译:《柏拉图四书》,北京:生活·读书·新知三联书店,2015年,第390-392页。
② 尼尔·波兹曼:《技术垄断:文明向技术投降》,蔡金栋、梁薇译,北京:机械工业出版社,2013年,第11页。
③ 王华:《技术、传播与现代文明——刘易斯·芒福德的媒介分析范式》,《中国社会科学报》2013年第435期。

心,我们应该有目的地培养我们的机器人孩子做个好公民。为他们灌输价值观"[1]。他当然也看到了技术的负面作用——当今世界的大多数问题都是之前的技术造成的,而明天世界的大多数问题也将由今天我们仍在发明创造中的技术引起。但他仍然兴高采烈地写到,每一种新发明同样也为我们创造了不止一种新的道德选择……从长远来看,技术给了我们更多的差异性、多样性、选择、机会、可能性,还有自由。这便是进步的定义。凯利用石锤举例说明。石锤可以用来杀人也可以用来造物,但是在它成为工具之前,这种选择的可能性是不存在的。技术是一种手段,它赋予并放大了我们作恶或造福的能力。但是我们每次都有一个新选择是好的,它可以让天平略微向造福这一边倾斜一点。而正是基于这一乐观的判断,他认为"技术是人类的孩子"[2]。

在其1994年的作品《失控》中,凯文·凯利就表达了这种乐观与自信。他在那本书里讨论的是一个"人造与天生联姻"的世界,一方面,现有技术的局限性迫使生命与机械联姻,为我们提供有益的帮助,另一方面,由于我们自己创造的这个世界变得过于复杂,我们不得不求助于自然世界以了解管理它的方法。这也就意味着,我们最终制造出来的环境越是机械化,可能就越需要生物化。我们的未来是技术性的,但这并不意味着未来的世界一定是灰色冰冷的钢铁世界。相反,我们的技术所引导的未来,朝向的正是一种新生物文明。在凯文·凯利看来,技术不会取代人类。自然界中的新物种极少取代旧物种,它们更愿意以其他物种的成就为基础,与现有生物体一起发掘一个小的生态环境共同生长。技术会弥补人类的不足,在人类需要它的地方出现。我们希望和远方的人沟通,于是开始训练鸽子,然后发明电报和电话。我们希望更快更安全地前往其他地方,于是开始训练马、制造马车,发明蒸汽机和内燃机。

对技术的自主性最经典的表述之一来自美国的经济学家布莱恩·阿瑟。他写道:"现在的主流技术是一个系统或者一个功能网络,一种物—执行—物(things-executing-things)的新陈代谢,它能感知环境并通过调整自身来做出适当反应。"他进而分析说,"当现代技术逐渐进入到一个网络中,能够感知、配置、恰当地执行,它就表现出了某种程度的认知能力。从这个意义上说,我们

---

[1] 凯文·凯利:《技术元素》,张行舟、余倩译,北京:电子工业出版社,2012年,第272页。
[2] 凯文·凯利:《技术元素》,张行舟、余倩译,北京:电子工业出版社,2012年,第36页。

正在向智能系统前进。基因技术和纳米技术的到来将加速这一进程。事实上,未来这样的系统不仅能够自构成、自优化,具有认知能力,还能自集成、自修复以及自保护"[1]。有学者认为,在未来社会中,人工智能、增强智能、数字技术、脑与神经科学的发展将有可能使我们生存的地球上出现智能水平达到甚至超越自然演化缔造的人类的智能生命,传统意义上的人类很可能将不再处于智能金字塔的最顶端。不过,笔者还是认为,相信人是万物的主宰者,或者相反,相信技术的自主性,都未必科学。笔者更相信人与技术、人与物是一种共同进化的关系。在未来的可持续共生社会中,将出现一个全新的世界——那将是一个生活着已经看见过的生命体人类、动物、植物的世界,也存在着可能出现的人工非人动物和人工植物的世界(见图4-1)。人发明和创造技术,技术又反过来形构人的思想和生活世界,进而影响人的进化与发展。

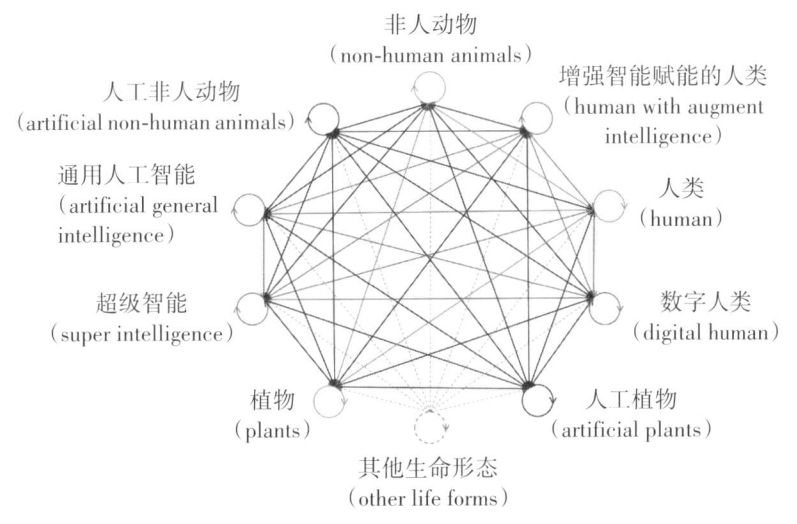

图4-1 可持续共生社会中主要的不同生命形态及其之间的互动

新媒体环境下,新的传播技术、产品不断涌现,例如大数据、直播等,它们不仅改变着我们的日常生活,还推动着新的新闻形态出现。那么这些给新闻传播学教育和研究带来哪些影响?

---

[1] 布莱恩·阿瑟:《技术的本质:技术是什么,它是如何进化的》,曹东溟、王健译,杭州:浙江人民出版社,2014年,第231页。

唐海江教授认为,无论在装置、技法还是组织等层面,媒介技术对新闻传播学科的形成都具有根本性作用。相较而言,互联网技术因其复杂性及规模化等特征,越来越具有自主性,势必在知识领域引发诸如知识海量与无知递增、经验研究与规范研究、知识总体化与碎片化等多重张力。互联网自主性的观点有助于破除当前新闻传播学科建设中存在的"立法"迷思和"专家"迷思,同时也警醒身陷技术系统的研究者,如何重估和平衡人与媒介技术的关系,强化人类对于技术的控制及其批判。①

那么,新闻传播研究需要关注哪些重大的议题呢?笔者认为最迫切的议题至少包括如下几方面。

第一,2016年,Facebook 解散了它的"热门话题"团队,而采用机器算法来抓取头条新闻。这可能是 AI 深入新闻生产领域的开端,就算不少人反对,也无法阻挡这一趋势。类似于今日头条之类的算法,将会更多地取代人的工作。新闻传播学科的学者(当然也包括不少传统媒体人)对技术尤其是网络技术,以及人工智能技术的发展给社会带来的影响特别是给新闻传播业带来的影响准备不足。复旦大学黄旦教授是少数关注者之一,他曾一再使用否思或者颠覆来表征这一冲突的严重性和挑战性,但他的呼吁似乎没有引起足够的重视。当然,面对这样的冲突时的消极应对与没有足够的知识储备有关。现在的传播技术对人类的影响与之前广播电视出现时对人类的影响不一样,它改变了社会的连接方式,使得社会结构发生了很大变化。这与卡斯特谈到网络社会的崛起时,认为这是一个新的社会、新的时代,社会体系的变化及技术提供的可能性超过了社会想象一样。所以从这个意义上讲,我们的思维、认知、知识积累都没有跟上。腾讯网原总编辑王永治曾在一次演讲中明确指出,传播媒介的终端更替不可能逆转。从报纸、广播、电视,到互联网和移动互联网,前三种是叠加的关系,可以共生,网络媒体的出现是对前三种的融合。

第二,新闻传播研究与教学处于一个相对被动之境。技术产业领域有大量创新实践,有无数新的产品,学界却难以跟上技术变革的脚步。即使是从新闻学长期关注的新闻信息的生产和传播这个相对微观的角度来看,新闻传播

---

① 唐海江:《互联网革命与新闻传播学科重构之反思——一种技术自主性的观点》,《社会科学战线》2016年第7期。

学界也落后了。今天,不仅新闻的呈现方式、表达方式发生了变化,其结构也发生了巨大变化,人们看新闻的方式也发生了变化。这些导致我们需要了解所谓的"新新人类",他们到底是怎么观看和接收信息的,又是如何参与信息的生产的。如果新闻学教育还停留在早期的"党性""组织性""舆论引导"等比较僵化的模式和传统的概念框架所支撑的理论范式上,无法跟上传播环境的变化,那么新闻学就没有生命力。

第三,这是否说人类对新闻信息的采集和分析,都可以交给机器人呢?显然,这一观点是错误的。因为,一是人类永远需要真相,政府永远需要监督,而对真相的逼问和挖掘到目前为止还无法交给机器人来完成,毕竟机器人对生命的感受还无法达到人类的敏锐程度,缺乏人类的感情与温度,甚至也没有人类的表达创新能力,更没有对复杂事实的挖掘与分析能力。二是自媒体越来越多,虽然机器的选择努力向准确性靠近,但人是感情与理性交互的动物,场景与时势的不同,会导致不同的信息与精神产品的流动性需求。在未来相当长时间内,人工智能可能还无法达到这种程度。未来,计算机会向模仿人类理性思考、感知周围环境和实现动作等方向发展,但依然需要一段时间来完成。中国科学院院士、清华大学智能技术与系统国家重点实验室学术委员会主任张钹指出,目前国内外正在研制的"无人车",在不同程度上都有人的参与,因此严格地讲应该属于自动辅助驾驶。根据目前人工智能的发展,这类车辆可能在短期内走向实用。而对于真正无人参与的无人车,特别是在开放环境(如繁忙的街道)下行驶,目前的人工智能还难以解决其面临的困难及问题,因此短期内还难以走向实用。张一鸣介绍说,今日头条的"体育报道机器人"在奥运期间发布了大约500篇报道。除了体育之外,财经类新闻也适合交由机器人来完成,如所有基于数据的财报解读。将财务数据变成系列化的内容,包括从社交网站上摘引评论,这是机器能够做,而且做得还可以的工作。这些报道短时间内就可以生成,并且准确,不会出现数字错误,也不会产生基本的金融知识错误。不过,张一鸣认为机器人在其他创造性内容上还是缺少优势。他说,机器可以统计非常大的数据,但如果面对非常小众的人群,文字非常隐晦,甚至表达反面的意思,机器确实难以突破。

第四,人与技术的共同进步是信息产品生产领域的基本方向。全媒派报道,很多网络原生媒体大多利用搜索引擎和社交媒体的运算法则来增加文章的曝光率,进而吸引广告商。无论是《纽约时报》,还是《华盛顿邮报》,都在寻找数字化发展的新方向。《纽约时报》执行主编迪恩·巴奎特表示,数字时代的编辑需要率领高于一切组织的团队才能最好地服务迅速增长的互联网用户。除了图片、视频、音频等多样化的信息内容外,这些转型的传统媒体还高度重视社交媒体在信息传播中的作用,并将Facebook的"即时文章功能"(instant article)看作触及用户、吸引订阅、加强互动的重要方式。Facebook依靠庞大的用户基数与精确的算法推送控制了互联网信息发布的主动权,很多人认为Facebook会将新闻媒体生吞活剥。Facebook利用其他新闻机构花费巨大人力、物力生产的优质内容吸引广告,使得不少媒体反感Facebook这一平台。但《纽约时报》却持不一样的看法,它将Facebook视为一个宝贵的平台,认为Facebook的大数据与用户分析系统让《纽约时报》等媒体能更加高效、便捷地分析用户阅读消费习惯。《纽约时报》《华盛顿邮报》在转型过程坚持新闻专业水准,做用户感兴趣的独特、深度报道,在付费内容基础上,渐进式地进行全媒体转型战,它们运用新技术,但又充分发挥人类的思考能力。当然技术公司也在不停地改进,如2016年,Facebook再次改进了News Feed的算法,用户将看到更多基于真人的推送,而群组、媒体、品牌或其他来源的信息都会被弱化。但更值得关注的是,为配合这次改动,Facebook有史以来第一次发布了对自身算法的理念说明:News Feed新闻价值观。如果用一句话来概括,那就是所谓的"3F原则":友谊、家庭第一(friends and family first)。这一价值观的主要内容包括:社交优先;有用的信息是关键;不要忘记娱乐;推崇多元观点;真实性很重要。[1]这种技术性的思考改变了传统媒体时代的新闻价值观,应该成为新闻传播学界重视关注的内容之一,可惜这样的思考实在是太少了。

第五,另一个与之相关联的观点是,基于传统媒体时代出现的新闻专业主义范式是否过时了?黄旦教授认为新闻业的危机根源于以下三个方面:一是从政治角度来看,是新闻专业主义的衰落;二是从经济角度来看,新闻业的经济来源衰竭;三是从媒介角度来看,新媒体技术导致传播、社会和文化形态的

---

[1] 方师师:《算法机制背后的新闻价值观——围绕"Facebook偏见门"事件的研究》,《新闻记者》2016年第9期。

变化。李艳红则认为,这并不是说,专业主义话语在未来中国新闻业的持续变迁过程中不会再登场。然而,话语总是勾连特定的社会实践而排除其他社会实践。当下,专业主义话语的式微已然限定、排除和"去合法化"了很多指向专业建设的实践。虽然基于传统媒体时代发展起来的新闻专业主义可能会因为新闻生产的流程变化而受到挑战,但其仍然是一个必不可少的追求。因为新闻专业主义希望以一种规范性的理论来指导新闻生产与传播的问题,其核心思想是让新闻这一与民主生活密切联系的精神文化产品,尽可能剔除个体的认知偏见、符号性表达的缺陷以及各种不同社会权力(无论是政治权力还是商业性的权力)对新闻生产过程的污染。所以,从这一角度看,新闻专业主义虽然呈现的方式、作用的对象不同,但其核心宗旨和基本要素不会过时。

第六,互联网技术的逻辑包含开放、平等参与和自由的基因,拥有一种去权威、去中心、去政治、去传统的属性。如果不能理解互联网技术这种内在逻辑,那相关的研究就可能落空。

第七,Facebook、谷歌、苹果、亚马逊、微软、索尼、三星都拥有研究虚拟现实的完整团队,而且还在招募更多人。仅Facebook就有超过400人从事虚拟现实领域的工作。这场由科技掀起的浪潮又将把我们带到哪里?人文学者在面对这样的技术冲击时,也没有给出很好的答案。技术到底对人类社会产生什么样的影响,尤其是人工智能、大数据所带来的涉及人类本身的存在性与主体性等方面的问题,都需要我们认真思考,而且这个对传统的新闻传播学教育影响很大的领域还缺少有价值的研究成果。

总的来说,面对新媒体技术的快速发展,新闻传播研究的整体概念框架、思想观念和知识体系都需要重构。但不能操之过急,因为技术探索往往领先于人文学术的思考,人文学者没有能力引领技术的发展,但我们至少需要考虑技术对人本身、对社会的负面影响。海德格尔在《技术的追问》一文中,批判了两种通行的现代技术观:一是技术是合目的的工具,即将技术等同于纯粹的工具理性或技术理性;二是技术是人的行为,即视技术为人的理性或价值理性。尼采曾经大声疾呼要重估一切价值,以往每一次重大转型,人们都要重估一切价值。而这一切价值中,最重要的价值就是人本身的价值,人的主体性正是其中最重要的问题之一。今天,技术的发展,使人类面临着一次更大的挑战,以往是人与人的战争,无论战争的结果如何,胜出的一方仍然是人类。但未来呢?胜出者可能只是数据流或者技术的创造物——机器人,这种冲击也许才是这个时代真正不可承受之重。

CHAPTER 5

| 第五章 |

数字新闻实践与数字文明

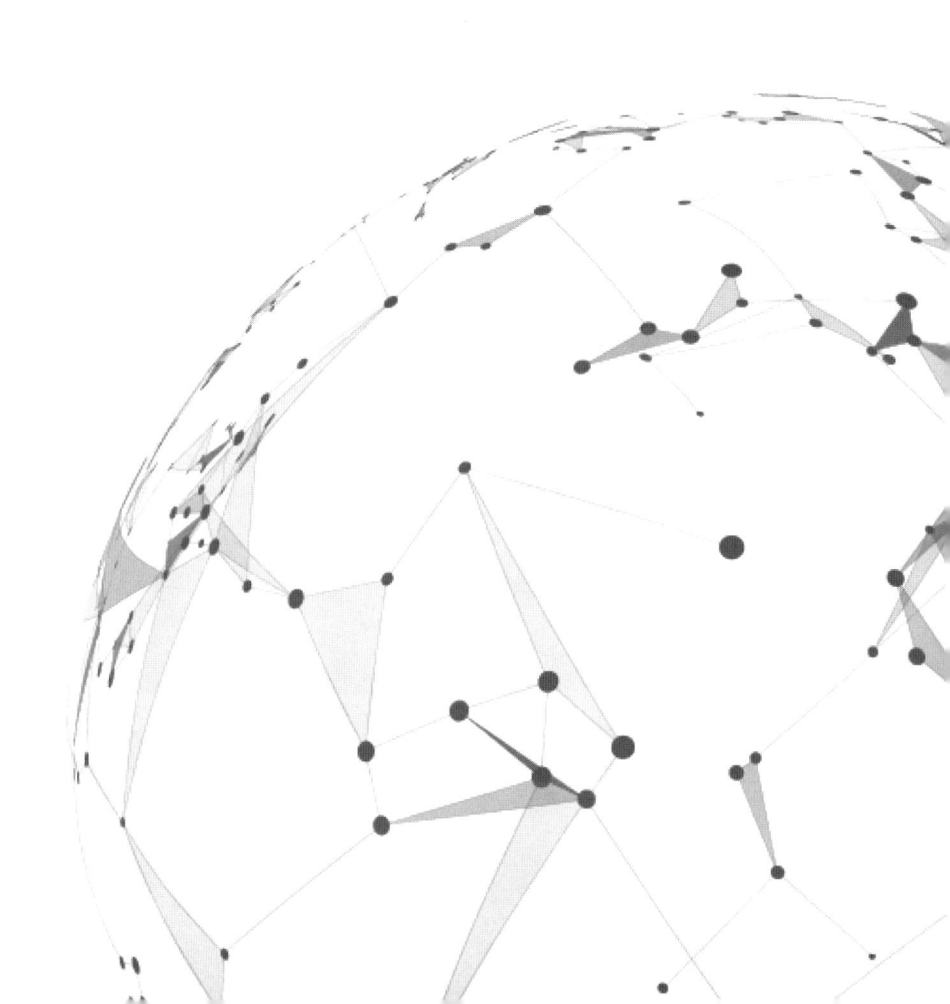

DIGITAL
JOURNALISM

第一节　数字新闻业必须强化与公众的连接

无论是人类还是其他生命,都需要掌握自己的生存环境方面的变动信息,并基于此做出趋利避害的应对反应。这是生命延续的生物行为学基础,也是达尔文适者生存观点的要点之一。从这一意义上讲,获得信息,尤其是变动的信息是生存之必须。

只要是有人群的地方,一定会有信息传播。不过,人类社会一开始并没有找到信息生产与传播的有效方式。有用与无用的信息杂糅在一起,正确的与错误的内容相伴,高品质与低俗混合着,泥沙俱下,多少令人无所适从。1621年,牛津学者罗伯特·伯顿生动描述自己被信息环绕的感受:"我每天都能听到新消息和流言蜚语,关于战争、瘟疫、火灾、洪灾、盗窃、谋杀、屠杀、流星、彗星、鬼魂、神童、异象,关于法国、德国、土耳其、波斯或波兰等地的村镇沦陷、城市遭围、军队集结和每日战备,以及见诸如此动荡时局的频仍战事、生灵涂炭、决斗、船难、海盗、海战、媾和、结盟、谋略和新的警报,诸如此类……如此一会是喜事,一会又是悲事。今天听说新官上任,明天就听说某些人物遭罢免,后天又听说他们另有高就;有人出监,有人入狱;有人大手花钱,有人落魄难堪;一人发财,他的邻居却破产;此刻衣食无忧,转瞬贫寒交迫;有人奔走,有人骑马,有人争吵,有人捧腹,有人啜泣,不一而足。这些就是我每日所闻,或者诸如此类。"[①]

分工往往是解决混乱的有效方式。专业的人做专业的事,无论是效率还是服务的质量都会有相对的保障。新闻业的产生,就是人类独有的社会分工的产物,除了每一个体自己收集和整理信息外,由专业性的组织来收集、生产

---

① 詹姆斯·格雷克:《信息简史》,高博译,北京:人民邮电出版社,2013年,第396-397页。

和传播变动的信息成为一种行业——报业、广播电视业及今天的新媒体行业。

不过,新闻信息产品与其他的物质产品不同,它是一种具有权力效用的知识性产品。因此,虽然生产和传播新闻信息的专业组织最初来自商业需求的直接激励,但很快为宗教势力和世俗王权所控制,无论是英国的印花税还是特许制度,都让新闻信息与思想的流动成为一种权力控制模式。当新兴的资产阶级取得政治上的成功后,政党支持下的报业模式让出版业和报业成为舆论的工具。马克思主义在发展过程中,也充分利用政党报业的力量,组织和动员工人运动,建立无产阶级政党。这个时期的新闻业是政治的传声筒,是各种利益组织的宣传机器。虽然在洛克、孟德斯鸠,以及后来的美国总统杰斐逊那里,出版自由是一种公民的权力,是三权分立得以保证的第四权,是一种舆论的监督性力量(马克思称之为第三种权力),但在政党报业时期,新闻业就是宣传鼓动的工具,是政党之间辩论甚至是攻击的工具。

真正的市场新闻业的产生是在"便士报"之后,因为便士报让新闻业得以从政治权力的依附中获得了有限的自主性,与此同时,由于科学理性的思想启蒙、实证主义哲学的兴起、进步主义运动的逼促,以及各种与公共利益相关的服务性领域的专业主义精神的发展,新闻专业主义理念在新闻传播领域落地生根了。

一、为何人们回避、拒绝传统新闻?

对于新闻专业主义,是基于我们对传媒在社会结构中的地位和作用来认知的,而传媒的作用和地位又是基于我们对于社会结构的总体认识,基于我们对国家—社会—公众这一社会模型的设定,基于我们对社会管理方式的设定而确立的。新闻专业主义旨在规范传媒作为人类社会中一个独立的子系统在收集、整理和传播信息活动的功能和责任。潘忠党和陆晔认为,它包括一套关于新闻媒介的社会功能的信念、一系列规范新闻工作的职业伦理、一种服从政治和经济权力之外的更高权威的精神和一种服务公众的自觉态度。而这一原则着眼于受众的知情权和接近权,以"公正、公开、公平"为目标取向,强调社会责任意识。①他们指出,新闻业是民主的公共生活所不可或缺的,新闻专业主义蕴含理性交往模式,构成民主的公共生活。新闻专业主义是这种民主的公共生活得以保障的基本前提,因为民主需要知情,需要对影响公共生活的真实情况有全面而准确的把握。专业新闻机构原本就是为满足人类这种信息需求而产生的。

今天,由于公民权利意识越来越深入人心,公众参与公共生活的热情较以往更为高涨,而教育水平的提高和传播技术的进步也使得公众的参与变得更具有可能性,公众对新闻报道的品质也提出了更高要求。毕竟,相比现实中的其他任何事物,新闻业更可能是现实与公众对现实的感知之间的过滤器。在传统新闻生产与传播的模式中,记者报道与编辑选择,在一定程度上左右着公众如何看待自己,如何看待彼此以及如何看待我们所生活的世界。

新闻是一种知识,更是一种权力形式。"现代性的根本创新就是对知识形式的信赖,而这些知识形式也是权力的形式。"②盖伊·塔奇曼在《做新闻》一书中认为,"权力也许就是通过传播某些知识并压制某些观念而实现的。权力也因知识作为社会行动资源的构成方式而加强。……新闻就是一种社会资源,它的建构限制了对当代生活的分析性理解。新闻通过网络传播、通过类型化报道方式、通过对新闻工作者的专业主义要求、通过事实和消息源之间的相互建构、通过新闻叙事的表现方式、通过对宪法第一修正案关于私人财产权和专业主义权力的声明——通过所有这些现象,新闻,作为客观化了的限制或者资源,使社会现状合法化"③。因为,"无论是认识的手段(人文主义研究和自然科学),还是回避认识的工具(意识形态),知识的根基是社会,知识的运用产生于人们创造的相互关系中。这些具有相互建构性的关系必然包括人类的活动,同时也必然包括权力,因为人类在生产和再生产用来分配作为社会资源的知识的机构的同时,也生产和再生产分配权利的机构"④。"新闻网络不仅通过一个在合法机构集中化的模式而把某些事件排除在能否成为新闻的考虑范围之

---

① 潘忠党、陆晔:《走向公共:新闻专业主义再出发》,《国际新闻界》2017年第10期。
② 安德鲁·芬伯格:《技术体系:理性的社会生活》,上海社会科学院科学技术哲学创新团队译,上海:上海社会科学院出版社,2018年,第28页。
③ 盖伊·塔奇曼:《做新闻》,麻争旗、刘笑盈、徐扬译,北京:华夏出版社,2008年,第199页。
④ 盖伊·塔奇曼:《做新闻》,麻争旗、刘笑盈、徐扬译,北京:华夏出版社,2008年,第200页。

外,而且它还规范着孰先孰后的权重,决定一条新闻该由哪一级雇员或机构来完成,是交给记者,还是通信员,是本媒体的记者还是美联社的记者。另外,新闻网络通过各种复杂而交错的责任形成空间分布,并由一个机构化的编辑系统规范着秩序。"[1]盖伊·塔奇曼运用了大量她在田野调查中获得的材料,以及基于自然科学理论和社会科学理论的剖析,她明确指出,当人们把新闻看作有趣和重要的日常事件的真实描述时,就等于肯定了新闻作为发布真实报道的社会机构的角色,也肯定了新闻媒体作为合法机构发布信息的角色。"新闻在从社会和文化资源中抽象出新闻报道的同时,它本身也是社会行动者的一种社会和文化资源。"[2]政治权力的压制,使得新闻越来越失去雄心,而商业化的压力,则让新闻媒体日益呈现小报化(tabloidization)趋向,新闻为吸引眼球而追求轰动性煽情(sensationalism),为增加点击量而选择坏消息。[3]20世纪30年代,美国《纽约先驱论坛报》采编主任斯坦利·瓦利克尔认为新闻建立在三个w上,即women(女人)、wampun(金钱)、wrongdoing(坏事)。结果使得媒体越来越多地呈现消极性偏见(negativity bias),极端迎合受众的情绪,追求耸人听闻的标题,理性退场而观点粗暴,道德审判流行于市,阴谋论更是层出不穷,而公共性越来越弱。"远离政治而趋向犯罪,远离每日新闻议程而趋向几天前编辑而成的推广项目,远离以信息为基础的对社会话题的讨论而趋向有关生活方式或名人的娱乐故事,(最终趋向)对视觉权力,对新闻作为娱乐大观的压倒性的投入。"[4]具体而言,一方面,传统新闻报道的主要任务是信息告知,对于报道是否会引导民众参与社会治理、改善公共秩序并没有明确的要求;另一方面,即便部分报道提出解决方案并向公众发出倡议,也大多停留在话语层面,扮演着信息发布者或公共对话框架建构者的角色,而媒体对于方案的具体落实不了了之。

---

[1] 盖伊·塔奇曼:《做新闻》,麻争旗、刘笑盈、徐扬译,北京:华夏出版社,2008年,第57-58页。
[2] 盖伊·塔奇曼:《做新闻》,麻争旗、刘笑盈、徐扬译,北京:华夏出版社,2008年,第194页。
[3] Thesen G. When good news is scarce and bad news is good: Government responsibilities and opposition possibilities in political agenda-setting. European Journal of Political Research,2013,52(3):364-389.
[4] Turner G. Tabloidisation,journalism and the possibility of critique. International Journal of Cultural Studies,1999,2(1):59-78.

第五章 数字新闻实践与数字文明

　　传统新闻报道强调媒体的中立与客观,注重事件本身的公共告知但不参与问题、解决问题,这与早期西方媒体自诩的"看门狗""瞭望者"传统密不可分。即便是社会责任论也致力于描述真实的事件而不在于为解决问题展开切实行动。[1]传统新闻报道模式中的负面批评和监督取向,确实有利于公众对权力的腐败和社会不公等现象产生警觉,但却难为社会的转型带来有力的帮助,还在一定程度上加剧了社会矛盾。[2]有学者批评说,传统媒体丧失了与社会的联系,与大企业交往甚密,而曾被视为独立新闻记者形象的文化和社会权威也不再具有正当性。[3]近些年来,传统媒体面临着信任严重下降、公众远离、营收下滑等危机。《纽约时报》记者利维亚·阿尔贝克-里普卡(Livia Albeck-Ripka)就批评说:"负面新闻会导致社会的脱离、逃避、冷漠和焦虑。"2013年,皮尤研究中心的"新闻业卓越计划"报告称,由于察觉到新闻质量的下降,许多人离开了新闻业。《路透社数字新闻2020年报告》显示,越来越多的人拒绝了传统新闻。其中近60%的人说这是因为传统新闻对他们的情绪有负面影响,其他人则表示感到自己无法改变事件。1992年,卡茨(Katz)观察了1991年海湾战争时期的电视新闻报道,认为那些现场直播根本不算新闻,因为新闻一定涉及编辑工作,这不是指狭义的新闻机构内部分工中的编辑工作,而是概念上的资讯筛选、整理和诠释工作。他指出,新闻不只是报道事实和资讯,而是向受众提供对事件和议题较完整的"故事",让受众能够理解该事件和议题。[4]当然,传统媒体并非一无是处,《路透社数字新闻2020年报告》还显示,60%的调查者认为新闻媒体能帮助普通人很好地了解危机。

　　传统新闻业意识到问题所在并开展了积极探索,20世纪70年代出现了和平新闻业,90年代初期出现了公共新闻运动。[5]而建设性新闻(constructive journalism)理念的注入,或将成为这一转型或变革过程中重要的助推力量之一。

---

[1] 唐绪军:《建设性新闻与新闻的建设性》,《新闻与传播研究》2019年第S1期。
[2] 白红义、张恬:《作为"创新"的建设性新闻:一个新兴议题的缘起与建构》,《中国出版》2020年第8期。
[3] Hallin D C. *We Keep America on Top of the World: Television Journalism and the Public Sphere*. London: Routledge, 1994, pp.174–180.
[4] Katz E. The end of journalism?: Notes on watching the persian gulf war. *Journal of Communication*, 2006, 42(3): 5–13.
[5] Jay R. *The Action of the Idea: Public Journalism in Built Form*. New York: The Guilford Press, 1999, pp.21–48.

二、建设性新闻与新闻专业主义

建设性新闻已经受到学界和业界的广泛关注。国际新闻传播学期刊 Journalism Practice 和 Journalism 先后于2018和2019年推出"建设性新闻"专刊。2019年,来自56个国家的新闻界人士参加了在日内瓦召开的全球第二届建设性新闻大会。会议讨论了更负责任的新闻业如何能够带来更深层次的公众参与,新闻业如何帮助重建冲突后的社会,我们是否需要重新考虑新闻标准,如何使新闻业更具相关性、可信度和面向未来等议题。[①]

那么如何理解建设性新闻呢?丹麦奥胡思大学的建设性新闻学会认为,"建设性新闻是避免人们因其负面关注而拒绝接受新闻的一种可能方法。建设性新闻背后的想法不仅是解决问题,而且是提供解决方案并树立积极的榜样,它们可以作为如何应对挑战的灵感。这种更加平衡的新闻方法的目的是用充满希望的、能够在社会中有所作为的感觉来代替痛苦和无能为力的感觉。""媒体通常对娱乐和创造争议更有兴趣,而不是告知公众如何去做。建设性新闻报道了重要的社会问题,让人们在更宏大的背景中去思考和解决问题。"[②]有学者指出,建设性新闻是在忠于新闻核心价值的基础上,通过鼓舞人心的积极叙述,倡导公民参与的理念,寻找可转化为行动的观点资源并提出解决方案。[③]布罗撰文认为建设性新闻的相关理念最早出现在20世纪初,密苏里大学新闻学院的创院院长沃尔特·威廉姆斯(Walter Williams)在《报人守则》中提出,"我们相信成功的新闻业是……建设性的",建设性是优质新闻业的特征。而普利策同样早就将提供"公共财富"与"公共善"以保证新闻的建设性作为其新闻实践理念之一。[④]1998年,美国学者贝内施(Benesch)在《哥伦比亚新闻评论》上讨论了建设性新闻,随后,《卫报》《赫芬顿邮报》《纽约时报》等将这一新兴概念付诸新闻生产实践。

2008年,丹麦国家广播公司新闻部门主管哈格鲁普(Haagerup)认为,丹

---

① 刘瑞生:《建构式新闻:西方新闻业的"升级"还是"救赎"?》《出版参考》2019年第5期。
② 刘瑞生:《建构式新闻:西方新闻业的"升级"还是"救赎"?》《出版参考》2019年第5期。
③ McIntyre K, Gyldensted C. Constructive journalism: Applying positive psychology techniques to news production. The Journal of Media Innovations, 2017, 4(2): 20-34
④ Bro P. Constructive journalism: Proponents, precedents, and principles. Journalism, 2019, 20(4): 504-519.

麦媒体充斥着诸如此类的新闻：恐怖分子的威胁、枪击事件、坠机、经济衰退、威胁性疾病、戏剧性事故、自杀性炸弹、飓风、饥饿、死亡、破坏和政客无法达成共识等。因此，他主张用建设性新闻来提高新闻标准，也就是要用充满希望的新闻故事和切实可行的解决方案来平衡充斥版面的死亡、衰败和苦难。另一位建设性新闻的倡导者、丹麦国家广播公司的前记者格尔登斯特德(Gyldensted)邀请710位参与者进行一项在线实验，参与者完成了对情感的衡量和表达了对媒体的印象。研究发现，阅读者的情绪受到报道内容的影响，积极的(positive)、鼓舞人心的(inspirational)和以解决方案为基础的(solution-based)新闻可能抵消单个负面新闻的情感影响。新闻媒体通过运用积极心理学原理，可激发巨大的创新潜力，因此建设性新闻应该成为更多新闻生产者的选择。[1]2014年，格尔登斯特德出版了《从镜子到推动者：建设性新闻的积极心理学五要素》，系统讨论了积极心理学对这一创新范式的影响。有研究者通过调查281位9—13岁儿童的认知反应，即将儿童对具有建设性电视新闻的回忆与对非建设性电视新闻的回忆进行比较，了解如何以最佳的方式将负面新闻传递给儿童。研究发现，建设性新闻要比非建设性新闻的效果更佳，直接引起的恐惧和悲伤也要更少。[2]

2015年底，荷兰温德斯海姆应用科学大学新闻学院将建设性新闻纳入课程体系，并且聘请了专职研究建设性新闻的教授，格尔登斯特德就是其中之一。在此期间她发展了建设性新闻的六大要素：解决特定问题，在报道问题的同时增添解决方案；以未来为导向，在传统的5w基础上增加"现在怎么办"(what now)；提升包容性与多样性，使包含更多的声音与视角；公民赋权，赋予受害者与专家权力，询问可能的资源、合作、共同点以及解决办法；解释新闻语境，从报道事件到报道语境；共同创造，赋权于公众，使公民参与共同新闻内容的创作。2017年，麦金泰尔(McIntyre)认为，建设性新闻在注重"看门人"、公众告知等新闻核心功能的基础上，结合积极心理学和其他行为科学的技巧，进而生产出更富有吸引力的新闻内容。她在研究中发现，与阅读报道中充满

---

[1] Gyldensted C. *Innovating News Journalism through Positive Psychology*. Philadelphia：University of Pennsylvania，2011，p.18.

[2] Mariska K，Roos D，Schlindwein L F，et al. Children's cognitive responses to constructive television news. *Journalism*，2018，20(4)：568-582.

消极情绪的经历相比,人们在阅读充满积极情绪的新闻时,感觉更好,对新闻的态度更佳,并且从事某些亲社会行为的意愿更强,她还研究了解决方案信息(solution information)对新闻故事的影响,结果发现"提及解决社会问题的有效方案可使读者感觉良好并喜欢新闻,但不会影响读者的行为意图或实际行为"[1]。

2018年,麦金泰尔与格尔登斯特德明确指出传统的新闻报道遵循的是世界的疾病模式(the disease model of the world),而积极心理学则旨在倡导世界的幸福模式(the wellbeing model of the world)。她们认为,积极心理学的引入为建设性新闻赋予了更具限制性的界定,也成为与其他相似新闻实践加以区分的重要标准。[2]塔尼娅·艾塔穆尔托(Tanja Aitamurto)和安妮塔·瓦玛(Anita Varma)也持同样的理念,她们认为积极心理学对新闻工作的影响主要体现在创造更具生产力和吸引力的新闻模式,同时致力于新闻业的核心职能。这一新模式可以改善传统新闻报道模式中那种负面的、冲突的新闻信息泛滥而导致读者疲惫不堪的状况。[3]还有学者认为,传统新闻报道模式,尤其是以调查性报道为代表的"扒粪运动"往往只揭露事件而不提供解决方案,是不利于问题改善的。方案新闻学的倡导者伯恩斯坦认为"对于新闻业来说,要帮助社会自我改正,仅靠监督者不足以提高人们的意识或对问题产生愤怒"。

2018年,利斯贝斯和格尔登斯特德在她们合作的一篇文章中,进一步梳理了建设性新闻的实践理念的四个导向:(1)公众取向(public-oreiented),媒体要将公众利益置于首位,尤其是在新闻报道中要承担公共责任,注重公众服务意识的同时更要提高公众对建设性新闻生产的参与意识;(2)方案取向(solution-oriented),建设性新闻所提供的解决方案在促进社会进步中扮演了重要角色;(3)未来取向(future-oriented),新闻报道在追溯过往与记录当下的

---

[1] Karen M. Constructive Journalism: The Effects of Positive Emotions and Solution Information in News Stories. Chapel Hill: University of North Carolina, 2015, p.17.

[2] McIntyre K, Gyldensted C. Positive psychology as a theoretical foundation for constructive journalism. Journalism Practice, 2018, 12(6): 662-678.

[3] Aitamurto T, Varma A. The Constructive role of journalism contentious metadiscourse on constructive journalism and solutions journalism. Journalism Practice, 2018, 12(6): 695-713.

同时,以成就未来为思想指南;(4)行动取向(action-oriented),建设性新闻应注重方案与行动的联合,努力调动社会各方的资源,形成更多合作与对话机会。[1]

总之,建设性新闻"试图纠正以往新闻业所具有的负面偏向(negativity bias),通过建设性的报道技巧和积极情感的引入,提供更为优质的新闻,加强与受众之间的连接,重塑新闻业的权威与合法性"[2]。不过,建设性新闻传播的内容不仅仅是新闻,达成建设性目标的手段也不只是单纯的纸面力促,而同时伴有行为推动,"报道"发展为"活动"[3]。诚如唐绪军所言,新闻报道进行内容价值引导格外重要,建设性新闻要求"积极"即正能量的报道内容,即便是揭露问题的报道,也应该提供解决方案,这不仅是媒体对社会福祉负责的体现,也是新闻从业者建构人文价值的具体化行为。[4]

但这并不意味着,建设性新闻将背离新闻专业主义所坚守的为公共生活提供可靠的公共产品的初衷,甚至不是要背离新闻客观性原则。艾塔穆尔托和瓦玛认为,建设性新闻试图在坚守新闻专业主义的前提下实现危机突围。建设性新闻"以最严格的方式遵循传统的新闻事件和规范,只是有了新的报道范围,通过将焦点从报道社会问题转移到解决社会问题上,通过创造更全面和更具代表性的世界图景,保有客观和准确的新闻理想,承担为公共领域提供有效解决方案的责任"[5]。而赫尔曼斯和戈尔登斯特德则指出,报道者选择问题的来源和角度能够为事件提供可视性意义,积极的报道可以影响事件的进程与走向,"可以推动世界,从某种意义上来说,新闻将影响人们的决定、意义和日常生活"[6]。布罗则认为建设性新闻的重要价值在于调查了各种可能性,从各个角度审视了困境并指出了解决办法。建设性新闻指向了新闻业如何参与

---

[1] Liesbeth H, Cathrine G. Elements of constructive journalism: Characteristics, practical application and audience valuation. *Journalism*, 2018, 20(4): 535-551.

[2] 白红义、张恬:《作为"创新"的建设性新闻:一个新兴议题的缘起与建构》,《中国出版》2020年第8期。

[3] 田园、宫承波:《从建设性新闻到建设性传播——关于我国当前传媒发展的一点洞见》,《当代传播》2020年第4期。

[4] 唐绪军:《建设性新闻与新闻的建设性》,《新闻与传播研究》2019年第S1期。

[5] Aitamurto T, Varma A. The constructive role of journalism. *Journalism Practice*, 2018, 12(6): 695-713.

[6] Hermans L, Gyldensted C. Elements of constructive journalism: Characteristics, practical application and audience valuation. *Journalism*, 2019, 20(4): 535-551.

解决社会问题,如何通过报道影响公共决策,如何让民众参与公共审议,如何通过揭露生活的消极方面去改善社会。[①]伯恩斯坦就特别强调不能为了好消息而想要好消息。他认为,新闻业解决方案的唯一偏向应该是证据,事实应该像其他任何新闻故事一样自言自语。他说,"我们非常坚信,您可以以非常严格的方式报告社会问题的对策,而无需告诉读者'这是最好的对策'或'您应该出去做点什么'","我对让记者采取行动感到不舒服"。

第二节 媒体融合是一个重大的社会治理议题

媒体融合建设不只是一个简单的媒体盈利模式的转型问题,也不只是媒介生态的变革。在中国,媒体融合是一项重大的社会治理议题,旨在把握主流意识形态的话语权,传播主流意识形态价值观,凝聚全国人民思想共识,提供实现中国梦的精神力量与舆论支持。

媒体融合作为信息传输通道多元化下的新作业模式,把传统媒体与新兴媒体的传播通道有效结合起来,在渠道、内容、技术等方面深入融合,资源共享,集中处理,从而衍生出不同形式的信息产品,目的在于通过扩大主流媒体的话语权,重拾主流媒体的权威,传播主流意识形态价值观,凝聚全国人民的思想。

一、媒体融合是国家的顶层设计

习近平总书记多次强调推动媒体融合发展,做大做强主流媒体、主流舆论。

2014年,习近平总书记明确提出:"要着力打造一批形态多样、手段先进、具有竞争力的新型主流媒体,建成几家拥有强大实力和传播力、公信力、影响

---

① Bro P. Constructive journalism: Proponents, precedents, and principles. *Journalism*, 2019, 20(4): 504-519.

力的新型媒体集团,形成立体多样、融合发展的现代传播体系。"①

2016年,媒体融合被写入《政府工作报告》,逐渐从行业的自救行为上升为国家的战略布局。

2019年,中共中央政治局就全媒体时代和媒体融合发展举行第十二次集体学习。习近平总书记再次强调,"推动媒体融合发展、建设全媒体成为我们面临的一项紧迫课题。我们推动媒体融合发展,是要做大做强主流舆论"②。

为什么党和国家的领导人如此重视媒体融合？这是因为媒体融合是一个重大的政治治理议题。所谓治理,联合国全球治理委员会的定义是:各种公共机构或个人作为共同体管理其共同事务的诸多方式的总和,使得不同利益甚至相互冲突的利益实现调和,并得以联合行动的持续过程。有学者分析指出,"管制"和"治理"都是对组织进行管理控制的具体方式。"管制"侧重于规制与约束,而"治理"既需要硬性的规则与控制,也强调柔性的协同与疏导。在信息时代,治理应该更加注重"治理"而非"管制"。习近平认为:"能否做好意识形态工作,事关党的前途命运,事关国家长治久安,事关民族凝聚力和向心力。"③

在共产党建党时代,新闻媒体是党的事业的一部分、是党的喉舌,因为那时是要建立一个组织,用列宁的话来讲,报纸是宣传员、鼓动者和组织者。党组织内部需要凝聚共识,报纸是进行阶级斗争的工具,这一时期对于新闻媒体的治理更加偏向于"管制",议题选择是完全可控的。

今天,中国共产党所面临的重要问题不再是如何建立一个有凝聚力和战斗力的党的组织的问题,而是如何获得全体中国人民的认同的问题。因为,虽然中国共产党是唯一的执政党,但其执政力同样也需要广大人民的认同,这种认同需要通过获得信任和自觉追随来完成。"强信心、聚民心、暖人心、筑同心"是党搞好社会认同的宣传中心工作的主要内容。

---

① 习近平:《共同为改革想招一起为改革发力》,2014年8月18日,http://www.xinhuanet.com/politics/2014-08/18/c_1112126269.htm.

② 习近平:《推动媒体融合向纵深发展 巩固全党全国人民共同思想基础》,《人民日报》2019年1月26日,第1版。

③ 中共中央宣传部组织:《习近平总书记系列重要讲话读本(2016年版)》,北京:人民出版社,2016年,第209页。

二、人工智能时代的融合之路

在传统媒体时代,党媒完全控制了新闻宣传的主阵地,宣传工作相对容易,因为控制了渠道就控制了内容,也就控制了思想。传统媒体担任把关人,对社会事件进行"选择性呈现",受众被动地接收经过筛选的信息。当下的情况是,虽然党管媒体不变,中国共产党仍然是宣传渠道的主要控制者,但随着互联网的出现和全球化的推进,以及中国持续改革开放,中国打开了国门,各种思想信息和社会思潮得以进入中国社会。新媒体的发展,以及党管媒体的体制和机制改革,使得中国思想市场的传播渠道走向多元力量共享共生的生态格局,专业媒体与非专业媒体共生、传统媒体与自媒体共荣,传统媒体生产内容与用户个体生产内容甚至是机器生产内容得以在广大的思想市场上广泛传播。一方面,这极大地推动了中国思想观念市场的繁荣,极大促进了生产力的解放;另一方面,也使得舆论思想宣传工作更加复杂。传统媒体话语权受到新媒体的强烈冲击,党的宣传渠道相应变窄,管理方式无法通过简单的"控制"来完成,而需要更加柔性的"治理"来进行。我国新闻媒体作为党、政府和人民的耳目喉舌,承担着进行政治宣传、连接党和人民的重任,传统媒体需要融合转型,纵深发展,积极应对挑战,在传播渠道、内容、手段和技术等方面重新夺回主导权。

(一) 媒体转型是媒体融合的前提——以《新京报》的转型为例

互联网语境下,公众对公共事件的参与感增强,这使他们完成了对自身媒介接近的自我赋权。然而在新的传播环境下,部分官媒仍旧自说自话,回避公众关注的热点问题,甚至堵住民众的发泄口,使得其公信力下降,公众更倾向于在社交媒体上获取信息。在这样的背景下,党需要夺取更大的传播话语权,向民众传递传统媒体的声音。

媒体融合的前提是传统媒体的转型,转型是当前媒体人面临的时代课题,以"我们"视频为代表的《新京报》互联网转型,成为传统媒体转型的排头兵。为应对产业格局变化,同时响应政策号召,《新京报》在2014年正式提出了以

"蜕变"为主题的媒体融合与转型目标,并实施了一系列措施,如转变传播渠道,上线客户端;转变表达方式,从文字走向视频;拥抱新媒体技术,走技术算法道路,改革采编流程……这些都体现出《新京报》在转型过程中的决心。

《新京报》自办报起便得到了政府的大力支持,掌握着丰富的政治资源,同时,与一般的党报相比,其更加贴近公众。正如《新京报》原社长宋甘澍所说,《新京报》App就是贯彻落实中央、全市宣传思想工作会议要求,全力打造新形势下的传播渠道的产物,媒体融合的真正意义在于向民众传递主流媒体的声音。

(二) 县级融媒体矩阵——打通"最后一公里"

2018年,习近平总书记在全国宣传思想工作会议上首次提出:"要扎实抓好县级融媒体中心建设,更好引导群众、服务群众。"[①]自此,致力于打通"最后一公里"的县级媒体融合成为各市县的建设目标。互联网汇聚各方思潮,公众参与社会治理的过程越来越简化,加强与基层群众之间的沟通、打造县级融媒体矩阵成为国家的重要设计。

县级融媒体中心是国家希望与群众加强联系的一种新尝试,它是把当前县级网站、电视台、党报、自媒体等媒体资源整合在一起所构建的县级党委政府唯一的媒体发布平台,实现资源集中、统一管理、信息优质、服务规范,打造新时代基层全媒体传播矩阵,更好地为党委政府、当地群众服务。

"郡县治,天下安。"打造县级融媒体矩阵是新时代党和国家加强基层宣传思想阵地建设的重大举措,县级融媒体建设的主要任务在于建成主流舆论阵地、综合服务平台和社会信息枢纽。因此,相比技术手段和展示大屏等物理基础建设,"一个平台、多方汇集、共同推进社会治理"是县级融媒体矩阵的关键所在。

---

① 习近平:《举旗帜聚民心育新人兴文化展形象 更好完成新形势下宣传思想工作使命任务》,《人民日报》2018年8月23日,第1版。

（三）算法时代的传播渠道与技术革新

传统媒体需要抓住互联网这个舆论的前沿阵地，利用大数据算法，完善信息分发渠道，重新掌握互联网舆论场的主动权和主导权。习近平总书记说过："人在哪儿，宣传思想工作的重点就在哪儿，网络空间已经成为人们生产生活的新空间，那就也应该成为我们党凝聚共识的新空间。"①

1. 重视"渠道失灵"，创新传播手段

传统媒体在不断遭遇新媒体及新技术的"渠道"冲击之后，逐渐意识到"渠道失灵"的巨大隐患，尝试借助新兴技术手段及平台开拓渠道，变革传播手段。随着5G、人工智能、虚拟现实等技术手段不断迭代发展，新闻宣传报道越来越移动化和产品化，视频化信息传播成为当代人更加青睐的新闻获取方式，各类视频App不断进行行业布局，在互联网下半场抓住"短视频+"的红利。传统媒体也加紧在这一领域进行行业布局，无论是"主播说联播"，康辉"@大国外交最前线"的短视频，还是朱广权所说的"C站入驻B站"，都体现出传统媒体不断变革传播语态，贴近当代青年群体，创新传播形式进行互动式表达，使主流价值观得到更好传播的决心。

2. 革新传播技术，信息分发到个人

传统媒体已经不再掌握社会信息结构控制权，大数据算法分发技术不断对传播的社会形态与效果进行影响与塑造，其重要性不言而喻。今日头条依靠字节跳动的数据分发平台，精准掌握受众信息，并且其先后四次算法更新与升级更是在不断适应调和技术、人性及社会，尽量避免因程序设计者的个人偏好而影响数据分发的结果，这是中国互联网飞速发展的一个典型样本。

2019年11月20日上线的央视频是国家满足受众对短视频领域的需求，应对5G时代中长视频可能出现井喷式发展的现状，创新大数据算法分发技术的布局。央视频的算法技术区别于抖音、快手等体制外视频平台，其改变了传统的广播电视直播体系，所有生产制作、素材汇聚全部实现了云化，力图将信

---

① 习近平：《加快推动媒体融合发展 构建全媒体传播格局》，《求是》2019年第6期。

息分发到每一个人手中。传统媒体不断在传播渠道、语态、情景、技术等方面贴合时代发展,足以看出国家对这一领域的重视程度。

三、上乘的政治传播

以力服人者,非心服也。要真正让人民群众认同,那就需要更高的传播能力和传播技术。西方国家的策略是,"上乘的宣传看起来要像从未进行过一样,最好的宣传应该是能让被宣传的对象沿着你所希望的方向行进,而他们却认为是自己在选择方向"。

我们的政治宣传需要以马克思、恩格斯政治传播为指导,借助"看不见的宣传"理念,传统媒体要有合格的政治思想、专业的判断能力和过硬的业务水平。互联网思维的核心是用户,传统媒体要吸引受众,必须重视连接用户。代表党和国家的传统媒体,需要借力互联网,做"不留痕迹,看不见"的宣传,不断探索传播路径,吸引受众的注意力。

正如陈力丹教授所说,马克思、恩格斯的政治传播策略及政治传播伦理亟须重温。[1]政治传播中的某些形式主义不仅使传播大打折扣,也造成了思想的僵化。马克思和恩格斯十分重视政治传播的长期效应,多次批评对政治传播短期效果的过度追求。我们在政治宣传中要坚持四个政治素养:党的政论家需要更多的智慧,思想要更加明确,风格要更好些,知识也要更丰富些。

四、媒体融合时代的思想政治建设

今天,网络空间是信息汇集、观念交流、情感共振、民意发酵的重要场所,也是社会组织和社会动员的主要渠道,当然也是治理者对人民群体施加影响的重要场所。世界大势是,网络的治理会向更稳定、更高效、更民主的方向发展。媒体融合的出发点和着力点正在于此,即我们党需要通过媒体融合建设,

---

[1] 陈力丹:《如何做好"看不见的宣传"》,《同舟共进》2015年第7期。

进一步加强对思想政治工作的建设。

在互联网成为思想聚集地的当下,党和政府需要完善顶层设计,建成新型媒体,扩大传统媒体在网络空间及民众中的影响力,坚持正确的舆论导向,使党的声音和主流意识形态传得更深、传得更广。在信息爆炸时代,一张图片、一段视频经由全媒体的传播在几小时之内就能形成爆发式的舆论,因此,网络舆论场是党和政府密切关注的重中之重,主流媒体需要牢牢把握舆论场的主动权和主导权,及时发布准确权威的消息,以减少谣言的传播。

习近平要求各级党政机关和领导干部学会通过网络走群众路线,经常上网看看,了解群众所思所愿,收集好想法、好建议,积极回应网民关切、释疑解惑。对广大网民,要多一些包容和耐心。他指出:"对网上那些出于善意的批评,对互联网监督,不论是对党和政府工作提的还是对领导干部个人提的,不论是和风细雨的还是忠言逆耳的,我们不仅要欢迎,而且要认真研究和吸取。"[1]这一治理思想是顺应世界大势,也是中国社会的现实之必须。

社交媒体强势发展,公众通过网络"意见领袖"筛选信息,判断事实,完成从去中心化到再中心化的新一轮"中心建构"。这个不断去中心化的过程,使得传统媒体的影响力逐渐式微,政府权威也不断被挑战;而再中心化的过程带给传统媒体和政府的既是挑战也是机遇,能否在社会信息化不断发展、智能媒体受到冲击之时重新找回传播权力中心并且重塑权威,是传统媒体和政府面临的时代课题,因此媒体融合不仅是新闻业面临话语权旁落问题的一次媒体自救,更是党和国家在新一轮信息革命中,为加强主流意识形态引导,增强自身权威与公信力,增强与大众的联系而重视的顶层设计和社会治理议题。

第三节　希望哲学与建设性新闻探索

西方传统媒体向来以"看门狗"自诩,"坏消息才是好新闻"可以说是其所秉持的新闻理念的典型注解。趣味性与冲突性一直是新闻报道的核心要素,

---

[1] 习近平:《在网络安全和信息化工作座谈会上的讲话》,《人民日报》2016年4月26日,第2版。

记者也自然成为受众眼中只关注坏消息的"扒粪者",他们的使命只是起诉与证明有罪,而不包括告知与教育。于是电视新闻流行血腥,都市报纸热衷揭丑,坏消息铺天盖地地充斥着民众的生活。这从历届普利策奖的获奖作品中就可窥见一斑,其中揭露性负面新闻报道占绝大多数。诚然,揭露权力腐败、文化堕落等问题理应是新闻报道的一部分,但并不是全部。

就此而言,揭露问题并不等于解决问题。人性的弱点与制度的缺陷永远伴随着人类的生存境况。黑格尔曾说,在纯粹的光明中与在纯粹的黑暗中一样,不多也不少。绝对同一的世界是不存在的。矛盾恰恰是事物得以生成与存在的原因。黑暗与光明都是必不可少的存在,肯定一方并不意味着另一方的消亡。那么,我们的新闻报道为何不以积极的面相来呈现事物?马克思曾说,"报刊是促进人民的文化和智育发展的强大杠杆"[1],而萨特则直接将报纸比作太阳,认为"报纸和太阳一样,它们共同的使命就是给人带来光明"[2]。基于此,我们的新闻理念是否可以基于积极正面、充满人文关怀与希望的平衡报道,建构一种希望(积极、阳光)新闻学,从而实现记者从黑暗揭露者到希望守望者的身份转变?

一、"希望"理念何以可能

著名哲学家恩斯特·布洛赫(Ernst Bloch)在他的代表作《希望的原理》中,曾如此追问人的生存境况:"我们是谁?我们来自何处?我们期待什么?什么东西在等待我们?"[3]他对这一问题的回答是"饥饿"(hunger),认为饥饿是人最基本的冲动。在他看来,一切事实存在的起点都位于尚未终结的黑暗本身,即位于现在黑暗或刚刚经历过的瞬间黑暗之中。我们内在于其中的黑暗瞬间,并藏有一种向前的冲动,通过欲望、愿望和行动来渴求显现某种本己。他认为,"自我保存的冲动是唯一的基本冲动"[4],"这种冲动不仅作为直接的情

---

[1] 《马克思恩格斯全集》第40卷,北京:人民出版社,1982年,第329页。
[2] 让-保罗·萨特:《萨特戏剧集》下卷,北京:人民文学出版社,1985年,第780页。
[3] 恩斯特·布洛赫:《希望的原理》第1卷,梦海译,上海:上海译文出版社,2012年,第1页。
[4] 恩斯特·布洛赫:《希望的原理》第1卷,梦海译,上海:上海译文出版社,2012年,第57页。

绪,而且作为活动的冲动乃是情绪活动或情感"①,它具有决定性力量并直接地与自身的载体结合在一起。

布洛赫的"希望"集中体现了人类走向更美好未来的意图。他提出的"希望哲学"亦称"乌托邦哲学"。在现实中人的本性与其自身的生存境况始终是不充分、不完善的,这便促使人类整体不断向前追求本真完善的人性与生存境况的理想状态。所以,在这个意义上,希望是人类生存固有的本体论现象,而非可有可无、附属于人类本性与固有需要的某种外在价值。在布洛赫看来,人是一种不断朝向未来并且献身多种可能性的独特存在,而每一种可能性的实现全系于主体积极创造与克服障碍的能力,即全系于主体的自我选择、自我克服、自我筹划与自我超越。而这种行动能力的实现必然要求人们对世界与未来抱有种种希望与信念,相信更加美好的未来、更加完美的世界与更加完善的人性终将到来。如果人们感知的信息源总是充斥着林林总总的丑恶现象,那么这必然对他们的生存情绪产生负面影响,自然不利于具有进取精神的希望信念的生成。

除此之外,人不可能离开这个非人的世界而成为封闭的人,人在实现自己内在本质的同时也在帮助周围世界不断得到完善。布洛赫区分了两种希望:希望着的希望和希望的相关物,即主观的盼望(盼望本身)和客观的盼望(盼望的目标)。因此,世界若要实现一种完善的理想状态,有待于人类能动创造力的发挥。在希望精神的引领下,在人与世界的互动中,客体不断主体化,主体不断客体化,人在完善自身而成为"完全的人"的同时,也在不断地完善世界。

实际上,从哲学高度将希望抬升至本体论地位的哲学家是康德。他从理论知识、道德实践和宗教希望三方面,规划了哲学研究的三大领域,提出了"我可以期待什么?"②这一哲学人类学问题。但与康德不同的是,布洛赫要阐明的问题是,整个人类精神史的中心在于预先推定一种"更美好生活的梦",即一个没有贫困、剥削、压迫和异化的社会制度。这是布洛赫对马克思主义传统,特别是历史唯物主义原理的创造性贡献。布洛赫并未将希望当作无数哲学主题之一来探讨,而是努力当作哲学自身,即第一原理来探讨。1843年,马克思指

---

① 恩斯特·布洛赫:《希望的原理》第1卷,梦海译,上海:上海译文出版社,2012年,第61页。
② 康德:《逻辑学讲义》,许景行译,北京:商务印书馆,1991年,第15页。

出:"世界早就在幻想一种一旦认识便能真正掌握的东西了。那时就可以看出,问题并不在于从思想上给过去和未来划下一条不可逾越的鸿沟,而在于实现过去的思想。而且人们最后就会发现,人类不是在开始一件新的工作,而是在自觉地从事自己的旧工作。"[1]布洛赫认为马克思以前的知识是面向既有事物的,因而只同过去有关。布洛赫则用"更美好生活的梦"概括并拓展了马克思"世界之梦"的基本内涵和精神实质。布洛赫赋予马克思主义哲学希望以具体的、现实的含义,在布洛赫的希望哲学中,希望、梦想、理性、现实的可能性与具体的社会变革方案是紧密联系在一起的。

从以上论述中可以看出,布洛赫表达了人类对一个没有剥削、压迫和异化世界的希望,而这是经过努力、需要奋斗才可能实现的。就新闻传播而言,这个世界有许多问题,同样也存在解决这些问题的诸多方法,这便需要媒体以一种更加充满希望和建设性的报道路径告诉人们如何让世界变得更美好。

二、"希望"新闻学的观念与实践

面对倾向于报道负面新闻的这种困境,中外新闻界已经开始反思这一问题。它们反思,人们是否已经对足够多的负面新闻感到麻木与厌烦？我们是否需要调整新闻报道理念,关注更多社会积极变革的内容,从而为抛出的社会问题提供解决方案？

《今日美国》的创始人纽哈斯在1983年就曾直接提出"希望新闻学",并将这一理念运用于新闻实践。纽哈斯讨厌美国新闻界所谓的"揭丑报道",他在自传《一个婊子养的自白》中,批评了美国的一些报人把获得普利策奖而不是把他们的读者需求放在第一位。

纽哈斯指出:"公众不喜欢我们支配他们,他们需要我们提供信息和不同意见。公众需要媒体平衡地去报道不同的观点。报纸的义务是发表所有的新闻。"[2]因此,以"精确而不悲观、详细而不消极地报道所有的新闻"为办报方针

---

[1] 《马克思恩格斯全集》第1卷,北京:人民出版社,1995年,第418页。
[2] 李希光:《一个世界多种制度——与一位前美国报业集团老板的对话》,《青年记者》1998年第4期。

的《今日美国》带来了一种全新的新闻运作方式。其在坚持秉持的三个基本报道理念下展开新闻实践。一是平衡公正。希望新闻学讲究客观公正、新闻平衡,这是新闻专业主义的内在机制。但与传统认识不同,它的平衡更强调好坏新闻搭配与报道量的平衡,阴暗面报道不可太多,其公正则与少批评指责相联系。二是积极处理新闻。纽哈斯曾说,"我不是倡导只报道喜事的人。我倡导正面报道"[1]。《今日美国》最初一般不会选择将关于谋杀或残害儿童等新闻置于头版,相反,软新闻的比重较大。三是拒绝做出判断。布洛赫指出,一切唯心论(观念论)都是冥思的、静观的,没有把世界的本质把握为尚未形成、尚未显现的,因此其无法理解实现时的贫乏同时也是一种丰盈:世界是未竟的,这既是实现的阻力,也是实现的动力,实现时之所以没有得到满足,之所以有未完成的希望残留下来,其原因最终来自"尚未形成"[2]。在德语里面,"尚未"(noch nicht)既可以指现在还没有成为现实的某个东西,也可以指现在有部分存在而将来可能全部存在的东西。[3]作为人类认识自然和社会,与他者会晤的中介物,新闻媒体呈现的正是人类探索未来的"尚未形成"性,这种探索有失败、有罪恶、有无助的痛苦和泪水,但更多的是进步、阳光和希望。否则,人类社会就不可能有今天之成就。也就是说,新闻报道追求的客观、真实、全面的专业精神,就应该呈现这种人类探索前进的真实事实——一个积极的、充满希望的世界和人类的未来。希望新闻学相信如果给人们以事实,使他们能居于所处的环境中识别真正的形势,让他们听到多种观点,他们将能获得有用的真理。

但是,人类探索的世界是充满未知性的,我们所面临的现实往往具有流动性。诚如恩格斯所言,"一切僵硬的东西溶解了,一切固定的东西消散了,一切被当作永恒存在的特殊的东西变成了转瞬即逝的东西,整个自然界被证明是在永恒的流动和循环中运动着"[4]。这种不确定性、流动性,使得我们面临许多难题,那么作为一个可以发现、召集和呈现人类探索实践的传媒中介,就需要

---

[1] 李希光:《一个世界多种制度——与一位前美国报业集团老板的对话》,《青年记者》1998年第4期。
[2] 陈岸瑛:《恩斯特·布洛赫的乌托邦哲学——从〈乌托邦的精神〉到〈希望的法则〉的理论偏移》,《马克思主义与现实》2007年第2期。
[3] 欧阳谦:《"尚未存在"与"希望哲学"》,《世界哲学》2013年第1期。
[4] 《马克思恩格斯选集》第4卷,北京:人民出版社,1995年,第270页。

同公众一道为不确定的未来寻找一个可供选择的方案,汇集公众的力量来解决一个个现实问题。2008年,《纽约时报》专栏作家大卫·伯恩斯坦(David Bornstein)的"解困新闻学"理念就是针对"现在的青年消费者对媒体的信息超载和让人不满的新闻实践感到无能为力"的现状提出的。在他看来,"解困新闻学是致力于解决问题而并非只是发现问题的新闻报道。它倾向于报道那些对社会问题做出成功或失败回应的事件"[1],解困新闻学"不仅关注什么方案是有效的,而且会基于证据和事实来说明该方案如何有效、为何有效。换言之,它注重问题是怎么被解决的"[2]。其实,美国从20世纪90年代中后期开始,便出现了各种有关寻求社会问题解决方案的新闻报道的试验。1998年,美国记者苏姗·贝内施(Susan Benesch)发表文章《解困新闻学的兴起》,较为详细地介绍了当时已经采用了相关报道方式的新闻机构和新闻节目;2008年,大卫·伯恩斯坦创办了"探矿者"网站;2011年,大卫·伯恩斯坦与另外几名记者建立了"解困新闻学网络",提出以促进社会进步,严肃、负责报道新闻事件为目的。

建设性新闻理念同样引起全球媒体的共鸣。2008年,建设性新闻理念正式出现在丹麦一家报纸的专栏标题中,作为专栏作者的丹麦国家广播公司新闻部门主管哈格鲁普主张"我们应该用一种新的新闻标准来补充传统,即建设性新闻",同样明确指出要运用充满希望的新闻故事和切实可行的解决方案来改善以死亡、衰败和苦难话题充斥版面的现状。此后,另一位建设性新闻的倡导者,丹麦国家广播公司的前记者格尔登斯特德在哈格鲁普编著的《建设性的新闻故事》中对建设性新闻的效果进行了实证研究,她同样发现,记者对负面报道的关注会导致读者情绪沮丧,并呼吁记者更关注"积极的、鼓舞人心的和以解决方案为基础的新闻"。其中,"建设性新闻项目"立足荷兰和英国,面向全球,志在为记者、新闻机构和专业学生传授建设性新闻的知识和技能,核心是举办培训课程、提供媒体资讯和支持教育研究。2017年,由哈格鲁普创办的"建设性研究所"通过提供报道方法、吸收全球伙伴、开设培训课程和开展学术研究等方式来推进建设性新闻的发展。

作为一种新兴的新闻形式,建设性新闻在试图坚守新闻专业主义的前提

---

[1] 大卫·伯恩斯坦:《新闻人的未来变革——从发现问题到解决问题》,《社会创业家》2014年第1-2期。
[2] 大卫·伯恩斯坦:《新闻人的未来变革——从发现问题到解决问题》,《社会创业家》2014年第1-2期。

下实现危机突围,一直在强调自身对消极报道传统的抵制及对西方传统报道模式的补充。它的报道仍然致力于准确、真实、平衡和必要的批评,只是更多地采用积极的元素、解决问题的态度、变革的目标及赋权于民的方式。根据布洛赫的历史哲学概念,人类奋斗的目标内容与自然过程的目标内容是一致的,其象征就是家乡,即"尚未有人到达过的地方"。在布洛赫那里,"家乡"(heimat)是无所不包的概念,泛指在"至善"(hoechsten gut)概念下能够设想的一切。[1]对于"尚未存在"的憧憬,促使人类总是在路上而想成为某种其他东西。因此,人总是一种在谋划、在打算和在延伸的存在。于是,人的意识就具有了一种明显的超越性特征。"正是这种认识构成了人类进步的基本力量,因为'尚未意识'可以转化成一种积极的行动。"[2]马克思"所关心的完全不是把共产主义描绘成一个充足的社会,他所关心的是把共产主义描绘为一个充满人的尊严的社会,一个在其中劳动会得到尊严并变得自由的社会,因为它是由全面的、有意识的参与者在一个被赋予了合作和共同目标的共同体中所实施的"[3]。

从某种意义上说,新闻报道,长期呈现的是人类探索未来的失败实践,关注的是权力的腐败、人性的堕落,揭露了大量社会黑暗力量的肆意作为,力图让权力在阳光下运作。这确实是新闻业的初心之一。但是根据心理学的研究,长期关注失败、问题、障碍的消极模式固然很重要,但却无法给人以动力。近年来,心理学界兴起的积极心理学研究,致力于探讨"如何获得幸福",即以发展潜力、提升幸福感为目标,倡导一场"幸福革命"。积极心理学的核心观点是,人们要求的不仅仅是"结束痛苦",而是"更幸福"。因此,积极心理学以积极的价值观来解读人的心理,试图激发人类内在的积极力量和优秀品质,帮助个体最大限度地挖掘自己的潜力并获得美好的生活。这种积极面向的探索,无非是期望给人类的探索以积极动力,以更美好的方式进入或者回归"家乡"。在英国,积极新闻是对这种积极心理学理念的回归,目前已成为一种正在崛起的新闻思潮和新闻实践。这一思潮和实践的源头可追溯至已故报人肖娜·克

---

[1] 梦海:《世界是拯救实验室——论恩斯特·布洛赫的历史哲学概念》,《现代哲学》2008年第1期。
[2] 欧阳谦:《"尚未存在"与"希望哲学"》,《世界哲学》2013年第1期。
[3] 尤金·卡曼卡:《马克思主义的伦理基础》,引自R.G.佩弗:《马克思主义、道德与社会正义》,吕梁山、李旸、周洪军译,北京:高等教育出版社,2010年,第128页。

罗克特-巴罗斯(Shauna Crockett-Burrows)在1993年创办的报纸《积极新闻》，经过20余年的发展，这份报纸在2016年1月改为季刊并建立了一家同名网站，但其独特的编辑理念并未因时间推移而有所改变。《积极新闻》季刊总编辑肖恩·达冈·伍德(Sean Dagan Wood)曾介绍这份报纸的创办初衷，即希望借助对媒体景观的治理，推动建设一个公正、平等、可持续和快乐的世界。他希望看到媒体在报道内容与方式上让世界变得更美好。因此，《积极新闻》关注社会进步及其可能性并以激励与赋权的方式进行报道，但这并不意味着主流新闻不应报道负面新闻，对问题视而不见，而要求以积极心态既关注社会问题也关注解决方案。除此之外，为了使《积极新闻》可以在数字时代继续生存下去，伍德于2015年开始尝试了新的商业模式，并使《积极新闻》成为第一个全球性的众筹社群媒体。2015年6月8日到2015年7月8日，《积极新闻》在英国最大的众筹网站Crowed Funder发起了一个名为"拥有媒体"的众筹新闻运动，主要通过"社区招股"来众筹运营资金。《积极新闻》通过众筹资金的方式与读者建立起一种合作关系，在伍德看来，读者与媒体是共有、共享、共治的利益相关者。而这一关系模式符合《积极新闻》与同道者的共同利益，在新闻生产中给读者更多的发言权，因为只有读者拥有所有权才能被赋予决定传媒价值和编辑方针的权力，从而增加社会福利，减少人们对彼此分离的恐惧和失望。

与海德格尔的否定的生存分析(烦、畏、死)不同，布洛赫的希望哲学是一种希望解释学。所谓的"希望"标志着某种面向未来的积极期待情绪。根据梦海的总结，从形式意义和内容意义上看，一方面，希望是"作为纯粹作用的希望"；另一方面，希望是"作为被期待目标的希望"。"前者意味着指向未来现实的热情，相当于非个人的，亦即一代人乃至整个人类的先验情绪，而这种情绪具有不安宁因素，它不顾计划、诊断、评价等客观尺度，始终趋向绝对而不确定的目标；后者则指单个人对未来的无穷无尽的盼望，这种盼望仅仅与未来视域中的可能性相联系，而与现实的既成事物完全无涉。宗教、哲学或艺术皆渊源于这一未来与当下之间的张力。"[1]希望哲学为人类社会和新生活的未来建构了一个理想之乡，即一个没有贫困、剥削、压迫和异化的社会形态和制度，布洛

---

[1] 梦海：《一个更美好生活的梦——恩斯特·布洛赫〈希望的原理〉》，引自恩斯特·布洛赫：《希望的原理》第1卷，梦海译，上海：上海译文出版社，2012年，序言，第3页。

赫描绘说那里是"幸福、自由、非异化、黄金时代、奶蜜如泉涌的国度、永恒的女性、费多里奥和基督复活日中的小号信号"[1]。这个理想之乡不是虚无缥缈的空中楼阁,而是意味着永恒理想的具体实践。它呼唤人们要为这个理解积极作为。因为人作为可能目的,被赋予了今后有待完成的使命,而在自然中又正好具备了借以完成这一使命的机遇。张世英曾感叹说,人本来是有限的,不是无所不能的,但平常人并不总是意识到这一点并主动积极地接受这个必然性的事实。否则又何必因遇到外在的阻力而叹息呢?我们平常说,人生苦短。人生本来就"短"(有限),如果真能意识到并积极接受这一点,又何必以此为"苦"呢?[2]

福柯让我们认识到,我们对我们自身的描述和知识,依赖于适用于我们环境的语言资源,受到压制的团体务必发展出新的谈话方式。[3]当社会充斥着的众多负面新闻与人们失衡的心态、失当的意见、失序的行为之间形成链条之时,我们可以呈现一种积极乐观、充满人文关怀与希望的平衡报道,使植根于人性之中固有的希望情绪最大化。报道者选择问题的来源和角度能够为事件提供可视性和意义,而希望是反对恐惧最高昂的情绪,也是最富人性的情致,它能为人类开拓出最辽阔与最明亮的生存境遇。媒介本不应处于不是希望就是恐惧的非此即彼状态。因为我们生活在一个黑暗与光明并存的社会,揭露黑暗并不意味着光明必然到来。对于今天的人类社会来说,积极情绪不是太多,而是太少。在布洛赫看来,人是存在内的"否一般",即匮乏存在或非存在。但布洛赫没有把"否"看作某种终极物,而认为是可被扬弃为存在的那个存在内的否,是一种"尚未",世界则是永恒的实验台。正是这种人类学意义上的"否一般"使人意识到自身的贫困和冲动,使人超越自身单纯的事实存在,向他人、向世界开放。布洛赫在《希望的法则》中,使用了诸如"向上""光明""更好""至善"等概念,用来指代尚未意识到的方向。

希望哲学是一种"鼓舞世人批判现实、超越现实、走出黑暗、瞩望未来的哲

---

[1] 转引自梦海:《人类梦想和理想的百科全书——恩斯特·布洛赫〈希望的原理〉新论》,《社会科学战线》2006年第5期。

[2] 张世英:《希望哲学》,《学海》2001年第3期。

[3] 理查德·罗蒂:《后形而上学希望——新实用主义社会、政治和法律哲学》,张国清译,上海:上海译文出版社,2003年,第363页。

学"①。马克思主义本身就是一种唯物主义、人道主义,它强烈要求"必须推翻那些使人成为被侮辱、被奴役、被遗弃和被蔑视的东西的一切关系"②。提出希望新闻学,强调新闻报道的建设性和积极面向,并不意味着放弃对社会阴暗面的揭露,更不是放弃新闻报道的客观性理念。秉持积极、希望的新闻理念并不意味着避免或排斥对负面新闻的报道。按照布洛赫的理解,现在和当下永远是"黑暗"的,是无法意识到自己的。事物是正在形成之中的,"尚未意识"是对这种"形成过程"的意识。因此,"生活瞬间"中的"黑暗"归根结底是由外在局势的不明朗造成的。所以有学者指出,布洛赫的"尚未意识"和"黑暗的生活瞬间"这两个概念"都被用来说明梦想的本质"③。无论是建设性新闻还是希望新闻都在一定程度上是对西方所奉行的传统新闻价值观的解构,但这些积极新闻实践并非阿谀奉承式新闻,只停留在报道好人好事层面上,它同样注重批判性,并进行深入采访、解释社会问题、挖掘其背景及深层次的原因,从而达到为某一问题的解决提供行之有效并可推而广之的方案的目的。

总之,在"坏消息才是好新闻"被众多媒体长期奉为圭臬的传统理念下,希望新闻、建设性新闻、解困新闻、积极新闻都针对自19世纪中叶以来新闻报道过度消极的种种弊端提出"好消息也是新闻"的理念,倡导从乐观、充满希望的角度报道社会问题、社会进步并解决社会问题,为新闻领域建立一种有希望的、积极的正面报道理念进行有益探索,也为新闻实践、商业模式和影响社会等方面产生积极的现实影响。

三、建设性新闻的哲学思考:此在之"畏"与希望

人被抛弃在这尘世间,痛并快乐着。无论如何选择,至少有两种根本的宿命是无法逃避的:一是生命的有限性,死亡是人的归途;二是要与他者相遇。叔本华面对这样的世界是悲观的,他认为生命就是欲望和不满足,只能痛苦地

---

① 周惠杰:《祛除恶世界的革命:具体的乌托邦实践》,《学术交流》2012年第4期。
② 《马克思恩格斯选集》第1卷,北京:人民出版社,1995年,第10页。
③ 陈岸瑛:《恩斯特·布洛赫的乌托邦哲学——从〈乌托邦的精神〉到〈希望的法则〉的理论偏移》,《马克思主义与现实》2007年第2期。

活着。李叔同留下的"悲欣交集"是他的答案,王国维通过自杀来救赎,尼采却在精神疯狂的时候找到了生命的价值——重估一切价值,创造新的可能性。虽然梅洛·庞蒂在法兰西学院发表就职演讲时就直言哲学家就是知道自己什么都不知道的人,但在罗素看来,哲学家是最追求幸福的人,哲学家的初衷就是追求幸福。从哲学的维度看建设性新闻具有两方面的意蕴。

第一,给"尚未"的人生以希望。海德格尔认为人的一生纠结于"烦""畏""死"。其中的"根本情绪"是"畏"。他写道:"威胁者乃在无何有之乡,这一点标画出畏之所畏者的特征来。畏'不知'其所畏者是什么。但'无何有之乡'并不意味着无……进行威胁的东西也不能在附近范围之内从一个确定的方向临近而来,它已经在'此'——然而又在无何有之乡;它这么近,以致它紧压而使人窒息——然而又在无何有之乡。"① 生活的意义乃是精神的家园,家园已散失,此在成为流浪者,这种失去家园的无名恐惧和茫然失措,即"畏",而"畏之所畏者就是在世本身"②。陈嘉映在《此在素描》一文中解释说,怯懦的世人怕直面空无,唯大勇者能畏。此在日常沉沦着,他做工、谈情、聚闹、跑到天涯海角去游冶。他在逃避,逃避空无;逃到他所烦忙的事物中去。这却说明,他逃避的东西还始终追迫着他。他到底逃不脱人生之大限——死。③ 在海德格尔一再强调,"死是最本己的、无所关联的、无可逾越的而又确知的可能性"④。

面对这样的无可逃避的死,海德格尔说,一般的此在在遭遇自己熟悉的生活世界时,他的生活目的(为了什么)和行为规范(应该如何)都是从常人那里获得的。拉康后来把这种观点具体为"欲望着他者的欲望"。由此,常人的在此存在就是一般此在之在,这种意蕴也是常人的"意—蕴"(be-deutsame)。⑤ 海德格尔显然不愿意过这样的常人生活,他要"向死而生"。海德格尔强调,"在此在身上存在着一种持续的'不完整性',这种'不完整性'随着死亡告终,这是无可争辩的。但是只要此在存在,这种'尚未'就'属于'此在"⑥。也就是说,人类的存在

---

① 海德格尔:《存在与时间》,陈嘉映、王庆节译,北京:商务印书馆,2016年,第261页。
② 海德格尔:《存在与时间》,陈嘉映、王庆节译,北京:商务印书馆,2016年,第262页。
③ 陈嘉映:《海德格尔的〈存在与时间〉》,《国内哲学动态》1982年第5期。
④ 海德格尔:《存在与时间》,陈嘉映、王庆节译,北京:商务印书馆,2016年,第366页。
⑤ 张一兵:《意蕴:遭遇世界中的上手与在手——海德格尔〈存在论:实际性的解释学〉解读》,《中国社会科学》2013年第1期。
⑥ 海德格尔:《存在与时间》,陈嘉映、王庆节译,北京:商务印书馆,2016年,第336页。

(dasein)是由朝向未来的操心所规定的,直至哪一天死亡的阴影笼罩在我们身上,这一操心才会停止。而这一"朝向着死亡的存在"有可能释放出一个未经发现的存在之领域。史铁生显然受到了海德格尔的启发,他写道:"人可以走向天堂,不可以走到天堂。走向,意味着彼岸的成立。走到,岂非彼岸的消失?彼岸的消失即信仰的终结、拯救的放弃。因而天堂不是一处空间,不是一种物质性存在,而是道路,是精神的恒途。"[①]

既然人生总处于"尚未"的过程中,而这一过程并非没有困惑、矛盾和痛苦,因此给人希望,鼓励人们前行,就成为精神文化事业的使命所在。克尔凯郭尔曾指出,希望是一种追求可能的激情。希望哲学的提出者布洛赫认为,人和世界是开放着的、向前运动的未完成过程,处在一种"尚未"状态中。这一状态意味着,人类在向未来敞开的过程中具有无限的可能性,进而产生对世界及其自身的各种希望。它是人类生存最基本的情绪。布洛赫写道:"期待、希望、向往,走向尚未实现的可能性的意向,这不仅是人的意识的根本标志,而且它们被正确地理解和把握的话,也是整个客观实在内部的一个决定性因素。"[②]也就是说,希望是植根于人性之中的固有需要,是一种不可缺少的本体论现象,是经过努力可以实现的生存状态。基于这一哲学观点来思考新闻的取向便需要调整新闻理念,关注更多社会积极变革,以一种充满希望与建设性的路径报道新闻事件,建构一种希望新闻学,从而使人类固有的希望情绪得以最大化展现。[③]陈薇便认为建设性新闻的"善"在于它符合德性的节制,即"德性与幸福统一的至善"。这种至善,一是强调新闻的"有为",即打破记者作为独立、超离的事件观察者与权力监督者的前提,强调以一种更具吸引力、更具参与性的报道方式适时介入。[④]积极心理学提倡探讨人类的美德、爱、宽恕、感激、智慧等,以及研究人的发展潜能,不断地发展自己,使普通人生活地更健康、更美好,促进个人、团体和社会的繁荣。建设性新闻倡导用积极的眼光来看这个世界,这确实是传统新闻报道模式的一个重大转向,也是一个有益的补充,是合乎人性

---

① 史铁生:《病隙碎笔:史铁生人生笔记》,西安:陕西师范大学出版社,2006年,第40页。
② 恩斯特·布洛赫:《希望的原理》第1卷,梦海译,上海:上海译文出版社,2012年,第57页。
③ 吴飞、李佳敏:《从希望哲学的视角透视新闻观念的变革——建设性新闻实践的哲学之源》,《新闻与传播研究》2019年第12期。
④ 陈薇:《建设性新闻的"至善"与"公共善"》,《南京社会科学》2019年第10期。

的信息需求平衡的。毕竟,暴露坏事可以让人警觉,而积极的鼓励有利于人以更大的勇气来直面真相。《今日美国》的创始人纽哈斯于1983年提出希望新闻学,"玩世不恭者从事的是绝望新闻学,陈旧的绝望新闻学通常使人们读后感到沮丧,或是发疯,或是愤怒。而希望新闻学则是喜忧皆报的一种手段,读者读后会对事物有充分的了解,使他们自己能够决定什么值得他们关注"①。纽哈斯所在的甘奈特公司在美国拥有近90份地方报纸。1997年,该公司的年度报告定义了非愤世嫉俗的、非自高自大的报纸的标准:"积极的故事……讲述社区的新发展如何对市民产生积极的影响,以及本地的企业怎样克服障碍"②。

第二,问题在于改变世界。马克思在《关于费尔巴哈的提纲》的最后一条中指出,"哲学家们只是用不同的方式解释世界,而问题在于改变世界"③。在这里,马克思使用了"只是"一词,意味着他并未全然反对"解释世界",只是特别强调理论的目的在于"改变世界"。也就是说,建设性新闻以提供解决方案且切实解决问题为最终目的(改变世界),不只是单纯以信息的客观呈现为目的(解释世界)。

海德格尔认为此在并非静态无为之物,虽然被集置着,却是面向未来的,此在之在世具有多种可能性,可以谋划自身,亦可以参与"与他者共存"的世界。是的,此在被抛入这个世界,但也被抛入多种可能性的境遇。因之,此在并不是被动无为的,相反是自由的,是展开着的(aus-setzend),是绽出的(ek-sistent),是可以选择的。1946年,海德格尔给让·波弗勒写了《关于人道主义的信》,在信中,他写道:"绽出之生存乃是看护,也就是为了存在的烦。"④1945年,萨特在巴黎的中央大厅宣布了他有关"存在主义"的声明:存在主义"是用行动说明人的性质的";它"不是一种对人类的悲观主义描绘,因为它把人类的命运交在他自己手里,所以没有一种学说比它更乐观了。它也不是向人类的行动泼冷水,因为它告诉人除掉采取行动外没有任何希望,而唯一容许人有生

---

① 罗建华:《学学"希望新闻学"》,《新闻记者》2005年第8期。
② 支庭荣:《纽哈斯与〈今日美国〉的"希望新闻学"简述》,《新闻记者》2006年第2期。
③ 《马克思恩格斯全集》第3卷,北京:人民出版社,1995年,第3—6页。
④ 海德格尔:《路标》,孙周兴译,北京:商务印书馆,2000年,第404页。

活的就是靠行动"[1]。建设性新闻的要旨之一,就是促成公民的参与性行动。《卫报》原主编艾伦·罗斯布里奇(Alan Rusbridger)主持的运动呼吁读者参与以解决气候变化问题。

建设性研究所的首席执行官乌里克·哈格鲁普(Ulrik Haagerup)在反思新冠疫情期间传统媒体的表现时评论说:"这场危机增强了我们作为记者的核心使命的重要性:向读者提供事实,发现问题,提出关键而令人好奇的问题。但是它也强调了讨论中经常缺少的一些内容:激发潜在的解决方案,以应对我们所有人面临的挑战,这也必须是我们使命的一部分。"他提醒说,记者需要思考并决定的是:我们是否只是追求用最具戏剧性、最能引起恐惧的故事来谋求短期目标——吸引点击量和喜欢?还是要去试图发现机会、传播新观点、寻找问题解决之道并给世人以希望?是的,当新闻不起作用时,民主就会瓦解。做新闻不仅仅是为了销售一种文化与信息产品,它更是社会对话和进步的基石。解决方案新闻网络(the Solutions Journalism Network)与得克萨斯大学奥斯汀分校的"互动新闻项目"合作,进行了一项针对读者对解决方案新闻的反应(与仅关注问题的新闻相比)的调查。调查发现,解决方案新闻的读者比面向问题新闻的读者更有可能说自己受到启发,并且更有可能说他们想了解更多。一项研究表明,与非解决方案新闻的读者相比,解决方案新闻的读者不仅表明他们通过阅读解决方案新闻更加有见识,而且希望继续学习该问题,并受到鼓舞以寻求解决方案。

柏拉图在《理想国》第七卷中的"洞穴之喻"(allegory of the cave)是对人类世界(cosmos)的隐喻。一群囚徒栖居于洞穴之中,无法动弹,既不能转身,也无法回首,只能直视眼前的洞壁。囚徒的后上方燃烧着篝火,篝火和囚徒之间筑有一堵矮墙。矮墙之后铺就一条小路,一群路人高举人像、兽像与器物等沿墙而过。人像、兽像与器物等通过火光投射到洞壁,从而形成虚幻的阴影。囚徒只能眼望阴影,而无法瞧见实物,所以误以为阴影就是实物。其实今天的人们何尝不是将新闻报道的内容当成真实的世界。事实上,新闻报道与囚犯观看洞壁上留下的阴影的性质是一样的。新闻编辑室里充斥着容易犯错

---

[1] 让-保罗·萨特:《存在主义是一种人道主义》,周煦良、汤永宽译,上海:上海译文出版社,2012年,第23页。

的人,而这些人往往决定着我们能看到什么。公众就像山洞里的囚犯一样通常别无选择,只能依靠媒体建构的"真相"来理解这个世界。这使得新闻传播的重要性在人类文明进程中凸显出来,对不同的媒体体制和新闻传播理论的探索也反映出人类关于新闻在公共生活中的作用与地位的不同思考。

在苏格拉底看来,教育能促使灵魂的转向(periagoge)并不断攀升(epagoge),让人有可能走出洞穴,最终进入真理的世界。如果我们承认新闻是一种知识,那么它勾连的正是人类的理性世界。因为理性需要知情,而知情就是对现实、对真相的把握。建设性新闻虽然看似新鲜,但其核心理念却根植于新闻历史、根植于人类对理性的探索。殷乐等人从公共服务、参与和平衡三个维度考察建设性新闻及其相关理念的内涵及变迁,[1]本处不再赘述。本书强调的是,建设性新闻以一种积极、充满希望的正面姿态,倡议各方力量参与报道,共同致力于问题的解决,不仅彰显出更大的公共意义与协商属性,也具有更高的社会认可度与传播价值。而这种探索是有人性基础的,本书发掘的就是建设性新闻的哲学基础。如布洛赫所言,"没有希望,理性就不能开花;没有理性,希望就无法说话,二者统一于马克思主义当中——没有其他科学拥有未来,也没有其他未来是科学的"[2]。

一个健康的社会离不开新闻的建设性,建设性新闻是媒体顺应信息技术发展要求进行融合发展的一种新型新闻内容和新闻报道模式。相比于传统新闻报道模式,建设性新闻无论从报道内容、参与主体还是媒介效果方面,对传统新闻专业主义中客观性价值内容都进行了扬弃与超越,也关注到在公共传播时代新闻从业者、新闻体系、新闻业形塑自身社会角色、定位的诸多可能性。

---

[1] 殷乐:《建设性新闻:要素、关系与实践模式》,《当代传播》2020年第2期;殷乐、高慧敏:《建设性新闻:溯源、阐释与展望》,《新闻与写作》2020年第2期。
[2] 引自夏凡:《乌托邦困境中的希望:布洛赫早期的文本学解读》,北京:中央编译出版社,2008年,第354页。

后 记

本书汇集了我数十年来对新闻学的理论思考。数字新闻业已经受到了互联网技术,特别是数字信息传播技术的影响,技术日新月异,新闻生态亦在不断演变,数字新闻学研究也随之成为一个持续进化的新兴领域。数字新闻学研究的演变历程与数字技术的迅猛发展和新闻生态的变迁紧密相连,其大致可划分为以下几个发展阶段。

第一,学科基础奠定期(20世纪末至21世纪10年代)。在这一阶段,数字技术的兴起和互联网技术的普及为新闻传播领域带来了巨大的影响。门户网站、网络论坛、即时通信和搜索引擎等逐渐出现,它们极大地丰富了新闻传播的形式,并与传统新闻业深度融合,构建了一个充满多元性和异质性的信息环境。数字新闻学研究在这一背景下应运而生,开始与计算机科学、社会学、心理学等多学科交叉融合,成为一个跨学科的研究领域。学者致力于从多个维度全面解析数字新闻的复杂性,包括其技术支撑、社会效应及用户行为等。这一阶段的研究不仅拓宽了数字新闻学研究的视野,更为其后续的发展奠定了坚实的基础。不过,虽然微博、博客、播客、门户网站等发展较快,成为新闻信息传播的重要力量,但传统媒体在新闻生产领域的独占地位没有被颠覆。当然新闻机构积极拥抱数字时代,通过社交媒体等新型传播形式,与读者建立了更加紧密的互动关系。客观性、真实性、新闻专业主义仍然是引导新闻传播生态的主要力量。

第二,理论创新萌发期(21世纪10年代至21世纪20年代)。在这一阶段,科技的飞速发展催生了大量数字平台,彻底改变了新闻传播的格局。移动终端的普及使得每个人都成为信息的生产者和传播者,新闻传播领域迎来了深刻的变革。随着Web2.0的兴起,用户生成内容的涌现给新闻业带来了前所未有的挑战,促使学者对新闻机构的数字化转型、新闻专业主义的价值重估及新闻学教育的改革等问题进行深入探讨。新闻的生产和传播突破了地域和时间的限制,呈现出时效性、互动性、即时性和个性化等特点。学界在这一时期开始深入探索数字新闻学的理论基础、知识范畴和方法体系,提出了众多新的理论观点和研究方法,为数字新闻学的发展奠定了坚实的理论基础。学者还尝试构建数字新闻学的理论框架,认为数字新闻学应关注新闻与社会、文化、政治等多领域的关系,其研究范围应涵盖传统媒体的数字化转型、新闻内容的创新与变革、新闻用户的行为与心理等多个方面。传统的新闻价值体系受到挑战,一些学者不再相信新闻专业主义的价值,后真相、信息茧房、群体极化、情感传播等议题进入学术场域。传统的新闻学概念体系被要求重构,数字新闻学已经从新闻传播学的一个分支逐渐发展成为独立的学科体系。

第三,学科体系的构建与范式革新期(21世纪20年代初至今)。在这一阶段,数字技术进入智能时代,大模型、算法、元宇宙重构了新闻传播的生态。学者不再满足于研究技术对新闻生产的直接影响,而是更加关注数字新闻业态背后的社会文化意义,以及新闻伦理在数字化时代面临的新挑战。同时,人工智能、大数据分析、区块链等新技术的发展为数字新闻学提供了强大的研究工具,推动了新闻生产和传播方式的创新。学界因此提出了新闻理论的新转向,如情感转向、生态转向、文化转向和数据转向等,以适应数字化时代新闻传播的发展需求。我国学者也开始强调数字新闻学的本土化研究,致力于将具有中国特色的数字新闻实践经验提炼为理论,并使其在全球新闻创新中发挥引领作用。毕竟我国的新闻宣传理论体系与西方的有着根本区别:我国的数字新闻学发展强调与国家战略相结合,注重媒体融合与基层社会治理的结合,以及顶层设计的推动。具有中国特色的数字新闻实践强调"党媒姓党"的原则,以及社交媒体的政务服务职能。西方的数字新闻学更加注重理论、方法和解释,其在新概念和新理论的提出上较为谨慎,采取一种稳健的成长策略。此外,西方新闻学界更侧重于实证研究,相对于我国,西方学者对规范理论的探讨较少。

本书一些内容已经发表于《中国社会科学》《新闻与传播研究》《国际新闻

界》《新闻大学》《现代传播》《新闻记者》等国内外学术期刊上。我联系的博士后，以及指导的几位研究生参与了本书部分内容的撰写与修改工作，浙江大学传媒与国际文化学院的孙梦如参与了导论第三节的内容写作，李佳敏撰写了第一章第四节、李彦雯撰写了第二章第一节初稿、杨龙梦珏撰写了第二章第三节的部分内容，上海大学的洪长晖副教授撰写了第二章第二节初稿，李含含撰写了第四章第三节，段竺辰、颜繁冰分别与我合写了第四章第一节和第二节。另外，浙江传媒学院的叶欣副教授校订了全书。本书的出版工作得到了浙江大学传媒与国际文化学院赵瑜教授的大力支持。我对他们的付出表示衷心感谢。本书编辑宁檬工作认真仔细，多次就书稿的一些提法和一些章节的存留与我沟通，对此一并表示感谢。

数字新闻学作为新闻传播学的新兴分支，始终处于动态发展之中。随着技术的不断进步，特别是大模型智能技术的崛起，传播格局正在被悄然改写。人工智能正日益广泛地参与内容生产、分发与评论的各个环节，人与机器的协作成为不可回避的议题。这一变革既带来了前所未有的机遇，也带来了挑战，既有繁荣的曙光，也有混乱的隐忧。在这一浪潮中，政治生态、商业生态和文化生态依然发挥着举足轻重的作用，持续影响着新闻生态的演变方向。因此，理论创新成为一项长期而艰巨的任务。本书不过是对过去一些演变的初步观察与思考，旨在为未来的研究提供些许启示。

我们热切期待更多的学者加入这次理论创新的伟大征程，共同推动数字新闻学向更完善的体系发展，构建更合理的概念框架。我们期待这些理论不仅能解释新闻业态的演变，更能引导其向更加健康、更加有序的方向发展。在这个过程中，我们需要更加关注如何利用数字技术优化新闻生产流程，提升新闻质量，增强新闻的公共性和服务社会的能力。这不仅是时代赋予我们的现实任务，也是理论创新的重要方向。在这条充满不确定性的历史长河中，能与各位同仁并肩前行，实乃幸事。感谢大家的陪伴与支持，愿我们共同为数字新闻学的繁荣发展贡献力量，为重构数字文明贡献智慧。

最后，衷心祝愿大家生活幸福，事业有成！

吴　飞

2024年3月6日于浙江大学